淀山湖镇村志

JINJIAZHUANG CUNZHI

金家庄村志

《金家庄村志》编委会 编

苏州大学出版社
Soochow University Press

淀山湖镇村志编纂委员会
（2013年4月）

名誉主任　徐敏中
主　　任　李　晖
副 主 任　张晓东　顾　剑　吕善新
委　　员　王　强　吴新兴　赵雪元　吴玉光　冯伟雄
　　　　　黄　珏　王文奎　张兴生　汤雪林　孙卫忠
　　　　　李　尧　周国平

淀山湖镇村志编纂委员会办公室
（2013年4月）

主　　任　吕善新
副 主 任　王　强　吴新兴　张品荣
成　　员　夏小棣　陈海萍

淀山湖镇村志编纂委员会
（2016年8月）

名誉主任　李　晖
主　　任　罗　敏
副 主 任　许顺娟　张晓东　王　强　张　俭　吕善新
委　　员　孙　倩　吴新兴　顾永元　顾金林　朱进荣
　　　　　顾德华　陆志斌　曹振华　程　赟　朱建华
　　　　　凌军芳　李　尧　顾宇峰　张卫青　柴彩根
　　　　　顾春花　凌云中

淀山湖镇村志编纂委员会办公室
（2016年8月）

主　　任　吕善新
副 主 任　孙　倩　吴新兴　张品荣
成　　员　夏小棣　陈海萍　王忠林

2016年6月26日淀山湖镇党委书记李晖与村民座谈交流

2008年4月淀山湖镇党委书记宋德强、镇长韩晓燕到金家庄指导工作

2015年6月29日淀山湖镇党委书记徐敏中探望贫困党员

2012年12月淀山湖镇党委副书记彭建明慰问困难群众

2011年8月金家庄村村干部举行一事一议座谈会

2016年8月26日举行"三访三促"座谈会

2017年1月9日《金家庄村志》编纂人员座谈会

金家庄村两委会开会

金家庄村班子成员

金家庄村委会驻地

金家庄社区服务管理中心

金家庄村综治办

金家庄农民剧场

金家庄村民健身活动

金家庄国庆文艺演出

金家庄日间照料中心

老人在金家庄日间照料中心就餐

金家庄汽车站

金家庄村富民合作社

昆山东方包装材料有限公司

昆山樱花涂料科技有限公司

宝波树脂厂

王家角

南江潭

淀山湖自然风光

北淀山湖一角

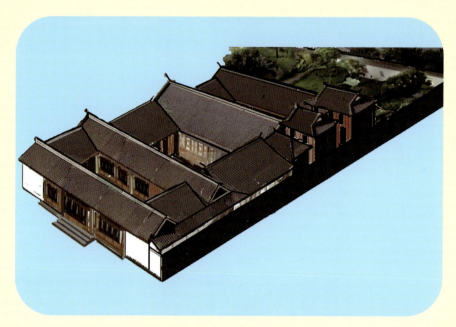

金家庄盛世房复原图

古村金家庄大滩涂

金家庄五房里房屋复原图

金家庄小学校复原图

江苏省级荣誉

苏州市级荣誉

昆山市级荣誉

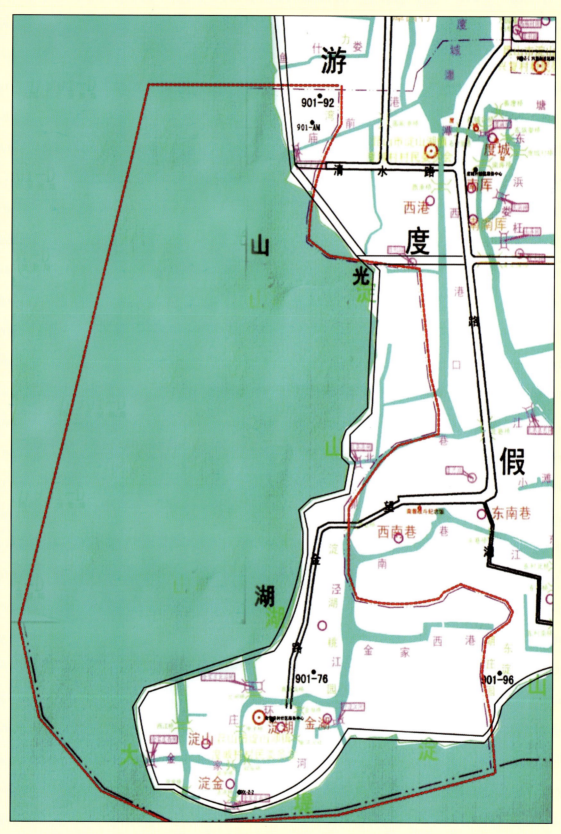

金家庄村坐圩区域图

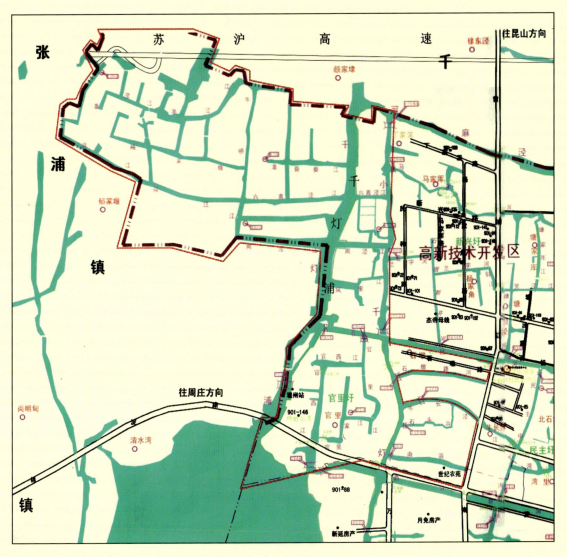

金家庄村北头区域图

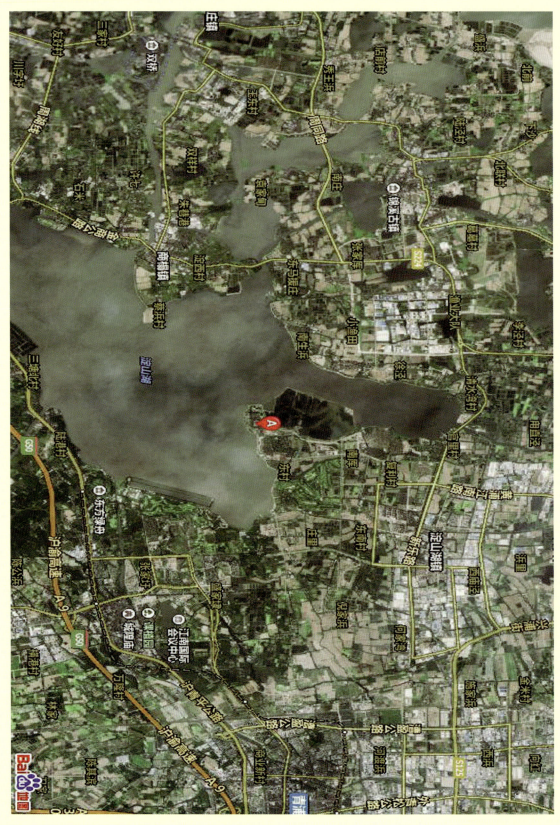

金家庄村卫星地图

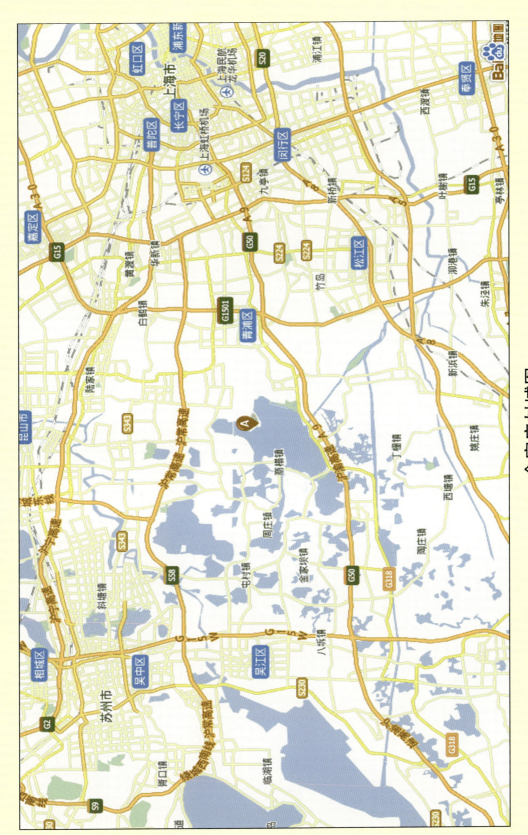

金家庄村域图

（图中A标注的是金家庄村所在位置）

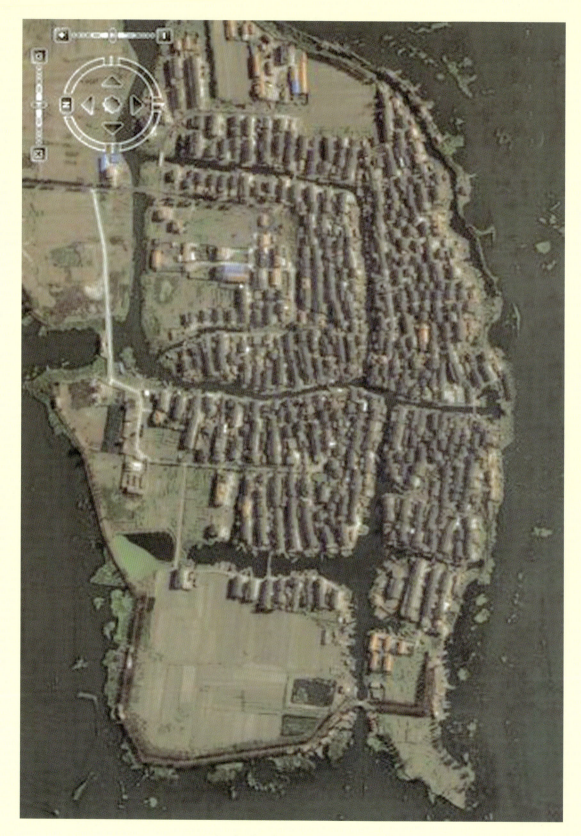

金家庄地图及 CXY 坐标

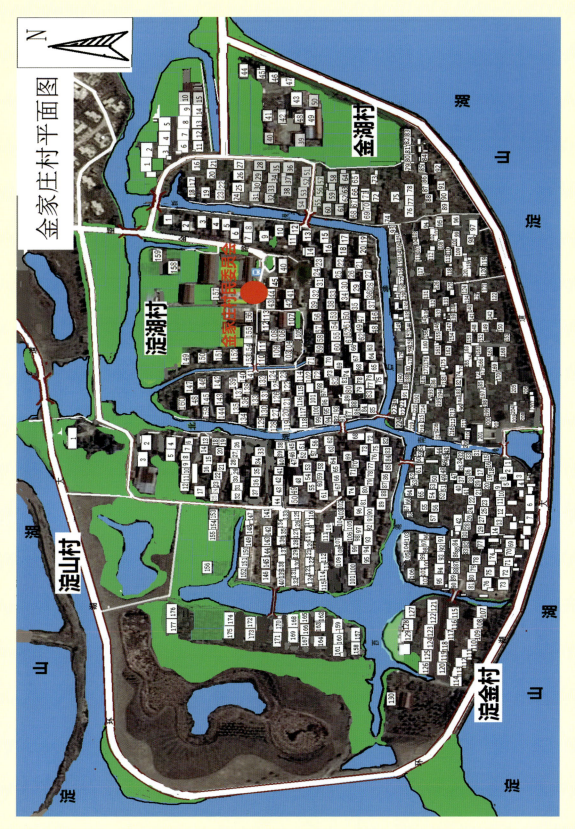

2012年金家庄村民宅平面示意图

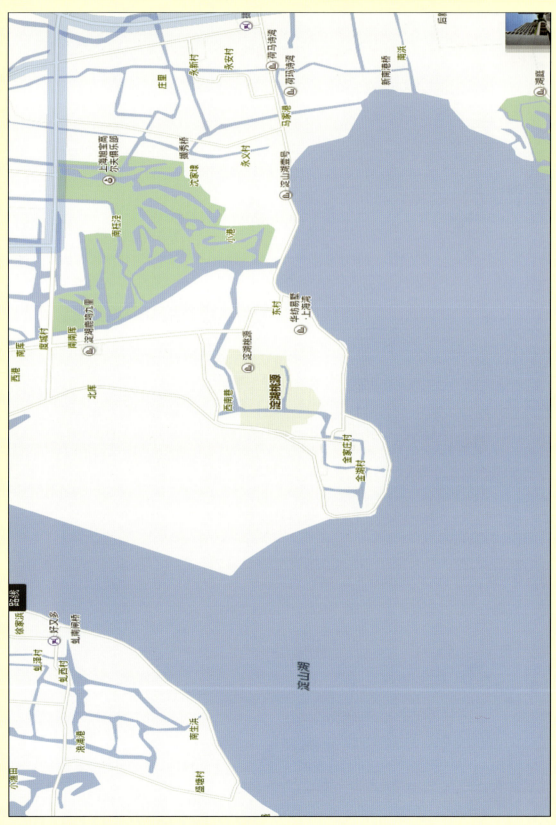

金家庄村域示意图

序

金家庄,这个以五行之首命名,诞生于淀山湖水中的村庄,以其独特的自然之胜和丰厚的人文积淀在我心中留下了美好的印象。

1999年秋天,时任淀山湖镇人武部部长兼党委宣传委员的吕善新同志请我到他的老家金家庄去看看。一路上,吕部长绘声绘色地讲述着金家庄的历史、人文以及发生在这个村里的一些神奇有趣的故事,让我听了产生了一种想深入研究金家庄的冲动。

走进金家庄,沿着那条或砖或石的临水道路,我和吕部长及金家庄村的干部,边看边谈,一圈下来,对古村金家庄有了一个初步的感性认识。

古村金家庄,虽然在漫长的"历史风化"中,因人为或自然的侵蚀而雄姿不再,但人们仍到处可见朱家府邸、顾家宅院等大户人家遗留下来的破壁残垣、断墙碎瓦、废墟石阶以及老树枯枝。金家庄内河港交叉、临水成街、因水成路,房屋依河而筑、形态多样、风貌依旧。从村内河岸边少许遗留下来的古建筑物中,人们依然可以想象出当年鳞次栉比的传统建筑簇拥在水港两岸的情景;仍然可以形象地再现出河岸边毗连的过街骑楼、临河水阁、河渠廊坊、驳岸石阶以及墙门、滩涂;风格相似、建造年代不同的四座平板石桥将水、路、桥、街融为一体,展现了独具特色的江南水乡的秀美景色。

2008年,已退居二线的吕部长又找到我说:淀山湖镇党委要他负责淀山湖镇历史文化的挖掘工作,设想搞一个"淀山湖历史文化三部曲"的文化工程,邀请我担任"三部曲"的主编。说实在的,我工作相当忙碌,本没时间,但老朋友的诚恳邀请,我又不好推脱。

随着淀山湖镇历史文化挖掘工作的开展和深入,金家庄、度城、碛碫、榭麓、杨湘泾老街等一批古镇、古村、古寺、古碑的历史面纱一层一层地被掀开,我进一步加深了对淀山湖镇历史文化的认识,特别是对金家庄的认识。

金家庄这个有着千百年历史的古村,如果未经人为的毁损,原汁原味地保留下来,发展旅游业的话,那将是一笔无法用金钱估价的历史遗产。不要说金家庄的后人享用不尽,就连淀山湖镇经济、社会的发展路径也许也会有所改变。

金家庄,历史上享有"江南水乡第一庄"的美誉,她既得益于独特的地理位置、优美的自然环境,更得益于朱氏家族儒家思想的教化和顾氏家族江湖匠人独有的商业智慧的引领。"顾朱能阁"虽是金家庄人一句普通的口头语,却真切地道出了"江南水乡第一庄"美誉的真谛。

退休一年后的吕部长,淀山湖镇党委、政府又让他"重出江湖",继续完成他退休前未竟的工作:村志的编写和《智者乐水淀山湖》编写的组织工作。《金家庄村志》历时三年,初稿落地,吕部长非要我为村志写个序。看了他送来的初稿,我觉得,金家庄这部村志有如下几个显著的特点:

一是作为一本最基层的地方志,既立足于客观事实,还历史的真实面貌,又注重"正能量"弘扬"真、善、美"。通过对金家庄优秀历史文化的挖掘整理,有助于金家庄人的子孙后代了解自己的历史文化谱系,从历史时态的序列中,看到金家庄人的人文脉络。

二是该书大量采用了淀山湖镇历史文化挖掘工作的研究成果,使史志中的人物事件更具客观性、科学性,完全可以作为金家庄村推动思想道德建设、促进经济社会发展的教科书。

三是该书既遵循史志的基本架构和行文要求,又适当引入文学基因,语言精练、秀美,文笔流畅,图文并茂,引人入胜,改变了史志枯燥无味的尴尬。本书注重思想性与逻辑性、学理性与通俗性、生动性与趣味性的统一,能够让人产生一口气读下去的感觉。

以上是我对古村金家庄的一点感知和认识,权当为序吧。

方世南

凡 例

一、本志系统地记叙了金家庄的自然与社会的历史和现状,可以实现履存史之职、行教化之能的目的,为社会主义的物质文明和精神文明建设服务。

二、本志"尊重历史,用辩证唯物主义的观点,实事求是地记载",力求完整、准确地体现时代特点和当地特色。

三、本志上限尽可能追溯事物发端,无法追寻的,则以1949年10月1日为起始,下限一般至2012年年底,大事记延伸到2016年。在编纂撰写时,以实事求是的原则,通贯古今,立足当代,突出时代特点和地方特色。

四、本志横排门类,竖写历史,由序、地图、照片、概述、大事记、志等组成,以传志为主,共有15章,共计49万字。

五、为彰显地方人杰,及时记载有关人员的事迹,对于当代名人,一是从事系人,在专志中记叙相关事迹;特辑当代名人简介,只记事迹,不记生平;二是采用列表形式,在人物卷中列出本村副高级职称或相当职务的人物表。

六、文体:概述,以述为主,间有释议,叙述结合;大事记,以编年体为主,其年均用记叙文体,以第三人称客观记叙,开门见山,直接记事,只记事实,不作详述。

七、纪年:中华人民共和国成立之前的历史纪年年号用汉字书写,括号中夹注公元纪年,同一节内,只在首次出现时夹注。数据:均用本地统计部门的数字,采用各相关单位的数字,有历史纪年的年、月、日用汉字书写;公元纪年的年、月、日用阿拉伯数字书写。

八、全志资料大部分来自各部门的档案室及村委会,亦有相当部分走访知情人的口述资料。

目 录

概　述 …………………………………………………………………… 1

大事记 …………………………………………………………………… 4

第一章　村庄格局 ……………………………………………………… 12

 第一节　建置沿革 …………………………………………………… 12

 第二节　村庄形成 …………………………………………………… 13

 第三节　村名由来 …………………………………………………… 14

第二章　自然环境 ……………………………………………………… 18

 第一节　地貌 ………………………………………………………… 18

 第二节　气候、物候 ………………………………………………… 20

  一、气候 …………………………………………………………… 20

  二、物候 …………………………………………………………… 20

 第三节　村庄水系 …………………………………………………… 21

  一、主要河流 ……………………………………………………… 23

  二、其他河流 ……………………………………………………… 25

 第四节　自然灾害 …………………………………………………… 26

 第五节　环境治理 …………………………………………………… 27

第三章　人口 …………………………………………………………… 30

 第一节　人口总量 …………………………………………………… 30

 第二节　人口变动 …………………………………………………… 31

 第三节　人口构成 …………………………………………………… 34

 第四节　村中大族 …………………………………………………… 40

一、朱德润家族脉络	41
二、顾氏家族	44
三、沈氏一姓	46
四、程氏家族	47
第五节　村内姓氏	48
第六节　计划生育	48

第四章　村庄建设 ……………………………… 49

第一节　基础设施建设	49
一、道路	49
二、村级桥梁	51
三、邮电通信	52
四、电力设施	52
五、信息网络	53
六、饮用水设施	53
七、公共自行车	54
八、其他公共设施	54
第二节　农村住房建设	55
一、农村自建房	55
二、商品房	58
第三节　环境卫生	59
一、公厕	59
二、垃圾桶及垃圾中转站	59
三、河道整治	59
四、防洪闸	60
第四节　村庄住宅分布情况	60
第五节　拆迁安置	72
一、淀金	74
二、金湖	74
第六节　村庄创建	75
一、创建精神文明村	76
二、创建文明阵地	76
三、创建生态村	79

　　　　四、创建卫生村 ··· 81

第五章　农业 ·· 83

　　第一节　生产关系变革 ·· 84
　　　　一、土地私有制时期 ··· 85
　　　　二、土地改革时期 ·· 85
　　　　三、农业合作化时期 ··· 85
　　　　四、人民公社时期 ·· 87
　　　　五、联产承包 ··· 90
　　第二节　种植业 ·· 91
　　　　一、水稻 ··· 91
　　　　二、三麦 ··· 99
　　　　三、油菜 ··· 100
　　　　四、良种推广 ··· 101
　　第三节　经济作物 ··· 101
　　第四节　水产养殖 ··· 102
　　第五节　畜禽养殖 ··· 104
　　第六节　农机农具 ··· 105
　　　　一、传统农具图例 ·· 106
　　　　二、现代农业机械图例 ·· 114
　　第七节　农业科技 ··· 115
　　第八节　农田水利 ··· 118
　　第九节　防汛抗旱 ··· 119
　　第十节　远田耕种 ··· 120

第六章　工商企业 ·· 123

　　第一节　工业 ·· 124
　　　　一、新中国成立前后 ··· 124
　　　　二、队办企业 ··· 125
　　　　三、民营企业 ··· 127
　　第二节　商业 ·· 128

第七章　村落文化 ·· 133

　　第一节　村民记事 ··· 133

一、朱家金头坟的传说	133
二、神龙金凤的传说	134
三、"桃花源"里的故事	136
四、村庄的"草鞋队"	137
五、最会"玩水"的人	138
六、村里的女人	141
七、"四清"轶事	143
八、种田万万年	143
九、金家庄人的秉性	144
十、第一大力士何强耀	146
十一、抗日轶事	147
十二、误入歧途的留法学子顾越奎	148
十三、金兰潭的故事	148

第二节　农村文化 …… 149
　　一、群众文艺 …… 149
　　二、金家庄小报 …… 152

第三节　诗文淀山湖 …… 153

第四节　非物质文化遗存沿革 …… 162
　　一、木船的圈法 …… 162
　　二、红篷船 …… 165
　　三、三月三、七月半开光("朝老爷") …… 166
　　四、灶头 …… 167
　　五、风车(水风车) …… 168
　　六、山歌 …… 170

第五节　宗教 …… 175

第八章　文体卫生 …… 176

第一节　学校 …… 176
　　一、小学 …… 177
　　二、中学 …… 181
　　三、幼托 …… 183

第二节　医疗 …… 184
　　一、药店 …… 184

二、卫生室、服务站 ································· 185

　第三节　消灭血吸虫病 ································· 187

　　一、查螺灭螺 ··· 187

　　二、查病治病 ··· 188

　第四节　农村体育 ······································· 189

　　一、篮球队 ··· 189

　　二、庭院游戏 ··· 190

第九章　人民生活 ··· 200

　第一节　农民生活 ······································· 200

　　一、新中国成立前 ·································· 200

　　二、新中国成立后 ·································· 201

　第二节　社会保障 ······································· 206

　　一、农保 ·· 206

　　二、社会养老保险（社保） ······················ 207

　　三、最低生活保障 ·································· 211

　　四、失地农民 ··· 211

　　五、安置补助费 ····································· 211

　　六、弱势群体保障 ·································· 211

　　七、医疗保险 ··· 212

第十章　名胜古迹 ··· 215

　第一节　金家庄的豪宅与农舍 ······················ 215

　　一、朱家豪宅 ··· 216

　　二、顾家豪宅 ··· 218

　　三、小洋房 ··· 220

　　四、普通民宅 ··· 221

　第二节　庙宇及石碑 ··································· 222

　　一、南庙 ·· 222

　　二、北庙 ·· 223

　　三、顾达今先生纪念碑 ··························· 225

　　四、文昌阁和晚翠轩 ······························ 225

　　五、祠堂 ·· 226

第三节　古桥名木	227
一、永庆桥	227
二、福元桥	228
三、甲子桥	229
四、南学桥	229
五、洛成桥	230
六、古银杏	230

第十一章　习俗 … 231

第一节　生活风俗	232
一、岁时习俗	232
二、婚嫁习俗	234
三、特殊婚姻	236
四、生活习俗	237
第二节　方言	243
一、常用语	243
二、表示动作	260
三、表示事物	263
四、表示时间、天气	267
五、称呼用语	268
六、三字叠词	269
七、身体器官	270
八、带"头"字词	270
九、带"子"字词	271
十、俗语	272
十一、歇后语	275
十二、气象时令谚语	276
十三、农谚	277

第十二章　基层组织 … 279

第一节　基层党组织	279
第二节　村政	282
第三节　集体用房	285

一、原淀金村 ……………………………………………………… 285
　　二、原金湖村 ……………………………………………………… 286
　　三、原淀山村 ……………………………………………………… 287
　　四、原淀湖村 ……………………………………………………… 287
　　五、金家庄社区房屋 ……………………………………………… 288
第四节　经济合作社 …………………………………………………… 288
第五节　民兵营 ………………………………………………………… 290
第六节　群众团体 ……………………………………………………… 291
　　一、共青团 ………………………………………………………… 291
　　二、妇代会 ………………………………………………………… 292
　　三、老协会 ………………………………………………………… 292
第七节　组织沿革 ……………………………………………………… 293

第十三章　人物 …………………………………………………… 300

第一节　历史人物 ……………………………………………………… 300
　　一、金至善 ………………………………………………………… 300
　　二、朱瑄 …………………………………………………………… 301
　　三、朱德润 ………………………………………………………… 302
　　四、朱希周 ………………………………………………………… 307
　　五、薛朝阳 ………………………………………………………… 309
　　六、顾达今 ………………………………………………………… 310
第二节　当代人物简介 ………………………………………………… 313
　　一、顾石林 ………………………………………………………… 313
　　二、顾瑞华 ………………………………………………………… 313
　　三、朱考文 ………………………………………………………… 313
　　四、朱家成 ………………………………………………………… 314
　　五、朱鹿鸣 ………………………………………………………… 314
　　六、朱慰中 ………………………………………………………… 314
　　七、朱慰祺 ………………………………………………………… 315
　　八、吴德忠 ………………………………………………………… 315
　　九、顾庆超 ………………………………………………………… 316
　　十、顾振寰 ………………………………………………………… 317
　　十一、顾天冲 ……………………………………………………… 317

| 十二、李亚仙 ………………………………………………… 317
| 第三节　人物表 ……………………………………………………… 318
| 一、当代军人名录 ……………………………………………… 318
| 二、当代先进人物 ……………………………………………… 322
| 三、村籍大学生名录 …………………………………………… 322
| 四、从金家庄走出去的人 ……………………………………… 327
| 五、手工业者 …………………………………………………… 332
| 六、插队知识青年名录 ………………………………………… 336
| 七、全家落户名录 ……………………………………………… 339

第十四章　文存辑录 ………………………………………………… 340
　　第一节　金家庄的婚礼 …………………………………………… 340
　　第二节　金家庄记 ………………………………………………… 354
　　第三节　金家庄人种田苦 ………………………………………… 355

第十五章　荣誉 ……………………………………………………… 357

索　引 …………………………………………………………………… 360
《金家庄村志》修编人员名录 ………………………………………… 365
后　记 …………………………………………………………………… 366

概　述

金家庄位于淀山湖镇的最西南，三面环湖，东面由一条名为泖泾江的河流将其与泖泾圩相隔，使之成为淀山湖中唯一的湖中岛。

湖中岛由"以字圩、大羊圩、小羊圩"等自然圩头组成。村的中心有一条近似"十"字形的河港，将其分成四块，又有永庆桥、福元桥、甲子桥、南学桥四座平板石桥将其连成一体。

截至2000年，金家庄有34个村民小组，770户居民，人口2 436人。全村拥有耕地面积5 957亩，其中村四周的"近田"有200亩左右，大部分农田在淀山湖镇的北面，原大市镇的南吉山村和千灯镇的陶家桥附近，俗称"北头田"。南淀山湖现上海水上运动场原来也有200多亩耕地，后置换给上海市青浦区。

金家庄民国时期属杨湘泾区，称金庄乡。1947年与度城乡合并称金度乡，后改称淀东乡。中华人民共和国成立后，属淀东区金湖乡，并以庄内四个自然地块设置生产、建设、胜利、巩固四个行政村。后行政组织名称有所更改，但区界不变。1999年3月，合并成立金家庄村党支部。2001年8月，成立金家庄村村民委员会。

金家庄是一个神奇的地方，它独特的地理环境和仙境一般的自然风光给人以无尽的遐想，留下了一个个美好的传说。

从空中鸟瞰金家庄的地形，犹如一只展翅欲飞的金凤凰。村的东面又有一片被古人称为"屯龙潭"的神秘水域，于是就有了"神龙金凤"的传说。北港口"金兰潭"的神水和蝴蝶嘴上"桃花源"里的故事，让人听了心醉。王家角上一块"八风山海镇"的石碑意蕴着怎样的内涵？"金家庄"这个村名又有什么来头？等等，期待疑团的解开。

金家庄又是一个富有个性的村庄。金家庄在历史上虽然未能像度城、杨湘泾、榭麓那样享有"镇"的地位，但在中国的历史上，能被称为"庄"的村落，本身就是一种地位的象征。

走进金家庄,庄内或砖或石,堆砌整齐的街路、气势不凡的石驳岸、古朴沉静的平板石桥、沿路而筑的靠街楼、沿河水阁和因势而就的临街商铺,以及顾家、朱家豪华的明清建筑群和一排排、一簇簇错落有致,相似于北京四合院的"通天八间前后埭"的农宅,让人领略到它的底气和实力。

金家庄,物华天宝,人杰地灵。独特的自然生态环境和"儒、释、道"等多元的文化底色,铸就了明清时期"江南水乡第一庄"的美誉。21世纪初,一位全国著名学者对金家庄有过这样一段评述:"金家庄从一个默默无闻的小村落,发展至明清时期名扬四方、力压群镇的大村落,除了独特的地理环境优势和丰富的自然资源外,与金家庄人水乳交融下形成的'刚柔并济、如儒似水'的文化个性有着密切的关系。"

金家庄人的姓氏有40多个,这些来自四面八方的人虽然生活在同一村落,但宗教信仰不尽相同,既有崇尚"仁义礼智信"的儒家学说,也有相信佛教的"因果轮回",又有以"修道济世"为宗旨的道教,还有信仰赏善罚恶的天主教。因此在历史上金家庄村落内,寺庙、道观、教堂均有好几处。如村南南港潭畔的青莲寺、城隍庙,三爷墩上的三官庙、文昌阁、晚翠轩,村北港口有北庙,还有顾家祠堂,泖泾桥东北堍的朱家祠堂,村北桥堍的西面有天主教堂,以及散落在村庄各处的规模不一的神堂等。

金家庄无论古今都是人才辈出的地方。历史上,朱家学者自元朝大画家朱德润之后,明代有状元朱希周,清代有教育家朱柏庐等。民国时期有昆山绅士顾达金,抗日人士朱家成、顾振寰;号称"石一帖"的名医顾石林和"温和郎中"顾粹华。现代有著名学者、教授、高级工程师,如朱鹿鸣、朱慰棋、朱慰中、吴德忠、顾庆超、徐亚明等。

一方水土养一方人,一脉文化育一拨人。金家庄代代出才俊,辈辈有能人,与金家庄人重视教育有紧密的关系。历史上,金家庄是文人雅士、商贾官宦著书立说、退隐经商、休闲养逸的云集地,他们的到来为金家庄教育文化事业的发展打下了坚实的基础。

金家庄早在明清时代就由朱氏的后代办起了书塾。清光绪二十八年(1902年)正月,由顾天文创办了"蒙阳公学",后来,20世纪70年代在公学内办起了中学。

金家庄人是睿智的,他们守着淀山湖这个天然大渔仓,但不沉迷于"靠山吃山,靠水吃水"的旧模式,而是跨湖去垦荒种地,因为他们深知种田与渔牧业相比,更能丰衣足食,生活更有保障。但金家庄人又不被农业所束缚,在农闲时,他们利用各种优势,开展多种经济活动。清末民初,金家庄人就开始了货物贸易。当时,金家庄人的航船伸展到淀山湖周边的四乡码头。香山匠人的后裔在继承老祖宗营造业的同时,开办了砖瓦窑和多家船厂,其中以北港口程氏船厂和东南头俞家船厂最为出名。

改革开放后,金家庄人头脑活络的天性再次迸发。他们充分利用金家庄人在全国各地,特别是大上海人脉资源丰富的优势,大力创办队办企业。自黎明大队创办玻璃钢厂之后,光明橡胶厂、胜利毛毡厂、金湖标准件厂等队办企业,如雨后春笋般涌现。因此,金家庄四个大队全部位列淀山湖镇村级经济的第一方阵,金家庄人也成为淀东镇镇办企业骨干人才的主要来源地。据统计,20世纪80年代中期,淀东镇镇办骨干企业的厂长绝大多数是金家庄人。

金家庄人的个性是多元的,除了善于经商之外,对戏曲文化和竞技体育也情有独钟。早在民国初期,金家庄人就有自己的足球队、篮球队和唱戏班。庄内早就设有足球场、篮球场和戏曲演出场所。农闲时,或逢传统节庆日,金家庄人都会举办各种体育比赛和戏曲演出。历史上,金家庄足球队(对外称"草鞋队")、篮球队在淀山湖地区都有相当名声。金家庄唱戏班的盛名,更是历经各个不同历史阶段,一直延续至今。

常年生长在淀山湖畔的金家庄人开门见水,出门过湖,"驾船玩水"是他们的拿手好戏。穿梭于淀山湖里的红篷船成为金家庄人的标志,"农历三月三"摇桨船比赛是金家庄人独有的水上竞赛项目,推樯子、抽水关、跳船舱,成为金家庄男青年展示技能和实力的经典比赛。最让金家庄人骄傲的是,民国期间,金家庄村民吴士德、朱志福两人代表昆山县参加嘉定、昆山、太仓三县组织的摇船比赛,并获得第一名。

金家庄是一片神奇的土地,金家庄也是一个富有个性的村庄,湖的开阔,水的灵性,融以"儒释道"为核心的传统文化,和近代社会主义核心价值观的熏陶,赋予了金家庄人多彩的文化个性,成就了金家庄历史上的辉煌和当今的灿烂。

古村金家庄,即将编入淀山湖镇消逝的村落名单,《金家庄村志》的编纂人员只能穷尽所能,让"金家庄"长存于历史档案之中。

大 事 记

中华民国

民国二十年(1931年)

8月15日,太湖大盗徐天荣,人称太保阿四,带500余名强盗300条网船,深夜潜入泖泾港到南芦埂的芦苇中。拂晓时分,强盗冲进金家庄抢掠。顾达今在来不及召集自卫团的情况下,冲出房屋与强盗进行枪战。激战中,顾达今不幸牺牲。人们为纪念顾达今特为其竖碑列传。

民国三十四年(1945年)

5月,南巷新四军与日军交战,金家庄几个青年在泖泾圩发现伤员,及时将伤员转移到小独圩上。为防止日军搜查,盛仲林、何家祥、郁林生等青年当晚就用小船将伤员转送到锦溪虮泽村。

是年,冬,金家庄开新江,由烟筒头转北,与曾家浜联通,结束了浜门桥以东的人家到长滩滩挑水的历史。新江竣工,蒋家的田被挖废,乡政府将泖泾圩上的公田拨给蒋家,作为补偿。完工后,演了三天戏,以示庆祝。

中华人民共和国

1949年

7月13日,开始连日暴雨,湖水猛涨,粮田被淹,连金家庄最高地王家角也被淹。全村村民积极抗洪救灾。

1950年

1月,淀东区金湖乡成立,乡长蓝本禄。下设生产村、巩固村、胜利村、建设村、复月村。

5月，解放军三野某部进驻金家庄，在淀山湖上进行军事演习。

是年，金家庄成立4个农会组织，村民进行土地改革，分土地、农具、房屋、家具。

1951年

是年，盛天明、郁洪义、方小毛、蔡永和、朱雪生、蒋林生、吴林坤7名热血青年报名参加志愿军赴朝参战。

1952年

是年，学习中央《关于农业生产互助合作的决议》文件之后，村民组织互助组，金家庄共成立了29个互助组。

1953年

是年，金家庄成立8个初级农业合作社，分别是生产村的生生1社、2社，巩固村1社、2社，胜利村3社、4社，建设村1社、2社，互助合作运动又向前迈进了一步。

△ 国家实行粮食统购统销。

△ 撤金湖乡，并入度潭乡。此后，生产村、巩固村、胜利村、建设村、复月村均属度潭乡管辖。

1954年

5月18日~7月24日，连日降雨，水位超警戒线，彩字街、王家角、长滩滩都被淹，80%的农田被淹。农民挖泥筑防洪堤，防止大水淹没村庄。

1955年

11月，金家庄成立4个高级社，分别是生生高级社、光明高级社、胜利高级社、黎明高级社。

是年，金家庄配合上级，开展肃清反革命运动。

1956年

4月，泖泾江造7孔木桥及曾家浜桥。

11月，金家庄数十人参加杨湘泾血吸虫病治疗。

1957年

6月20日，开始连日暴雨，雨量达266.8毫米，内河水涨，农田受灾严重。

是年，年底，东方红电灌站建成，原淀金5组、6组的低洼田改善为良田。

△ 开展整风运动,金家庄小学教师集中到昆山大鸣大放。

1958 年

10月,淀东人民公社成立,确立以公社为核算单位,金家庄为第一大队,农村办起了食堂,实行吃饭不要钱。复月村为第二大队。

是年,大搞爱国卫生运动,除四害。

△ 撤金家庄中心校,改办金家庄小学。

1959 年

是年,撤销淀东人民公社第一大队,将其拆分为金湖大队、光明大队、胜利大队、黎明大队。

1960 年

是年,撤金湖大队、光明大队、胜利大队、黎明大队,合并为金湖大队。

1961 年

是年,撤金湖大队,仍恢复金湖、光明、胜利、黎明四个大队的建置。

1962 年

3月,金家庄贯彻、落实"农业六十条",确立以生产队为核算单位。每个生产队按总田亩数的5%划分为村民自留地,坚持60年不变。村民口粮由两部分组成,即基本粮和工分粮。

1963 年

是年,华东野战军某师拉练到金家庄,指挥部设在顾乾贤宅。晚上,部队给金家庄村民放电影《党的女儿》,解放军战士在电影场四周持枪警戒。

1964 年

3月21日,胜利4队社员周凤光、贾福林从上海罱黑泥返乡过淀山湖时,遇到大风,船沉没,两人遇难。

10月,在胜利篮球场举办昆南乡镇篮球友谊赛,朱家角镇队参赛。

是年,金家庄农业中学创办,两名教师借百姓民房作为教室,给学生上课。

△ 社会主义教育运动工作队进村,所有大小队干部都不插手工作,一切工作由工作队负责。

1965 年

11月,"社教"工作结束,金家庄的大小队干部复职,只有1人未被录用。

是年,金家庄南湖边建石驳岸,约3 000米。建禁河江桥。

1966 年

9月,金家庄农业中学朱波兴、庄惠元、朱引根去北京参加国庆典礼,10月5日返乡。

是年,"文化大革命"开始,4个大队分别成立毛泽东思想宣传队。

1967 年

是年,严重冰冻,金家庄四条运肥船冰封湖中,村里群众进行营救。

1968 年

9月,撤金家庄农业中学,改办金家庄"戴帽子"初中。

12月,苏州知识青年到金家庄插队落户。

是年,苏州626医疗队进驻金家庄,医生有罗金琪、朱国良、毛玉文等,为金家庄人治疗慢性病及血吸虫病。

△ 金湖大队建金湖大队砖瓦厂。

△ 在小独圩与大独圩两岛之间建淀金桥。

1969 年

4月,金家庄4个大队成立革命委员会。

5月,金家庄小学教导主任周景邠、教师薛伯光在"文化大革命"中含冤而死。

是年,4个大队建医疗站,社员每人每年交2元,集体付4元,村内看病免费,外出看病报销部分医药费。

1970 年

是年,金家庄开展灭螺运动,各大队有专业的灭螺队,农忙也不停。

△ 金家庄4个大队联合,成立了由13人组成的武装民兵独立排,沈裕服任武装民兵独立排排长。每人配有一杆枪,有冲锋枪和步枪。经常训练,如步枪射击飞机,怎样扎炸药包炸坦克,随时准备回击来犯的敌人。

1971 年

是年,金家庄实行三熟制,开始种植双季稻。

1972 年

是年,淀金自然村村民邵云度在抢种双季稻时,不幸被牯牛撞死。

△ 金家庄户户通广播。

1973 年

是年,金家庄4个大队通电,村民开始用电灯。

△ 建新江(胜利江)水泥桥。

1974年

是年,金家庄各生产队添置小型拖拉机、挂机等农用机械。

1975年

6月21日~7月初,连续降雨374.6毫米。7月10日,水位达3.4米。

1976年

6月,办起了黎明玻璃钢厂。人们开始意识到无工不富的道理,4个大队开始大办工业。

1977年

7月,淀金大队办起了淀东光明橡胶厂,产品以橡胶密封圈为主。

10月,胜利大队办起了胜利毛毡厂,专做各种皮鞋鞋跟的填垫物料。

1978年

11月,金家庄村民开始造楼房,第一家造楼房的是蔡永兴家。

12月,苏州来金家庄的插队知识青年返苏,其中沈玉琴婚嫁本地,定居于此。

1981年

是年,选出了淀东公社第九届第一次人民代表大会代表朱考文,这是金家庄第一次无记名投票选出的代表。

1982年

4月24日,淀东公社287个生产队实现了三业分开,大组联产的有244个生产队,小组联产的有11个生产队,联产到劳的有32个生产队。金家庄4个大队也三业分开。

1983年

6月20日起,连续阴雨,降雨量达236.3毫米,夏熟作物霉烂,损失严重。

是年,实行体制改革,撤社建乡,大队改为村,并调整了领导班子,逐步实现干部年轻化、知识化、专业化。

1984年

是年,金家庄沿湖土质防洪大堤筑成,全长约3公里。

△ 推行小城镇户口。农村青年花钱买户口,农村户口可转为农村小城镇户口。

1985 年

12月,金家庄土质防洪大堤外,建石驳岸,全长约3公里,村里开通电话。

1988 年

6月,撤淀东乡,更名为淀东镇。金家庄4个村所属不变。

是年,金家庄4个村合办一个自来水厂,厂长吕元龙。自来水厂位于泖泾江边。

1989 年

2月5日,昆山市第一条乡村公路金杨路路基完工。

1990 年

10月1日,昆山市第一条乡村公路通班车,金家庄设汽车站。

1992 年

是年,金家庄部分村民家通电话。

1993 年

9月,金家庄"戴帽子"初中并入杨湘镇淀山湖中学。

是年,对村民房屋统一丈量,登记造册。

△ 金家庄东泖泾、西泖泾1 000多亩土地被政府征用。

1995 年

6月30日,淀山湖自来水厂供水。

1996 年

是年,金家庄小学三到六年级师生并入淀山湖中心小学校,金家庄只留小学一、二年级。

△ 村办企业转制。

△ 金家庄自来水厂停业。

1997 年

是年,因孩子太小,1996年去中心校就读的三、四年级学生返回金家庄小学读书。五、六年级的学生继续在淀山湖中心小学校就读。

△ 金家庄原校办厂厂房装修完工,金家庄小学移址到此,供金家庄小学一至四年级的学生就读。

1998 年

春夏之交,雨水不断,水位上涨,超警戒线。此次水灾淹没良田、鱼塘1 000多

亩,灾后给予农业税减免。

是年,金家庄发放宅基地证、房产证。

△ 实行第二轮土地确权,按农村实有人口分田,发放土地承包权证。

△ 金家庄商店转制,金家庄供销社停办。

1999 年

4月,昆山淀山湖镇金家庄中心村党支部成立,原20名正副职干部压缩到10名,沈裕服任书记。

是年,金家庄对所有道路实施硬化,耗资28万元。

2001 年

8月,正式撤销淀金、淀山、淀湖、金湖4个行政村,组建金家庄村,成立金家庄村党支部、村民委员会。

是年,为了防洪水,金家庄在北江口建北闸。

△ 金家庄成立保洁队,买数辆车子、一条船,每户发一个垃圾桶,定期清理垃圾。

2002 年

3月16日,金家庄业余演出队成立。演出队利用业余时间排练节目,节假日演出。

是年,填没原黎明大队水浜一条,创建苏州市文明村。

2003 年

4月,金家庄开始实行农村居民养老保险,未退休人员每月交40元。退休后,每月领130元。

是年,淀山湖镇政府对淀山湖围湖取土,清除淤泥。

△ 为抗洪,金家庄建南闸。

△ 金家庄安装有线电视。

△ 金家庄小学全部并入淀山湖中心小学校。

2004 年

是年,金家庄获江苏省卫生村荣誉称号。

△ 全面实施医疗保险,投保人每人每年交50元,市、镇财政各补交75元。退休人员免交。

△ 为抗洪,在金家庄西江口建西闸。

2005年

是年,投资15万元,金家庄建标准公厕5座;投资160万元,建造金家庄社区活动中心、农民剧场、老年活动中心、农贸市场、警卫站、汽车站、文体活动场所。

2006年

9月,金家庄自来水管道与昆山市自来水管道连接。建卫生服务站,面积220平方米,有坐诊室、观察室及4张床位的病房。

是年,创办金家庄图书馆,图书2 000册,报纸杂志13类,周四开放。

△ 创建江苏省生态村,并获得荣誉证书。

2007年

5月,为防洪水,金家庄于泖泾江建泖泾闸。

是年,政府投资建环湖公路,也称环湖大道。其主要道路环绕金家庄村。

2009年

10月,农保退休人员可一次性交费买医保。12月,农保退休、到龄人员可一次性交费买社保,交费后与城镇职工医保、社保接轨。

是年,金家庄成立土地股份制合作社,粮田、鱼塘由合作社进行发包,农民享受股权分配。

2010年

5月,金家庄原金湖村大部分、原淀金村全部家庭拆迁。

12月5日,昆山市第一个农村老年日间照料中心在金家庄村成立。金家庄老年日间照料中心给全村85周岁以上的老人提供一天两餐的服务,及日常的生活料理。

12月,选举产生金家庄村村民委员会。

2011年

5月,金湖村浜斗以北60户、原淀山小江西23户,实施了第二批农户的动迁。

2012年

3月,周泾站改造,增设农业设施,建水泥灌溉渠。

7月,村两委调整领导班子,两名年轻干部充实其中。

是年,第四季度,金家庄公共自行车及智慧单车系统开通。公共自行车租借点设在曾家浜桥北块之西,方便了村民的出行。

△ 淀山村村路西北角40户农户动迁。

第一章 村庄格局

淀山湖镇旧称杨湘泾镇，1910年，建杨湘泾乡。民国元年（1912年），属昆山县第四区。1934年6月，为昆山县第五区辖井亭镇杨湘泾乡，金家庄属井亭镇金家庄乡。1937年11月，日军占领昆山，撤区建杨湘泾乡、金家庄乡，将井亭划归青浦县，金家庄乡隶属昆山县。1949年年初，杨湘泾为昆山县第五督导区。金家庄随着社会形势的发展，经历了分分合合数次，但"金家庄"这一名字及其内涵，被更多的人记住了。

第一节 建置沿革

新中国成立后，金家庄为昆山县淀东区金家庄乡。1950年，成立金湖乡，辖东村、南巷。内部4个村名依照当时的口号：发展生产建设，巩固胜利成果。所以将以字圩命名为生产村、建设村，将小羊圩、大羊圩命名为巩固村、胜利村。

1954年，昆山县进行区域调整，撤金湖乡，将金湖乡并入度潭乡。此时，金家庄隶属昆山县淀东区度城乡，分设生产村、建设村、巩固村、胜利村。

1956年，昆山县撤区并乡，撤淀东区，将其并入茜墩区，金家庄属杨湘乡管辖。

1958年10月，政社合一，撤乡建淀东人民公社，下设生产大队，实行军事化管理。金家庄为昆山县茜灯区淀东人民公社第一大队。生产村、巩固村、胜利村、建设村分别为第1营、第2营、第3营、第4营。

1959年，撤淀东人民公社第一大队，分设金湖大队（原金湖村）、光明大队（原巩固村)、胜利大队(原胜利村)、黎明大队(原建设村)。

1960年,又将这4个大队并成一个大队,命名为金湖大队。

1962年,淀东人民公社调整区划,金家庄为金湖片,此时的复月划到复字片,原来的金湖大队又拆成4个大队。仍为金湖大队、光明大队、胜利大队、黎明大队。

1983年6月,政社分设,淀东人民公社改建为淀东乡,隶属关系不变。

1988年6月,撤乡建淀东镇,隶属关系不变。1993年6月,经江苏省人民政府批准,淀东镇更名为淀山湖镇,隶属关系不变,而金家庄4个村借用"淀山湖"三个字又命名为金湖村、淀金村、淀山村、淀湖村。

1993年8月26日,淀东镇正式更名为淀山湖镇,各村村名不变,金家庄区域内有:金湖、淀金、淀山、淀湖4个行政村。

2001年8月18日,经昆山市人民政府批准,实行行政村区域调整,金家庄的4个村又合并成一个村,命名为金家庄村,村下设34个村民小组。

第二节　村庄形成

金家庄圩头位于南北淀山湖之间,在淀山湖与赵淀湖(即人们常说的北淀山湖)的分界线上。金家庄东被泖泾江将其与陆地划离,西与虹泽相距1.5公里的水面距离,面积为0.6平方公里。

金家庄座圩由三只圩头组成。位于南江、北江之东,泖泾江之西,曾家浜之南的是以字圩,其西边靠中间位置的是一个水浜,叫东浜。1946年,金家庄乡政府为了解决东浜底住户挑水吃的困难,发动村民从东浜底到烟筒头开挖到东江,称后江,故福元桥又称为浜门桥。同时,从烟筒头到曾家浜也开了一条河,成为今天的新江。

金湖村就位于以字圩的南半部分。金湖村东是泖泾江,南是南淀山湖,西是南江、新开江,北是东江,最北的是曾家浜。

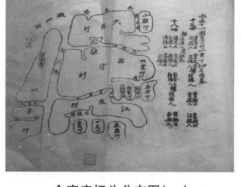 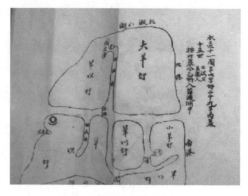

　　金家庄圩头分布图(一)　　　　　　金家庄圩头分布图(二)

　　淀湖村的位置在以字圩的北半部分,淀湖村之东是新开江,南是东江,西是北江,北是曾家浜。

　　新中国成立初期,行政村的巩固村,即后来的淀金村就在小羊圩上,其东是南江,南是南淀山湖,西也是淀山湖,北是西江。

　　胜利村位于大羊圩上(包含西湖边的上新圩),东是北江,南是西江,西北是淀山湖。金家庄内四条江即东江、南江、西江、北江成"十"字形,将金家庄划分成4块地,即4个自然村,福元桥(又名浜门桥)、永庆桥(又名南江桥)、南学桥(又名西桥)、甲子桥(又名北桥)又将4个村连在一起。

第三节　村名由来

　　镶嵌在淀山湖中的古村金家庄,是一个美丽而神奇的村庄。从远处望,秀水环绕,绿树浓荫,炊烟袅袅,生机盎然。如果说当年浩渺的淀山湖,和分散在淀山湖南岸的淀湖九峰,是一幅天作神制的山水画的话,那么湖中的绿岛金家庄和九峰之祖的淀山则恰到好处地填补了这幅山水画中过度空旷的缺憾,给画面平添了几分生趣,成为点睛之笔。当早晨的霞光挟带着雾气,金家庄在雾气中半隐半现,犹如天宫仙境中的亭台楼阁。

　　　　金家庄沿湖风光　　　　　　　　　　金家庄沿湖景观带

　　走进金家庄,不知是天造地设天然而成呢,还是人为修整的,金家庄的地形是最符合中国风水学中"风水宝地"标准的自然胜地。庄内安静流淌的小河,弯曲似"之"字。四座古朴沉静的平板石桥,连接着堆砌整齐的驳岸。一条或砖或石的街路,蜿蜒地伸向四方,把近千户的人家连成一体。沿路而筑的靠街楼,临河水阁,因地而成、因势而就的临街商铺鳞次栉比。河港、绿树、楼阁的倒影与岸上建筑连成一体。鱼鹰在渔翁不停地拍打和吆喝下,不断地叼着"战利品"游向船边,向主人邀功。舟船穿梭,不时地发出橹桨吱呀之声,给人一种似在"水墨画"中游走的感觉。

　　古代,金家庄无论从村庄的规模、人口的数量、基础设施、建筑物水准和人文底蕴,都无愧于"江南水乡第一庄"的美誉。但是,也许是地处偏僻的原因,金家庄在历史上从未成为一方地域的政治、经济、行政中心,所以在各类地方志中,对金家庄的记载甚少。

　　金家庄的村名最早出现在清代的《淞南志》和《淀湖小志》之中。金家庄姓"金"的人在金家庄40多个姓氏中,虽不能说最少,但至少也是很靠后的。那么,为何叫"金家庄",一定另有玄机。

　　一说很久很久以前,金家庄是一个无人居住的小岛。后来有两户渔民在此栖身。其中一户姓金,一户姓庄。他们相处和睦,相依为伴,生活倒也安逸。谁知金家尽生女儿,庄家尽生儿郎。后来他们的儿女长大后,金家的姑娘全部嫁给了庄家的儿郎,于是有了"金嫁庄"的话头。随着时间的推移,"金嫁庄"便成了"金家庄"。

　　二说是为了纪念一位姓"金"的教书先生。宋元期间,村上来了一位姓金的老先生。他不求功名仕途,一生刻苦学习,他的诗文可与唐宋时代顶尖人物的诗文相媲美。他注重修身养性,品德高尚,乐善好施,经常接济穷人。他在金家庄隐居期间,教授周围乡里学子,他的弟子多有成就。后来村里人为了感谢他、纪念他,给村庄取名为"金家庄"。

三说是根据道家,"金、木、水、火、土"相生相克的五行学说的含意,取五行之首的"金"字命名,意为五行协调、固若金汤的意思。

金家庄,是大自然冲积而成的泥沙岛,又受湖中水浪的冲刷侵蚀,正逐渐瘦身变形。由"金"字命名为村名,寄托着金家庄人守望故土、热爱家乡的美好心愿。

又一传说,淀山湖原来有山无湖,山叫"淀山"。那时山上树木葱茏,动物又很多,但这山是一个黑心地主的私人财产,他不准人们上山砍柴打猎,人们的生活很艰苦。某天,山下有一青年拾到一只小乌龟,放在家里精心喂养。青年家徒四壁,穷得几天揭不开锅。他自言自语地说:"假如现在有一点米,烧顿饭吃多好啊!"话刚说完,爬在门口的乌龟嘴里吐出了白米。一会儿功夫,白米就足够烧一顿饭了。这位青年喜出望外,从此不但自己衣食无忧,还叫乌龟为周边的穷人吐米。这事被财主知道了,他带了奴仆要来抢这宝贝。青年知道了这事,捧着乌龟就跑,财主在后紧追。青年一不小心跌了一跤,乌龟甩了出去,霎时天崩

八凤山海镇石碑

地裂,淀山便下沉,随之而来的是汹涌澎湃的洪水,财主淹死在其中。此处原名叫"淀山",因淀山下沉,湖水上涨,故改名为"淀山湖"。而这青年跌倒的地方,万丈金光笼罩,把湖水阻挡在外。等这青年起来,万丈金光退去,留下了一片没被水淹的地方。后来,人们为自己的村庄取名时,就定名为"金家庄"。

也有说黄巢领导的起义军在淀山湖畔筑度城,后被官兵镇压,一小部分起义军流亡到这座无名小岛,躲过灾祸。之后,这些起义军也无心出湖,在岛上定居,从事渔耕。这些人中多数姓金,为了掩人耳目,他们改姓王、吴、赵、陆等各种姓氏,但为了不忘祖宗,他们就把这个湖边小岛取名为"金家庄",意思是金家的庄院。

另有一说,金家庄原名"八凤山海镇",图吉利改名为"金家庄",等等。总之,关于金家庄村名的由来,众说纷纭,莫衷一是,细细分析,都不无道理。不过,这都是传说而已,史志上无据可考。

这些美丽的传说,把金家庄人心中美好的祝愿、美好的希望融入其中。

链接：十八个阵头

早在元朝，因"诗名擅一时，号铁崖体"的元代诗坛领袖杨维桢（1296—1370年）就将神话与淀山湖美丽的景色联系起来，写下了《淀山湖》一诗：禹画三江东入海，神姑继禹淀湖开。独鳌石龟戴山出，三龙联翩乘女来。稽天怪浪俄桑土，阅世神牙亦劫灰。我忆旧时松顶月，夜深梦接鹤飞回。

最初以渔业为主，后以农业为主的金家庄人，每天都流连于淀山湖的风浪中，他们把自己心中的图腾幻化成一个动人的故事，把内心的祈求折射成一个美丽的传说，表达了对水、对未知的神秘力量的敬畏。虽然有没有传说中的神灵的庇护，我们并不知道，但实际上，金家庄在数千年时间里，的确是风调雨顺，金家庄人也顺利平安，没有任何大灾大难。自然界偶尔发一下威，金家庄人都能从险象环生中化险为夷。

1953年夏季，天天有一次雷阵雨，一连下了18天。当时是互助组合作化时期，每个队都有一船的人到北头耕糙稻。说也奇怪，这雷阵雨好像是跟人跟船似的，只在船尾巴的方向下雷阵雨。干活时，人们也观察天空的云系的变化。当看到西南或西北、东南或东北有一朵小黑云时，金家庄人马上收工回家。船在湖上行，那雷阵雨就跟在屁股后面追，但基本上都离船100米左右。有时，船只实在躲不过雷阵雨，只能把船往最近的小河里停靠一下。虽然金家庄人经历了十八个大阵头的场面，但凭借掌握的天气常识，了解淀山湖的脾气，及时做出调整，因而都有惊无险。

第二章 自然环境

金家庄,位于长江中下游地区淀山湖畔,属典型的江南水乡。村庄自然环境优美,素以湖水清澈、甘甜而被文人雅士称颂。昆山历史上的第一位状元卫泾曾写过《游淀湖》,诗中写道:疏星残月尚朦胧,闲入烟波一棹风。始觉舟移杨柳岸,直疑身到水晶宫。乌鸦天际墨千点,白鹭滩头玉一丛。欸乃一声回首处,西山横在有无中。从诗的文字中,可见淀山湖优美的自然环境。

第一节 地 貌

金家庄在昆山市淀山湖镇的最南端,三面被淀山湖水围绕,东面被泖泾江拦截。过泖泾江后,才能与外界陆路相通。

远望金家庄,像一只展翅欲飞的凤凰,又似张翅而飞的蝴蝶。因湖水的阻隔,金家庄被分割为以字圩、大羊圩、小羊圩三大板块。金家庄岛中有岛,几大板块各有其小岛。如小羊圩的组成,就由西南嘴、小独圩、大独圩、埭(断埭、张家埭、徐家埭、坟埭)四个岛屿组成,大羊圩由村民住宅区和上新圩组成。以字圩原来是一个岛屿,新中国成立前开挖新江后,成为两个岛屿,就是现在的金湖自然村和淀湖自然村。

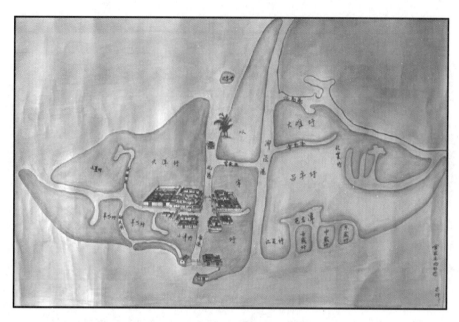

金家庄全景图

当代,在金家庄外围,铺就了一条6米宽的柏油路,像一条黑缎子般把金家庄紧紧包围着。这条沿湖公路,被称为环湖大道,也叫环湖公路。大道外侧,芳草萋萋,绿树成荫。内侧,每隔一两百米就有一个景观带,海豚植物景观、音乐广场、薰衣草花圃、运动草坪等休闲场地,成为游客休闲游玩的好地方。环湖大道吸引了来自昆山、上海等地的游客,他们在此驻足嬉戏,感受自然美景,享受生活乐趣。

村内房屋

村中心的河流

金家庄以字圩的北面,有大小两棵银杏树。其中大的一棵已有千百年的历史。北面的千灯陶家桥村,有一棵古银杏,南面朱家角的关王庙同样有一棵树龄达千年以上的古银杏。不知是巧合,还是前人故意为之,这三棵树正好在一条直线上,仿佛是用尺画好的一般。传说中,这银杏就是那只凤凰的尾巴。凤凰从南飞向北,又从北往南飞,最终停留在关王庙与陶家桥的中间,即在金家庄栖息。

第二节 气候、物候

金家庄地处长江中下游地区,是典型的鱼米之乡,春夏秋冬四季分明。其地区的生物种群以适应此气候的物种为主。

一、气候

金家庄在北纬30°左右,地处长江中下游地区,属亚热带海洋性气候。四季分明,日照充足,雨量充沛,无霜期长。全年晴、雨、阴天各占三分之一。降水集中于4月、5月、6月、9月,即春雨、梅雨、秋雨三个时段。夏季多东南风、偏南风,冬季以西北风、偏北风为主。平均每年2~3次受到台风或热带风暴的影响。

二、物候

1. 水稻

水稻于5月上旬播种,6月中旬栽秧,11月上旬成熟。

2. 三麦

三麦于10月下旬至11月上旬播种,翌年3月上旬拔节,4月中旬抽穗,5月底6月初成熟。

3. 油菜

油菜于9月下旬播种,10月下旬移栽,翌年3月初现蕾,3月中旬抽薹,4月初开花,4月下旬花终,5月下旬成熟。

4. 柳树

柳树于3月10日左右花芽绽放。3月中旬展叶,3月底开花,4月下旬柳絮飘落(果实),10月中旬叶子开始变色,11月中旬至12月中下旬落叶。

5. 蛙

蛙于春季产卵,幼时称为蝌蚪。经历几个月的成长,于夏季成蛙。4~9月,蛙鸣不断。古人辛弃疾《西江月》中描述的"稻花香里说丰年,听取蛙声一片"就是描述的蛙鸣的情况。

6. 蟋蟀

蟋蟀于6月初始鸣,11月终鸣。

7. 燕

燕于4月初始见,在江南人家门户的屋檐下筑巢,哺育小燕。12月中旬,飞往南方越冬,第二年返回。

8. 獐鸡、野鸭

这些候鸟11月份来淀山湖,翌年2月份离去。

9. 塘鳢鱼

塘鳢鱼,俗称菜花鱼,体形粗壮,体色灰黑,布满大块的黑斑。清明前后,油菜花开之时是最佳食用时期。

10. 鲈鱼

早春时节,鲈鱼洄游到海水和淡水的交汇处(长江口)产卵,然后小鱼洄游淀山湖。10月以后,渔民开始捕捉,本地称之为新生鲈鱼。鲈鱼,肉厚味美,元代诗人杨维桢曾在《淀山湖》一诗中有云"沽来村酒浑无味,买得鲈鱼不论钱",描述了鲈鱼味道的鲜美。

第三节　村庄水系

金家庄是淀山湖里唯一的湖中岛,淀山湖是金家庄人的母亲湖,淀山湖水不仅哺育着金家庄人,也给了金家庄人灵性和胆识。

淀山湖,是一个天然淡水湖泊,旧称淀湖、薛淀湖。淀山湖地处上海西南角,青浦区朱家角的西部,昆山淀山湖镇南面,锦溪镇的东部。位于东经120°53′~121°17′,北纬30°59′~31°16′之间。

淀山湖,据1999年出版的《辞海》所述:"旧称薛淀湖。在上海市青浦县西部及江苏省吴江市和昆山市间。因湖东南有淀山(宋时尚在湖中)故名'淀山湖'。"其面积68平方公里,湖面海拔2.50米,水深约2米,贮水量1.6亿立方米。西纳太湖来水,同吴淞江相通,黄浦江发源于此。淀山湖,水产丰富,与周围元荡、葑漾荡、任屯荡、汾荡、大莲湖等组成淀泖湖群,集调蓄、灌溉、养殖、航运之利。

"淀山湖"这个名号正式见诸官方文本是在宋代后期。据《青浦县志》"沿革"称,淀山湖在上古时期为九州的古扬州之域,西周时属吴地,战国周敬王六年(公元前514年),诸侯争霸,越兼并吴国,湖境属越。周元王三年(公元前473年),置长水县,淀山湖属之。

淀山湖，在宋朝以前，人们以其成形的性质和湖况命名，给以"淀湖"或"泖湖"之称。

所谓"淀湖"的称呼，乃浅的湖泊也；所谓"泖湖"的称呼，乃平静的湖泊的意思，所以古书中所述的淀湖或泖湖，实际上是连成一体的，同一水域的不同方位的同一个湖，一湖两名而已，历史上也有称"谷水"的。

到宋朝时，"淀、泖"称"薛淀湖"，是以云间九峰之薛山与作为九峰之祖的淀山的"薛""淀"两字打头而赋予的湖名。另据《淀湖小志》记载：淀山湖之所以称为薛淀湖，与薛居正及其后代避难于湖上有关。

淀山湖形成之初湖面甚广。今距淀山湖数十公里处的淀山，当时耸立在湖中。云间九峰中的凤凰山、陆宝山、佘山、西林山、薛山、机山、横云山、北干山、小昆山都分散在淀山湖的边上。可以想见，当时的湖面比今天不知道要大多少倍，因而古代有"青浦五乡湖中土"的说法。

宋"靖康之乱"时期，中原人口第三次由黄河流域向长江流域大规模迁徙，带来了"吴蜀有耕之人，而无其地"的人多地少的矛盾，于是人们将目光投向了不宜开垦的荒地与湖滩，开始了大规模"围垦江湖"的造田运动。在这场围湖垦田的过程中，淀山湖水域开始变小，至清代中叶，淀山湖水域从200里缩至70余里。

"淀山湖"与"淀山"是山因湖名，还是湖因山而名，说法也不一。据杨嘉祐先生《上海博物馆馆刊》创刊号上发表的《淀山湖的变迁与元李升〈淀山湖送别图〉》一文考证：因水中有"淀山而称淀山湖"。据清光绪《青浦县志》云"淀山因湖而名"。清《淀湖小志》也云：淀山散而东为九峰诸胜，山因湖名。

淀山湖因其有利的地理位置，历来是苏、浙、沪漕运要道。而且淀山湖的交通条件胜于其他各湖，再加上湖畔的自然景色及天然鱼库，给周边带来了文化、艺术的繁荣。相传秦始皇、汉武帝都到过淀山湖。淀山湖具有神奇的诱惑力，无论文人雅士或高官名臣都想到此一游。自宋至清，不少学者名流在游览淀山湖的同时，还留下了不少书画墨迹和吟咏名篇。特别在宋、元以后，江南的经济较为发达，淀山湖成为士人隐居、读书、著述之地，又是爱好湖光水色者的游览之处。淀山湖以其得天独厚的地理位置和秀丽风光，吸引了众多文人墨客，他们从水中寻找灵感，从湖中追溯渊源，使淀山湖的历史成为一卷诗画墨香的历史。一个个匆忙的身影，给淀山湖涂上了一层五彩的光晕；一段段诗画般的历程，让淀山湖披上了一块块五彩的锦缎。那是水的魅力，那是湖的气魄。

朝代更替，淀山湖的归属也不断地变化。至明嘉靖青浦立县时，淀山湖的隶属才稳定下来，一部分属于青浦，一部分属于昆山，这一划分一直沿用至今。

金家庄是一个水村,不仅外围被水环绕,村内又处处是水。金家庄村内有东江、南江、北江和西江,成"十"字形。这4条江像金家庄的血脉,让金家庄人从中汲取营养,充盈自己。因江水的分布,把整个村庄自然分割成后来所称的金湖、淀金、淀山和淀湖4个自然村。其中淀山、淀湖地势较高,且阳面(向阳),故而古

新开江烟筒头

代富户都把房子建造于此,如朱家房屋、顾家宅院。虽然4个自然村之间有分隔,但它们隔江不隔情、隔水不隔心,4条江上筑有福元桥、永庆桥、南学桥、甲子桥、落成桥这五座桥,便于村子里的人相互往来。

链接:义务开江

金家庄村内,原来自然村的取名只有三个,即东北、东南的以字圩,西北的大羊圩,西南的小羊圩。而以字圩南北有小河浜隔开,但东面连着,使之成了断头江,俗称浜斗。当时住在浜底的人天天要到北江里挑水,且有船人家无法把船停靠在自己屋前,造成劳动工具、稻麦油菜等作物收获后,无法搬运到家,农户们极为不便。

1946年11月,金家庄乡乡长顾兆龙为了解决这一难题,发动村民自带饭菜,义务开江。从浜底开到烟筒头,后往北挖,直至曾家浜江,这就形成了今天的后港,又名东江和胜利江,现名新江。从此以后,船只可以直接停到自家廊前屋后。当时挖废的田都是蒋家的田,乡政府用泖泾圩上的良田给予蒋家,作为补偿。此工程完工后,请戏班子来金家庄演了三天戏,以示庆祝。

金家庄村内村外的河流,在冷兵器时代都是极好的护庄河,因为要想过河,必要有船来渡。金家庄共有13条河和两个潭,直至明清时期,仍有部分乡绅自筹资金,修路建桥,方便村民来往。

一、主要河流

1. 泖泾江

北起赵淀湖,往南流入淀山湖。泖泾江全长800米,河宽40米,新中国成立以

前一直无桥,来往都靠渡船,交通极不方便。

2. 曾家浜江

西起北江口,往东,流入泖泾江。曾家浜,全长500米,河宽25米。

3. 新江

原名胜利江,民国三十五年(1946年)挖成。南起后江,北至曾家浜江,全长300米,河宽20米。

4. 后江

又名东江,原来也是浜斗。1946年挖通,西起北江南端,东至烟筒头,与新江接通。后江,全长300米,河宽20米。

5. 竖头江

又名北江和南江,北起赵淀湖,往南直通淀山湖。竖头江,全长500米,河宽约20米。

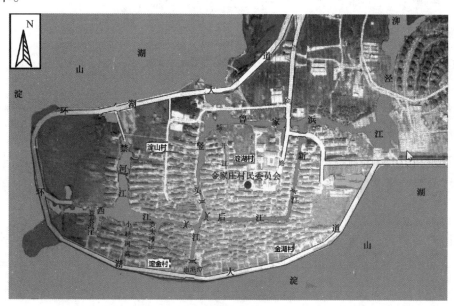

金家庄村水系图

6. 西江

东接竖头江,西经淀金、淀山两村,后流入淀山湖。西江,全长400米,宽30米。

7. 新开江

新开江在淀湖村,当时是为了解决村民停船问题。1970年挖成,1994年4月被填平,全长约100米。

8. 前江

又名车漕。前江,有一道坝基,那是由村民用乱石和泥在湖滩边筑成的,一是可以挡住淀山湖的风浪,二是可以停船。前江,东起泖泾江,西至白场边。现已被填平,筑成环湖公路。

9. 禁河江

因此河平时不能随便罱河泥,只有开放期才能罱河泥,故而得名。禁河江,在淀山村两个岛屿之间,南起西江,向北切入 250 米,构成浜。禁河江,宽 40 米。

10. 小杨树浜江

在淀金村,北起西江向南 100 米,然后往东 100 米,成浜。此浜,同车漕相同,原都是南淀山湖滩,为防淀山湖大浪冲击岸滩,再怕船颠簸厉害,离滩一定距离用乱石和泥筑成埂基,俗称裸埂。

11. 蓑衣浜江

在淀金村,北起西江,向南 60 米,与淀山湖相通,与西江成"T"字形,现已被填平。

12. 夏家浜江

西起泖泾江,向东切入约 800 米成浜,1993 年由世界名人城房地产开发公司开发,在泖泾江口筑堤断流成死浜。

13. 娄头滩江

北起西江,向南 50 米后,折向东成浜。1999 年,被填去三分之一,总水面约 3 亩。

14. 屯龙潭

在淀山湖北岸,泖泾圩东侧,蝴蝶嘴圩北,总面积约 40 亩,由世界名人城房地产开发公司开发。1998 年前是鱼塘。

15. 南港潭

由金家庄小学宅地、南庙宅地和三爷墩围成,南庙和三爷墩之间是金家庄的船只进出淀山湖的水口,总面积约 25 亩,历来是渔船的栖息地和避风港。

16. 金兰潭

位于古银杏西北,离岸 200 米左右的地方,是赵淀湖的一部分。历代相传,金兰潭的水清甜可口,所以直至 20 世纪 70 年代,金家庄人外出干活路过此处时,都要在此舀水,以解干渴。

二、其他河流

金家庄人种田苦,需要坐船过淀山湖,到其他地方去种田。几条线路所经过的河流有:一条经盛漕娄、石杨河、东湾江、潘泾江、谢路江;一条往北头去的经过牛桥江、谢路江、箷江、顾家潭江；还有一条要走清水湾江、尚面甸江，再到箷江等。最远处的田离金家庄有20多里地。到远离村庄的地方去种地，在江南也属个别特例。

北江口

沿湖风光

2004年，泖泾港、南江口、北江口、西港口筑了防洪闸。汛期时，可及时往外排水，调节村内水位，防止水淹村庄。

第四节 自然灾害

1949年7月13日，数日暴雨，江水倒灌成灾，现生产村低洼地多数人家家中进水。

1954年5月18日至7月24日，共降雨66天，水位猛涨，金家庄最高地段王家角也被淹，70%的农户家里能捉到鱼，农田被淹80%。

1957年6月20日至7月9日，暴雨不断，雨量达266.8毫米。

1959年8月至9月，由于干旱，造成草荒，加上生产上的错误指挥，粮食减产，部分社员断粮。

1964年农历二月初八，是民间传说的老和尚过江日，傍晚刮起大风，胜利四队社员周凤光、贾福林从上海罱黑泥回来。晚上，他们过淀山湖时，因船载量过重，风大浪急，船沉入湖中，两人未能生还。

1967年1月1日，淀山湖湖面冰封一周有余，部分鸟类被冻死。当时，正值"文化大革命"武斗阶段，供销社职工徐长庚晚上在冰面上从虹泽走到金家庄。

1975年6月21日到7月初，降雨达374.6毫米，水位猛涨，成灾。

1983年6月20日到7月18日，历时29天雷雨期，降雨14天，雨量达236.3

毫米,造成30天的高水位,超警戒水位3米线。恰逢麦收时节,致使金家庄这一年小熟损失70%,油菜籽霉烂,小麦红头涨。

1988年8月,金家庄校办厂请吴玉其、朱文力外出装沙泥。晚上过淀山湖时,因风大浪高,船被打沉。朱文力手扶跳板游上岸,而吴玉其不幸沉入湖底遇难。

1998年春夏之交,因厄尔尼诺现象雨水不断,导致水位上涨,超警戒线。村干部带领群众全力投入抗洪抢险工作。苏州市委领导和昆山市委书记来金家庄视察灾情。此次水灾淹没良田、鱼塘1 000多亩,灾后给予农业税减免。

第五节　环境治理

新中国成立初,金家庄人以农业为主,辅以渔业、商业。生活产生的垃圾,是庄稼的好肥料。在湖中拉草、罱泥积肥,猪、羊、鸡、鸭的粪便,更是好肥料。每到农闲时节,每家的男劳动力都要参加河底清淤工程,即罱河泥。把清理出来的淤泥进行适当的发酵、硬化等处理,就成为优质肥料。所以湖底、河底无污泥,水是清澈的,船在淀山湖上行驶时,可以直观湖底水草摇曳,鱼虾游动的身姿。由于湖河内无污染,水生生物丰富,湖水可直接饮用。村庄上空,蓝天白云,微风飘拂,空气清新。

1958年,金家庄第一营在公社爱国卫生运动领导小组的领导下,召开大会,宣传并认识搞好卫生的重要性,号召第一营全体群众积极投入消灭四害(鼠、蚊、蝇、麻雀)的工作中去,同时结合周围环境进行整治。

发动家家户户齐动手,清理房屋内外的垃圾,要求屋内摆设整洁、窗明几净,屋外场地拔除杂草,清扫干净。以连为单位,组织专业队伍进行彻查及扫尾工作,房屋的外墙壁都刷白。为消灭蚊子,清除路边的积水潭、房屋前后小缸、碎缸里的长年积水,开展消除蚊蝇滋生地的运动,村前、村后种的丝瓜、毛豆等作物也一律拔掉,让蚊蝇无处躲藏。

对金家庄所有粪缸(注:收粪的缸,粪作肥料)进行密封。用木条或竹子交错搭在粪缸上,盖上破麻袋或稻柴,涂上厚黄泥密封,只留一个能塞进粪勺舀粪的小口。这个小口,用小木板做成活络的盖板,盖板上同样涂上一层厚黄泥。这样,可以使粪便在发酵的过程中杀死粪缸内的蝇蛆,灭杀各种寄生虫病的卵,特别是血吸虫卵,还可遮挡雨水,不使粪便溢出流入河道。每天晚上,专业队伍喷洒"223"药水,消灭蚊蝇。

昆山县组织爱国卫生运动大检查,副县长刘伯带领检查组到金家庄,特地住了一夜,不挂蚊帐,无蚊子叮咬。因此,金家庄第一营受到了县里表彰,时任第一营团支部书记的吴天文,在表彰大会上发言。

金家庄的男人在空闲时节经常

竹畚箕

会拿着拦(lá)鱼的网,沿着河岸拦网。走完一两百米后,腰间的鱼篓内就已装了大半篓鱼。有时家中没有菜,会拿着竹畚箕,到滩涂边,沿滩涂石凿几次畚箕,大小虾就能有一小盘了。晚上,螺蛳都喜欢吸在滩涂的石头上,因而大清早有妇女会到滩涂边上摸螺蛳。白天,也有人拿耥网到河里耥螺蛳。

拦鱼

耥螺蛳

70年代后期,地方工业逐渐崛起,人们的观念也随之转变,某种程度上造成了对农业的忽视。随着化学肥料和有机磷农药的广泛运用,农药残留物渗透到土壤中,致使土壤硬化。且农药残留物经雨淋、灌溉,流入江河湖泊,污染水体,生态逐渐失去平衡。

80年代中期,随着村镇工业的迅猛发展,工业门类分化,村里的小化工厂不断增多。金家庄先后办了泡力水厂、洗洁精厂、化工废料回收厂、黄玛酮厂(药品中间剂),排放的污水也逐渐增多。且金家庄居民相对集中,生活垃圾也越来越多。

期间,除了淀山湖镇的渔民外,锦溪、大市、千灯的渔民都争着在淀山湖进行大范围围网、网箱养鱼。为了保证鱼的存活,除了给鱼喂饲料外,还经常要给鱼撒药,给淀山湖水质造成了一定的污染。由于水网的阻挡,水流不畅,水质亦严重污染。

和谐自然　示范未来

　　特别是夏季,淀山湖水面上蓝藻疯长,水面至以下十几厘米内,密密麻麻地充斥着蓝藻的颗粒。它们随浪被打到堤坝边的湖水中,冒着泡沫,与漂浮着的垃圾一起,散发出一股腥臭味,水质极差。

　　面对如此的污染,淀山湖镇认识到环境污染的危害,开始重视起来,并实施治污清淤工程。淀山湖镇积极响应昆山市委提出的号召,及时调整产业结构,优化资源配置,加强污染源头控制,提出"既要金山银山,又要绿水青山"的发展规划,采取关、停、并、转的方法,凡有污染的企业,如化工废料回收厂、制药厂、助剂厂、虫胶脱色等,全部关闭。环保措施未达标的企业,停产整顿,或并到工业区。有的企业转产,生产无污染的产品。淀山湖水面上拆除了围网养殖设施,保证水流的通畅。金家庄村里建造了大的粪池,组织专人倒马桶,派专业人员打捞水中的漂浮物。经过一段时间的治理和保护,淀山湖水的水质和村庄内江河的水质渐渐好转,达到标准水质。

第三章 人口

金家庄地处淀山湖中间，是一个湖中岛，又是一个天然的避风港，所以四周停满了渔船。新中国成立前后，有山东来的笼罩船和滚钓船，里下河地区的丝网船、鱼鹰船，太湖来的脚箍船；也有锦溪、大市、千灯来的鱼鹰船、丝网船、张簖船等，加之本村人口较多，又无严格的户籍管理制度，因此，无法对常住人口进行确切的统计、分析。

在人民公社化运动和居民定粮以后，大部分渔民回到自己的居住地捕鱼，人口一度减少。随着经济的发展，人民生活水平的不断提高，卫生条件改善，医学水平越来越高，人们的寿命逐年修长，金家庄的人口也增长迅猛。1982年，计划生育被列为基本国策，人口数量才得以控制。20世纪80年代之前，金家庄人全部是汉族。随着改革开放，人口流动量大，至今，金家庄已有壮族妇女11人、土家族男女各1人。2012年，金家庄村村民共有770户，2 436人。

第一节 人口总量

金家庄以农业和渔业为主，农民建有房屋，渔民则长期居住在自家的小渔船上，因而金家庄村村口的江河里，停了许多小渔船。其中，扬州丝网船长期停留在西港口，虾笼船停在北港口，棍吊船、脚箍船停在南港潭，内河停满鱼鹰船，张簖的渔民在南湖边水面上造起了茅房。新中国成立初期，尚未有严格的户籍管理制度，农民户籍都属于金家庄村。这些渔民虽然常年居住在金家庄，其子女也在金家庄小学读书,但后来定户籍时都不属于金家庄。

户籍制度建立后,除去渔民和外迁的人员,新中国成立初期金家庄村民有752户,2 765人,其中男1 510人,女1 255人,劳动力约占总人口的25%。当时,大家普遍贫穷,孩子不到十几岁就参加工作,或务农,或当学徒,小小年纪就要一起分担家庭生活的重任。

表3-1-1　　　　　　　　1949～2012年金家庄村人口选年统计表　　　　　　单位:户、人

年份	户数	人口总数	男	女	劳动力	人口增加		人口减少	
						迁入	出生	迁出	死亡
1949	752	2 765	1510	1 255	1 980	2	45	1	32
1984	774	2 862	1 407	1 455	1 150	7	10	17	22
1990	955	2 934	1 434	1 500	1 360	41	47	64	21
2000	804	2 521	1 214	1 307	1 275	8	5	15	12
2012	770	2 436	1 173	1 263	1 549	3	19	2	27

新中国成立后,全村户口数和人口总量比较平稳,波动不大,男女比例差别不大。1984年,全村农村户口和人口总量下降,原因有三:其一,1984年,昆山和淀山湖镇分别有"买户口"政策,一些经济条件较好的家庭,把户口由"农"转为"非农"户口。其二,因国家实行计划生育,每户只生一个孩子。其三,由于村民重视教育,"书中自有黄金屋,书中自有颜如玉"的观念在金家庄人心中根深蒂固,所以许多初中生、高中生分别考入高一级学府,并把户口转出淀山湖镇,也造成了户数和人口的减少。

第二节　人口变动

1949年,金家庄人口近3 000人,是一个繁荣的村落。1953年,社会逐渐安定,国家实行统购统销,许多返乡人又带了家属回城工作。户口制度建立后,相当一部分渔民归划到其他地方去了。1958年"大跃进"时代,大办工业,金家庄有不少人进入城市工作。70年代后,许多年轻人因学习出色,留在大城市里生活、工作。改革开放后,金家庄人口变动的幅度有所增大,户数少了,人口也相对减少。

金家庄4个村作为一个整体,1984～2012年人口自然增长率和机械增长率均

出现负增长,说明金家庄村已进入人口老龄化状态。究其原因有以下六点:(1)插队青年返城,安家落户返乡;(2)企业中获工程师职称、学校中的小学高级教师、中学高级教师全部农转非,且带出家中配偶及未满18周岁的子女;(3)部分退伍军人也安排工作,户口农转非(农业户口转为非农业户口);(4)新中国成立后考取大学及高职的学生很多,他们入学后户口进入学校。他们毕业后进城找工作,在哪里工作,户口就迁到哪里;(5)改革开放初期,曾经有一项15 000元买一个城市户口的政策,进行农转非,金家庄部分经济富裕的人买了小城镇户口;(6)改革开放后,农村劳动力多余,不少人进入杨湘乡办厂做农业工人,在镇上买了房子。子女上杨湘小学幼儿园读书要交3 000元寄读费,为了解决"外地人"读书问题,这些农业工人也每人花3 000元买杨湘非农业工人户口。由于上述种种原因,金家庄的育龄青年减少了,只留下一些中老年人。20世纪80～90年代,金家庄村的计划生育工作搞得很好,群众优生优育观念强,人口出现了负增长。

村庄房屋及编号

表 3-2-1　　1984~2012 年金家庄村人口变动统计表　　单位：户、人

年份	户数	人口	男	女	增加		减少		死亡率（‰）	出生率（‰）	备注	
					出生	迁入	死亡	迁出			自然增长率（‰）	机械增长率（‰）
1984	774	2 862	1 407	1 455	7	10	17	22	0.60	0.24	-0.35	-0.42
1985	776	2 859	1 406	1 453	33	35	15	56	0.52	1.15	0.63	-0.73
1986	770	2 893	1 417	1 476	61	59	21	65	0.73	2.13	1.4	-0.20
1987	777	2 916	1 426	1 490	44	76	17	79	0.58	1.52	0.93	-0.10
1988	854	2 935	1 437	1 498	46	38	20	47	0.68	1.57	0.89	-0.30
1989	801	2 922	1 443	1 479	45	57	21	72	0.71	1.53	0.82	-0.51
1990	955	2 934	1 434	1 500	41	47	21	74	0.72	1.40	0.68	-0.92
1991	744	2 858	1 345	1 513	40	24	24	39	0.82	1.36	0.54	-0.51
1992	845	2 887	1 412	1 475	32	46	24	103	0.84	1.12	0.28	-1.99
1993	854	2 884	1 408	1 476	32	39	18	56	0.62	1.10	0.48	-0.59
1994	839	2 874	1 402	1 472	30	31	20	90	0.69	1.04	0.35	-2.05
1995	797	2 855	1 387	1 468	25	22	25	26	0.87	0.87	0	-0.14
1996	787	2 776	1 347	1 429	20	13	18	94	0.63	0.7	0.07	-2.83
1997	818	2 707	1 312	1 395	9	6	23	51	0.83	0.32	-0.5	-1.62
1998	813	2 646	1 282	1 364	6	10	19	58	0.7	0.22	-4.8	-1.77
1999	806	2 553	1 228	1 325	12	6	14	97	0.53	0.45	-0.08	-3.44
2000	804	2 521	1 214	1 307	5	8	12	15	0.47	0.19	-0.27	-0.27
2001	797	2 487	1 195	1 292	5	13	22	30	0.87	0.19	-0.67	-0.67
2002	790	2 447	1 187	1 280	3	12	22	33	0.88	0.12	-0.76	-0.84
2003	795	2 421	1 152	1 269	8	9	26	11	1.06	0.32	-0.74	-0.08
2004	793	2 431	1 165	1 266	9	23	14	8	0.57	0.37	-0.2	0.62
2005	794	2 447	1 179	1 268	12	33	19	10	0.78	0.49	-0.28	0.95
2006	788	2 487	1 211	1 276	15	28	18	4	0.74	0.61	-0.12	0.95
2007	788	2 487	1 211	1 276	15	28	18	4	0.72	0.60	-0.12	0.96
2008	789	2 500	1 213	1 287	6	17	9	1	0.36	0.24	-0.12	0.64
2009	781	2 470	1 190	1 280	5		28	3	1.13	0.20	-0.69	0.21
2010	777	2 453	1 185	1 268	7		20	5	0.80	0.28	-0.21	0.21
2011	775	2 443	1 189	1 254	4	12	20	6	0.80	0.16	-0.25	-0.25
2012	770	2 436	1 173	1 263	19	3	27	2	0.78	0.11	-0.33	-0.16

第三节 人口构成

金家庄人有一个老观念,嫁女不出村,娶媳村里寻。金家庄村是个移民村,村子住着来自各地的人。除了顾姓和朱姓这两个大姓外,有四五十个姓氏,相互没有血缘关系,因而金家庄人经历了几十代的联姻,依然没有近亲结婚的现象发生,依然是优生优育。

"嫁女不出村,娶媳村里寻"现象的产生,是因为金家庄人的劳动强度大,困难多,若女子外嫁则是逃避行为,无脸面。同样,外村人也极少愿意嫁到金家庄来,金家庄人干活比较辛苦,外村人吃不了这个苦。

改革开放后,全国的流动人口加大,淀山湖镇也不例外。在这种新形势下,金家庄人也改变了老观念,开始"走出去,请进来"。女子外村挑选意中人,远嫁他村或他乡;男子也从外面找媳妇,娶外村或外地女子。

表3-3-1　　　　淀山湖镇金家庄村改革开放后婚迁配偶调查统计表

金家庄人	所在单位	其配偶	性别	民族	原户籍地	来村时间
朱永根	24组	张　莲	女	汉	江苏省海门市	1984
徐坤全	27组	胡素妹	女	汉	江苏省海门市	1985
莫新益	30组	姜茂芬	女	汉	安徽省	1985
盛奇红	16组	叶仁俊	男	汉	江苏省东台市	1986
沈建光	34组	俞引珠	女	汉	上海市	1993
沈奎根	4组	田茂花	女	土家族	河南省	1993
朱卫刚	30组	余　娅	女	汉	浙江省	1994
赵志芳	31组	潘国生	男	汉	浙江省	1994
朱利新	34组	徐春梅	女	汉	江苏省盐城市	1994
薛志荣	18组	陈丽萍	女	壮	贵州省	1995
吴丽东	3组	戚彩凤	女	汉	山东省	1995
许国荣	31组	马应丽	女	汉	浙江省	1996
朱文元	2组	李　艳	女	壮	贵州省	1996
朱于冰	3组	胡世飞	女	壮	贵州省	1996

续表

金家庄人	所在单位	其配偶	性别	民族	原户籍地	来村时间
吴建荣	27组	王 芳	女	汉	安徽省	1997
朱 花	18组	王生禄	男	汉	甘肃省	1997
顾永球	24组	司马阿珍	女	汉	江苏省丹阳市	1997
沈金标	1组	陈 琴	女	壮	贵州省	1997
朱 雄	35组	黄海燕	女	汉	河南省	1998
徐洪泰	27组	侯静峰	女	汉	安徽省	1998
沈雪峰	32组	祝明秀	女	汉	贵州省	1998
顾幸福	23组	蒯竹仙	女	汉	江苏省丹阳市	1998
朱建明	33组	陶雪梅	女	壮	广西壮族自治区	1999
吴建祥	8组	彭 燕	女	汉	四川省	1999
朱月光	10组	周珍飞	女	壮	贵州省	2000
范春英	21组	张学志	男	汉	河南省	2001
谈建新	24组	汪 美	女	汉	贵州省	2001
顾叶红	1组	郭连龙	男	汉	安徽省	2002
顾留荣	3组	胡素萍	女	汉	河南省	2002
顾生荣	3组	韦素桃	女	壮	广西壮族自治区	2002
顾仁荣	4组	范奕红	女	汉	广西壮族自治区	2002
蒋旗华	4组	水怀方	女	汉	江苏省涟水县	2002
吴旦刚	7组	许怀凤	女	汉	河南省	2002
吕 萍	32组	郑勇伟	男	汉	浙江省	2003
顾岑杨	23组	罗利华	女	汉	山东省	2003
朱金福	2组	韦继香	女	壮	广西壮族自治区	2003
吴佩标	5组	潘冬莲	女	壮	广西壮族自治区	2003
戴仁强	33组	陈 敏	女	汉	贵州省	2004
朱德强	18组	连 琼	女	汉	浙江省	2004
顾 春	23组	凌贤平	女	汉	安徽省	2004
盛惠强	25组	杨群英	女	汉	贵州省	2004
张振麒	12组	顾姝丽	女	汉	江苏省淮安市	2004
何志刚	16组	马 敏	女	汉	贵州省	2004
金 峰	17组	江志燕	女	汉	贵州省	2004
吕华锋	32组	尹红玲	女	汉	安徽省	2005

续表

金家庄人	所在单位	其配偶	性别	民族	原户籍地	来村时间
顾小弟	23 组	张淑平	女		四川省	2005
吴建球	5 组	方文吉	女		江西省	2005
顾 荣	6 组	吉文红	女		江苏省淮安市	2005
朱桂新	33 组	夏小梅	女		广西壮族自治区	2006
朱雨庆	33 组	徐树平	女		广西壮族自治区	2006
盛剑峰	15 组	刘晓艳	女		江苏省盐城市	2006
沈爱华	34 组	胡正荣	男		江苏省盐城市	2007
吴惠荣	20 组	张 玉	女		上海市	2008
顾冬林	18 组	李艳红	女		河南省	2010
盛文召	24 组	张 萍	女		江苏省扬州市	2011
顾联学	18 组	戴小燕	女		浙江省	2012
顾节元	20 组	陈双燕	女		河南省	2012
徐小琴	24 组	邢国华	男		安徽省	2012
居德浩	33 组	胡东梅	女		江苏省盐城市	2003
朱 坚	20 组	朱丽芹	女		江苏省淮安市	2008
吴亦梅	23 组	李成兴	男	汉	湖南省	2001

合计:婚姻迁入 63 人。 备注:已离婚的,不统计。

2012 年,金家庄村有 770 户,2 436 人,大多数是汉族,壮族及土家族有 13 人,其中男 1 173 人,女 1 263 人,男、女的比例为 1∶1.08。金家庄全村劳动力有 1 549 人,他们从事着各行各业的工作。

表 3-3-2　　　　　　　　2012 年金家庄村民年龄段统计表　　　　　　　单位:人

村名	总人口	男	女	5 岁以下	6～17 岁	18～59 岁	60～79 岁	80 岁以上
原金湖村	813	389	424	1	31	527	222	32
原淀金村	455	223	232	8	20	289	115	23
原淀山村	611	294	317	21	9	396	167	18
原淀湖村	558	267	291	5	32	370	119	32
合计	2 437	1 173	1 264	35	92	1 582	623	105

金家庄人重视教育由来已久。特别是新中国成立后的这 63 年来,金家庄人的素质有了很大提高。60 年前,一个金湖乡的干事坐在顾葆民楼房的屋脊上,手握用铁皮做成喇叭的"聚音器"做时事报告说:"你们知道吗?昨天,中国的总理周

恩来与苏联的莫斯科握手。"一个高级社主任在社员大会上的一席话,经会计统计,一共讲了有172个"顾朱能闯"的话搭头。60年后的今天,大学生进村当村官,会计记账用电脑,与当今潮流接轨。60年前,当孩子跌破头,家长会把门旮灰往伤口上按,以达止血的目的;60年后的今天,若孩子跌破头会上医院包扎,且打破伤风针。60年前,政府为孩子打防疫针,家长会抢着孩子就逃,若有人生病,家人为病人搞迷信,拜神,求巫婆;60年后的今天,人们相信科学,相信医生,注重养生。60年前,妯娌间矛盾造成打架、老死不相往来的事常有;60年后的今天,祖孙三代常年同吃一锅饭的不少。表3-3-3是2012年金家庄村村民的学历统计表,从表中大致可以看出村民的学历情况。随着社会的进步,金家庄村村民的本科及以上学历的村民将会越来越多。

表3-3-3　　　　　　　　　2012年金家庄村民学历统计表　　　　　　　　　单位:人

村名	小学毕业	初中毕业	高中毕业	大专毕业	本科毕业
原金湖村	337	295	91	72	8
原淀金村	146	188	51	17	26
原淀山村	134	319	21	42	59
原淀湖村	103	238	125	48	23
合计	720	1 040	288	179	116

金家庄人的生活条件越来越好,一家人和和睦睦,因此,长寿的老人越来越多。表3-3-4为金家庄村部分高龄老人名录。表3-3-4中可以看出,长寿老人女性居多。

表3-3-4　　　　　　　　　金家庄村部分高龄老人名录

序号	姓名	性别	民族	出生日期	住址	婚姻状况
1	顾振华	女	汉	1913.10.21	金家庄村(23)金家庄44号	丧偶
2	俞引宝	女	汉	1916.09.10	金家庄村(5)金家庄45号	丧偶
3	朱五妹	女	汉	1917.04.24	金家庄村(7)金家庄186号	丧偶
4	蔡爱福	男	汉	1918.08.16	金家庄村(15)金家庄118号	已婚
5	邵福英	女	汉	1920.04.08	金家庄村(15)金家庄2号	丧偶
6	蔡七妹	女	汉	1920.10.06	金家庄村(8)金家庄215号	丧偶
7	阮月英	女	汉	1920.12.28	金家庄村(2)金家庄18号	丧偶
8	吴阿妹	女	汉	1921.02.04	金家庄村(23)金家庄68号	丧偶
9	朱考妹	女	汉	1922.02.19	金家庄村(31)金家庄83号	丧偶

续表

序号	姓名	性别	民族	出生日期	住址	婚姻状况
10	顾祖连	男	汉	1922.06.01	金家庄村(24)金家庄95号	丧偶
11	吴士德	男	汉	1922.06.08	金家庄村(3)金家庄68号	已婚
12	郁根林	男	汉	1922.06.17	金家庄村(16)金家庄88号	丧偶
13	顾密宝	女	汉	1922.12.30	金家庄村(19)金家庄151号	丧偶
14	顾杏群	女	汉	1923.02.25	金家庄村(23)金家庄13号	丧偶
15	蒋华英	女	汉	1923.08.13	金家庄村(14)金家庄86号	丧偶
16	莫取英	女	汉	1923.08.22	金家庄村(5)金家庄138号	丧偶
17	沈凤奎	男	汉	1923.10.28	金家庄村(30)金家庄107号	已婚
18	蔡林英	女	汉	1923.11.11	金家庄村(8)金家庄82号	丧偶
19	朱阿巧	女	汉	1923.11.26	金家庄村(25)金家庄141号	丧偶
20	邵考妹	女	汉	1924.02.18	金家庄村(17)金家庄84号	丧偶
21	邵勇娥	女	汉	1924.09.12	金家庄村(6)金家庄160号	丧偶
22	吴林英	女	汉	1924.11.23	金家庄村(27)金家庄136号	丧偶
23	朱取英	女	汉	1925.02.13	金家庄村(1)金家庄26号	丧偶
24	顾彩娥	女	汉	1925.08.28	金家庄村(8)金家庄216号	丧偶
25	蔡菊宝	女	汉	1925.09.02	金家庄村(14)金家庄6号	丧偶
26	郁薇萍	女	汉	1925.09.27	金家庄村(12)金家庄44号	丧偶
27	朱祥英	女	汉	1925.10.10	金家庄村(1)金家庄62号	已婚
28	吴惠英	女	汉	1926.01.09	金家庄村(3)金家庄68号	已婚
29	朱全林	男	汉	1926.03.04	金家庄村(4)金家庄117号	已婚
30	陈金秀	女	汉	1926.03.06	金家庄村(24)金家庄96号	丧偶
31	朱祥福	男	汉	1926.04.28	金家庄村(32)金家庄52号	丧偶
32	朱阿妹	女	汉	1926.06.01	金家庄村(34)金家庄16号	丧偶
33	朱凤娥	女	汉	1926.06.24	金家庄村(31)金家庄43号	丧偶
34	朱全英	女	汉	1926.07.07	金家庄村(11)金家庄8号	丧偶
35	徐志球	男	汉	1926.07.23	金家庄村(13)金家庄58号	已婚
36	吴凤琴	女	汉	1926.10.21	金家庄村(27)金家庄138号	丧偶
37	沈文炳	男	汉	1927.02.01	金家庄村(4)金家庄152号	丧偶
38	朱渭荣	男	汉	1927.08.10	金家庄村(28)金家庄59号	丧偶
39	顾桂菊	女	汉	1927.09.11	金家庄村(11)金家庄221号	未婚
40	朱俊才	男	汉	1927.11.01	金家庄村(1)金家庄62号	已婚

续表

序号	姓名	性别	民族	出生日期	住址	婚姻状况
41	郁爱妹	女	汉	1927.12.20	金家庄村(7)金家庄163号	丧偶
42	蒋杏英	女	汉	1928.02.18	金家庄村(16)金家庄90号	丧偶
43	程小娥	女	汉	1928.04.16	金家庄村(29)金家庄153号	丧偶
44	朱福新	男	汉	1928.06.20	金家庄村(13)金家庄8号	丧偶
45	顾林英	女	汉	1928.07.28	金家庄村(6)金家庄102号	丧偶
46	顾阿娥	女	汉	1928.09.09	金家庄村(7)金家庄163号	丧偶
47	何小妹	女	汉	1928.09.18	金家庄村(16)金家庄109号	丧偶
48	朱桂英	女	汉	1928.09.20	金家庄村(15)金家庄25号	丧偶
49	王小妹	女	汉	1928.10.12	金家庄村(11)金家庄54号	丧偶
50	朱金娥	女	汉	1928.10.22	金家庄村(33)金家庄21号	丧偶
51	顾小妹	女	汉	1928.12.15	金家庄村(18)金家庄146号	丧偶
52	盛菊妹	女	汉	1929.05.06	金家庄村(19)金家庄131号	丧偶
53	朱凤秀	女	汉	1929.07.04	金家庄村(19)金家庄185号	已婚
54	沈根福	男	汉	1929.07.09	金家庄村(4)金家庄125号	丧偶
55	吴炳英	女	汉	1929.08.14	金家庄村(28)金家庄122号	已婚
56	吴金根	男	汉	1929.09.12	金家庄村(3)金家庄149号	已婚
57	吴静珍	女	汉	1929.10.23	金家庄村(20)金家庄1号	丧偶
58	蒋凤英	女	汉	1929.11.30	金家庄村(31)金家庄95号	已婚
59	庄祥妹	女	汉	1929.12.19	金家庄村(10)金家庄107号	丧偶
60	朱雪宝	女	汉	1930.01.16	金家庄村(4)金家庄117号	已婚
61	吴根宝	女	汉	1930.04.21	金家庄村(3)金家庄149号	已婚
62	徐桃英	女	汉	1930.08.20	金家庄村(13)金家庄71号	丧偶
63	朱雪福	男	汉	1930.09.13	金家庄村(2)金家庄43号	丧偶
64	盛美娟	女	汉	1930.09.14	金家庄村(17)金家庄137号	丧偶
65	朱凤娥	女	汉	1930.09.26	金家庄村(21)金家庄101号	丧偶
66	朱杏生	男	汉	1931.02.15	金家庄村(33)金家庄37号	丧偶
67	宋新宝	女	汉	1931.03.03	金家庄村(9)金家庄211号	丧偶
68	朱良生	男	汉	1931.03.16	金家庄村(34)金家庄14号	已婚
69	顾根元	男	汉	1931.07.20	金家庄村(16)金家庄19号	已婚
70	蒋桂宝	女	汉	1931.07.20	金家庄村(16)金家庄19号	已婚
71	顾秀英	女	汉	1931.08.17	金家庄村(2)金家庄16号	丧偶

续表

序号	姓名	性别	民族	出生日期	住址	婚姻状况
72	俞凤英	女	汉	1931.09.22	金家庄村(24)金家庄88号	已婚
73	顾阿井	男	汉	1931.10.01	金家庄村(20)金家庄9号	丧偶
74	周裕生	男	汉	1931.10.10	金家庄村(21)金家庄31号	已婚
75	徐惠娟	女	汉	1931.10.24	金家庄村(13)金家庄58号	已婚
76	盛小妹	女	汉	1931.10.25	金家庄村(24)金家庄72号	丧偶
77	吴月宝	女	汉	1931.12.04	金家庄村(27)金家庄144号	丧偶
78	许引娥	女	汉	1931.12.12	金家庄村(31)金家庄81号	丧偶
79	庄小妹	女	汉	1931.12.28	金家庄村(14)金家庄48号	丧偶
80	朱云弟	男	汉	1932.01.01	金家庄村(30)金家庄108号	丧偶
81	邵全英	女	汉	1932.02.20	金家庄村(17)金家庄119号	已婚
82	朱杏琴	女	汉	1932.02.22	金家庄村(20)金家庄119号	已婚
83	庄小妹	女	汉	1932.04.14	金家庄村(10)金家庄69号	丧偶
84	吕白苟	男	汉	1932.07.15	金家庄村(32)金家庄73号	丧偶
85	夏阿妹	女	汉	1932.09.09	金家庄村(12)金家庄79号	丧偶
86	盛安荣	女	汉	1932.09.10	金家庄村(18)金家庄181号	丧偶
87	吴菊宝	女	汉	1932.09.21	金家庄村(27)金家庄147号	已婚
88	郁三娥	女	汉	1932.09.24	金家庄村(14)金家庄12号	丧偶
89	居士龙	男	汉	1932.09.28	金家庄村(24)金家庄88号	已婚
90	顾奎英	女	汉	1932.10.06	金家庄村(19)金家庄139号	丧偶
91	周冬英	女	汉	1932.11.12	金家庄村(26)金家庄115号	丧偶
92	顾庆福	男	汉	1932.11.12	金家庄村(30)金家庄150号	已婚
93	吴根宝	女	汉	1932.12.11	金家庄村(32)金家庄61号	丧偶

第四节　村中大族

金家庄的口头禅"顾朱能阁"一词中,可以看出金家庄有两大旺族,那便是朱家和顾家。金家庄的朱氏有三支,一是以北宋有"睢阳五老"之称的兵部郎中朱贯的后裔,元朝大画家朱德润及其后代;二是宋朝大儒朱熹的后裔,明代治水名臣朱瑄的一支;三是驻原金湖村下场头的一支,俗称"苦朱"。

一、朱德润家族脉络

自从唐代诗人白居易于唐武宗(843年),在东都洛阳自己的府第举行了一场富有特色的诗会,时称"七老盛会"后,唐代的高寿诗会成了文坛的佳话,对后世的影响非常大。200年后,北宋仁宗庆历末年,杜衍在睢阳(今河南商丘)举行了"五老尚齿会"。参加诗会的有80岁的太子太师致仕国公杜衍、90岁的礼部侍郎致仕王涣、94岁的卫尉司农卿致仕毕世长、88岁的兵部郎中致仕朱贯、87岁的驾部郎中致仕冯平。这五人在朝为官时结成挚友;辞官后,他们经常在一起吟诗作赋,吹拉弹唱。

睢阳五老图

在寒春的某日,翰林学士钱明逸到老丞相杜衍家做客。在园中听得杜衍正在吟诵白居易的诗《七老会诗》,钱明逸听后,走进屋内,看到杜衍鹤发童颜,再联想到另外几位朝廷老臣,钱明逸不禁想:他们都已到耄耋之年,一生都为朝廷出谋划策,如今正是安度晚年的时候,何不学学白居易,也把他们请来,办个老寿诗会。钱明逸的提议得到了杜衍的响应。于是,在钱明逸的发起下,五老约定在山林溪涧旁这个地方举行诗会。

山上有一片郁郁葱葱的松树林,林中有一个水潭,水质清洌。水潭周围正是春花绽放之时,野花星星点点。诗会那天,除了五老之外,还有钱明逸、他们的学生和仆从,钱明逸摊开绢本,要把这五老吟诗的情景画下。

没过多时,钱明逸已把五老的像画好了,并把他们的诗写在绢画的背面。钱明逸把这五人画像命名为《睢阳五老图》。历时数月后,钱明逸给画绢着色,于至和三年(1056年)中秋日,给五老图作了序。

之后,宋金交战,北方连年战乱,为避兵灾,朱贯的五世孙朱子荣不得不离开河南,投奔父亲的挚友吴郡(今江苏苏州)郡守贾青。南渡长江时,朱子荣年仅6岁,与他相伴的只有一位老仆。他们一路上风餐露宿,与逃难的百姓一起南迁。

那一日,他们随人流来到长江边,见一渡船上已有数人,主仆两人上了船。

船主向船上人收取银两,可主仆两人已经身无分文。船主就叫他们下船,老仆苦苦哀求。正当他们吵嚷的时候,船上有一僧人认出了老仆,并帮他们两人付了银两。

这僧人名叫允谦,得过朱子荣的祖父朱椿年的恩惠,有知己之交。当年允谦化缘时,身染重疾,几乎丧命。朱椿年把允谦抬入家中,请了郎中给其治病。允谦在朱椿年家中休养了一段时日,才恢复健康。

今日允谦见主仆两人衣衫不整,风尘仆仆的样子,忍不住长叹一声:"国破家何存焉!"当得知朱子荣已孤身一人时,禁不住泪眼湿襟。允谦决定把主仆两人送到吴郡。

到吴郡后,允谦找到郡守贾青府上,说明来历。贾青见是挚友之子来投奔自己,并得知朱子荣已是孤儿,就问朱子荣:"子荣,你是否愿意认我为干爹?"朱子荣当即跪下,认贾青为义父。自此,贾青与朱子荣以父子相称。

贾青深知挚友遗孤落难投奔自己,绝不能辜负友人托孤之重。他又见朱子荣才思敏捷,异常聪慧,就把朱子荣寄养到史元长家,让他在那里饱读诗书,学文明理。朱子荣也不负众望,潜心攻读,最后官至朝奉郎直秘阁。

表 3-4-1　　　　　　　　　　朱氏家族人物列表

姓名	人物关系	人物简介	备注
朱兹(唐末)	源出吴郡昆山	当地有名的世家大族。	朱骏声《朱氏支谱序》记载
朱承厚	朱兹之子		
朱昱	朱承厚的曾孙	朱兹的后裔,迁居睢阳(今河南商丘)。	
朱贯,字贯道	朱氏后裔	应天府宋城(今河南商丘)人。北宋仁宗朝,以兵部郎中分司南京。庆历末与杜衍等人为睢阳五老会,时年八十八(《睢阳五老图序》少王涣2岁)。	
朱乔年	朱贯的儿子	字公寿,以荫补为太庙斋郎。	
朱椿年	朱贯的孙子	字崧之。	
朱　源	朱贯四世孙	字昌本。	
朱子荣	朱贯五世孙	南宋初年官直秘阁。史称朱子荣年轻时,正值金兵南犯,宋室南渡,中原离乱。他为避兵乱,遂南逃东吴,居常熟。	
朱大有(南宋)	朱子荣之子	从常熟迁居吴城(今江苏苏州)。	
朱应得	妻施夫人	秘书省正字	

续表

姓名	人物关系	人物简介	备注
朱琼	妻吉夫人	长洲县学教谕	
朱德润（1294—1365年），字泽民，号睢阳山人	朱大有之子	中国元代画家,诗人。睢阳(今河南商丘)人,其先祖跟随宋室南渡,居昆山(今江苏昆山),遂为吴人。善诗文,工书法,格调遒丽。擅山水,初学许道宁,后法郭熙,多作溪山平远、林木清森之景,重视观察自然,北游居庸关时,尝作《画笔记行稿》。	
朱吉（1342—1422年），字季宁,明诗文家	朱德润之子	昆山(今江苏昆山)人。明洪武中以荐授户部给事中,首疏请宽胡惟庸、蓝玉党禁,以安反侧。后以善书改任中书舍人,寻又改侍书,出为湖广按察司佥事。工诗能文,著有《三畏斋集》。生平事迹见《吴中人物志》卷四、明叶恭焕编《吴下冢墓遗文续编》卷一。	
朱定安,字士隆	朱吉长子	昆山(今江苏昆山)人。精楷书,尤工古篆。得周伯琦笔法。尝积其书草瘗之名篆冢。为当时号称"昆山三杰"之一。	
朱永安,字士常	朱吉次子	昆山(今江苏昆山)人。博学工诗文,又善真草书,得晋人笔法。嗜古书购蓄甚富,著有《尚志斋稿》。为当时号称"昆山三杰"之一。	
朱泰安,字士栗	朱吉三子	昆山(今江苏昆山)人。明永乐三年(1405年)举人,第二年礼部考试中榜,授内黄教谕,曾先后在安仁、安吉、信阳三处教学,所教内容以孔孟儒学为根本,他的学生很多。不久,朱泰安告别官场,杨文贞、杨文定再三挽留,但他去意已决。他回到家乡后,租屋教学生识文断句。精于书法,为当时号称"昆山三杰"之一。	
朱夏,字南,号勉斋	朱永安之子	隐居乡里,教授为业。娶郑氏,生四子:器、文、质、彬。	
朱寿（1419—1482年），字元龄,号古直	朱泰安之子	生于明永乐己亥(1419年)三月十日,死于弘治壬子(1492年)五月二十日。他从小受父亲教诲,孝顺父母,谦让兄弟。他为人忠厚善良,性格爽直。	
朱文（1444—1511年），字天昭,一字天章	朱夏之子	明成化二十年(1484年)进士,官至监察御史、湖广按察副使。娶工部侍郎王永和孙女为妻,生有六子:希周、希召、希韩、希富、希吕、希冯。	
朱质,字天存,号拙轩	朱夏之子	官苏州卫指挥佥事。	
朱彬,字天成,号半山	朱夏之子	官至沂州判官。有二子:稀曾、稀阳。	
朱希周（1473—1557年），原名朱璞,字懋忠,号玉峰	朱文之子	南直隶昆山(今江苏昆山)人。昆山历史上第四位状元。明弘治九年(1496年)进士。孝宗喜其姓名,擢为第一,状元。授修撰,累迁礼部侍郎,官至南京吏部尚书,乞休归,林居30年,不复起。	

续表

姓名	人物关系	人物简介	备注
朱希召	朱文之子	官都事,墓在阳抱山(今阳山)祖墓东。	
朱希吕	朱文之子	官县丞,墓在离阳抱山(今阳山)祖墓一里远的地方。	
朱稀阳,字懋功	朱彬之子	两浙运河判官。	
朱稀曾	朱彬之子	曾为江右宁州判官。子朱景升。	
朱集璜 (1597—1645年), 字以发	朱希周后裔	昆山岁贡生。素有学行,为乡井所推。南京既亡,邑人议拒守;而县丞阎茂才已遣使投降,用为知县。乙酉(1645年)六月,士民起义兵斩茂才,推旧将王佐才为兵主,迎旧令杨永言入城拒守。永言,河南人,善骑射。抗御若干日,集璜协守甚力。七月初五,清兵至城下;初六,炮击西城,溃而入。集璜被执,大骂不屈,见杀。	
朱柏庐 (1627—1698年), 名用纯,字致一	朱集璜之子	昆山玉山人。明诸生。著名理学家、教育家。入清隐居教读,居乡教授学生,潜心治学,以程朱理学为本,提倡知行并进,躬行实践。他深感当时的教育方法使学生难以学到真实的学问,故写了《辍讲语》,反躬自责,语颇痛切。曾用精楷手写数十本教材用于教学。生平精神宁谧,严于律己,对当时愿和他交往的官吏、豪绅,以礼自持。著有《治家格言》《愧讷集》《大学中庸讲义》。	

二、顾氏家族

金家庄的商业,始于明清时期,源自香山匠人制造业衍生出的产业。苏州的香山位于太湖之滨的胥口镇,百余村庄人多地少,自古出建筑工匠,因从业者技艺不凡,人称"香山匠人"。香山匠人是集木匠、泥水匠、漆匠、堆灰匠、雕塑匠、叠山匠、彩绘匠等古典建筑工种于一体的建筑工匠群体,其中,以木匠的技艺最为精湛。

明朝年间,以顾姓为首的香山匠人受朱家邀请,来到金家庄,进行朱氏家庭房屋的建造。自此,与朱家建立了深厚的友谊。那些匠人勤劳刻苦,技艺高超,头脑灵活。他们见金家庄风景优美,民风淳朴,便安心地在金家庄定居。随着时间的推移,顾姓匠人家族与朱氏家庭及其他姓氏通婚,生儿育女,成了金家庄村第二支庞大的姓氏体系。

顾姓家族在金家庄定居后,建筑业以及与建筑业关联的产业,开始在金家庄发展。当时的金家庄就有烧制砖瓦、石灰的窑厂和修制木船、农具的船厂,以及相关门类齐全的各式手工业作坊。

顾家先祖头脑灵活,精于治家,在长年的劳动中积攒了一定的财富,便买田、置地、造屋。特别是受朱家儒家思想的影响,让自己的子孙入书塾读书。顾家子孙发奋读书,先后成才。顾家后人有从政的、从军的、经商理财的,人才辈出。顾氏家族成了金家庄的名门望族。

顾叶奎,生卒年不详,能说一口流利的法语,清朝末年的驻法公使。金家庄长滩滩上那座法式小洋房是他所建。小洋房在农房群里,如鹤立鸡群,这也使金家庄人进一步扩大了眼界,对了解外部世界有所帮助。

顾康生,清末有七人派往西欧留学,他是七人之一。其中吴兆章学的是食品化学,并创建上海天字味精厂。顾康生回国后,到汉阳兵工厂就职,担任火药库主任之职。期间,多次受到国民政府行政院嘉奖。朱庆元讲,那个奖匾是银质的,字叠起的,镶嵌在红木上的。原光明自然村朱福元介绍,金家庄供销社翻造时曾发现了那块匾,据说是蒋介石嘉奖,上面有"蒋中正"三字。顾康生把二儿子顾连奎带到汉阳,也在汉阳兵工厂任职。如今,他的后辈长期居于汉阳。

顾达今,为金家庄的繁荣和建设做出了贡献,最后在保卫村庄的战斗中牺牲。

在抗日战争时期,顾氏家族为国家、为民族做出了贡献。顾潘阳是忠义救国军的一员,他在淀山湖南岸名叫"陈水白塘湾"的地方同日军激战,最后粮尽弹绝,同日寇拼刺刀,终因寡不敌众,身中数刀英勇牺牲。

顾振寰,一名热血青年,投笔从戎,经历了八年抗战。抗战胜利后,解甲归田,回庄做老师。

链接:盛世房主人施钱造放生桥

当人们茶余饭后谈到某某气量大,或金家庄人上朱家角看到"放生桥"时,就会想到"老和尚到盛世房化缘"的故事。朱家角的朝山江西通淀山湖,东通青浦,江面开阔,南北两边没有桥,出行非常不便。清乾隆年间,和尚们决心靠化缘来筹资造桥。于是老和尚多处化缘,来到金家庄,到了盛世房。老和尚口中念着阿弥陀佛,见到盛世房的主人,并说明了来意,为造桥要化缘一千,并把化缘簿拿给施主。盛四房的主人爽快地答应了,画了押。来年,来收化缘钱了,盛四房里命人拿出一千个铜钿给和尚。哪知,和尚又双手合十,口称:"施主你搞错了,那是一千两银子。"盛世房主人先是呆一呆,但转而迅速地拿出了一千两银子。实际上就是这和尚搞的手脚,出的花头。他只写数字,不写量词,存心讹的。"一千文"同"一千两"是无法比的,所以金家庄人只要见到雄踞于朝山江上的那座五孔拱桥——放生桥,就会说这放生桥半座桥是盛四房造的。

三、沈氏一姓

金家庄四个自然村都有姓沈的,但不完全是同一家族,也有非亲非眷的。沈氏大多是从浙江的萧山、绍兴迁徙过来的,在此定居。

数百年来,沈氏家族中有一人是人们茶余饭后的谈话资料,那就是沈凯仙。沈凯仙是清末的一位秀才,居住在以字圩(现金湖村)。他聪明伶俐,略带刁钻,游戏人间,并且不畏权势。

相传沈凯仙有一次蹲坑(那时农村每家都有坑缸:一是装粪尿;二是作为"便厕"),农村的孩子较为顽皮,看见他蹲在粪缸上,一群孩子就拿小石子或碎砖头往坑缸里掷,让粪水溅到他的屁股上。沈凯仙大便结束后,没有发火,也没有责怪的话语,反而满脸含笑,给每个小朋友发了一文钱,还说他们掷得好,让孩子们误认为掷坑缸是好事。下一次,这些小孩子对别人也这样做的话,那自会有人来"收拾"这几个小孩子。

有一次到镇上去,因延误了时间,来不及回金家庄,他就找江边码头停靠在那里的过路船,凭他那三寸不烂之舌说动了船夫,让他和船夫共宿一夜。夜间,与船主闲谈。船主问沈凯仙:"你知不知道沈凯仙此人?此人刁钻促狭,喜欢吃白食。"船主说了沈凯仙一大堆坏话。天亮了,沈凯仙叫那船夫起身,那船夫说:"我要睡一会儿。"沈凯仙说:"你睡可以,被子是我的,我要拿走了。"这时船夫急了,说:"这被子是我的,你凭什么要拿走。"于是两人争起来。这时沈凯仙说:"别急,别急,你有什么凭据说被子是你的。"船夫脸红耳赤气急败坏地说:"我的,就是我的,哪有什么凭据。"沈凯仙慢条斯理地说:"我有凭据。在那被面和被夹里夹角处有我写的字,不信你看。"船夫一翻果然有字,被面上写着"红被面绿夹里沈凯仙的出客被"这几个字,那船夫被他弄得快要哭出来了。沈凯仙见已惩罚了那个船夫,没拿被子,丢下一句话:在背后讲人坏话是不作兴的,说完扬长而去。

金家庄的北江是主航道,来往船只特别多,但河道较为狭窄。北桥北面西岸的顾乾贤宅、东岸的顾乾英宅,都筑了一个淌水滩涂(所谓淌水滩涂,就是向河中心延伸的滩涂),原来两条小船能交叉而过的,现在更不能通行了,给众乡邻带来了极大的不便。众乡邻有苦难言,因顾家毕竟财大气粗,又是一个庄里的,低头不见抬头见,不好意思说,况且又没有一个人带头去评理。

沈凯仙见此情况,欲出面解决此事,他想到了一个"妙策"。他摇了一条船故意撞向淌水滩涂,船被撞坏了,沈凯仙就向顾家理论。在这过程中,发生了激烈的争吵,并引起了公愤。这时,众乡邻你一言我一语,都露出了愤愤不平之意。沈凯仙与众乡邻义正词严的话,让顾家也认识到自己家的滩涂给大家带来了不便,就此改建滩涂,把淌在外的收进,同石驳岸一样齐,这场风波就此平息,从此北江的出入方便了。

四、程氏家族

程氏家族也是香山匠人的后裔,也有高超的木工手艺。中华人民共和国成立前后,有程仲年、程老宾、程白弟、程正福等人,他们个个手艺精湛。其中,程仲年更是这辈之中的佼佼者。他善于思考、研究,并喜欢发明创造。那时,灌溉工具的风车只有一只撑脚插在田里,固定不变,风车不能随风向改变方向;四扇头篷不能随意升放,如遇大风不能及时减篷,风车易被风吹倒而损坏。程仲年想把这三点不足之处改掉。他反复观察、研究、实践,终于想出了好办法。首先把风车的一只撑脚改成两只撑脚(俗称"两肘架"),再在竖头躺轴上增加了一只"面扭",这样风车根据风向可以随时变换方向;同时风车的篷由四扇增加到六扇,桅杆上装上环和弹簧,可以升降自如,这样大风来时可迅速降落,风车不易损坏。以后,风车成了农业灌溉的主要工具,直到抽水机、电灌站发展到了一定的规模,才完成了它的历史使命。

以前,稻谷脱壳都是靠人力来完成的"牵砻"。所谓"砻",是木匠根据石磨的形状,用松木做成的磨,进行稻谷脱壳(俗称砻糠)。砻靠的是人力牵引,连续几天的"牵砻",人会累得趴下。程仲年想让牛作为动力来代替人的牵引,说白了就是"牛牵砻"。他先是订制了一部大木砻(大小与牛牵水的"上车"差不多),周围的人们非常好奇,只要有空都来看他制作,连他的同行都来看。一位姓陆的同行,年龄和程仲年相仿,劝仲年不要再搞了,仲年不听劝告。姓陆的说:"假如你能成功的话,我把斧头、凿子都丢在江里。"意思说不做木匠了。程仲年全然不顾周围人的冷嘲热讽,潜心研究,终于搞成功了"牛牵砻",不久开了一爿磨坊。当年,程仲年还受到民国苏州市政府的嘉奖。

程仲年好学善研究,半工半农,家庭殷富,悉心培育儿子程昌文。程昌文从小学一直读到大学,他在校秘密接受马列主义思想,与无产阶级革命家陈云一起干革命,后不幸被捕,被押往苏州监狱关押,是程仲年花了大笔金钱,才把程昌文赎出来。

程氏家庭中的程介梅、程宗保虽没学过木匠,但他们从小耳濡目染,所以一般的木工活也能干。子承父业的有程雪林,是程白弟的儿子。特别是程雪林,也有较高超的手艺。"四拖饯"房屋的建造,原始的计算方法,程雪林能滔滔不绝地叙述,对牛车、风车的打制过程,他也能讲解得清清楚楚,是金家庄较为有名的木匠之一。《上梁山歌》就是根据他的口述记录下来的。

第五节　村内姓氏

金家庄人的祖宗来自五湖四海,据初步统计,金家庄人姓氏有40多个:王、黄、赵、邵、李、吕、顾、朱、张、蔡、吴、何、金、程、陈、沈、孙、薛、任、董、何、胡、莫、盛、周、郁、徐、束、庄、谈、苏、姜、许、曹、居、高、项、蒋、方、范、郭、旦、阮、凌、林等,其中,朱和顾为金家庄的两大姓氏。

第六节　计划生育

1963年,金家庄村就开始向村民宣传计划生育,并提倡晚婚晚育、优生优育,让人们认识到计划生育的重要意义。1974年,由各大队大队长、妇女主任、团支部书记和"赤脚医生"组成大队计划生育领导小组,负责计划生育工作。这段时间里,每对夫妻可生两个孩子。在每对夫妻生育了两个孩子后,计划生育领导小组就要登门拜访,动员夫妻的一方实施避孕措施,男子结扎或妇女上环。村民都自觉地到昆山市卫生院或杨湘卫生院进行手术。如若个别家庭生了第三胎的话,那就要进行相应的经济处罚。

1980年9月25日,中共中央发表《关于控制我国人口增长问题,致全体共产党员共青团员的公开信》,把计划生育列为基本国策。淀东乡成立"计划生育办公室",着重负责抓好这项工作,逢会必讲,强调"计划生育三重要",即要晚婚、夫妻只生一个孩子好、优生优育。在宣传的同时,乡政府采取了一些积极的措施,生育一胎的发独生子女证,经济上有所奖励,同时还可以买独生子女保险,坚决控制第二胎。除特殊情况例外,如第一胎出现残疾、智障等。如果不遵守计划生育政策,生二胎的家庭,除了罚款外,还要通报批评。金家庄的妇女主任挨家挨户进行国策的宣传,告诉他们"只生一个好"的好处。村委会的宣传栏内也贴了含有"只生一个好"、"生男生女都一样"等口号的宣传画页。4个大队的妇女主任把这项工作作为重中之重来抓,村民也能理解这一国策的重要性,因而,计划生育工作开展得较为顺利,无一家庭超生。

第四章 村庄建设

新中国成立前,金家庄村农民的住房结构,绝大部分是四拖栿三开间或通天(串)八间前后埭,但住房紧,平均每人六七个平方米。1968年后,随着经济的发展,居住条件有所改善。20世纪80年代,金家庄开始进行大规模的农房翻建。村级道路进一步完善,道路状况得到改善。1989年,淀山湖镇开通了淀山湖镇到金家庄的公交班车,这是全县第一条通公交的村级公路——淀金公路。

2004年,金家庄创建省级卫生村,村镇两级注入了大量的资金,办了许多实事,如危桥改造,新型社区改造,屋前屋后主干道路打扫清洁,清理河道淤泥,填埋臭水浜,农田周围绿化等。这些实事整治了环境,进一步提高了全村村民的生活质量和水平,改善了村民的生活和生产投资环境。

第一节 基础设施建设

一个村的基础设施建设,关系着村庄的每家每户。金家庄村为了村民有更好的居住环境,花了大量的财力、物力、人力,对村庄基础设施进行了改造,充分利用沿湖的优势,把村庄改造成一个美丽的旅游胜地。

一、道路

金家庄境内道路,从最初的泥路到现在的水泥路,从最初外出不便到现在的家家门口有路,车辆到达屋前屋后,实现了质的飞跃。

1. 过境公路

金家庄的过境公路是金家庄对外的通道,主要是向村庄北面延伸,围绕村庄一圈后再向东延伸的道路。

(1) 淀山湖环湖公路

结合苏州市水利工程,修筑成带有景观的淀山湖大堤,叫环湖公路,也叫环湖大道。环湖公路全长12.5公里,自新开泾江向西,沿湖,沿金家庄,蜿蜒伸展,向北转弯至庙前江路段。环湖大道为沥青路面,两侧有绿化带、路灯。金家庄地段的湖堤大道有防护墙;庙前江往北至大自然花园,为单车道水泥路面。2011年,道路全面竣工。

环湖公路

绿植景观

(2) 淀金公路

这是淀山湖镇开通公交班车的第一条村级公路,全长7.6公里。淀山湖镇客运中心为起点,过镇南桥,沿中市路至永字路折向西,再沿永利路,跨越朝山港桥,经东洋村、西洋村、度城、南巷,跨泖泾江坝,向南过曾家浜桥到金家庄村。该路于1989年10月建成通车,是全市第一条开通公交班车的村级公路。

1993年12月,该路从镇南桥南堍向南,到永利路至东洋村段进行拓宽,改建为40米宽、双向四车道等级水泥路面。1999年,淀金公路西洋村至金家庄村路段,路基拓宽,但是砂石面路继续使用。2009年,此路段进行了改道,从西洋村起至东村南巷止,双向四车道,高等级柏油路面。淀金公路所经的桥梁有8座。

2. 村内道路

金家庄的路有几种。第一种是用一两米长、二十厘米左右宽的三块条石排成"川"字形,三石间用黄道砖侧铺成等宽的砖路,如此,一直延伸下去。如碰到地形有高低落差,则加做台阶之后,继续延伸。这种同样宽、平坦的道路是金家庄的主要道路。竖头江两岸,从北栅到永庆桥;西江北岸,从水沟角一直到禁河江东岸的朱氏大坟;若四桥转一圈,所路过的弄堂都是这种路。第二种是农舍门前的路,这种路比场地高一些,在与场地交界处,用石条做边界,其内部用侧砖铺路,这种路将户户连道成埭。金家庄的江南埭、断埭、张家埭、徐爱埭都是这种路。第三种是用 1 米长、0.8 米宽的平板方石铺成的路,这种路不多,只有南学桥北堍西起,到水沟角。上述三种道路,经历了金家庄人的一代一代,依然完好无损,一直保持到 20 世纪 60 年代末,这是因为金家庄有一个不成文的规定,凡有人做了坏事,金家庄的负责人或有威望的人就要罚他修桥铺路。

金家庄内部的道路走向,沿"十"字形的江而走,路边大多是商店。每户前的场地大多用砖铺就,也有少数泥场。八九十年代,在翻建房屋的高潮中,户主在建房的同时,也修建场地,有铺砖的,有浇水泥路面的,也有部分砖场保持原貌。金家庄村的房屋太密,道路狭小,更何况村与村之前有石桥,因此淀金村和淀山村的村民到淀山湖镇上下班,骑摩托车或自行车,从家门口到村北的马路上,至少要推过两座石桥,极不方便。因此,这两个村的村民把自己的交通工具寄放在靠近马路的亲戚家里,寄好了车,才走回家。

1999 年,金家庄 4 个行政村合并成立金家庄中心村后,便着手改造村级道路。2001 年投入资金 40 万元,改造全村主干道路 4 500 米。基本做到自行车、摩托车能到自家场上,汽车可以开到家的附近,这样,大大方便了金家庄人的出行。

二、村级桥梁

金家庄村的河道是东西、南北走向的两条河流,它们在金家庄的中心地段交叉,形成了类似"十"字的形状。河上架桥,以东西南北 4 座桥为主要桥梁,因其建造年代较久,具有一定的历史价值。其余的几座桥是近代建的水泥桥,为一些支流、小浜斗上通行之用。截至 2012 年,金家庄村共有桥梁 7 座,见表 4-1-1。

表 4-1-1　　　　　　　　　　金家庄村级桥梁一览表

桥　名	建造年份	所跨河名	类型	结构
永庆桥(南江桥)	1838	南江	古石桥	阶梯石板平桥
福元桥(浜门桥)	1920	后江	古石桥	阶梯石板平桥
甲子桥(北桥)	1924	北江	古石桥	阶梯石板平桥
南学桥(西桥)	1929	西江	古石桥	阶梯石板平桥
淀金桥	1968	独圩	水泥	
禁河江桥	1965	禁河江	水泥	
新江桥	1973	新江	水泥	

三、邮电通信

据《昆山县志》及《淀山湖镇志》记载,民国元年(1912年),淀山湖镇(时称杨湘泾镇)设有邮政代办铺,同时在金家庄设邮政信箱,由邮政信箱代理人收发信件。因年代久远,当时的邮政信箱代理人已无法查考。1935年左右,金家庄人朱用根是当年邮政信箱的代理人。那时的邮路是朱家角到井亭,再到金家庄。邮政信箱的主要业务是投递平信和报刊。

新中国成立后仍由朱用根代理。直到1981年2月,因其年龄大了转给朱家学代理。1986年5月,朱家学从事教学工作,又转给了其兄弟朱家元代理。此时,杨湘邮电所改为邮电支局,金家庄邮政信箱已升级为邮政代办所,此时的邮路是杨湘泾到金家庄。2005年2月,因电话等通信设施的完善,书信投寄越来越少,杨湘邮电支局便收回金家庄邮政代办所,金家庄邮政代办所也完成了历史使命。

新中国成立前,金家庄是没有电话的。直到1958年"大跃进"年代,金家庄大队部和"小农场"(金家庄的生产单位)各有一部电话机,都是手摇式的,打个电话,还需要中转站进行连接。1974年,4个大队各有一部转盘式电话机。

随着社队办企业的创办和发展,1987年左右政府给几个骨干厂长装了电话,普通家庭安装电话的寥寥无几。

四、电力设施

新中国成立前,农民晚上照明主要是用油盏碟(碟里加菜油,用灯芯草点火,然后放在一个小框架内,可挂在墙壁、灶壁上),火似谷粒大小,半明半暗。少数人家用洋油灯(煤油从国外进口)。金家庄村又不同于外村,由于地理位置的原因,外出劳动,烧早饭,有的半夜一两点就起床烧早饭,由于光线不足,干活看不清楚,生活很不方便。遇到婚丧嫁娶等大事,只能用汽油灯。新中国成立后,绝大部分村民用上了洋油灯。

1973年,金家庄通电,从此农民照明用上了电灯,但仍然没有淘汰原始的照明工具,因为农村经常停电,一停电,还得用原始的照明工具。改革开放后,队办企业搞得较为出色,4个自然村都买了发电机,如遇停电,就用发电机发电,从此彻底淘汰了原始的照明工具。近年来,淀山湖镇电力站对农村的电网系统进行了改造,提高了电压质量,加强了电力系统的日常维护。村委会发放各种宣传资料,宣传安全用电的常识,号召村民节约用电。

五、信息网络

民国三十七年(1948年)1月12日,杨湘泾与井亭镇已架设电话线。

1981年,电缆系统接到镇上,金家庄村民要打电话,必须到杨湘泾邮电局申请打电话。1988年,电话中继线路以架空电缆为主、明线为辅。

1994年7月1日,淀山湖镇开通国际国内程控直拨电话,电话号码由6位升至7位,4个村实现了电话联络。

2000年后,电脑网络逐步发展。2010年,全村保留固定电话520户,拥有电脑350户,互联网上网户350户左右。

六、饮用水设施

新中国成立前,水质好,百姓的生活用水都从湖、河中提取。每天清早,用水桶挑几担水,倒入厨房的大水缸内。如果遇到风浪大,湖、河水混浊,挑了水后,在水缸中放一些明矾,用沉淀方法清洁水。新中国成立后较长时间,仍是这种饮水方式。水缸内的水,一月清洗一次,水用到两三成后,把底下的水舀出,把一些沉淀物处理干净。

改革开放后,群众办厂热情高涨,金家庄村有4家泡力水厂、2家化工厂、2家涂料厂、毛毡厂、橡胶厂等,污染较为严重,河道内的水无法饮用。1988年,4个行政村决定合办自来水厂,解决村民饮用水问题。

金家庄沿湖风光

1994年6月30日,淀山湖畔,度城潭西南侧,建造淀山湖自来水厂。自来水厂总管网43公里,镇区供水管道铺设铸铁管,农村周边铺设水泥自来水管,过桥架设卷板钢管。供水管道连接各个村,与各村老厂自来水管网接轨供水,金家庄村办水厂取消。2006年9月,镇区连接昆山市供水管道,2月底,全镇管道连接市供水管道,同时淀山湖镇自来水厂停止供应。淀山湖镇镇政府投资3 700万元,从镇区开始,对全镇供水管道进行全面改造。

七、公共自行车

淀山湖镇围绕"生态立镇",打造"蓝天、碧水、绿地、休闲"的生活空间,倡导低碳出行。2012年第四季度,淀山湖镇民生工程之一的公共自行车及智慧单车系统开通,金家庄村设立公共自行车租借点一个,设置公共自行车租借桩15个,位于曾家浜桥北堍西侧。

八、其他公共设施

汽车站30平方米,淀山湖到金家庄8公里。

社区医疗服务站500平方米,绿化200平方米,医务人员3名,其中1名为收费值班员。床位6张,器材完善。

老年活动室650平方米,其中绿化200平方米,茶室、棋牌室290平方米,电视室180平方米。乒乓室、图书室180平方米,有乒乓台1个,图书室内藏书1 500册。

文化娱乐活动室450平方米,其中电视剧场内有配套座位,小舞台280平方米,全天放映。文艺排练室170平方米,文艺活动室内戏曲服装道具等器材基本齐全,音响设备、乐器、卡拉OK、VCD全部配备。

宣传画廊5块,其中有村务公开栏。农贸市场600平方米,有公厕1座,村派1名人员管理环境卫生及社会秩序,有线广播全村户户通。幼儿园350平方米,户外灯光篮球场一片,健身活动器材15件。

链接:金家庄水栅

所谓水栅,就是设置于水中的栅栏,以阻止船舶通行。通常设置于不甚宽大的河面及桥下,做防卫之用。建水栅的材料一般是毛竹或树木,及铁链。

在江的两边打上粗大坚硬的木桩,并在木桩上缠上较长且粗的铁链,铁链的两头分别缠上一根粗大且不易腐烂的树。

金家庄的水栅共有三处:一是在南江永庆桥下。二是在西江口小独圩西北角,与上新圩的东南角,近人家的地方。由于此处江面较阔,金家庄人就在上新圩筑堰基,使江面狭窄些,两条船可交错通过。三是以淀湖村最北的人家为点,做水栅。

每一处水栅都有专人看守。看南江水栅及北江水栅的人,因旁边有茶馆店或人家,他们白天可以到茶馆里喝喝茶、聊聊天。但看西江水栅的人,在堰基上搭个草棚,不管刮风下雨,都独自住在草棚里。

中华人民共和国成立前,泖泾江、曾家浜江都没有桥,进金家庄都得靠船摆渡。金家庄在那三个江口设了水栅,给金家庄安装了一道安全防卫系统。看栅人如看到可疑的船,就不准船只进庄。假如进入了庄里,一旦犯事,三处水栅一拦,那就是瓮中捉鳖,手到擒来。

第二节 农村住房建设

从金家庄村的住房建设,可以看出社会发展的状况,也能了解金家庄人的生活情况。村民收入增加了,便着手改善自己的生活设施。房屋建造,从四拖饻、通天八间前后埭,到五路头、七路头的房子,之后,是楼房、拆迁房、商品房,甚至别墅。从落后的农村,到高质量的拆迁小区,金家庄人从脸朝黄土背朝天的农民,成为住上高档小区的居民,其转变是量的积累、质的飞跃。

一、农村自建房

金家庄村的农房基本上由香山匠人后裔建造,傍水而建,亮眼实用。早期的金家庄村,基本保持着江南水乡特有的小桥流水人家的古村风貌。房屋形式主要有两种,一种是叠山头,另一种名为四拖饻。所谓叠山头,是指房屋两侧的山墙是垂直的,至于进深及宽度,根据地形来确定。所谓四拖饻,或以南北重复,中间设有天井,东西两面各有厢房的群体建筑,俗名为通天八间前后埭。房屋朝向一般为坐北朝南,依据河道,面河或侧面面河,因势而就的房屋。前面是场地,大多用砖铺就,也有极少的泥场,以作轧稻打麦之用。通天八间前后埭,至少住四户人家,有部分人家一间房屋一隔为二、一房一灶,居住条件差。

1968年后,农村经济略微有好转,为改善居住条件,金家庄兴起了第一波建房高潮,五路头三开间为单元的建筑,成为主流建筑。明清时期的古建筑基本上在这一波中消亡。

当时建房材料紧缺,用湖沙、石灰、空心墙、杂树檐子、杂树梁,后来,水泥预制构件的出现,解决了造房建材紧缺的矛盾,翻建房屋增多。但此阶段造的房子都为五路头的小房屋,有一句顺口溜叫"杂树檐子水泥梁,蔡浜湖沙搭搭浆(马虎)",反映了当时房屋的质量差。在建造的过程中,由于宅基地狭小,实际增加的面积不大,每户农户住房面积仍在五六十平方米,但房屋的利用率高了。

1978年,金家庄宅基地都太小,蔡永兴建起了金家庄新中国成立之后的第一幢楼房。在这榜样的推动下,金家庄再一次兴起建房热,这一次是建楼房。建材紧张,到处托关系,找人情,买水泥、钢筋、檐子等建材。

1981年,昆山县人民政府规定,社员建房每户不得超过三分土地,使建房用地得以控制。1983年,政府明确规定:没有规划的,不得占用耕地建房,必须充分利用原有基础,以老村改造为主。在这种形势下,金家庄村的楼房满三分土地的不多,大多是二楼二底的房屋结构。宅基地稍大一点的,也只是比别人家多了一个楼梯间。

随着改革开放的不断深入,农民的收入也不断增加,1985～1993年期间,农村房屋改建逐渐增多。房屋结构略有讲究,把木头梁换成了水泥梁。建筑材料供货充足,用二层楼板,用砂浆砌砖,外墙灰砂粉刷改为水泥粉刷嵌石子,但墙体仍是空心墙。

1994年后,富裕起来的人家开始翻建新楼房,形式上把叠山头改为四拖戗别墅型的花园楼房,砌实心墙,墙面贴锦砖或马赛克,盖了琉璃瓦,富丽堂皇。截至2012年,金家庄平均每户住房面积160平方米左右。全村未建楼房的,只有七户,他们要么已经不在村子里住了,要么是单身汉,没有建房的打算。

链接:通天八间前后埭

自从香山匠人定居金家庄以后,其后辈们根据百姓的生活条件,改变了厅堂建筑模式,设计成适宜百姓居住的民房,用贴柱(墙壁内柱)代替厅中四大平柱,建成金家庄特有的通天八间前后埭房子。

见下图:

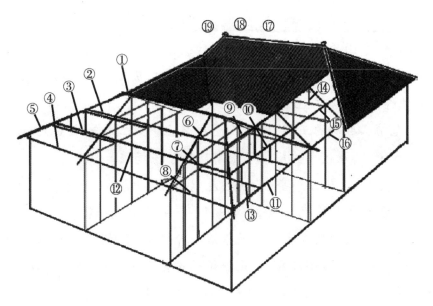

1.2.3.4. 正、斤、步、廊梁；5. 戗角木；6.7.8. 斤、步、廊梁照脊；9.10.11. 进深斤步廊梁；12. 正贴柱；13. 晒仓；14. 笔架山；15.16. 厢房步、廊梁；17. 屋脊；18. 屋面；19. 斜沟

通天八间前后栋房屋结构图

房屋坐北朝南，在东西宽 4 丈 8 尺、南北进深 7 丈的场地上造廊高 1 丈的通天八间前后栋房子一宅。

屋面的坡度称锐，如果二柱中心线间的距离为 4 尺，若 4 锐，则两高差为 4×4=1 尺 6 寸，若 5 锐，则 4×5=2 尺，如果 6 锐，则 4×6=2 尺 4 寸。

现造房以 5 锐计算，廊梁高为 1 丈，两柱中心线间距离为 4 尺，则步梁柱为 1 丈 2 尺，斤梁柱为 1 丈 4 尺，正梁柱高为 1 丈 6 尺。串贴柱的安排，每二柱间配二根 4 尺长的平行插攀，其间高差 5 寸，7 根柱都露头，供做雄榫与梁相接。搁梁时下面加托基，凡梁两头均是一个雌榫、一个雄榫。再配三平扦攀，一根长为 8 尺 5 寸，四平扦攀一根，1 丈 6 尺 5 寸。共需 4 副贴柱。后栋房子较前栋高一点，每柱下面垫一个石荸荠，开间以 1 丈 6 尺计算，共需 14 根梁，每根长 1 丈 6 尺 3 寸。

次间木料，晒仓每根长 1 丈 2 尺 8 寸，晒仓的下半圆做出雄榫，伸过斤梁柱后，加木销。另一端平搁廊梁，共计晒仓 8 根，斤梁矮柱 2 尺 4 寸，加 6 寸，做两个雄榫步梁。矮柱 1 尺 5 寸，加 6 寸，过头做雄榫，各需 8 根矮柱。

进深斤梁 4 尺×2 放 1 尺做榫头，共计 4 根。

进深步梁 4 尺×4 放 1 尺做榫头，共计 4 根。

进深廊梁 4 尺×6 放 1 尺做榫头，共计 4 根。

斤梁找脊 4 尺 5 寸，雄榫放 3 寸，共计 8 根。

步梁找脊 4 尺×2+8 寸，雄榫放 3 寸，共计 8 根。

廊找脊,4尺×3+8寸,雄榫放3寸,共计8根。

厢房,在前栋东西两次间的后廊上,及后栋东西两次间的前廊梁上,做4个形似"中"字的壁架山,最高的一根长为4尺放6寸,二头开雄榫。另两根长2尺放6寸的二头开雄榫,配厢房梁10根,每根长1丈6尺3寸,3寸开雄榫。该房共有4只龙梢,每只龙梢从厢房的正梁,伸到正屋斤梁上,称斤找脊,长8尺计4根,步梁找脊长4尺,计8根,龙梢上的短椽子用零碎椽子当场配。

椽子算法,方5,斜7,分一半,其意思是以5为单位搭成一个正方形,其对角线为7,之后在直角三角形的直角边上取中点,并画出中线,这中线长就是椽子长。现两柱间距离为4尺,则用4尺为边长搭成一个正方形,找出三角形的中线,中线长就是椽子长。椽子长为4尺8寸,出檐椽子伸出2张房板,则4尺8寸加1尺5寸,计6尺3寸,本宅出檐椽共计192根,头定花架共计556根。

门、窗、前栋大门、后门与后栋后客堂的门成一直线,一样宽做大门,用两根长1丈2尺加3寸做雄榫方木,雄榫插入步梁雌榫中成方柱,离下端5寸处做下槛;1丈处做上槛,上槛上面与步梁间用木板封住,下面门框内配上一根户齿,做二扇大门就可以了,也有做窗达门的。方法是做成比门框一半高大10厘米的踏门,在左右、上下做四个小雄榫,供上户齿时将达门固定在门框内,另半扇门套入门印子内可开关。后门和后客堂大门都是两扇直拼门,其他厢房到前后次间均一扇门,次间到前后客堂均有一扇门。

窗很少,每间次间南屋面上有三豁头玻璃天窗一个,东西厢房靠天井一面有一个木质窗,开窗时从下面打开往里,然后用梁上挂下的木钩将其钩住。

最后配上4根拖戗角较细一点的圆木,及头定拦房木和料檐。泥水匠拿开间进深杆,垦夯沟,宽50厘米,深30厘米,夯实,辅条石,引平。

木匠竖贴,放好廊梁及定柱用进深撑,龙门撑好,挂线使它们垂直。接着正屋上梁,安装戗角木,晒仓,进深斤梁、步梁照接。

泥水匠将每壁脚砌好,灰缝要小,靠柱边削成虎口状紧靠定柱,木匠上梁,钉椽子,下端钉料檐,戗角木等,泥水匠铺房板,做屋脊。

泥水匠做脊确轮,底瓦铺在椽子上方,之后用纸筋涂成方形,上面竖一排瓦片,戗角的下端往上,每轮瓦的最后一张是跨挡,最后粉刷。

因木材有粗细,头梢有粗细、弯曲,所以配制过程中处处严控下平线。

二、商品房

1995~2012年,村民进镇、城,购买商品房,开始成为金家庄在外人员的重要举措,便于上班、就医、就读等。有人也把购买商品房作为理财投资的一种方式。2012年,据不完全统计,金家庄村全村752户,购买商品房的320户,占总户数的42.5%。

第三节　环境卫生

公共服务是以合作为基础的,加强城乡公共设施建设,强调机构的服务性,强调公民的权利。加强城乡公共设施建设,以发展教育、科技、文化、卫生、体育等公共事业为基础,为社会公众参与社会经济、政治、文化活动等提供保障。

一、公厕

1984年起,金家庄村先后修建厕所8座,以旱厕为主。每个自然村各2座。2004年,金家庄村创建卫生村,把旱厕改建为槽式水冲式公厕7座。现金湖自然村、淀金自然村全部搬迁,公厕由金家庄保洁队的专职人员负责管理。

表4-3-1　　　　　　2004年金家庄村新建槽式水冲式公厕一览表　　　　　　单位:平方米

序号	所在位置	建筑面积	便池样式	粪便处理形式	建造年份
1	原金湖	45×2	槽式水冲式	三格式化粪池密封	2004
2	原淀金	45	槽式水冲式	三格式化粪池密封	2004
3	原淀山	45×2	槽式水冲式	三格式化粪池密封	2004
4	原淀湖	45	槽式水冲式	三格式化粪池密封	2004
5	老年活动室	45	槽式水冲式	三格式化粪池密封	2004

二、垃圾桶及垃圾中转站

2005年,投资1万元,调换原有的保洁桶及垃圾箱,换成密封的垃圾箱,共654个。建垃圾中转站2个。

三、河道整治

1956年冬,刚成立的生生、光明、胜利、黎明4个高级社联合行动,各队分段包管清理河道,筑坝围河。这一次,既灭了金家庄内河里的钉螺,清除了河道中的淤泥,又清除了河道边上的牛爬汰。

1958年,大搞爱国卫生运动。金家庄集中整治河道边,及农户私人粪坑,将私人粪坑集中加盖,派专职清洁员清理马桶,从此杜绝了人们在河道中倒马桶的坏习惯。

1986年,淀湖村村民吕元龙写信给昆山市环保局,反映金家庄内河绿藻疯长的情况。市领导看了信后,非常重视,要求清理河道。金家庄4个村联合起来,共同整治绿藻,由朱雪福具体负责。金家庄派人去无锡,请来了一条小型挖泥船,并安排4条农船,将挖出的淤泥及时运到淀山村北湖边,填平低洼地。历时一个月,对金家庄的河道进行了整治,河水清澈不少。

1992年,金家庄村内的河水又出现绿色,金家庄村又联合起来整治河道,由庄伟元具体负责。到淀山湖镇农机站请来一条挖泥船,本地派4条农船,及时将淤泥运到淀山村北面,用于填没废弃不用的小鱼塘。历时一个月时间,将金家庄内河清理了一遍。

2002年,金家庄村为了整治淀山村朱引根家西面和淀湖村沈雪荣家前面的两条臭水浜,委托周福明具体负责。在浜口筑坝,泥浆泵把淤泥打入臭水浜,进行硬化,并请来8条农船罱泥。这8条农船在金家庄每条内河中有序地罱泥,历时两个月。罱起的淤泥硬化后,达5 000立方米,这次对金家庄河道进行了彻底清淤。

四、防洪闸

新中国成立前后几十年间,金家庄深受洪水之害,特别是1954年和1999年的洪水,淹没了金家庄村沿江街道,大多数村民家里都进了水,最深处有1米多。水利局和镇政府进行实地调查研究,制订了方案,2001年在北港口(北庙)及西泖泾之间建北闸。2003年,在原金家庄初中及三爷墩之间建南闸。2004年,在西江出口处(西南嘴和上新圩之间)建西闸。2007年,建泖泾江闸。

第四节 村庄住宅分布情况

金家庄村,人多房多,在不足0.6平方公里的空间内,住着700多户人家。按江流分割成的地块,形成了金家庄的4个自然村。虽然这4个自然村先后改成不同的村名,但其区域大小、位置是一致的。下图为金家庄村2011年拆迁前的住宅图,根据房屋标号,可以知道拆迁以前住的是哪户人家。按4个村的区域,分别细化成4幅图,更直观,更清晰。

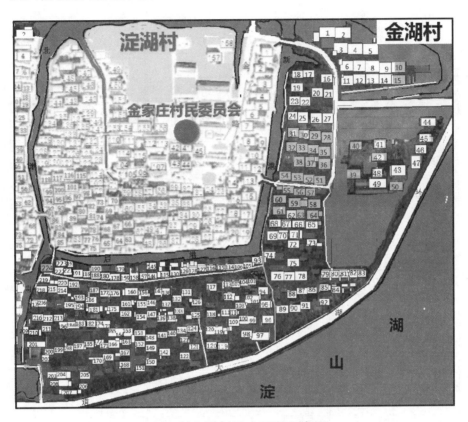

2012年金湖村民宅平面示意图

表4-4-1　　　　　　　　原金湖村农户住宅从东北开始向西南编号一览表

序号	组别	户主姓名	序号	组别	户主姓名	序号	组别	户主姓名
1	4	郭大进	2	3	朱雪文	3	3	陆宝兴
4	8	顾福元	5	8	蔡金元	6	7	顾永强
7	4	沈仁奎	8	5	朱明亮	9	5	郭金峰
10	4	郭佩荣	11	1	朱兴林	12	10	庄伟元
13	8	吴玉光	14	7	朱文忠	15	2	顾建平
16	10	朱丽英	17	2	朱海根	18	2	朱海生
19	3	吴卫东	20	7	朱文兴	21	3	顾根元
22	7	莫卫强	23	7	莫卫清	24	11	俞忠雪
25	1	郭桃生	26	10	朱元根	27	5	顾文忠
28	7	莫友清	29	10	顾永明	30	2	俞红兴
31	2	俞雪林	32	11	朱贵元	33	11	朱长华
34	10	朱卫中	35	1	林桂侠	36	11	朱约光

续表

序号	组别	户主姓名	序号	组别	户主姓名	序号	组别	户主姓名
37	10	俞密英	38	1	朱克忠	39		厂 房
40		大队办公室	41		厂办食堂	42		厂车库
43		厂车间	44		厂 房	45		厂 房
46		厂 房	47		厂 房	48		厂门卫
49		制罐厂厂房	50		制管厂仓库	51	5	顾根元
52	7	朱亚东	53	1	郭平生	54	1	郭白弟
55	10	朱卫明	56	2	朱林华	57	2	朱林孝
58	1	朱明林	59	1	朱兴明	60	1	沈宝兴
61	3	吴海根	62	3	朱海荣	63	5	郭孝初
64	1	顾林生	65	11	朱雪荣	66	1	朱金元
67	1	朱全元	68	11	朱文标	69	1	顾进元
70	11	朱以冰	71	3	朱雪华	72	29	赵影美
73	7	莫永兴	74	1	沈金忠	74	1	沈金标
75	1	顾雪林	76	11	俞孝雪	77	2	阮惠华
78	2	朱新德	79	2	顾奎元	80	11	顾善新
81	10	朱俊生	82	11	朱阿九	83	9	陆庭风
84	2	顾建忠	85	11	朱文琴	86	11	朱长华
87	11	顾根元	88	2	顾引光	89	2	郭进根
90	2	顾引新	91	2	朱守兴	92	11	潘雪球
93	2	顾卫兴	94	10	顾永林	95	10	俞友福
96	10	俞进明	97	10	俞进福	98	4	朱荣林
99	10	庄明光	100	10	庄明亮	101	10	庄惠林
102	10	庄卫荣	103	2	顾文华	104	10	庄康元
105	2	顾冬生	106	4	顾阿大	107	2	顾文龙
108	10	朱浦东	109	2	顾小雪	110	10	蒋丽东
111	4	蒋永良	112	6	顾桃元	113	10	顾文龙
114	10	朱元林	115	3	蔡兴东	116	3	顾益明
117	4	蒋志新	118	2	蔡坤生	119	2	蒋福明
120	6	蒋福根	121	10	顾三雪	122	3	顾卫根
123	6	顾福根	124	10	沈金东	124	10	顾建龙
125	4	吴前荣	126	4	吴进荣	126	4	吴前进
127	3	吴卫刚	128	3	吴卫新	129	3	朱海荣
130	4	朱雪元 沈文炳	131	4	朱品生	132	4	朱伟华

续表

序号	组别	户主姓名	序号	组别	户主姓名	序号	组别	户主姓名
133	4	朱惠忠	134	3	朱瑞光	135	3	朱雪华
136	3	朱品元	137	4	郭小进	138	6	顾雨初
139	5	郭幸福	140	4	沈奎生	141	4	沈奎根
142	4	沈仁林	143	6	郭雨东	144	5	顾金华
145	5	郭幸元	146	5	顾金兴	147	7	朱小苟
148	9	朱桂荣	149	5	朱桂元	150	10	朱明奎
151	5	吴川新 吴川林	152	5	吴玉龙	153	5	吴玉新
154	5	吴佩荣	155	5	吴海明	156	8	吴正光
157	8	吴福光	158	5	吴善荣	159	6	郭再其
160	3	朱文荣	161	7	朱文雪	162	8	朱文新
163	6	朱文贵	164	6	顾川光	165	7	朱文虎
166	6	朱文裕	167	6	朱文元	168	6	顾富强
169	7	朱文浩	170	7	吴根祥	171	7	顾杏英
172	9	许惠荣	173	6	顾阿大	174	6	顾三囡
175	7	朱文孝	176	6	顾金元	177	2	朱祖虎
178	7	朱三全	179	7	朱龙全	180	3	朱全才
180	7	朱文浩	181	6	顾阿大	181	6	顾三囡
182	8	顾建元	182	8	顾福元	183	8	吴荣兴
184	8	盛取英	185	9	陈志明	186	7	顾永元
186	7	朱庆元	187	7	朱福元	188	8	顾林生
188	27	朱福光	189	7	顾小菊	190	7	朱善荣
191	7	莫文亮	192	7	莫文明	193	31	柴四宝
195	8	吴金根	196	8	顾建国	197	9	顾春芳
197	9	顾春林	198	9	吕惠明	199	9	任海元
200	6	蔡进荣	201		金家庄小学	202	9	张 英
203	9	杨惠明	204	12	盛云东	205	9	邵光荣
206	9	邵光华	207	9	何海林	209	9	杨惠林
209	9	顾振家	210	9	朱俊荣	211	9	沈云标
212	9	沈云超	213	10	顾文虎	214	8	陆炳兴
215	8	顾汤根	216	8	蔡永兴	217	8	吴兴根
218	8	蔡金兴	217	8	吴兴根	218	8	蔡金兴
219	7	朱善光	220	8	顾林根	221	5	顾文荣
222	3	顾奎元	223	3	顾奎新	224	15	任以若

2012年淀金村村民宅平面示意图

表 4-4-2　　　　　　　　　原淀金村农户住宅由东向西编号一览表

序号	组别	户主姓名	序号	组别	户主姓名	序号	组别	户主姓名
1	居民	顾兴龙	2	15	邵光其	2	15	邵德兴
3	14	吴建秋	4	14	吴云龙	5	13	朱福新
6	居民	大队办公室	7	15	邵其林	8	14	吴建忠
8	15	吴建荣	9	14	郁兴东	10	14	徐善良
11	15	邵如苟	12	15	邵如毛	13	15	沈建荣
13	15	沈建龙	13	15	沈建忠	14	16	顾冬生
14	16	顾冬兴	15	15	顾巧珍	15	15	郁洪太
16	14	郁菊荣	17	14	吴建福	18	15	吴建明
19	14	朱文球	20	14	朱益晓	21	14	朱惠芳
22	14	邵光汉	23	15	邵光林	24	15	邵雪元
25	15	郁金龙	25	15	郁金林	26	15	吴福林
27	16	朱叙元	28	16	顾祥元	29	16	王多生
30	14	徐志桥	31	14	郁洪禄	32	金湖村民	陈志东
33	14	郁洪旗	34	14	郁林东	35	12	郁秋东
36	12	郁国东	37	14	庄建新	38	14	庄连奎
39	14	庄庆号	40	15	郁永新	41	14	庄叙奎
42		大队礼堂	43	12	徐建龙	44	12	徐岳明
45	13	徐林福 薛志琴	46	12	徐龙兴 徐文兴	47	13	徐静强
48	13	徐静江	49	13	束芬荣	50	13	朱永良
51	16	吴云峰	52	13	吴永青	53	16	吴俊峰
54	13	吴永军	55	17	郁洪青	55	17	郁洪革
56	13	郁福龙	57	15	盛阿品	58	14	蔡雪忠
59	15	蔡雪荣	60	13	蔡进才 蔡进德	61	12	张文元
61	12	张文龙	62	13	朱全元	62	13	朱永元
63	12	吴士新	64	17	邵光元	65	14	盛荣元
66	12	沈建峰	66	15	沈建荣	67	12	邵多英
68	12	沈建忠	69	17	邵林峰	70	17	邵桂荣
71	14	蒋祥荣	72	16	郁九林	72	16	郁木林

续表

序号	组别	户主姓名	序号	组别	户主姓名	序号	组别	户主姓名
73	15	蔡惠林	74	16	蒋金林	75	14	周凤娥
76	15	蔡根元	77	17	邵惠东	78	17	邵毛元
79	14	邵和元	80	17	沈正德	81	17	顾庆忠
82	12	朱根元	83	12	朱根兴	84	17	朱彩兴
85	17	朱彩华	86	16	朱奎兴	87	16	叶仁俊
88	14	盛荣泉	89	17	陈永刚	90	17	陈泗生
91	16	何冬林	92	16	何永林	92	16	何冬毛
93	16	周正荣	93	17	周善荣	94	12	郭永明
95	17	郭金荣	96	13	朱金林	97	17	邵永德
98	15	蔡森林	99	17	朱裕元	100	17	朱福元
101	15	吴全生	102	15	周建华	103	16	邵阿大
104	13	苏永华	105	13	束正林	106	17	蒋祥生
107	16	吴建华	108	16	吴菊生	109	16	吴荣元
110	16	吴志兴	111	16	吴阿大	112	12	徐岳荣
113	14	庄庆丰	114	14	庄庆东	115	15	吴生林
116	17	朱占春	117	12	徐岳龙	118	13	章川荣
119	13	徐兴福	120	12	朱益明	121	17	金 峰
122	17	金进泉	123	13	蒋祥福	124	14	何森林
125	14	庄庆华	126	14	庄建宏	127	15	郁永明
128	16	朱川明	129	14	郁佩明	129	14	郁佩荣
130		大队厂房						

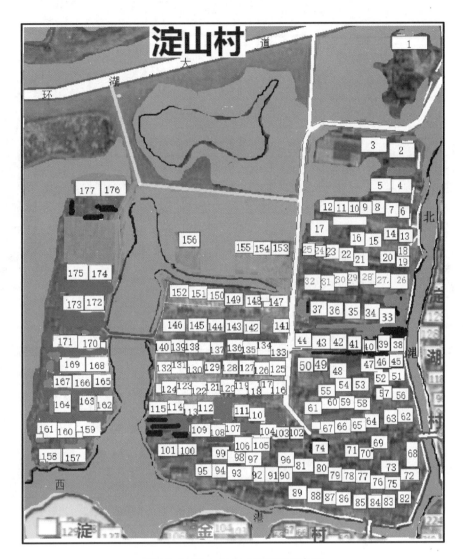

2012年淀山村民宅平面示意图

表 4-4-3 原淀山村农户住宅由北向南向西编号一览表

序号	组别	户主姓名	序号	组别	户主姓名	序号	组别	户主姓名
1		大队办公室	2	23	顾国忠	2	23	顾国球
3	23	顾 奎	4	24	顾福连	5	24	朱惠新
6	24	居士龙	7	24	谈月明	8	24	吴慰江
9	24	谈惠忠	10	24	谈泉根	11	24	谈昌生
12	24	顾福清	13	24	朱金根	14	24	朱永根
15	24	盛凤根	16	24	吴慰明	17	21	周岳明
18	居民	徐孟羽	19	居民	徐孟仁	20	居民	徐孟仙
21	23	吴景芳	22	24	盛冬林	23	23	顾川林

续表

序号	组别	户主姓名	序号	组别	户主姓名	序号	组别	户主姓名
24	23	顾小弟	25	23	顾 浩	26	23	顾福明
27	20	周永琴	28	23	谈秋生	29	24	徐永芳
30	24	盛文荣	31	24	徐金华	32	26	周根兴
33	23	顾 杰	34	20	顾永琴	35	24	谈秋生
36	23	吴金兴	36	23	吴海兴	37	24	徐志芳
38	23	顾仁超	39	24	顾庆渊	40	24	顾岱俊
41	24	顾岱刚	42	24	顾永新	43	24	朱正清
44	24	顾永球	45	22	吴祖清	46	23	顾国洪
47	23	顾国旗	48	23	顾仕福	49	23	顾国强
50	24	顾庆范	51	23	吴伟浩	52	22	吴永刚
52	22	吴永清	53	22	吴才元	54	22	吴祖新
55	22	吴祖龙	56	24	谈建新	57	23	吴白弟
58	23	顾幸福	59	23	顾幸渌	60	22	朱亚江
61	22	周裕奎	62	22	朱亚明	63	居民	顾庆英
64	22	朱波根	65	22	郁维生	66	22	周仁奎
67	21	范洪兴	68		供销社	69	22	周群生
70	22	周剑光	71	23	朱家丰	72	22	沈宝昌
73	26	范福明	74	23	朱乾珍	75	26	陈川海
76	居民	顾庆丁	77	22	朱波兴	78	21	范志荣
79	18	范小洪	80	13	吕国英	81	22	周忠文
81	21	周根元	82	20	曹小龙	83	21	顾兴华
84	20	顾福元	85	22	朱波生	86	21	吕勤学
87	26	吕文虎	88	20	吴全元	89	25	吴共兴
89	25	吴雪兴	90	21	周善兴	91	25	周福兴
92	18	周亚光	93	20	朱祥元	94	21	周裕炳
95	20	朱近禄	96	21	周裕明	97	25	盛金兴
98	25	顾永兴	99	20	周兴忠	100	25	周伟明
101	25	周志刚	102	26	吴祥文	103	21	周岳荣

续表

序号	组别	户主姓名	序号	组别	户主姓名	序号	组别	户主姓名
104	居民	朱雪珍	105	26	周荣兴	106	20	周福仁
107	25	盛阿二	108	25	周兴奎	109	26	周雪球
110	20	吕祖兴	111	20	朱近洪	112	20	朱菊红
113	20	沈大根	113	22	沈宝兴	114	18	顾取英
115	18	吴庆明	116	20	盛海林	117	25	郁利东
118	20	郁永东	119	25	盛林海	120	20	盛雪荣
121	19	盛见兴	122	19	盛彩兴	123	18	盛金妹
124	20	盛春元	125	20	周俊福	126	20	周福明
127	19	盛毛苟	128	19	盛阿四	129	19	朱海元
130	25	吴振贤	131	25	朱明德	132	25	顾小根
133	18	朱巧忠	134	23	魏建忠	135	18	顾明兴
136	19	朱山三	137	20	顾桃兴	138	18	顾林兴
139	19	周永球	140	19	顾留荣	141	19	顾良元
142	18	朱巧根	143	19	吴云元	144	19	吴炳贤
145	18	沈月琴	146	19	顾善根	146	19	顾善新
147	19	顾金荣	148	18	薛方琴	149	18	薛小品
150	18	朱冬元	151	18	朱巧连	152	18	朱生根
153	24	朱引根	154	26	周献忠	155	26	周献青
156	25	沈洪福	157	20	顾永福	158	18	顾永新
158	18	顾永明	159	20	顾永德	160	18	顾连根
161	18	顾小弟	162	18	顾全根	163	18	顾永华
164	25	顾进乾	165	19	顾善林	166	19	吴桂明
167	18	盛天明	168	19	朱建江	169	19	朱建秋
170	18	朱建春	171	19	朱建洪	171	25	朱建海
172	19	吴五毛	173	19	吴桂忠	174	18	顾惠忠
175	18	盛惠红	176	18	薛和元	177	20	顾桂福

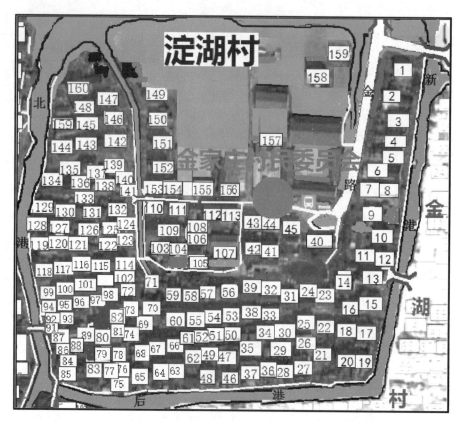

2012年淀湖村民宅平面示意图

表4-4-4　　　　　　原淀湖村农户住宅由东北向南向西编号一览表

序号	组别	户主姓名	序号	组别	户主姓名	序号	组别	户主姓名
1	30	朱雪忠	2	34	朱生平	3	34	朱生阳
4	34	朱瑞彪	5	34	朱瑞荣	6	34	吴玉龙
6	34	吴玉兔	7	32	朱金荣	8	29	戴炳其
9	34	沈仁玉	9	34	沈仁明	10	34	柴阿五
11	34	朱洪忠	12	3	吴瑞光	13	33	居关元
13	34	莫文英	14	33	沈寿福	15	32	蒋继忠
16	33	张长福	17	34	莫兴元	18	33	朱长明
19	9	杨惠明	20	34	莫再祥	21	30	沈以春
21	31	沈福明	21	27	吴根全	22	34	戴永清
23	31	沈裕根	24	33	朱留元	25	33	朱留荣
26	31	朱留龙	27	31	朱留根	28	32	沈炳荣
29	33	沈寿其	30	33	顾梅兴	31	33	戴炳才
32	32	朱密英	33	34	莫云新	34	33	朱留兴
35	33	朱永兴	35	33	朱永光	36	30	朱文荣

续表

序号	组别	户主姓名	序号	组别	户主姓名	序号	组别	户主姓名
37	34	朱林元	38	31	朱品元	39	29	吴振新
40		汽车站	41	28	居仁弟	42	27	朱惠明
43	30	何家庆	44	33	顾岸成	45	7	朱瑞光
46	31	蒋士生	47	32	朱卯兴	47	32	朱士兴
48	32	吕雪元	49	32	吕国华	50	32	吕雪林
51	29	吕生福	52	29	吴彩福	53	31	赵国兴
53	31	赵国忠	54	32	吕善球	55	32	吕善生
56	32	吕华峰	57	28	朱文言	58	28	许荣文
59	28	许荣虎	60	28	程川	61	32	吕善新
62	29	顾求仁	63	32	朱根元	64	31	周兴根
65	32	朱根元	66	31	朱井考	67	32	吕火明
67	32	吕火兴	68	30	何家生	69		集体房
70		集体房	71		集体房	72	31	许永福
73	30	莫新强	74	30	莫新德	75	30	朱雪根
76	30	莫新益	77	31	朱红青	78	31	朱仁荣
79	7	陈昌生	80	30	吴明月	81	34	沈建光
82	28	朱文元	82	28	朱桂元	83	31	顾荣华
84	12	盛桂东	85	31	赵明福	86	27	赵明生
87	居民	何民权	88	居民	莫美英	89	30	朱家元
89	30	朱家学	90	30	吴仲元	91	22	盛四荣
92	27	赵国光	93	27	赵国强	94	居民	顾涛
95	30	朱鸣欧	96	30	朱鸣鹤	97	29	蔡进红
98	33	蔡以华	99	29	朱正荣	100	31	蒋井生
101	30	朱永生	101	30	朱永林	102	30	沈雪荣
102	30	沈雪刚	103	31	朱仁亮	104	32	吕国忠
105		食 堂	106	31	赵国平	107		老年食堂
108	3	郭月光	109	30	顾利刚	109	30	顾利兴
110	29	程桂福	111	30	朱连芳	112	30	莫伟新
113	27	吴虎明	114	30	顾丽刚	115	29	顾志峰
116	29	顾静荣	117	24	顾仁阳	118	27	赵炳生

续表

序号	组别	户主姓名	序号	组别	户主姓名	序号	组别	户主姓名
119	33	朱善兴	120	29	顾永元	121	28	吴建仁
122	27	徐坤泉	123	28	赵立新	124	28	吴炳英
125	28	程川忠	126	28	程荣元	127	28	程金元
128	29	程贵荣	129	28	程川明	130	27	徐坤元
131	28	徐小兴	132	29	吴金奎	133	27	吴凤琴
134	32	吴根宝	135	27	顾兴欢	136	27	吴建荣
137	27	吴虎忠	138	27	吴大根	139	27	朱惠虎
140	27	朱惠忠	141	30	吴林生	142	28	朱惠林
143	29	程雪林	144	27	方小毛	145	27	柴惠元
146	27	朱文虎	147	30	吴林生	148	29	吴培明
149	28	吴建峰	150	27	柴国华	151	27	方川兴
151	27	方川球	152	29	蔡品根	1053	27	赵品生
154	33	朱益忠	155	27	吴林根	156		厂房、村委
157	30	沈雪强	158	28	顾惠民	159	居民	方桂生
160	7	朱福光						

第五节　拆迁安置

金家庄村风光独好,但面积有限,仅0.6平方公里的土地,东、西南、西北三面,是蔬菜地和水稻田。去掉这些土地面积,只剩0.4平方公里的土地。在这0.4平方公里的面积上,却建造了736户房屋,其宅基地之小,可想而知。宅基地小、场地小,前后的房屋之间间距很小,严重影响了日照。冬天见不到阳光,夏天吹不到凉风,这成了金家庄最大的缺陷。

拆迁前,金家庄的房屋大多是在20世纪七八十年代建造的。建筑材料的用料很简单,墙,是空心墙。太仓的沙泥混合石灰浆,搅拌了砌墙。墙体的粉刷,用的水泥很少。牛腿(注:搁在墙上的预制件),钢筋用得少。造房技术也很粗糙,一星期不到,就能造好一幢房子。这样的房子使用了近30年,存在着很大的安全隐患,如漏雨、开裂等,比比皆是。至2010年,对房屋进行安全测试,基本都属于危房。

　　昆山旅游度假区，包含了周庄、锦溪、千灯、淀山湖这几个昆南的乡镇，因此，旅游度假区充分利用淀山湖的自然优势，发展生态旅游业。金家庄村在淀山湖中，外围一圈环湖大道，其原始的风貌、自然的生态，受到社会各界的好评。且金家庄村地处上海对面，东临青浦，南接朱家角，湖对面就是上海大观园、东方绿舟，地理优势明显。每逢周末，上海人都会自驾，来环湖大道欢度周末。镇政府经过多次论证、评估，为了加快发展旅游业，推动城镇化建设的步伐，切实改善人民的生活，对金家庄进行重新规划拆迁。拆迁，涉及金家庄约700户人家。最初，金家庄人都不愿意离开生于兹、长于兹的故乡，但通过政策的宣传，村干部的动员，村民终于消除了顾虑，同意拆迁。

　　仅有0.6平方公里的面积，要拆迁700多户人家，又不能让老百姓吃亏，于是，政府花了巨资，制定了详细的拆迁条例（地方法规）。一户一宅，即使父子两张房产证，也并为一户算。一户人家的门面以12米为标准（东西走向），不满12米的，可用小屋（厨房或柴堆放物的房屋）补上，这是开了淀山湖镇拆迁政策的先例，其他村是没有的。为了使群众真正得到拆迁的好处，每户在原住房的面积上再添加80平方米，解决了房屋资金的周转问题。因为新旧房屋的置换村民肯定要贴不少钱，如果以低于市场的价格，多拿了80平方米的房屋，以后把一套房屋卖掉，不仅能还掉贴价，多下来的钱可能还够一套房屋的装修。

　　动员大会后，人们纷纷议论，意见并不统一。同意拆迁的人家觉得金家庄的房屋质量差，全家人都住在昆山或镇上，房子长期空关，遇恶劣天气，恐怕要坍塌，愿意拆迁。有一部分家庭因子女接近结婚的年龄，又买不起镇上的房子，正好趁这个机会改善一下住房。两套拆迁房，可以为孩子做婚房，解决了当前的燃眉之急。本来家庭经济困难，买不起房，一经拆迁，就有了两三套房子了，何乐而不为，人们美其名曰"拆迁拆不穿"。

　　也有部分人持反对意见，因为他们的房子是后来造的，房子质量较好，或有的人家刚经过改造、装修，不舍得拆迁。

　　为此，镇政府再三强调，在村民自愿的基础上拆，拆迁办公室的大门时刻为居民敞开着。随着拆迁工作的正式启动，市区的评估公司丈量房屋、评估旧房的价钱、核实面积与原有的住房证是否相符等工作相继进行。拆迁人员对住房内部装潢、设施以及场地、石岸等物，进行了估价，给每人每户做了一份详细的明细表，发放到村民手里。在核实无误的基础上，由村民签字。

　　拆迁房的分配，采取抓阄的方式。先抓序号，然后根据序号进行抓阄。房屋，分小高层和多层楼房。有的人家运气不好,抓阄的楼层不理想,难免情绪有所波动,此时拆迁办、村委会就耐心细致地安抚说服,在许可的范围内做些微调。

对于金家庄700多户人家的拆迁,分了几步走。最初拆迁的是淀金和金湖这两个自然村。

一、淀金

淀金自然村,2010年5月因加快农村城镇化建设的步伐而搬迁,搬迁时在册村民136户547人,建筑面积(包括小屋)23 100平方米,被拆楼房18 950平方米,平房1 500平方米,附属房(小屋)2 500平方米,按拆一还一的政策,安置在淀山湖花园。

淀山湖花园(一)

淀山湖花园(二)

二、金湖

金湖自然村,2010年5月因加快农村城镇化建设的步伐而搬迁,搬迁时在册村民242户856人,建筑面积(包括小屋)43 200平方米,被拆楼房36 900平方米,平房1 800平方米,附属房(小屋)4 500平方米,以拆一换一的政策,安置在淀山湖花园。

2013年10月,拆迁户先后拿到了淀山湖花园A区、B区的房屋。2014年年初,房主先后开始装修房子。2015年,金湖村和淀金村的村民基本都在淀山湖花园A区、B区入住。淀山湖花园,道路整洁宽敞,绿化疏密有致,新楼宽敞明亮。闲暇时,大家聚在一起自然而然地谈起拆迁之事,都说拆迁好,未拆到的村民在焦急等待,盼望早一点拆迁。

淀山湖花园是全镇最大的动迁社区,总建筑面积78.5万平方米。除了接纳金家庄的拆迁户外,有一小部分住户来自其他村。淀山湖花园规划为尚苑、美苑、乐苑、仁苑四个生态住宅区,综合配套教育、养老、医疗、商业等便民服务设施,以

"大区共享、小区独立"的融合发展理念,打造现代新型社区,推进人的现代化。

以"共建共管、共治共享"为核心,搭建基层管理自治综合平台,创建"一办十中心"社会治理模式,创新"2+X"社区共建机制、党建联席会议制度,设置党代表工作室,促进政府管理、社会自我调节与居民自治良性互动,构建有序与活力统一的多元社区治理框架。

农民变市民。淀山湖花园被建设成为现代新型社区的典范,引领、带动广大市民在思想观念、生活方式、文化追求等方面转型,真正实现"现代人、现代社区、现代生活"!

第六节　村庄创建

改革开放以来,勤劳聪慧的淀山湖人,以超前的思维,立足自身特色、发挥自身优势,坚持"和谐自然、示范未来"的可持续发展理念,经过十几年的艰苦奋斗,初步形成了独具特色的中国乡镇建设和发展的国际化模式,由一个江南传统农业小镇,逐步成为开放型、生态型的现代化绿色小城镇。淀山湖镇是中国21世纪小城镇规划与建设示范镇、中国环境优美乡镇、国家卫生镇、江苏省文明镇和中国首批百强镇之一。

中国21世纪示范镇标志

金家庄村近几年将全部动迁安置,目前环湖公路周边的自然村已拆迁安置。现拆除房屋的宅基闲置地,村民进行了临时垦荒,并种植蔬菜、油菜、小麦等农作物。金家庄村作为淀山湖镇的一分子,在新农村建设中,发挥沿湖的地理优势,发展乡村旅游业,创收集体新效益,为群众增添新收益。

一、创建精神文明村

2001年10月,由金湖、淀金、淀山、淀湖4村合并,成立金家庄中心村。该村共有34个村民小组,常住人口2 483人,782户。共有劳动力1 549人,耕地面积1 450亩,水产养殖面积2 560亩,2002年全村经济收入119万元,人均5 650元,形势大好。村领导根据昆山市委宣传部、镇党委关于"实施文明素质提升工程三年规划"所确定的目标,积极开展争创精神文明村。

以村党支部书记庄建宏为组长,村委委员、村干部等组成了创建工作领导小组。以建设社会主义新农村为目标,提高社会主义精神文明建设档次,实现健康、富裕、文明的良好美景。

金家庄村以提高农民素质、实现基本现代化和建设社会主义新农村为目标,提倡民主法制,狠抓思想建设、科学文化、环境建设、社会治安,整体全面发展,共创社会风气良好、经济富裕、科学文化繁荣、环境优美的文明村。

金家庄图书室

金家庄村在巩固和发展原有文明特色的基础上,发挥村民的积极性和能动性,在新农村建设中,以戏曲文化为特色,结合村民的需要,推进社会主义精神文明的建设。

二、创建文明阵地

金家庄村,从党支部做起,认真学习"三个代表"重要思想和党的十六大精神,各人结合工作实践,撰写读书笔记20余篇。党支部坚持每月一次党内活动,把学习文件、布置工作、民主评议等列为支部的经常性工作,原件中有党员活动记录。

金家庄村市民学校,校长庄建宏,校务委员吴玉光、朱晓春,聘任兼职教员:张觉耿、杜秀春、朱惠英、钟惠丽。市民学校一年办班8期,参加学习的学员有全体党员、部分村民小组组长、村民代表。教学内容有政治形势教育、法律、法规、文明素质教育。市民学校安排每周收看电视剧两次,每次1小时的健康知识讲座或法律道德、夕阳红等电视节目。

为丰富金家庄人的精神生活,积极开展各类文化体育活动。金家庄每年举办棋牌比赛、体育运动赛、戏曲演唱比赛。在各类比赛中,金家庄人的才艺得到了展示的舞台,在娱乐他人的同时,自己也得到了发展。

链接:金家庄村业余文艺演出队

为巩固和提高金家庄戏曲演出水平,金家庄村业余文艺演出队于2002年3月16日成立,同时改建金家庄农民剧场。金家庄村业余文艺演出队利用业余时间排练文艺节目,在节假日演出,丰富农村文化生活,坚持了十多年。在表演中,宣传党的各项方针、政策,宣传社会主义法律道德,提升村民精神文明。表4-6-1为2013年金家庄村农民演出队人员名单。

表4-6-1　　　　　　　2013年金家庄村农民演出队人员名单　　　队长:吕元龙　朱文元

姓名	性别	年龄	组别	姓名	性别	年龄	组别
朱瑞荣	男	55	34组	朱红娟	女	39	1组
顾丽萍	女	34	8组	赵国平	男	51	30组
蔡玲珍	女	57	7组	任以若	男	49	14组
顾跃田	女	40	19组	沈爱华	女	30	33组
顾善新	男	41	19组	吕华峰	男	30	32组
顾彩萍	女	32	16组	薛志荣	男	36	19组
顾青秀	女	32	28组	沈小妹	女	58	7组
吕国芳	女	46	19组	顾志浒	男	62	29组
顾林根	男	56	8组				

演出队成立以来,不仅深受民众喜爱,也得到十多位个体企业业主的关注,并且给予了部分经济资助,为演出添置了音响设备、服装道具等,使演出队的硬件得到进一步改善。此外,演出队坚持节约的原则,能省则省,衣服、帽子等服饰,他们

买布料、珠翠等材料,利用休息时间自己裁制。老队长吕元龙甚至把自己家的木床拆下,把木料提供出来,制作舞台道具。为提高演出水平,演员们借助碟片,跟着电视学唱戏。他们的演出范围也在不断扩大,从最初的本村本镇演出,发展到外村外镇。2002年演出队成立的那年,就演出了13场次,观众达2万多人。

金家庄村按照创建要求,投入资金54.5万元,其中用于"三清"工作基本设备投入49万元,用于宣传栏、老年活动室2万元,用于村业余演出队建设3.5万元,演出队还得到个体业主捐助1.6万元。

金家庄农民剧场

金家庄村积极推行村民自治制度建设,努力发展农村民主政治,村委做到村务公开,定期召开村民代表大会,凡村内重大经济发展和重大社会事业及涉及村民利益的重大事务,坚持做到由村民代表参与讨论决策,努力为民办实事,如土地流转补偿费的发放,巩固合作医疗制度,建立农村基本养老保险制度,自来水网管改造,道路维修,给困难户经济补助和扶持等。村委会进一步树立公仆意识,自觉地把自己的工作置于村民群众的监督之下,实行村干部和人民代表述职制。2002年春节后,宣传画廊共刊出8期,其中创建精神文明建设先进村的规划及市委要求1期,村务公开2期,卫生健康教育3期,养老保险和慈善活动2期。

金家庄积极开展"五好家庭""文明户"的评比工作,弘扬社会传统美德。

落实"三清"工作,组建金家庄村保洁队伍。组长朱引根,负责河道清理及检查评比。保洁员顾进全负责第1组到第11组地段道路及收发垃圾桶167个;保洁员程小弟负责第27组到第34组地段及收发垃圾桶156个;金湖公厕2座,卫生工作由莫进元负责;淀金公厕1座,由顾祥元负责;淀山公厕1座,由顾三龙负责;淀湖公厕1座,由徐小兴负责;卫生室内公厕6座,由朱元林负责。

抓好医疗站工作。医疗站建筑面积260平方米,内有6张病床,医生朱元林、邵晓珍两位,一位工作人员。金家庄村基本做到小病不出村。两位医生做到定期组织老年人体检,建立村民个人的健康档案,画廊内定期刊出卫生健康知识、饮食卫生知识等资料。他们负责计划生育的药具,春秋两季灭蚊、蝇及鼠药的发放。

金家庄村村民的精神文明程度不断提高,治安稳定。村内无赌博、吸毒现象。人人做到和睦相处。金家庄村于2002—2003年度被苏州市评为文明村。

三、创建生态村

创建生态村,必须在获"江苏省卫生村"荣誉称号的基础上才能创建。2004年,金家庄村获"江苏省卫生村"荣誉称号。2005年,村内生产总值4 567.3万元,农民人均收入8 569元,村级经济总收入160万元,形势大好,金家庄村决定创建江苏省生态村。为了更好地进行江苏省生态村的创建,金家庄村做到创建工作有制度、有计划,严格贯彻执行环境保护法律、法规和政策,保持村庄内生态良好、环境整洁。

金家庄村成立创建"江苏省生态村"领导小组,组长庄建宏,副组长吴玉光、朱初新,组员顾卫红、束正林、朱晓春、朱引根。他们分工明确,制订了创建工作计划,按计划分别负责各项工作,认真执行。

金家庄自然风光(一)

金家庄自然风光(二)

村成立保洁队伍,保洁员队长朱引根,组员朱川芳、莫进根、赵川娣、郭友琴、吴川玉、张惠英、吴爱娟、盛奇红、蔡雪妹、顾三龙、周小九、吴藕芳、吴林英、朱祥元、赵国芳、顾国芳、钱国娥、盛彩娥、徐金娥、邵全娥、张喜新、顾善英、朱文洁、朱桂元、顾福元、朱根元、吴根全。他们各自明确自己的职责范围,分别签订协议书。厕所管理工作、道路保洁工作都有工作制度,对消毒,消杀工作有一定标准。实行保洁员季度测评制,每季度由各村民组对26名保洁员进行评分考核;月中例会制,创建领导小组每月中旬分析存在的问题并制订解决方案;月末测查制,每月月

底,创建领导小组对照创建标准检查全村环境卫生状况;不定期座谈制,领导小组召集村民代表举行座谈,了解工作情况,并听取意见。

金家庄村按国家环保法,加强环境保护工作。村辖区内无滥垦、滥伐、滥挖现象,无捕杀、销售和食用珍稀野生动物现象,无"十五小""新六小"等重污染企业,工业废水、废气、噪声稳定达标。近几年来,未发生各类环境污染事故及重大生态破坏事故。村内4家企业,旅友箱包厂、淀山湖制罐厂、金岛包装厂、利明塑钢厂,环保要求完全合格。

村内道路全部实现硬化,路旁无垃圾,无露天粪缸,河道无漂浮物。村内排水系统良好,无污水横溢,村庄道路两侧、河堤绿化美化,环境优美。

金家庄创建领导小组充分利用村广播、画廊等宣传渠道,加强对群众进行环保意识的教育。经测查,群众环保意识较强,对村环境状况满意率达80%以上。

金家庄村自1993年开始使用自来水,到2006年全村782户全部用上自来水,自来水率达100%。通过2004年创建卫生村时验收,村内无规模化畜禽养殖,家庭重点养殖的粪便全部作肥料还田,粪便还田率达100%。

村庄、河道两侧进行绿化美化。村庄绿化率达22.08%,农田林网绿化率达84%,河道、堤岸绿化率达88.3%。村内有绿化及管理员队伍,人员如下:顾善英、许惠芳、吴大根、沈跃华、朱月珍、沈美新、沈惠琴、朱文球。

金家庄农业生产基地800亩,接受上级部门指导800亩,各组承包田650亩,接受生产基地技术指导650亩,综合防治技术覆盖率达100%。

2004年,创建江苏省卫生村时,金家庄就已经取缔了露天粪池,新建标准水冲式公厕7座,由专人管理,定期检查。全村782户中有675户已改厕,改厕率达86.3%。

金家庄村大力推广无公害、绿色、有机农产品的种植养殖。生产食用农产品的农田面积占54.8%。金家庄现有面积4 010亩,无公害农副产品生产基地面积为2 200亩;无公害有机产品——大米生产基地共800亩。无公害水产品基地的青虾500亩,产量25 000公斤;中华蟹200亩,产量10 000公斤;鲢鱼300亩,产量35 000公斤;鳜鱼400亩,产量45 000公斤。

金家庄村的生产基地,年产秸秆量800吨,秸秆全部还田。村民承包田年产秸秆量650吨,秸秆全部还田,利用率达100%。

金家庄可再生能源主要是太阳能,太阳能入户率为11.5%。

金家庄村经逐级申报,于2006年被评为"江苏省生态村"。

在创建工作中,制定了一些制度,如保洁员季度测评制、月中例会制、月末测查制、不定期座谈制,这些制度延续至2012年。

表4-6-2、表4-6-3、表4-6-4是对4个自然村的绿化面积、河道堤岸绿化面积、农田林网面积进行了统计。从数据中,可以看出金家庄的绿化还是有所欠缺的。但因金家庄周边是湖水,所以空气质量并没有因绿化面积少而比其他地方差。相反,湖水的自净功能让金家庄的空气质量一直处于优良状态。

表4-6-2 金家庄村庄内绿化面积统计表 单位:亩

村名	应绿化面积	已绿化面积	绿化率(%)
金湖	40	8	20
淀金	20	4	20
淀山	30	7	23
淀湖	30	7.5	25
合计	120	26.5	22.08

表4-6-3 河道堤岸绿化面积统计表 单位:亩

河道名称	应绿化面积	已绿化面积	绿化率(%)
金湖河边	24	20	83
淀金堤岸	22	19	86
淀山堤岸	24	22	92
淀湖道路	24	22	92
合计	94	83	88.3

表4-6-4 金家庄村农田林网绿化面积统计表 单位:亩

农田名称	农田面积	林网化面积	林网化率(%)
生产基地	800	704	88
各村民组	650	520	80
合计	1 450	1 224	84

四、创建卫生村

为了改善投资环境,建设社会主义新农村,提高农民的生活质量和生活水平,2004年2月,金家庄村着手创建省级卫生村。对村庄路边、屋前、屋后、四周废池、污沟、洼地等地进行平整,并进行相应的绿化处理。对各家各户周围的垃圾、杂草、杂物进行全面清理整治。搞好家禽圈养,达到大环境无暴露垃圾、无露天粪池、无违章搭建、村庄河道内无漂浮物的整治目标。

2004年8月,在投资40万元的基础上,再投入10万元,着重改造硬件设施,增添垃圾桶150个,垃圾车4辆,浇注水泥路100米,搞好改厕示范点(25户),以此推广,改厕普及率达86%,同时对公厕配备专职管理人员5名。坚持一日两冲洗,定期消毒、消杀,做到无蛆、无蝇、无污垢、无臭味、无蛛网杂物,厕所周围无杂草垃圾。安排专职人员,对河道内的漂浮物进行打捞。

春秋两季,发动每家每户开展灭鼠活动,把鼠密度控制在国家规定的标准之内,同时消灭蚊蝇滋生地,药物喷杀、工具诱杀同时进行,达到大环境少蚊蝇,村民家无蝇。村里填埋了低洼地三处,以此来消除蚊蝇的滋生地。2002年、2003年"四有"覆盖率均达100%。2004年10月,金家庄被命名为省级卫生村。

以下是金家庄村在环境整治工作中实事工程完成情况。

2001年,投入资金40万元,完成全村主干道路4 500米。投入资金15万元,设每户一只垃圾桶,配备工作人员,及车子、船只等卫生工具,专人专职进行处理。

2002年,投入资金15万元,在道路两侧种上香樟1 500棵。投入资金3万元,对金湖下水道、自来水管进行改造。投入资金5万元,清理河道淤泥50 000立方米,填埋臭水浜一条。

2003年,投入资金3万元,增添文艺活动音响器材。投入资金4万元,给农户免费安装有线电视。

2004年,投入资金2万元,在金湖改厕点完成25户三格式化粪池。投入资金10万元,对淀金危桥进行改造。

2005年,投入资金15万元,建造标准公厕5座。投入资金160万元,建造农村新型社区,有金家庄老年活动室240平方米,电视室240平方米,农村剧场500平方米,农贸市场480平方米,图书馆48平方米,汽车站、警务站150平方米,篮球场,文体活动健身器材,垃圾中转站等。历年来,金家庄共投入272万元,用于村庄建设。

2004~2006年,村里根据创建卫生村、生态村的要求,对村庄河道两侧进行植树造林,村庄绿化率达22.08%,河道堤岸绿化率达88.3%,农田林网绿化率达84%。

第五章 农 业

金家庄整个村庄由两部分组成,一部分是宅基地及屋边的农田,这就是人们常说的金家庄座圩;另一部分就是远离宅基地的农田。

1950年土地改革后,农民分到土地,那时的田地极度分散,一户农户的田要分几个车口(几个地方)是正常的事。1958年,人民公社成立后,为了方便各连的生产管理,将田地进行大调整。虽然组织名称不断变化,但它拥有的田地保持不变,这也鼓励了农民对土地的投入,提高农业产量。表5-0-1为金家庄村每个自然村耕地面积的分布情况,表5-0-1对每一块区域耕地的大小、之后的变化都进行了统计。

表5-0-1　　　　　　　　金家庄耕地面积分布表　　　　　　　　单位:亩

生产管理组别	地名	地址				亩数	备注
		东	南	西	北		
23、24	沙潭圩	朱家角新华	新华、新阳	朱家角新阳	南淀山湖	120	朱家角征用
29、30、5、6、11、1	泖泾圩	复月村	南淀山湖	金家庄村	西南巷	310	被世界名人城征用
26	北厍圩	复月耕地	北巷江口	淀山湖	复月耕地	20	
23、24	年望圩	南柱泾村	北巷江	千灯浦	南面吊陵圩	80	高尔夫球场征用
14、15	吊陵圩	西江	北厍圩	淀山湖	外边圩	350	神川数码电子南场征用
	外边圩	度城潭	吊陵圩	淀山湖	庙江	170	淀山湖镇征用
23、24	湾里圩	晟泰	新乐路	石头浜圩	湾里村	40	淀山湖镇征用
2、10	石头浜圩	淀山湖镇西郊	新乐路	小千灯浦江	石灯村	220	淀山湖镇征用
4	石头浜圩	小千灯浦江	大自然花园	官里村	官里圩	75	

续表

生产管理组别	地名	地址				亩数	备注
		东	南	西	北		
15	官里圩	千灯浦江	石头浜圩	官里村	石墩村	25	
3、4	小王字圩	小千灯浦江	官里村	大千灯浦江	石杨河	153	
28、29、8	凤里圩	小千灯浦江	多服公司鱼塘	大千灯浦江	甪直泾江	100	
7	泥龙头圩	丁家浜村	东甪直泾江	大千灯浦江	陶家桥	180	
1	西长潮溇圩	大千灯浦江		大浜	陶家桥	150	
5、6、9、11、31	沙塔溇圩	大千灯浦江	甪直泾江	牛桥江	潘泾江	260	
31、30	周泾圩	大千灯浦江	周泾江	牛桥江	甪直泾江	273	
20、22	梅家堰圩	牛桥江	梅家堰江	有定堰江	簖江	310	
6、12、29、31	斜路圩	牛桥江	簖江	东湾江	潘泾江	305	
18	东湾圩	东湾江	簖江	打青圩口	千灯荒田	100	
13	打青圩	打青圩口	顾家潭村	斜江	老公司	50	
12、13、16、17	江北圩	斜江	东方红站	南吉山村	老公司	186	
14、15、16、17	东方红站圩	顾家潭村	簖江	南吉山村	东方红站	302	

金家庄的农业,与其他地方一样,随着国家形势的发展和政策号召,随时进行着调整。不管是合作社时期,还是改革开放后,金家庄人对田地的热爱是一如既往的。农业的发展,从最初的脸朝黄土背朝天,单纯靠人力和畜力进行生产,到半人工半机械的年代,最终达到机械化的农业生产,慢慢把人从繁重的劳动中解脱出来,以便有更多的生产力从事其他活动。农作物的变化,经过几代人的摸索和种植,最终选择了产量高、品质高的作物,让有限的土地产出更多的农副产品。

第一节 生产关系变革

金家庄的农业经历了土地私有制时期、土地改革时期、农业合作化时期、人民公社时期、联产承包责任制时期,直到农业现代化后的大农户承包制时期等几个阶段。

一、土地私有制时期

新中国成立前,金家庄主要是以农业和渔业为主,也有少数的商人和手工业者。1950年8月,开始土地改革时,社会阶层分为三大类,分别是地主富农、中农、贫农雇农。金家庄752户,地主41户,其中墙门地主17户,种田地主24户,富农14户,中农519户,贫农145户,雇农1户。另外,金家庄居民32户。渔民从淀山湖里捕捞鱼虾等水产品以售卖为生。商人,靠经商获取收入。手工业者,凭借手艺,为人打制器物,获取收入。

二、土地改革时期

1950年6月,中央人民政府颁布了《中华人民共和国土地改革法》,淀东区在昆山县委的指示下,在度潭、小泾乡试点的基础上,同年秋,金湖乡全面实施土地改革。

金湖乡乡长蓝本禄,土改工作队队长朱文华,广泛发动群众,实行依靠贫农、雇农,团结中农、中立富农的路线,培养了蔡林生、朱言林、郁天明、邵容度等骨干分子。金湖乡先后成立了农民协会,巩固村农民协会会长范老韦,胜利村农民协会会长吕全福,金湖村农民协会会长顾国梁,建设村农民协会会长居永来。他们负责调查土地情况,宣传土改政策,并进行土地登记,归户造册,清查各阶层土地占有情况。

在土地改革中,依法没收了地主的土地、耕牛、农具及多余的住房和家具,征收了庙产、族产、校产等公有土地;对工商界、半地主式的出租土地也实行征收。土地和其他财物的分配,由以乡农会为主的分配委员会负责,按人计算,统一分配。方法上,先分土地,后分其他财产;先分出田户,后分进田产,先分户分田标准略高于后分户,地主按在乡人口同样分得一份田产。

金家庄人开始了一家一户自给自足的小农经济生活,但小农经济存在着很大的局限性,因是家庭农业,很难独立支撑门户,特别是金家庄地理位置的特殊性,夫妻两人中,如果一人有病,就不能进行正常的劳动生产,限制了农业的发展。

三、农业合作化时期

1951年12月15日,中共中央发布了《关于农业生产互助合作的决议》,开始了农村的互助合作运动。人们在自愿互利的基础上纷纷组织互助组,其形式有两种：一种临时互助组，另一种是长年互助组。各自耕种土地，收支自负盈亏，劳动力、大型农具进行余缺互补，等价交换。

互助组组建时间不长，淀东区（当时"淀山湖镇"的称谓）就开始搞"初级农业生产合作社"的试点。1953年年初，在此基础上迅速成立了多个"农业生产合作社"，由村民民主选举社长、副社长、会计和若干生产组长。

掼稻

加入初级社，要求村民土地入股，户主保留土地所有权，入股后的土地由合作社统一经营，合作社统一安排劳动力。秋收结束后，合作社按土地的股数、劳动力的出工数进行分配。农具折价保本付息，耕牛由原主人饲养，统一支付使用租金。这时的土地仍属私人所有，土改时农民分得的土地十分分散，一户农民要种好几

农田

处地方的田。初级社成立后，一个小分队也分散在多处。大忙时节，人、畜、车在几处田块间奔波，十分麻烦。为了解决这一矛盾，生产队队长之间开始协商，将交叉的田块进行等面积的交换，这样，农田相对集中，便于管理。

1955年，取消金湖乡，金家庄隶属度潭乡。1955年11月，度潭乡贯彻中央《关于农业合作化问题的决议》，把几个初级社合并为高级社，所有人员被吸收为高级社社员，金家庄就有了生生、光明、胜利、黎明4个高级社。高级农业生产合作社规定土地为集体所有，耕畜、农具折价归公，取消土地分红，实行按劳分配。

高级社和初级社最大的区别是取消了田亩的户主保留土地所有权，给车口调动交换带来极大的方便。为了解决田地分散的问题，队与队之间，甚至村与村、乡与乡之间，进行交叉田地的等面积交换。这有利于农田的种植和田间管理，有利于防洪抗灾。高级农业生产合作社既是经济实体，又是基层单位。表5-1-1为4个高级社在1957年秋季分配方案及农作物生产情况表，从表中更能直观地了解农业的生产及收获的情况。

表 5-1-1   1957年各高级社秋季分配方案农作物生产情况表

项　　　目		胜利社	光明社	生生社	黎明社
农作物播种面积(亩)		3 321	2 927	4 767	3 345
农作物收获面积(亩)		3 321	2 927	4 767	3 345
农作物总产值(元)					
粮食作物播种面积(亩)		2 276	1 981	3 235	2 288
粮食作物收获面积(亩)		2 276	1 981	3 235	2 288
收获面积平均单产(斤)		367	352	359	358
粮食总产量(斤)		835 983	696 697	1 162 626	819 229
水稻	收获面积(亩)	1 699	1 464	2 404	1 682
	平均单产(斤)	439	429	433	435
	总产量(斤)	745 949	627 340	1041 597	731 765
小麦	收获面积(亩)	454	407	620	519
	平均单产(斤)	153	127.5	148	142
	总产量(斤)	69 651	51 945	91 709	74 069
什粮	收获面积(亩)	123	110	211	79
	平均单产(斤)	165	158	172	147
	总产量(斤)	20 383	17 412	29 320	11 604
油菜籽	收获面积(亩)	681	594	992	683
	平均单产(斤)	74	82	80	82
	总产量(斤)	50 620	48 722	80 381	56 087
绿肥	收获面积(亩)	350	324	540	360
	平均单产(斤)	2 500	3 000	2 000	1 939
	总产量(斤)	875 000	972 000	1008 000	580 100

续表

项　　　目		胜利社	光明社	生生社	黎明社
耕地	集体				
	自留田	194	196	200	196
	饲料田			38	

四、人民公社时期

1958年,贯彻"鼓足干劲,力争上游,多快好省地建设社会主义"的总路线,在"大跃进"的高潮中,撤度城乡并入淀东乡,金家庄4个村的高级社合并为淀东人民公社的第一大队即第一营,下设营长、连长、排长。人民公社成立后,各生产队

(连)进行田块大调整,使营内各连队的耕地相对集中成片,为日后平整土地、田块方整化打下了基础。

1958年,大兵团作战,大刮浮夸风。"稻麦超万斤""一天等于二十年"等口号,让金家庄村也热血沸腾。村民的分配由公社统一核算,平均分配。当时流行一句话说:"吃饭不要钱,每人五元零花钱。"生活上采用半供给制,各处都办起了食堂,实行吃饭不要钱,跑到哪里,就可以吃到哪里。

宣传画(一)

家家户户献铁器,甚至把锅、铲等都拿出来炼钢炼铁。金家庄村为了适应形势,抽调了许多身强力壮的劳动力,参与淀山湖里扒"狗屎铁"、砾石的作业。把狗屎铁矿作为矿石,用于小高炉炼钢。"浮夸风"后的结果是钢铁没有炼成,而田地却荒废了不少。而且炼钢铁需要大量燃料,出现了乱砍滥伐的现象,许多树木无辜遭殃,禁河江朱家坟的两棵古银杏就是在当时被木业社伐掉的。

劳动手册

1959年秋,金家庄第一大队又分成金湖大队、光明大队、黎明大队、胜利大队,1960年4村又并成金湖大队,1961年又分为4个大队。金家庄村4个大队,经历了数轮的分分合合。

1959~1962年,金家庄因"浮夸风"和自然灾害的影响,村民口粮严重不足,只好用野菜充饥。村民长期处于饥饿中,很多人得了浮肿病,有的甚至饿死。

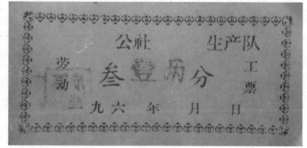
工分票

1962年2月,党中央贯彻《农村人民公社工作条例(修正草案)》(简称《农业六十条》),确立了三级所有,队为基础的管理模式,明确规定以生产队为核算单位,实行土地、劳动力、耕牛、农具"四固定",统一经营管理,自负盈亏,分配中承认差别,在劳动管理上实行定额包工,多劳多得,按劳分配。为了调动农民的劳动积极性,农民的口粮也分为两部分,基本口粮和工分口粮,废除了大食堂,按大田面积的百分之五划分为自留田,为农业发展奠定了基础,村民生活有所改善。

1963年,中央颁发了"二十三条",开展社会主义教育运动,简称"社教"。1964年7月15日,"社教"工作队进驻金湖、光明、胜利、黎明4个大队,一边宣传队阶级斗争为纲,一边解决"四清"与"四不清"的矛盾。经过一段时间的整顿,生产有所发展,产量有所提高,文艺、体育搞得有声有色。

1966年,"文化大革命"开始,"社教"工作队全部撤走,"破四旧"开始。金家庄村中,凡有一定价值的古典书籍都被烧毁,其中有《太平广记》一书。金家庄的一些古老的艺术金石雕刻,也全部在运动中被砸毁烧毁。

链接:徐长庚冰面走回金家庄

随着形势的发展,斗争越来越激烈。金家庄人分为两派,即"昆革联"派和"五一三"派。两派互相指责,互不相让。金家庄人多数是"昆革联"派,外界大多为"五一三"派,很多交通道路都被"五一三"派控制。供销社徐长庚在外地,要回家。为了不被"五一三"派抓住,他几经辗转,才回到家。他先到淀山湖对岸

宣传画(二)

的虬泽村,因为那儿也是"昆革联"为主要势力。之后,徐长庚于元月一日的深夜,从虬泽出发,在冰面上走到金家庄上新圩北岸滩,往上爬,最后到家。

此时,虽然帮派斗争非常激烈,但村民还是积极响应党中央"抓革命,促生产"的号召,抓紧生产劳动,生活水平比前几年有所提高。

20世纪70年代初,"以粮为纲""深挖洞,广积粮"的标语刷满了墙,提倡扩种双季稻。大暑期间,烈日炎炎,村民抓紧抢收抢种,人和耕牛都劳累至极。虽然如此,但由于三熟制受气温、茬口等方面的影响,不是年年都能实现增产的目标。人们在劳作时,常常诙谐地自嘲,背起乘法口诀:"三三得九,二五得十。"说明增产不增收,经济效益低。

五、联产承包

1978年,粉碎了"四人帮"。党的十一届三中全会召开后,社会秩序恢复正常。农业生产推行"定额到人、按件记工、小段包工、死分活评",农民的生产积极性有所提高。调整了农业结构,压缩三熟制面积,1985年全部恢复两熟制。

1982年4月,各生产队再分若干小组,实行"包工、包产、包费用"的三包到组,联产计酬,超产奖励,减产赔偿。这一改变,虽然农民种田的积极性有所提高,但仍然存在着改革不彻底的问题,只不过是"大锅饭"换成了"小锅饭"。

1983年,金家庄全面实行以农户为单位的联产承包责任制,土地一包到底,按人分口粮田,按劳动力分承包田,自主经营,自负盈亏,依法缴纳农业税、集体公积金、公益金、管理费后,多余的收入全部归农户所有。

金家庄村域的4个村建立了农业经济合作社综合服务站,把作物布局、供应良种、灌溉排水、防病治虫、肥药供应等工作统一起来,实施配套服务。金家庄还设立了肥药站,地点在原淀金村西南嘴。村里为了方便生产,各生产队专门配置了一艘挂机船,为生产队的社员出工、收工服务。给开船者补助柴油、工钱。农户家中的木头船,仍然由农户自行调配。

付出多少,收获就有多少。在这种机制的鼓励下,村民种田的积极性空前提高,可谓"男女老少齐上阵,各行各业齐支援"。大忙季节不论老的、少的,只要能帮上忙的都到田里劳动。

实施联产承包责任制后,不仅农民种田的积极性高了,而且他们在搞好第一产业的同时,不断地发展第二、第三产业。有进厂务工的,有经商的、办厂的。金家庄人从拔草割稻到拿皮包,实现了一个质的飞跃。

通过几十年的发展,随着社会形势发展的需要,金家庄村已由单纯的农业生产转向多种经营,经商、办厂的人逐渐多了起来。90年代后,镇办厂、村办厂相继转为私人企业,民营企业开始大发展。1998年,土地重新分配,进行确权发证,成立了金家庄土地股份合作社。确权后,农户的土地由股份合作社管理,把土地尽快向种田能手转移。种田能手每年交租金,土地股份合作社将收得的租金按田亩股份分给入股的农户。

科学种田后,金家庄也出现了大量剩余劳动力,这些劳动力便脱离土地,进厂进企业工作。随着农业现代化的发展,产生了种粮大户,即俗称的大农户。2015年,金家庄的大农户朱仁荣承包133.5亩,顾引光211亩,吕华东103.5亩,吕文虎114.9亩,叶朝正111.7亩,凌长生101.7亩,另外一些田块开鱼塘。虽然这些田仍属农户所有,但由金家庄村委转包给这些大农户及养鱼户,每年大农户与养鱼户需向农户上交租赁费。

第二节　种植业

金家庄的农业,历来以种植水稻、小麦、油菜为主。新中国成立前,金家庄的水稻品种有籼稻、糯稻、粳稻。籼稻有罗籼(六十籼)、长条籼、银条籼。成熟期早的糯稻有麻劲糯。粳稻有姚种、落段、飞来红、太湖青等。三麦品种,小麦为丈四红,大麦为筐箕大麦,元麦为立夏黄。油菜以长算白、矮萁黄为主。有极少的低洼田,只能一年种一熟稻。高田和半高田,一年可以种两熟,稻一熟,麦、油菜一熟。

小农经济生产,主要以穗选为主留种,自繁自留,极少更新。那时无专门机构管理农作物的植保,又无农药,一旦病虫灾害严重,只能听天由命。重灾年份时,稻苗叶片被虫吃光,病虫蔓延,几乎颗粒无收。正常年景,水稻亩产仅100～150千克,小麦亩产不足50千克,油菜亩产在20千克上下。

新中国成立后,金家庄村响应国家号召,引进优良品种,逐步淘汰低产品种,主要是水稻、三麦、油菜品种的改良,并实行科学种田。

一、水稻

传统的耕作,经过了多少年、多少代,种稻总是有育秧、移栽、田间管理(耘耥、施肥)、收割等一系列环节。农业机械化的实现,彻底改变了传统农业模式,不再是"种田吮花巧,年年老一套"。

1. 传统耕作

(1) 种子

新中国成立前,有的农户不选种,有的用黄泥土选种。20世纪50年代提倡盐水选种;60年代推广西力生、赛力散浸种,后因这两种药物含汞而停用;70年代后期用石灰水浸种;80年代改为多菌灵浸种;90年代又推广线菌清浸种。

水稻长势正旺

单季稻每亩大田种子播量,平均10~12斤。推行双季稻,采用密植,用种量大,前季稻每亩用种30斤,后季稻亩用种子达32斤;中粳、早稻接近40斤。推广杂交稻,采取特稀播量,用种量6斤左右。90年代提倡育秧稀播,每亩大田播种量在12斤左右。

(2)育秧

从老式秧田到推广合适秧田、薄膜育秧,再发展到肥床稀播旱育秧以及直播,是经历了几十年的实践、总结、改进而取得的。

一家一户时,一般选择冬闲田或花草田做秧田,在立夏之前翻耕、施基肥。上水后,耕耙平整、拖平、荡谷、稻柴灰覆盖。20世纪50年代起,推广合适秧田,做秧田前,先下沤猪粪和大粪做基肥,然后上水。以1.33米宽标准为秧板,再开沟,上水推平秧板落谷,落谷要稀,达到1个铜板7粒谷的要求。60年代,提倡种植双季稻,早稻育秧,天尚寒,用薄膜在秧板上搭棚,提高地温。80年代,直接在大麦田坂上湿润后落谷,群众称为"懒惰秧",农技人员名曰"免耕秧田"。90年代初,还是以"懒惰秧"为主。1995年,农科站在农场中试育旱秧成功,1996年批量推广,在总结经验的基础上,1997年开始全面推广育旱秧。育旱秧要求很高,精耕细作,除杂草、施基肥、落谷后,浇水要浇透,撒上细土,用薄膜覆盖,上面再盖一层稻草,避免强烈阳光照射。待秧苗出寸许时,除去薄膜,每天浇水,田坂不能太干,又不能太湿。旱秧的优越性在于拔秧容易,省工,移栽后成活率高。

(3)移栽

新中国成立前,水稻移栽质量粗陋,属小行距、大株距、大棵株,每亩在1万~1.4万穴。20世纪50年代推广陈永康小株密植,要求株距10厘米×17厘米,每穴4~5株,每亩为3万穴、12万株基本苗。小株密植的秧苗要求是壮秧,以陈永康的经验"1个铜板7粒谷"。关于密度要求,在不同年代、不同品种,提倡过不同要求。以90年代流行小群体、壮个体、高积累的路子,每亩栽2.6万穴左右,基本苗在11万株左右。早前密植问题,因耕耘不便,而让行距扩大到15~18厘米,后来不做耘耥,靠除草药剂除草,顺利推广小株密植。

(4)田管

俗话说:"三分种,七分管。"虽说"秧好半熟稻",可还得靠管理好。移栽结束,就是管理,包括除草、水浆管理、施肥、防治病虫害。

①除草。新中国成立前后,一直依靠人工拔草、耥稻、耘稻、拔稗草。耥稻工具"耥",用装有23只铁钩钉的船形镂空木板,一头装上竹竿,在水稻行间来回推拉,既松土,又除草,经过耥稻后的杂草浮在水面上。耥后就要耘,耘稻时,把浮在

水面上的杂草和株距间耥时未曾耥到的杂草拔除,一起揿入泥中,同时把稻根部挖松,虽然费工劳累,但有利于水稻发棵生长。推广密植后,不便耘耥,用除草剂代替人工除去杂草,省工,效果好,得到全面推广。耘耥这道工序因此省略了,原始的除草工具"耥"进了农业历史博物馆。

稻田

② 水浆管理。水调控稻的生长,根据稻的不同生长期,采用薄水种秧,深水活棵,浅水发棵,排水搁田,干干湿湿,以湿为主。活棵后浅水勤灌,分蘖后期搁田控制,孕穗期水足,抽穗扬花期间断脱水,灌浆期勤灌跑马水。俗话说:"多打一朝水,谷长一层皮。"割稻前,断水5~6天。

传统的灌水工具是龙骨水车,动力主要是人力、畜力、风力,总称"三车"(牵车、牛车、风打车)。20世纪50年代后期,开始采用机器抽水灌溉,把机器动力装在船上,配上抽水泵,建成抽水机船,流动抽水灌溉。1959年,高压电输往农村后,陆续建排灌站。从此,部分半高田地区,机灌改为电灌,"三车"逐步被淘汰。

③ 施肥。新中国成立前,以草塘泥、猪塮、人粪为主做基肥,豆饼、菜饼做长粗肥,绝大部分农户不追施穗肥。20世纪50年代,推广陈永康的"三黄三黑",看苗施肥,逐步发展到前期施足基肥,有利于发棵,中期适当施长粗肥,后期看苗施穗肥,做到促前、控中、稳后。80年代,增加

施肥

化肥用量,有机肥比重大幅下降,有些田块根本不用有机肥,造成成本高、地力下降,此时,开始提倡秸秆还田做基肥。

④ 防病治虫。在田管过程中,防治病虫害是关键,稍有不慎,会使庄稼减产,甚至颗粒无收。

2. 现代栽培

(1) 机插秧

1986年,多点示范机插秧。1989年推广到镇、村,1995年使用2ZT-7358型插秧机。此后,由于插秧机零配件补给困难,育秧技术要求高,村级集体服务跟不

上,加之更加省工简易的直播稻推广普及,至2006年,机插秧迅速被淘汰。

实现机插秧的关键是育成适合插秧机栽插的秧苗。首先是按常规方法做成通气秧田,秧田与大田的比例为1∶50或1∶60。5月下旬,适时分批播种。种子要经药剂浸种、催芽、露白播种。播前一天先在秧板地

耕地

上铺上底膜(底膜需先打上直径0.5厘米、间距5厘米的孔),四周围上2厘米粗的草绳,然后铺上厚1.5～2厘米的过筛的干细泥,摊匀刮平,上水窨湿,次日播种。每亩播种量450公斤左右,播后覆土,达到只见谷影不见谷的要求,再盖上薄膜。一般3天后齐苗,立即揭去薄膜,同时建立薄水层,接着按常规方法管理,一叶一心时施"断奶肥"。机插小苗掌握在苗高10～15厘米、秧龄16～20天时移栽,移栽前2天施好起身肥,并脱水炼苗。

机插大田一般争取干耕晒垡,使土壤疏松,施上基肥后,上水旋耕整平,适当沉实后,田面保持"瓜皮水",便于机插。育成的机插秧苗根系互相缠结呈地毯状,起秧时需用刀按插秧机的规格切成整齐的长方块,秧根朝外卷成筒状,运往各田头。每亩大田基本苗8万～10万株。插完后要对田头、田边及漏插处进行补插,栽后5～7天,进行化学除草。活棵后爽田促根、浅水促蘖。7月上旬,脱水控制,分蘖末期适时搁田,以后保持水层,活水到老。

(2)抛秧

抛秧是将带凹穴的特制塑料秧盘内育成的秧苗,用人或抛秧机均匀地抛入大田,利用带土秧苗自身的重量,垂直落地成活的一种栽种技术。塑盘育秧又包括湿润育秧和肥床旱育等方式,抛秧又可人工抛栽或机械抛栽。1989年,昆山引进水稻抛秧技术,抛秧可免除弯腰插秧之苦,减轻了劳动强度,加快夏种进度。与机插秧相比,抛秧的一次性投资较少,机动灵活,栽时无植伤,有利于早活、早发、稳长,既适合规模经营单位大面积应用,也适合对分散经营小农户实行集体供秧、分户抛栽。1993年,由镇、村示范,1995年抛秧技术得到推广,1996年镇曾引进2ZPY-C型抛秧机。抛秧的育秧技术要求较高,且育秧塑盘每1～2年需要更换,增加了农业成本,故随着更加简便省工的直播稻技术的成熟,1998年起抛秧方法逐年被淘汰,至2001年停止。

抛秧秧苗需培育在特制的塑料秧盘内,每亩大田需秧盘 50 张(每张秧盘有 561 穴,穴底带小孔),塑料薄膜 10 公斤。育秧前还需准备无杂草种子的过筛干细土,每亩大田 150 公斤,每公斤加 1 克复合肥搅拌。秧按常规做成垅 1.30 米的通气秧田,每垅竖铺 2 张秧盘,顺序排列,盘底紧贴泥土,然后往秧盘内撒干细土至穴深的三分之二处,再均匀播种。每亩秧大田播量 130～160 公斤,上面覆细土盖籽至盘面相平,并扫除浮土,淋水后覆盖薄膜。秧田管理与机插秧相同。

抛秧时将秧盘连同秧苗从秧田里揭起,叠起运往大田。抛秧时大田上浑水,用手揪住一把秧身均匀地抛入大田,抛高 2 米以上,以使秧苗直立。抛完后在田中央经绳,沿绳一侧将秧苗匀空,开挖中心沟。一般每亩抛栽秧苗 50 盘,2.50 万穴,8 万～10 万株。抛秧后三五天内昼间保持浅水,夜间需排水露田,以后管理与机插秧相同。

(3)肥床旱育稀植

该项技术于 80 年代从日本引进。所谓"肥床旱育",就是利用旱地做成疏松如海绵的肥沃苗床,依靠土壤底墒和适量浇水,培育水稻旱秧。所谓"稀植",是利用旱秧根系发达、带有分蘖、苗体健壮的优势,适当降低栽植密度,运用促早发稳长,争足穗、攻大穗的肥水运筹技术,实现增产增收。由于该技术具有省秧田、省水、省种、省肥、省工和稳产高产的优点,得以迅速推广。1997 年,淀山湖镇 91% 的水稻面积全面推广。以后,由于短芽、长芽、乳苗配套直播及机械直播的推广应用,肥床旱育稀植面积减少,2006 年,占水稻面积的 32.10%。肥床旱育稀植的主要做法:

① 培肥苗床。按照秧田与大田的比例 1∶25 的要求,选择地势高爽、疏松肥沃、排水良好、靠近大田和水源的菜园或旱地作为秧田,精心翻捣,结合施用腐熟有机肥 1 500 公斤/亩。播种前 2 天做好苗床,要畦平土碎,深厚疏松,沟系配套。播种前一天用壮秧剂每亩 60 公斤左右,均匀地撒于床面后,用铁搭细削表土,然后淋足水分,次日播种。若不使用壮秧剂,也可以用常规方法,于播种前 15 天结合翻捣,分 2～3 次全层施肥,每亩用腐熟有机肥 1 500 公斤,秧田专用复合肥 60 公斤、尿素 20 公斤。

② 旱育。药剂浸种后的种子,经常温催短芽或露白播种。播种前一天将秧田充分淋湿,使 5～8 厘米土层内水分饱和,达到手捏成团、落地即散的程度,然后用尖齿铁搭浅削后播种,再用木板轻拍使已发芽的种子入土,上覆 1 厘米厚过筛细土并均匀喷水,然后用"幼木葆"喷雾,以防秧田草害。秧板上需平盖塑料薄膜,膜上覆草帘,以保温保湿。播后 5～7 天待齐苗后,趁傍晚揭去草帘、薄膜,紧接着喷

洒一次透水,此后3~4天每天傍晚喷淋补水,三叶前保持表土湿润,三叶后不再补水,并防止雨后积水,直至起秧前一天浇一次透水,以利于拔秧。育秧期间一般不施肥,但要用药三次,带药移栽,防治灰飞虱、稻蓟马等虫害。

③ 稀植。掌握薄水现泥浅插,行距26厘米,株距13厘米,亩栽1.80万穴,每穴3苗。大田水浆管理坚持浅湿灌溉,多次轻度搁田,活水养穗灌浆。大田肥料要在施好基肥的基础上,结合化学除草,施促蘖肥,然后分促花、保花两次施好穗肥。

(4) 直播稻

直播稻是一种不用育秧移栽的栽培技术,具有农艺简便、省工节本的优点,它除了人工撒播,也可用机械条播。直播稻又有水直播(灌水整地后播种)与旱直播(整地播种后上水)两种,后者因田面难以整平,影响水层灌溉及化学除草效果而早被淘汰,现在所言直播稻均指水直播。

80年代,有小面积试种,尔后经过几年摸索,攻克了全苗和除草两个难关后,直播稻获得迅速发展。1997年,开始普及,2006年,全面推广。

直播稻除人工撒直播外,还试用机动直播机。1998年,已使用J2BD-10型机动直播机。2004年起,推广农机化技术推广站研制的2BD-6D型带式精量直播机。该机适用于带芽或不带芽种谷的水直播,一次播6行,行距30厘米,每小时可播9亩左右。直播稻的栽培技术要点如下:

① 选用株型紧凑、抗倒伏、分蘖较强、穗粒结构协调、能耐寒的优质高产早熟、中熟晚粳。在做到适期早播的前提下,也可应用杂交粳稻。

② 采用常温湿润催芽。种子经过晒种、选种后,于5月底或6月初进行药剂浸种,到稻种露白时,将种谷与作为催芽介质的细沙、干细泥和生物钾肥按6:3:3:1的比例拌匀,也可直接将种谷平摊在室内(或走廊)的水泥地或地膜上常温催芽,种谷厚度3厘米左右,适当淋水并翻动,等待出芽。

③ 整地采用干耕整平或直接水旋整平,基肥在旋耕灭茬前深施,使土肥相融,并做到沟系配套、灌排分开,采用人工撒播的,还要先做出竖条筛。一般冬闲田于6月5日前后以短芽播种,其他茬口在6月10日前以长芽或乳苗播种,每亩播种量3~3.5公斤。播后放干田间积水,以保一次全苗。2004年,昆山市农业技术推广中心制定了乳苗抛播标准化技术。2005年示范推广。

④ 搞好水浆管理,注意二叶期前田间湿润保齐苗,二叶期灌薄水以便施壮苗肥和用药,此后保持浅水促蘖,4~5叶期追施促蘖肥。每亩总茎蘖达22万~26万株时及时搁田,采取多次轻搁,每亩最高茎蘖数控制在32万~35万株,最迟于8

月初搁好田。

⑤ 重视化学除草。一般采用"一封、一杀、一扑"的用药办法:"一封"是在播种后 2~4 天(主苗后)用 17.20% 的幼木葆或 30% 的直播宁可湿粉剂田面喷雾,封杀萌发过程中的草种;"一杀"是在稻苗三叶期田间建立水层后将 10% 的丁苄合剂拌土或化肥撒施,药后保持水层 3~5 天,杀死已长出的杂草;"一扑"即对因种种原因未能除尽的杂草再次补除。若以稗草、千金子为主,可在杂草 5 叶期前用 10% 的千金乳汕兑水喷雾;若阔叶草、莎草类发生量多,则于水稻分蘖末期以 20% 的二甲四氯水剂针对杂草喷雾,用药前需排水干田,药后 2 天复水。

(5) 免耕直播

免耕直播法是在前茬收获后,不进行耕翻就直接播种的种植方式。其技术要点是适期早播、催芽播种争早苗,一般在芒种前后结束,每亩净播种 1~5 公斤,基本苗 10 万~12 万株。要求播前土壤吸足水分,播后湿润立苗。1 叶 1 心期早施断奶肥,4 叶期施分蘖肥,7 月 20 日前后一追一补施好长粗肥,重施穗肥,在 8 月初和 8 月中个分促花和保花 2 次施用。尤应重视化学除草,在播种前用 12% 的恶草灵封杀,在水稻分蘖期再用克草神制成毒土撒施。亦可先在稻苗 3~4 叶期用克草神喷雾,至 7 月中旬前后再酌情用药一次。

(6) 机插水稻工厂化、流水线播种

2011 年,淀山湖种子站开始全面实施机插水稻工厂化、流水线播种,技术要求高、操作要求规范,是一项系统性工程。通过两年实践,2013 年淀山湖镇水稻机插秧第一年大面积推广,播种和移栽全部实行专业化、一条龙服务,其中播种采用专业化、工厂化流水线播种。

① 准备工作。宣传水稻机插秧的好处。水稻机插秧与机直播相比,稳产高产,采用工厂化、流水线播种,不仅可以解决出苗、齐苗、全苗关,播种均匀,而且使用专用壮秧剂拌肥,秧苗健壮。凡是规模示范户愿意机插秧,全部机插秧;凡是能够机插秧的田块,全部推广机插秧。

② 制订实施方案。年初做好机插秧的经费预算;成立机插秧工作领导班子、技术班子和实施班子;制订详细的实施方案,明确村、专业合作社组织、农户的权利与义务。

③ 确定机插秧面积。统计各规模经营大户的机插秧面积,有的放矢地准备营养土、播种流水线数和高速插秧机的添置台数、硬盘的添置数量、运秧车辆的准备台数以及技术工人的准备人数等。种子站在农机部门的支持与配合下,发挥 24 台高速插秧机、4 台播种流水线、22 万只硬盘的作用。

④ 准备营养土。以细泥做营养土,主要取蔬菜园地、水稻田和鱼塘塘埂的表土,在田头初步打细晒干后,运到播种点,再用专用打泥机打细,拌机插秧专用壮秧剂而成。

⑤ 机插秧工厂化、流水线播种机的选择。2012年前,选用久保田公司生产的SR-501C育秧播种机,工作效率较低,平均每小时播500盘左右,且喷水孔较细小,水中一有杂质便堵塞喷水孔。后引进宁波市大宇失崎机械制造有限公司的SYS-800C育秧播种机,平均每小时播800盘左右,且喷水孔大,不易堵塞喷水孔,大大提高了工作效率。

⑥ 机插秧播种、移栽日程的确定。从浸种、催芽、播种、放秧盘、移栽等一系列工作日程表,机插秧从业人员人手一份。播种前的机械安装调试,包括播种机的安装和水、电的准备工作等;有关工具的配备包括进水、出水的皮管配备,水桶、拉秧车、拉盘车、运泥车、铁铲、扫帚等生产工具的配备。

⑦ 工厂化、专业化流水线播种。按照日程安排,各规模经营大户把浸种、催芽好的稻种运到工厂化播种场所,由专业人员统一实施工厂化、专业化流水线播种。

⑧ 种子处理。浸种前晒种1~2天,浸种选用17%的杀螟·乙蒜素(杀螟丹5%、乙蒜素12%)可湿粉剂,兑水350倍搅拌均匀,浸稻种48~60小时;浸好后捞出(不清洗)常温(48~60小时)催短芽后播种。

⑨ 播种机上人员安排。根据实践,每台机插播种流水线上要配备12人,其中播种机上5~6人、1人运空秧盘、2人运营养土、3人拉叠播种好的盘秧到指定地放存放。

⑩ 播种技术。盘内第一次填装营养土的厚度控制在2~2.2厘米。调节喷水量至盘土水分充分饱和。正常发芽率(90%左右),每亩大田播种量:杂交粳稻1.5~1.75公斤(80~87g/盘),常规粳稻2.5~2.8公斤(115~125 g/盘)。一般以盖没稻种为宜,盖籽泥的厚度掌握在0.3厘米左右。

⑪ 日播种面积。正常一台播种流水线的日播种量,配套7台高速插秧机移栽;一天8小时台机日播种盘数在6 000~6 500盘,按照每公顷300~330盘推算,18~20公顷机插大田。

⑫ 暗化处理技术。播种作业全部结束后,立即叠盘于室内暗化出苗,每叠30盘高左右,顶部放一只空秧盘封顶。

⑬ 暗化场所的选择。暗化出苗应选择室内常温进行,室外暗化应搭好防晒、防雨、防大风刮倒的钢管大棚。

⑭ 秧盘叠加层数。一般掌握在30盘高度为宜;叠放太低浪费室内面积,叠放

太高,增加倒塌的危险性,盘内温度偏高,易增加恶苗病发生,叠放时留有通风通道,门窗打开。

⑮ 暗化时间。暗化处理时间,掌握在两日三夜(60小时),以80%芽苗露出土面1.0～1.5厘米,可摆盘入秧田绿化秧苗管理。

二、三麦

三麦种植都在旱地,面积不大。明清时期还创造了小麦移栽技术,因费工费时,未能普及。新中国成立前,种麦耕作比较粗糙,产量也低,故有"小熟"之称。当时种麦用牛犁或人工翻土筑垄,踏垄耕(用牛拖耙,耙在垄面移动,削碎泥土),垄狭沟宽,播种稀,露子多,平均亩产60～80斤,比较高的只有近百斤。

20世纪50年代,改少垄宽沟种麦技术,垄宽由1～1.4米扩大到2～4米,提高了土地利用率。每亩播种量从原来10～15斤提高到15～20斤。通过旧式耙的改装,加长耙幅,采用落沟耙(牛在沟中走),播前6耙,播后4耙,减少露子麦,保证苗全。

小麦扬穗

60年代后期,推广薄片深翻法,因用工太多,未能普及。1963～1964年,三麦栽培的重点放在提高播种质量上,精耕细作,播后斩碎泥块,盖住露子,确保苗全。1969年,推广塘桥高产经验,"一方麦田,两头出水,三沟配套,四面托起,雨停水干",做到阔垄深窄沟、精做垄面、施足基肥、均匀撒播、浅斩盖籽,消灭三籽(深籽、丛籽、露籽),播后拍麦保墒,使三麦亩产明显提高。

70年代后期,推广磷肥,每亩麦田普施过磷酸钙30～40斤。

80年代,每亩麦田施标准化肥100～110斤、过磷酸钙30～60斤,后期推广复合肥。

1988年起推广免耕麦,有套播麦和板田麦两种。

套播麦。在晚稻收割前5～7天,人工把麦种撒在稻田里,解决养老稻与适时种麦的矛盾,由于田间湿度高,麦子容易全苗。如连续阴雨,田间积水,也会引起烂种烂芽;播种过早,稻麦共生期太长,麦苗易细长黄瘦。割稻后,需及时追肥、治虫、开沟、除草。90年代后,套种麦已成主要方法。

板田麦。在水稻收割后,不经耕翻,直接在稻板田上施化肥、除草剂后,播种麦子,再开沟,以沟泥盖住露子。开沟方法,有人工开沟和机械开沟两种,也有先用铁搭垒"三角沟",后在冬管期间改为方沟,用挖出的土上麦泥。

三、油菜

清朝至新中国成立初,品种基本上以白菜(土油菜)为主。油菜育苗沿用旧法,利用旱地及零星隙地做苗床(做菜秧地)。10月初播种,一般不施底肥,播后以人粪做面肥,并覆以稻草灰,齐苗后,酌情拔去丛籽苗,追肥用稀人粪,最后一次在起苗前4~5天施"起身肥",当时民间以"矮脚四叶齐"为白菜型油菜的壮苗标准。油菜种植以人力或畜力翻稻板田筑成垄头,然后用菜花柱(装有木柄的圆锥体石锤)在垄面打洞栽菜秧。用事先做好的粪塘泥压洞。到菜秧成活后,用人工在垄里垦泥、壅土,俗称上泥。

油菜花盛开

20世纪60年代开始,品种改晚熟胜利油菜(朝鲜油菜),株大荚多,抗病抗寒力强。10月份,用早熟稻田做菜秧田,耕田作垄,用过磷酸钙做基肥,稀播种子,每亩秧田播种量一般在2.5~3斤,菜秧田面积与大田面积的比例一般为1:10。播后用笼糠灰覆盖,齐苗后进行删苗,要求2个手指头一棵苗,追施有机质稀肥,起苗前4~5天施"起身肥",使菜秧苗达到"红心绿边、短脚六叶齐"的要求。采取宽垄深沟套肋刀栽法,产量大幅度增长,一般亩产在200斤左右。油菜种植面积,70年代占水稻总面积的30%。

80年代采用免耕菜,俗称板田菜或稻板菜。基本操作方法:水稻收获后不翻耕,直接在稻板上,用铁铲一撬一条缝,或用木棒打个洞,施以碳酸氢铵和过磷酸钙做基肥,随后插进菜秧,株距17厘米左右,行距46厘米左右,纵向栽种,每亩0.8万~1万株,每隔3~4行,行间开挖一条坉沟,长的田块加开腰沟,深26厘米左右。开沟的泥块,待苗复活后,敲碎壅在根部。这种板田菜,土地利用率高,省工省本,产量高,亩产一般在200斤以上,高的可超300斤。油菜种植面积,1989年提高到占水稻总面积的65%左右。

四、良种推广

新中国成立前,小农经济生产,主要以穗选为主留种,自繁自苗,极少更新。新中国成立初期逐步引进优良品种,淘汰低产品种。

水稻:1958年,晚稻推广老来青为当家品种,产量高,但株高茎软、易倒伏,后因"颈瘟病"而逐步被淘汰。后改种白芒短种,60年代引进苏粳1号、苏粳2号、昆农选。1962年引进农垦58(世界稻),它具有秆矮抗倒伏、高产等优点。1965年,推行双季稻,早熟品种多达十余种,金家庄村以六十籼、二九青为主,晚熟品种亦有农虎6号、沪选19。1977~1980年,推广杂交水稻。1983年后,仍以昆农选为主,90年代后,又以88121、88122、太湖粳2号、95—22、50—15、9—92等品种为主。

三麦:(1) 小麦。1958年后,陆续引进华东6号、无锡白麦、苏麦10号等抗病害良种。70年代又以昆麦672为主,80年代后以扬麦4号、扬麦5号为主体,部分种昆麦672。

(2) 大麦。以沪麦4号与早熟3号为主。

(3) 元麦。仅在60年代、70年代初,少量种植,品种为海麦1号、荞麦等。

油菜:60年代引进胜利52,80年代起引进909、宁油7号、宁油50。

第三节 经济作物

新中国成立前后,金家庄有极少的农户种植西瓜。那时种植的西瓜品种主要为黑皮瓜和青皮瓜。除此之外,还稍带种一些香瓜,香瓜品种有青皮绿肉、小白娘、老来黄等几种。

20世纪70年代开始,瓜类品种不断翻新,引进了解放西瓜、台湾黑皮瓜等。在栽培技术上有所提高,既不能减少粮食产量,又要增加收入,俗称"瓜翻稻",金家庄基本上是瓜、稻、麦三熟制。有的生产队还在西瓜结束后,种些大白菜,解决社员的蔬菜供应问题。

金家庄响应号召,于20世纪80年代初,以大队为单位,开辟了几间房子,用于种植蘑菇,并配了相关的人员。表5-3-1为各大队种植蘑菇的情况。

表 5-3-1　　　　　　　　　　金家庄种植蘑菇统计表　　　　　　　　　单位：平方米

大队名	起止年份	面积	地址
金湖大队	1980～1983	500	金湖厂区车浅漕口
光明大队	1980～1983	700	西南嘴西江口
淀湖大队	1980～1983	500	曾家浜
胜利大队	1980～1983	600	北江口，农科队

果树种植极少。新中国成立初，朱家渊在蝴蝶嘴开垦了一片荒地，种上了桃树，那是金家庄有史以来第一个桃园。但时间不长，朱家渊支疆以后，桃园也荒废了。1978年，淀湖村利用坟堂屋那块荒废了多年的土地种上了桃、李等果树，既增加了收入，又美化了环境，同时也供外来为村办厂工作的技师们享用。

第四节　水产养殖

金家庄种的农田分布很广，既有在本镇的，又有在大市镇或千灯镇地区的。江南地区，江多、荡多，且有围荡，为水产养殖提供了良好的客观条件。为搞增收，20世纪70年代初，金家庄人开始搞河蚌育珠。从江阴等地引进河蚌育珠技术，培育接种手术蚌。每个生产队都搞河蚌育珠，其中河蚌育珠搞得最好的当数淀山自然村五队。那时的种蚌主要靠捕蚌而得，淀山湖里的珍珠蚌资源第一次被利用。

当时，胜利大队副业干部朱波根去苏州参观育蚌珠，后在胜利五队将圩头间的一条小江用土坝筑断，形成一个水塘。每间隔50米钉一根竹桩，用绳连接，供育好种的蚌挂上去。蚌有两种，一种体如三角形的称三角蚌，另一种是背部有较大翅状的蚌，这些蚌来自淀山湖中，资源很丰富。

养殖河蚌

种蚌珠

接种方法：杀死一只蚌，取出蚌壁最外的边上2毫米宽二条肉，切成2毫米的块状备用，接种时用很小的铁夹插入蚌内，将二壳撑开，然后用针将事先准备好的小蚌肉块送入被撑开的蚌的膜与蚌壳之间，但不能与蚌壳黏牢，如果黏牢，这蚌珠会生在蚌壳上取不下，无利用价值。因蚌被撑开的时间不能超过5分钟，撑开时间过长，蚌会死去，所以种蚌珠的都是一些眼明手快的小姑娘。她们中能力强的一只蚌能种40粒珍珠。

蚌接好种以后，挂到事先准备好的绳上，有专人负责，定期刷掉挂蚌上的青苔，养殖时间1～3年不等。时间越长，蚌珠就越大。因养蚌池内可放养鱼，所以效益较高。

收获时，将挂蚌取回家杀死，把蚌珠从蚌肉中捏出。1973年，胜利五队的蚌珠每市斤卖到1 060元，为胜利五队增加了收入。

有了成效，大家都种蚌，蚌源显然减少了，村民开始育小蚌。育小蚌的方法是先养数十只蚌，当铁夹将蚌壳撑开，看到里面由黄变红时，将雌雄蚌杀死，放在近千目的筛子布上用水冲蚌肉，同时挪动筛布。筛布底下放一只桶，内放昂刺鱼，使受精卵黏在昂刺鱼身上，之后将这些昂刺鱼放养到事先准备好的小池内，供活水，以防昂刺鱼缺氧。一个月以后，池底能见到小蚌，来年可接种。

随着这一带种蚌育珠的人越来越多，造成蚌珠供大于求，价格逐年滑坡，养蚌育珠便停止了。

党的十一届三中全会后，政府贯彻"对内搞活，对外开放"的政策，农民放开眼界，不再把目光局限在种田上，有能力的人开始搞多种经营。部分农民开始从事养殖业，他们利用荒塘、潭、江等天然有利条件养鱼。养

淀山湖渔船

鱼最早者当数金湖自然村的郭俊根，他承包沉龙潭养鱼。养鱼户根据水面面积，向村一级上交定额的承包费，多余的收入，归自己所有。1986年，他净获利8万元左右，掘到了第一桶金。自此以后，金家庄人开始利用江河拦断、良田开鱼塘养鱼。养鱼业像雨后春笋般迅速发展起来。

2012年，金家庄村朱文浩养青虾27亩。养虾、蟹的有朱桂元、朱根元、朱金林、顾善根、周善兴、朱益中等共65户，计1 455.61亩。养鱼的有朱伟华等5户，计310.13亩。种藕的有顾引光等4户，计102.95亩。

链接：养殖能手

养殖业的发展，让金家庄许多农民都变成了养殖水产的能手。以朱金林一家为例，朱金林现52岁，是一位复员军人，在部队这座大熔炉里经受了锤炼，吃苦耐劳，迎难而上。复员后，干了几年农活。1992年，朱金林与妻子朱建新承包31亩鱼塘，开始养鱼。夫妻两人长期住在鱼塘边，精心管理鱼群，一养就是十年。夫妻两人吃苦耐劳，也收获了可观的收入。后因养鱼的人家太多，且都是普通鱼，鱼价一路走低，朱金林及时进行调整。他压缩了养殖面积，由31亩减少到12亩，转而开始养虾。养虾比养鱼要难多了，但他不气馁，积极参加水产养殖培训，认真看书学习，虚心请教，细心地观察虾的生长规律，不断摸索，不断总结经验，三年后初见成效。他并不满足，不断钻研，2005年开始虾、蟹混养，并获得成功。水面减少了将近三分之二，而经济收入翻了几番。更为可喜的是，他夫妻俩靠水产养殖供两个女儿上大学，小女儿还考上了硕士研究生。

第五节 畜禽养殖

鸡、鸭、猪等禽畜，金家庄村几乎家家都养，尤以鸡为多，但数量不多，多为散养。新中国成立初，鸡种来源基本上是浙江萧山、浦东两地方。鸡养大以后，平时是舍不得宰杀的，只有在节日或贵客到来之时，才杀鸡作为招待贵客的美味菜肴。

20世纪80年代前，主人盛情招待客人，会夹鸡肉到客人碗里。而客人也知道主人家不易，为了表示客气，还要把夹到碗里的鸡肉重新从碗里夹出来，放回大碗里。有时主客双方客气，要一两个回合之后，客人才安心地吃上一块鸡肉。

50年代初，规模养蛋鸭的有淀山村的吴表中，他养了200多只蛋鸭。规模圈养家禽，是从70年代初才开始的。淀金自然村的顾根元、郁坤福，淀山自然村的吴表中、吴乾元，金湖村的朱三考、朱考基等人开始规模养殖，规模在300只左右。

新中国成立前后，养猪的农户很少。1962年，《关于农村人民公社工作条例（修正草案）》（即《农业六十条》）三级核算的贯彻，鼓励农民养猪。农民上交一头生猪，既能得到票证饲料等奖励，又能得到卖猪的收入。期间，政府又积极宣传猪多、肥多、粮多，如果养猪户把猪粪卖给生产队，还能额外得到一笔可观的收入。在政策的激励下，家家户户都养猪。同时，每个生产队也搭建了猪棚，集体养猪，但规模都不大,一般在二三十头,多的四五十头。集体养的猪没有私人养的猪好,基本不赚钱,造成思想上的一些波动。有的集体想放弃养猪,但猪粪是肥料,又因上级要求,只能继续养。当年曾有这样一句顺口溜,叫作"养猪不赚钱,回头看看田"。这种状况一直延续到实施联产承包责任制以后,家庭和集体从少养猪,到不养猪,后转入个人规模经营养猪。

养猪规模经营时间较长,规模较大的当数金湖自然村的俞雪林。1998年,原金湖村饲养场饲养肉猪150头,母猪4头,出栏数250头,收益3万元。2000年,泖泾饲养场饲养肉猪150头,母猪4头,出栏数250头。2003年,石杨河饲养场到2012年止,平均每年养肉猪250头,母猪6头,公猪1头,每年出栏400头,年收益15万元。

表5-5-1是金家庄村各村畜禽养殖统计表,从表中,可以看出金家庄畜禽养殖的情况。

表5-5-1　　　　　　　　　淀山湖镇金家庄畜禽养殖统计表

大队名	户　名	畜禽养殖(年平均)	年　　份
金湖	俞雪林	母猪4头,肉猪100头	2000~2013
淀金	王多生	母猪4头,肉猪80头	2000~2003
淀山	范洪兴	母猪3头,肉猪30头	2004~2006
淀山	吴金林	母猪4头,肉猪30头	2004~2006
淀湖	沈寿福	母猪4头,肉猪40头	2000~2005
淀山	吴乾元	鸭300只	1984~1985
金湖	朱考基 朱三考	合养鸭300只	1984~1986

第六节　农机农具

新中国成立前,农田耕作,农作物的播种、灌溉、排涝、除虫、收割、脱粒、运输均依靠人力、畜(牛)力和风力解决,一直到新中国成立初期。如今,农业已实现了机械现代化,机器代替人力进行农业生产。

20世纪50年代后期,推广双轮双铧犁,靠人力和牲畜牵拉。60年代初推广电动绳索牵引犁,因不适应水乡土壤黏度大的特点被淘汰。60年代后期,扩种双季稻时请上海市的手扶拖拉机手带来拖拉机帮忙,翻耕效果非常好,以后就逐步推广。

最初,稻子、麦子的脱粒,是由人力完成的,靠人在石磨上进行摔打,把谷子、麦子摔下来。在风力下扬净后,再舂米。民国时期,脱粒开始用脱粒机,俗称轧稻机。新中国成立后,普遍推广使用,传统的脱粒农具"稻床"逐步被淘汰。现在,用收割机收稻,把割稻、脱粒在同一时间内完成。收割机适合大面积农田,提高了效率,又节约了人力、物力。

竹扒

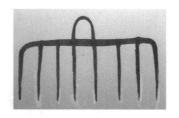
拉草长齿

1957年,金家庄在北头(注:原淀金自然村5队、6队的农田所在地)建东方红站,开始电力灌溉。在没有通电的地方,4个自然村都置办了抽水机船,流动灌溉。70年代初,普及电灌,金家庄有10座电灌站,1座机灌站,10台潜水泵。脱粒不再用双人踏的轧稻机,而是用电力来带动脱粒机,且可4~6人同时轧稻,金家庄好多生产队都在东方红站脱粒。那段时间,东方红的大场上一堆堆稻草堆得像小山一样。

常用农具

鞭麦图

船是金家庄最重要的交通工具,无船不成事。几百年来要么摇橹,要么扯篷(依靠风帆),亘古不变,累死累活,叫苦连天。直至70年代末,昆山人武部常明政委到金家庄淀金自然村5队、6队检查工作,了解了实际情况,批了两条挂机船给5队、6队。金家庄开始有挂机船,那是金家庄最早的两条挂机船,也是当时公社最早的两条挂机船。之后,各大队逐步添置,金家庄都有了挂机船。

一、传统农具图例

传统农具从新中国成立前一直沿用到新中国成立后,其中相当一部分农具沿用至今。

1. 翻耕农具

犁（单头犁、双头犁）、耙和铁搭（阔齿、尖齿）、铲、笓机，见下图。

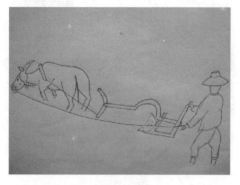

单头犁

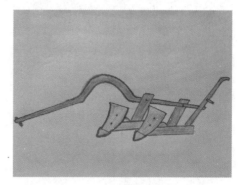

双头犁

铁搭

铲

笓机

2. 灌溉农具

牵车、踏水车、风车、牛车，见下图。

牵车

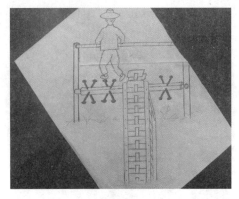
踏水车

风车

牛车

3. 中耕农具

耘稻竹马、锄头，见下图。

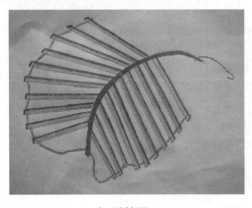
耘稻竹马

锄头

4. 积肥、施肥农具

船、罱网、拉草铁搭、粪桶、翘龙扁担、竹畚箕,见下图。

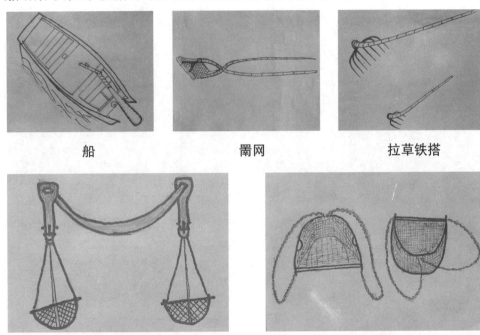

船　　　　　　　罱网　　　　　　　拉草铁搭

翘龙扁担　　　　　　　竹畚箕

5. 收割农具

镰刀、扁担(挑稻扁担、木扁担、竹扁担)、勾绳和稻索,见下图。

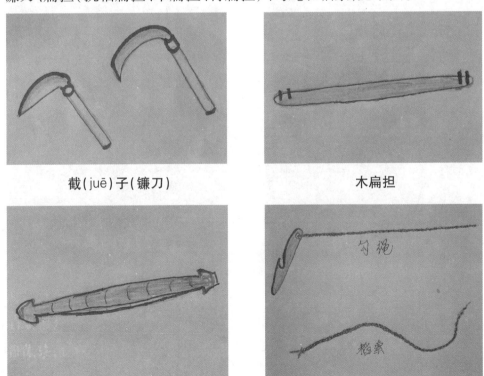

撅(juē)子(镰刀)　　　　　　　木扁担

竹扁担　　　　　　　勾绳和稻索

6. 装运农具

船(含帆船)、橹、篙子、麻袋、笆斗、栲栳、斛子、跳板(船上跳板、上稻箩的毛跳、长跳板、短跳板、木跳板、竹跳板)、匾、篙条、梯,见下图。

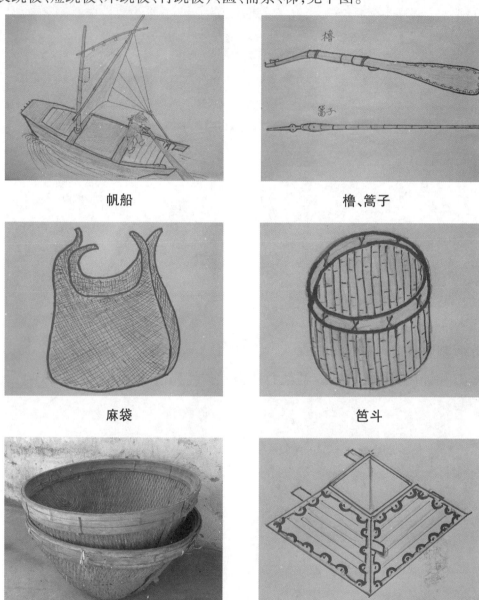

帆船	橹、篙子
麻袋	笆斗
栲栳	斛子

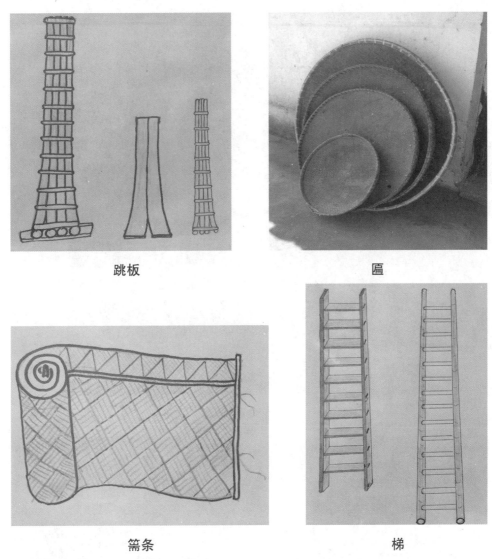

跳板　　　　　　　　　匾

篾条　　　　　　　　　梯

7. 脱粒农具

稻床（掼稻用）、鞭盖、削柴棒、电动脱粒机、脚踏脱粒机、手摇风车、丫枪（丫杈）、拉耙，见下图。

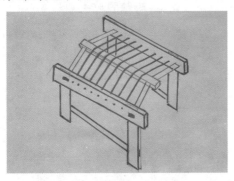

稻床

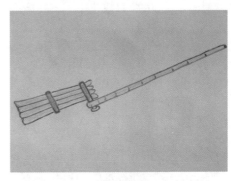

鞭盖

妇女用鞭盖鞭稻的情景

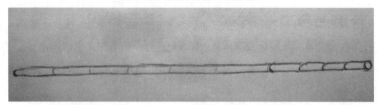

削柴棒

电动脱粒机

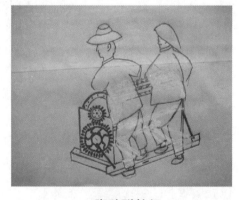

脚踏脱粒机

手摇风车

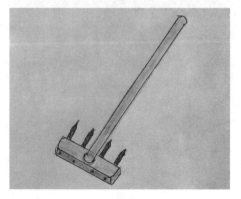

拉耙

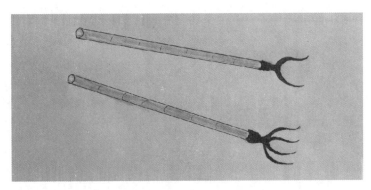

丫枪(丫杈)

8. 碾米农具

木砻(把谷脱壳成糙米)、摇臼舂米器、米筛、筛,见下图。

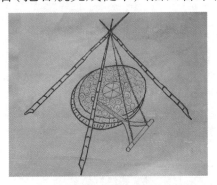

木砻

摇臼舂米器

米筛

筛("da")

9. 播种农具

菜花柱(铁、石头菜花柱)、沉豆棒,见下图。

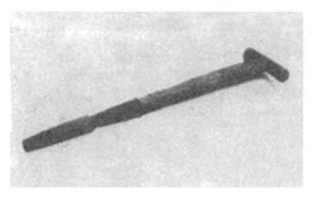

沉豆棒

10. 喂牛工具

料刀与料桶，见下图。

料刀与料桶

二、现代农业机械图例

新中国成立后，特别是改革开放以后，金家庄农民逐渐淘汰手工农具，走上机械化道路。如耕作农具一类中，淘汰了双轮双铧犁，使用中型拖拉机、手扶拖拉机。脱粒农具使用电动脱粒机、联合收割机。灌溉农具，淘汰小型抽水机，建电灌站，用于农田灌溉。插秧，从人工插秧发展到机器插秧。

传统拖拉机

电动轧稻机

现代插秧机

第七节　农业科技

20世纪50年代初，淀东区成立农业技术推广站，同时建立农校，进行农技培训。各村也开办了夜校培训班，教师由来自各村的、自愿为群众扫盲的学生担当。金家庄村4个农会派吕元龙、郁洪仁、周勤生、朱雪冰定期参加农校学习，回来后他们在4个村的夜校给村民上课，一边教识字，一边传授农业新知识，一直到合作化开始。

人民公社化时，公社管理委员会专设农业科，配干事。社长兼管农业，各大队配植保员，生产队配农技员，初步建立起防病治虫的组织网络。当时的植保员，金湖村由顾卯生、朱文元担任；淀金村由郭雪林、郁福龙担任；淀山村由吴祖兴、沈洪福担任；淀湖村由吕元龙、沈福明担任。

链接：养殖绿萍

20世纪60年代末70年代初，全公社并没有放弃对农业科技的研究、探索，金家庄人也如此。绿萍的放养就是一个科研课题，有其产生的原因。大田的肥料主要靠人工积肥（稻草、罱泥、家庭养猪的猪粪、咸鱼卤）作为基肥，化肥靠国家分配，不能满足农田的需要。经常施咸鱼卤会造成土壤板结，水稻田的野黄草、节节草、三角草、野慈姑、鸭舌头、猪鬃草等杂草较多，而且越来越难清除。为了解决这两道难题，农业技术推广站在各大队推广养殖绿萍。绿萍属藻类，中间红，周边绿，繁殖快。繁殖的方法是先把红花草田耕翻，放上水，平整后，就可放绿萍了。低洼田，更容易放养绿萍，经过几天的繁殖，一亩就可扩展十几亩，再由十几亩扩展到上百亩。

养殖绿萍，主要是作为肥料。大田里的绿萍多了厚了，就可放干田里的水，用铁锹翻垦，把绿萍压在土下面，使其腐烂，搁田时绿萍也会烂掉，这就形成了非常好的有机肥。当整块水稻田块有绿萍覆盖后，隔绝了氧气，有效地遏制野草的生长，如鸭舌头、香飘头、猪鬃草等本来人工难以拔除干净的野草，又延缓了三角草、野黄草等野草的生长。最重要的是发酵后的绿萍能有效地改善土壤结构，对提高单位面积产量有重要的作用。

罱泥

牛耕

在推广绿萍放养的过程中，也经历了一些曲折。第一年缺少经验、欠考虑，放绿萍后种秧，不做平水缺（注：排水的缺口），不做拦网。1971年，下大雨，绿萍随着田里的水位增高，浮起来压在新种的秧上面，一大片。金家庄村不得不组织劳动力，集中精力扶秧放萍，后来有了一句顺口溜："萍压稻时吓一跳，耘稻之时哈哈笑。"

经历了第一次失败后，公社领导对绿萍的放养工作非常重视，抽调大队农技员进行培训，每个生产队配备绿萍员一名，由大队农技员进行培训。金家庄组织4个大队的绿萍员开会、参观、交流，所以整个金家庄养殖绿萍非常成功。

1975年，吕元龙在淀湖村率先办起了种子场，当年单产就达1 200斤。因吕元龙的做法收效甚好，得到了政府相关部门的关注，并按其模式进行推广。其他三村先后也成立了农科队，农科队队长分别为：金湖村朱三全、淀金村王多生、淀山村徐金华。农科队的任务是培养推广高产新品种，各个自然村也在暗中较劲，形成了你争我赶的局面。

农科站提供少量的种子到农科队,再由农科队单株种秧。秋收后入库,进行消毒保管,等到播种时节,农科队向各生产队发放良种。农科队除了培育良种之外,还肩负着农业科研的任务。试种板田菜时,但由于肥料不到位,三沟配套不足,而未成功。农科队的机构一直到联产承包责任制开始才结束。

现代插秧机

开沟机

联合收割机(一)

联合收割机(二)

20世纪80年代中后期,开始有套播麦、板田麦、板田菜。所谓套播,即在晚稻收割前5~7天,人工把麦种撒在稻田里,既解决了养老稻,又解决了适时播种的矛盾。假如遇上秋旱,麦子也不会影响出苗率。但也有缺点,如果连续阴雨,田间积水,会引起烂种烂芽。板田麦的产生,就解决了这一难题。板田麦是在水稻收割后,不经耕翻,直接在稻板田上施化肥、除草剂后,播种麦子,再开深沟,以沟泥盖住露籽。板田菜是水稻收获后不翻耕,施化肥、除草剂后,直接在稻板田上用铁锹撬一条缝,或用现代菜花柱打个洞,然后插进菜秧,每隔4行开一条垅沟,长的田块还开腰沟,田间尽可能做到雨停水干。开沟后的泥块,待苗复活后做培土之用。板田麦、板田菜能抓住季节适时播种,土地利用率高,省工省本,产量高。1958年,党中央贯彻"鼓足干劲、力争上游、多快好省地建设社会主义",当时昆山县提出的口号是"油菜赶三麦,三麦赶水稻",那时的梦想,到此时才得以实现。可以说板田麦、板田菜颠覆了长期以来的种植方法,"认为深耕才能夺高产"这个千年不变的道理。板田麦、板田菜不仅仅是一个种植方法,而且是一场农业革命,科学技术进一步发展的体现。

第八节 农田水利

　　金家庄种田非常特殊,近的离家六七公里,远的有十多公里,在现今的张浦、千灯一带。那些耕田也不是连成一大片的,由自然分散的数十个小圩组成。新中国成立前,农户各自耕种,根本无法修筑圩堤,遇有较大的洪涝灾害,只得听天由命,灾情严重时,个别田块颗粒无收。

　　1949年和1954年,洪水暴发,淀金自然村成了重灾区,因为他们大部分的耕田在大市的东南角,地处低洼地。党委、政府发动受灾农民,以低圩组为单位修筑圩堤,联合抗灾。尽管这样,还是有好多农户秋收颗粒无收。

　　1956年农业合作化,冲破了土地私有制的束缚,联并圩头分级排水,特别是金家庄第一座排灌站"东方红站"建立后,淀金村和张浦南吉山村的耕田筑堤围圩构成了包围,成为内河。如果一连几天下大雨,河水猛涨,就可以开启电灌站,内河之水向外排放,使原来十年九涝的耕田变成了旱涝保收的良田。

　　要种好田,灌溉与排涝同样重要。灌溉工具为龙骨车,按动力的不同而名称有异。人力车(手牵车、踏水车)、牛车、风车,统称"三车"。风车,俗称水风车,20世纪30年代,金家庄第一台水风车试车,龙骨水车随着风车的牵引,水哗哗地流入田间时,小羊圩、小独圩的村民既好奇又激动。其中王阿炳更是高兴,他口里喊着"仙人车、仙人车",身体不由自主地往后退,怕风车撞上自己。但他一失足,掉入了江中,引得大家哄堂大笑,那是愉快的笑、善意的笑,可以看出人们对先进农具的欢迎和渴望。

　　在用三车灌溉的年代里,遇有干旱年份,三郡田(田地离江边有纵向三块田远的距离)的灌水非常困难,造成旱灾。20世纪50年代后期,东方红排灌站、陶家浜排灌站的建成,金家庄相当多的田块在这联圩之中,受益于电力灌溉。

　　人民公社建立之后,依靠集体的力量,又实现了机力灌溉。用295型24匹马力的柴油机装在木船上,装配水泵以及进出水管,流动灌溉农田,又可用于排涝,俗称抽水机船。金家庄有4个机船匠。那时金湖大队的机匠是蒋四林、庄阿六,原光明大队是沈引德;原胜利大队是吕德奎;原黎明大队是蔡雪根。他们为自己的生产队灌溉,个别机船难进的田块,仍用风车灌溉。

　　70年代,又修建了东泖泾电灌站,特小的圩头,则独自架设电线,装上电动机水泵,进行灌溉,水风车退出历史舞台。

第九节 防汛抗旱

新中国成立后,党委、政府非常重视防汛抗灾。1954年,水灾严重,水位达3.88米,金家庄的民房百分之七八十进了水,淀金的彩士街,淀山的北圩,淀湖的北圩都被淹了。深的地方,水漫过膝盖,连地势高的王家角也没到了小腿。放眼望去,金家庄成了一片泽国,行船可直接进入打谷场的中央。除了房屋被淹外,大片农田也被淹。见水涝成灾,党员干部做出表率,战斗在抗汛第一线,游走于村子各处,检查有没有危房,见到危房,帮群众转移到安全地带。白天,党员干部带领大家筑圩堤,群众自带饭菜,加入筑圩堤的队伍中。

北头田是一个重灾区,人们在中露园的圩上筑起了堤坝。但由于风雨侵袭,堤坝溃决,眼见大片农田将被水淹没。在这样严峻的形势下,共产党员陈文俊毅然决然地用自己的木船堵在缺口上,保住了堤坝,也就保住了将近200亩农田。但那时小圩分散,没有联圩,要堵的范围广,且取泥难,仍造成80%的农田被淹,农民受损严重。淀金自然村沈叙法一家30亩农田,25亩颗粒无收。因而,金湖、淀金的村民每年都提心吊胆,特别是住在南湖滩的村民,一到汛期就胆战心惊。如果坝岸垮塌了,淀山湖一旦发怒,风高浪急,房屋可能被冲垮,淀山自然村保正角的良田也可能被冲掉。

为了抗灾,金湖村、淀金村的领导决定在南湖滩筑石坝岸,淀金村筹集了1万多元,金湖村筹集了1.5万多元,石头由各生产队派船到太湖香山嘴去装运,自己动手筑石坝岸。金湖坝岸全长1 300多米,淀金坝岸全长580多米,沿湖滩的居民从此才定下心来。淀山村在1982年,花费2 000多元,在保正角筑石坝岸,全长800多米。1983年12月,经苏州水利局批准,建淀山湖千东大堤,又称千东联圩。第一期工程就在原金家庄中学(城隍庙)动工,金家庄四周都筑起了石坝岸,全长4 500多米。金家庄不再为淀山湖的风浪担忧。

金家庄虽然建了石坝,但并未建闸。1998年春,因为厄尔尼诺现象,连续下了几个月的雨,金家庄村路上的积水恢复到1954年的老样子。2000年,金家庄在北江、西江、南江、泖泾江造了4座闸,又筑了环湖公路,保证了金家庄不再被水淹没。

1998年的特大洪水虽比1954年来势猛,但对于金家庄在张浦、千灯地区的农田来说,损失可说是微乎其微。以原来的重灾区大市东的南吉山地区为例,拥有三重保障,除了联圩外,由四安桥、虎刀湾、浜梢低洼之处构成了一个外包围。水大之时,水由外包围冲入到内包围,再由内包围排出,可以免受涝灾之苦。除去自然因素外,政府也相当重视,发放了大批柴包、木桩等防汛物资,帮助受灾地区抵御洪水,防止村庄房屋及良田被淹。

农业是金家庄的根基,不管社会如何发展,金家庄对农业的重视程度都不会有所减弱。村庄从有利于农业发展的角度考虑,从水利、地形、交通、农具等方面,加大了对农业设施的资金投入,并进行了相应的改造,为现代化农业创造了优越的条件。

第十节　远田耕种

夏收夏种、秋收秋种两个收获季节,金家庄人就要进行季节性的迁徙,就像候鸟进行大迁徙一样。新中国成立前后,金家庄人为了节省体力和加快生产进度,减少来回往返的时间,都住在船上。这样,虽然节省了时间,便于抢收,但既不舒服,又不安全。

罩篮

洋(煤)油灯

1958年后,每逢大忙季节,金家庄村民过起了集体生活。他们在外搭起了草棚,住在草棚里。草棚很简陋,没有隔绝的东西,夏天靠床和蚊帐隔开,冬天用稻草铺了大地铺,同一家族的人并排睡在一起。因为在农田附近搭的草棚,所以这一块区域被叫作"棚啷"("啷"为语气词),把大忙时住在草棚内,说成"住在棚啷"。此后,每逢大忙时节,金家庄人不必再早出晚归,整整一两个月就住在棚啷,每天可以多睡一会儿。与此同时,每个小队办起了临时食堂。各家各户把米称进食堂,按斤拿粮票,菜自备。安排体弱的劳动力到食堂烧饭。

60年代末,有了挂机船后,金家庄人出工可以稍微晚一些,因为船航行的时间缩短了,只有一个小时。但比起其他村,太阳高照时,才起床下地,仍早很多。

1964年,生产队经济有所好转,建造了简陋的瓦房。最初是两家一间,条件好转后,一家人一间。每逢夏忙时,小屋内烤得像火坑,蚊虫成群,人们没有一晚踏实睡到天亮的。耘耥时期,凌晨三、四点钟人们就要到船上出发到北头。顺风时,可以不用摇船,船上有个专门负责掌舵的老师傅,撑好舵,把准航行方向。其他人则横七竖八地躺在船上,可以再补睡一觉。

金家庄的农业生产是最为艰苦的。田地远,金家庄人种田要行一两个小时的水程。大集体种田时期,为了准时出工,每个小队安排一个人,负责每天的喊烧早饭。凌晨一两点钟,妇女们被叫起,烧水做饭。在油盏灯或洋油灯下,淘米烧饭,看也看不清。男劳动力可以稍晚些,但四五点钟时,也起床了,开始准备劳动工具,因为他们毕竟要赶一二十里的路。

烧好饭以后,吃了早饭,女人就把饭盛在饭篮里(饭篮用竹篾做成)。冬天的话,就把饭盛在钵头里,放在稻柴结成的窠里。干活到中午时,窠里的饭尚存一点暖气。午饭的菜则放在罩篮内。罩篮,是用木头做的长方形盒子,上面做个浅浅的盖子,罩篮的长度和宽度,刚好放两只五彩碗。菜,基本上就是一碗咸菜、一碗青菜。一般人家都烧半壶水,倒进塔壶中。等出工的人都上船后,大家摇船出北江,到金兰潭,再舀淀山湖湖水,把壶灌满。摇船到北头,如果顺风还好,树桅杆、扯篷,一个多小时便到了。遇逆风的话,夫妻两人得摇两三个小时。到北头田时,天还没全亮。下午干活干到三四点钟后,才摇船回家。到家时,天已经全黑。一年又一年,金家庄人过着早出晚归的日子,所受的苦真是一言难尽。

夏收秋收前,金家庄人就开始在家忙活了。农具要修的,修好;要补的,补好。该搓的绳搓好,该做的钩绳做好。两个月在外,该准备的被絮、衣服,准备好。

出门那天,凌晨一两点钟时,就能听到一两名村民的讲话声,河边撞击锚链的声音,窸窸窣窣,似有似无。过后,紧接着羊叫、鸡啼、鸭鸣、猪哼,那是金家庄人把家禽关进笼子里,搬到船上去的声音。

金家庄人扶老携幼,为了大忙,把吃奶、蹒跚学步的孩子都往棚啷带。老人,除了白天给壮劳力帮忙外,还负责洗衣、烧饭、带小孩。在校读书的孩子,父母早已安排好,住在近田的亲戚家里,由亲戚照顾。孩子能自理了,就不去麻烦亲戚,让孩子放学后,自己烧火做饭。在这种环境下成长的孩子,自理能力很强,许多场合都能独当一面。因而,金家庄人都很独立,很少有依赖别人的。

大大小小一家子,到达棚啷后,就把船上衣食住行的生活用品、劳动工具、鸡鸭猪羊等,纷纷弄到岸上,一样样,一件件,整理好。因住的环境差,造的屋小,砖场少,就把猪养在搭的简易棚里,鸡鸭散养,羊则每天早上牵到田里,晚上再牵回。

因每个生产队只有一片长约50米、宽约30米的水泥场,俗称"大场"。每个生产队五六架轧稻机和三四架大电风扇,分散放在大场上,供生产队20户左右的人家使用。机器少,户数多,因此,只能一家一家地轮。怕下雨,为了抢收,几架机器白天连着黑夜转,都不停。有的人家,如果轮到晚上,那只能通宵不睡。

这样的生活,直到90年代末,实行大农户种田后,才结束。

第六章 工商企业

金家庄有两句典型的方言:"啥个朱顾"和"顾朱能闯"。这两句方言,年纪大一点的金家庄人一般都会说,但它的出典以及背后的故事就不一定晓得。

朱家和顾家是金家庄的两个大姓,朱家和顾家的人加起来占到金家庄总人口的百分之五十以上。朱氏家族来自昆山县城,源自河南睢阳。顾氏家族原是苏州"香山匠人"的一支。金家庄原是一个十分闭塞的小村,朱氏、顾氏的到来,给这幅宁静淡雅的山水画增添了活力。朱氏、顾氏两大家族犹如两棵巨大的梧桐树,不但给金家庄人庇荫纳凉,而且引得无数金凤凰前来筑窝栖息。闭塞的小村落得以迅速发展,乃至成为天下闻名的"江南水乡第一庄。"

朱家以儒家思想引导金家庄人做人,顾氏家族则以商品经济的精明引领金家庄人做事。顾朱两大家族"儒、商"的基因汇集在一起,形成了巨大的能量,推动了金家庄的发展和繁荣,拓宽了金家庄人的视野,激发了金家庄人的灵性。在明朝后期,中国东南沿海以"鱼米之乡"和"丝绸之府"著称的苏杭成为商品经济最为繁荣的地区。金家庄以得天独厚的地理优势和丰富的自然资源为依托,也成为商贾云集、商品经济异常活跃的经济重镇。

金家庄,以"王家角""长滩滩"为中心的闹市区商铺林立,生意兴旺;以水产品、农产品为主的商号遍及周边各镇;以"红篷两橹"为标志的金家庄航船名扬四方。到民国初期,金家庄旅沪同乡会在上海滩已很有名望。特别是顾氏家族以制造业为基础,积累资本,立足上海滩后,又涉足棉纱、丝绸、证券、金融等行业,成功地跻身于近代中国著名实业界行列,以至于受到陈果夫、陈立夫两兄弟的青睐。

新中国成立前后,金家庄的手工作坊和商店较多,涉及木、竹、铁、土等原材料。如造船业,就衍生出了一系列手工作坊,造船、做橹、打锚等。做风车牛车,就

有了生产链头、板子、车轴、齿轮等作坊。金家庄村有木匠、铁匠、竹匠、泥水匠等各种工匠,因此,金家庄形成了一个产业链,村民足不出村,就能买到生活生产工具。每到农闲之际,四乡八村都在金家庄打船,购买生活用品、小农具等。这些作坊为四乡八邻的农业生产的发展,为金家庄村商业的繁荣做出了重要的贡献。

时过境迁,传统的工商业历经各个不同时代的历练,大部分已成为历史的符号,有的又以一种新的形式,伴随时代大潮流淌至今。但它们作为金家庄历史上繁荣昌盛的一个标志,会永远存留在金家庄人口口相传的记忆中和史册里。

第一节 工 业

1956年前后,金家庄拥有淀东供销社、淀东铁业社、淀东商业、大新文具用品这四家商店,其中,大新文具店兼邮政代发。同时,王家角一带是商业繁荣的地方,渔船停泊在码头上,卖着自己从江河里,或从淀山湖中捕捞的鱼虾等水产品。20世纪70年代,增加了三家豆制品加工店、猪肉代销店。20世纪80年代,出现几家个体商店、小饭店及小超市。

1976年后,金家庄村有了村办企业。企业的体制、管理方式、经营模式等,随着时代的发展与进步,不断地进行着探索与改革。1993年前,村办企业都是集体性质,实行集体承包、厂长负责制。前后经历了"一包三改"、"五定一奖"等模式。1993年,企业开始转制,从租赁到半租半卖,最后实现拍卖,至1998年,企业完全转为私营企业。

一、新中国成立前后

新中国成立前后,金家庄主要以手工业作坊为主。金家庄人以勤劳与精湛的手艺,为自己打造了坚实的物质基础,也为金家庄的繁荣做出了贡献。以下简要地罗列了金家庄的手工业作坊。

朱土根作坊:以造船、修船为主业,位于新开江东岸。

俞菊生作坊:以造船、修船为主业,兼做家具,位于原金湖村的东槽北岸。

朱小虎作坊:以修理各种船只为主,位于西场头朱氏大坟的东面。

何家祥作坊:以造船、修船、打船为主,位于原淀金村独圩上。

何家福作坊:以造船、修船、打船为主,位于原淀金村独圩上。

程雪林作坊：以造船、修船、制作家具为主，位于原淀湖村北栅头。

沈凤奎作坊：以制作木椅家具为主，位于原金家庄小学后面。

薛云琪作坊：专做灌溉农田的水风车、牛车、榔头、板子、车轴及齿轮。

顾学兴作坊：专做船橹。

何家贞、沈杏奎、徐祥兴作坊：专做家具。

朱兴龙、郁洪章手工作坊：专做横料（棺材）。

陈昌生作坊：专做圆竹。

周照光、魏阿观作坊：做篾竹。

薛根生作坊：制作铁器，专为农民、渔民打铸铁器。

除了以上的作坊外，还有漆匠、泥水匠、理发匠等手工艺，极大地便利了金家庄的村民。1956年1月，这些手艺人参加了淀东木业社或铁业社，手工作坊完成了使命，退出了历史舞台。

1968年，4个大队的领导干部为了解决养猪饲料的问题，每个大队各派一人在北祠堂开了草糠加工厂。后增设锯板厂，锯板厂占地面积约100平方米。

二、队办企业

20世纪70年代，特别是党的十一届三中全会后，队办工业得以蓬勃发展，不甘心落后的金家庄人利用空间优势，特别是大上海人脉资源丰富的优势，大队办企业，如雨后春笋般不断涌现。

1. 原黎明大队队办企业

1975年年初，村民顾慰丁受大队党支部的委托去上海姑父王瑛（上海锅炉厂中层干部）家，要求帮助办厂。王瑛介绍时任上海树脂厂工委会副主席的三弟王玮，筹划了"黎明大队玻璃钢厂"，主要生产玻璃钢瓦片。刚开始主要委托上海市人民建材商店代销，后转为自行销售。玻璃钢厂创办初，销售旺盛，盈利丰厚，平均每张瓦片的净利润有10元之多，年盈利润6～7万元。

1977年8月，又筹办了黎明化工厂，主要产品"合成桐油"。主要由上海树脂厂生产"双酚A"的下脚料，加入甲醛反应，生成氨醛树脂，再加入苯酮等溶剂和干燥剂，成为民用涂料，可代替桐油，涂刷于农船、农房、梁木等木制件上。

1981年后又先后办了缝纫机绣花厂、和氯酊胶防水涂料厂、溶剂厂等。

2. 原金湖大队队办企业

1958年，淀东人民公社在淀山村的北端、北江口西岸开办窑厂，厂长俞雨生、徐金华。该厂专门烧制85红砖。当时公社内各种资源都紧缺，所以公社将该厂生产出来的红砖全部运往外地,换取机床、发电机、柴油机等,为淀东人民公社的发展打下了基础。该厂的燃料是秸秆,砖坯从外地购进,工人多数是金家庄人。虽然这个厂只经营了2年,但它为金家庄人培养了一些装窑、烧窑的师傅,又创造了一个不废良田的办窑模式。

1968年,金湖大队在本大队的北端、泖泾江西岸创办了一个集体性质的金湖砖瓦厂。1969年2月,金湖砖瓦厂正式投入生产,厂长朱雪福、朱阿九。窑厂占地面积8 000平方米,厂房面积450平方米。因制作砖坯有难度,该厂于1994年停业。

金湖标准件厂是集体性质的队办厂,1977年筹建,1978年3月投入生产,厂址位于泖泾江东岸的金湖大队厂区。该厂占地面积300平方米,厂房面积80平方米,厂长朱海根,职工共20人。1993年该厂转制,且更名为淀山湖制罐厂。

金湖涂料化工厂是集体性质的村办厂,厂长顾引新,1987年筹建,1988年正式投产,主要产品是685涂料。厂部位于泖泾江西岸金湖大队厂区。该厂占地3 500平方米,厂房1 620平方米。1998年,该厂停办。

3. 原光明大队队办企业

淀东光明橡胶厂是集体性质的队办厂,位于西南嘴东北角,占地面积540平方米,厂房面积336平方米,厂长庄建宏。1977年7月投产,以生产橡胶密封圈为主。1993年转制。

金湖编结站是光明大队于1976年成立的集体性质的编结站。经营者是沈静芳、吕国英。他们负责外出领料,金家庄内发料及验收成品。该站开始以绣花、绣台毯为主,后来以编结各种款式的羊毛衫为主。1993年停业。

4. 原胜利大队队办企业

胜利大队一队社员朱宝庆,小名朱大东,是1962年从上海长征鞋厂下放到农村的老工人。胜利大队运用这一关系,派副业干部朱波根与朱大东之子朱三山前往上海长征鞋厂。他们请求长征鞋厂帮助胜利大队办厂。

经协商,上海长征鞋厂决定将加工毛毡的活计下放给胜利大队,并指出原料废棉花必须到江阴买。于是胜利大队利用北祠堂1 500平方米的旧房子,开辟了5 000平方米的晒场,购置轧花机等必需品后。1977年10月,集体性质的胜利毛毡厂正式投入生产。1993年毛毡厂、鞋跟厂停业。

20世纪80年代,金家庄出现造楼房热,一时造成水泥楼板紧缺。针对这一市场需求,1984年2月,胜利大队在北江口西岸创办集体性质的淀山预制场,专门生产水泥楼板。该预制场占地1 250平方米,厂房95平方米,厂长顾小根,职工共7

人。后因外地楼板不断进入金家庄,该预制场于1985年年底停办。

顾裕元从他姑父陈妙祥那里得知,市场上缺少黄母酮,就于1986年创办了集体性质的胜利化工厂,配置了反应釜、蒸汽锅炉、真空泵等设备。顾裕元当厂长,陈妙祥为技术指导,职工30人,是家族式的企业。因污染环境,该厂于1993年停办。

三、民营企业

金家庄民营企业,有一部分是自己从基础做起,逐渐发展壮大的企业;另一部分是由国营或集体企业专制,成为私营企业。

表6-1-1　　　　　　　　　　2012年金家庄村民营企业统计表

编号	企业名称	法人代表	产品	职工人数	开业年份	注册资金(万元)	年产值(万元)	工资总额(万元)	厂址	区域
1	昆山市淀山湖宝波树脂厂	朱瑞彪	环氧树脂	45	1998	900	9 000	216	钱华路16号	域外
2	昆山樱花涂料厂	朱小明	油漆涂料	85	1996	116	4 500	456	钱华路18号	域外
3	东方材料包装厂	蒋建平	包装材料	30	1995	150	1 200	120	民和村	域外
4	昆山欣达橡胶五金厂	沈建忠	橡胶产品	10	1996	50	240	50	民和村	域外
5	光明橡塑制品厂	庄建新	橡胶产品	5	1996	50	250	25	金家庄淀金村	域内
6	光明橡塑厂	庄建宏	橡胶产品	8	1996	50	225	25	金家庄淀金村	域内
7	华诚轴承厂	顾建元	轴承	20	2003	150	265	65	丁家浜路金家庄村建厂房	域内
8	淀山湖制罐厂	朱海根	箱罐	18	1998	150	580	58	金家庄金湖村	域内
9	箱包厂	吕火兴	箱子、包	10	2003	150	240	40	金家庄淀湖村	域内
10	华丽物资经营部	沈仁林	化工产品	10	1987	20	250	40	金家庄村	域内

第二节 商 业

明朝中后期,中国东南沿海以"鱼米之乡"和"丝绸之府"著称于世,成为商品经济最为繁荣的地区。金家庄,以得天独厚的地理优势和丰富的自然资源,也成为商贾云集、商品经济活跃的经济重镇。"十"字形的金湖港是金家庄水脉的骨架,金湖港交叉的中心,也是古村的商贸中心。王家角和长滩滩是最繁华的地段。在这里,沿路而筑的靠街楼、临河水阁,因地而成、因势而就的临街商铺鳞次栉比。茶坊、酒店、饭店、点心店、渔行、肉庄、药材店、杂货店、裁缝店、理发店、农具店、铁匠铺,十七八样的行当,应有尽有。

长滩滩

每天早上,晨曦初起的第一缕阳光照射在波光粼粼的湖面上,一夜辛劳、满载而归的渔船和出工劳作的农船,在湖面上、河港上川流不息。这时,村上的渔行、茶馆、酒店、点心店、豆腐坊早已开张。一会儿,街道上人头攒动,摩肩接踵。三尺柜台,宾客盈门。一派兴旺景象,构成了一幅古韵浓重、活色生香的水墨江南特有的乡村晨景图。

福安桥南塥有张德一的烟纸店,大新(朱荣根)的邮政代办所,任振新的裁缝店。福安桥北塥有赵华的杂货店、周其奎的小酒店,往东傍河(后港)小街上依次有顾石麟的诊所、顾金生的中药店、朱春生的茶馆。箍桶匠小洛师傅、西医姜医生。

福安桥往北与甲子桥之间便是长滩滩（沿竖头江的街道），这里有顾葆民渔行，专做水产生意。河滩边停靠着各种小船，有石浦人卖"雪里蕻"和萝卜的蔬菜船，叫卖"大蒜"的常熟小划子船。

赵义和号南什货店，坐落在金家庄北桥（甲子桥）东塊。该店在经营南什货的同时，自行生产特色美食糕点赵氏糕点，形成了自己的特色。相传赵氏糕点，是赵匡胤的宫廷食品。北宋后期宋室南迁，皇帝的御厨为了躲避祸害，逃到金家庄，以制作糕点为生。赵氏糕点主要经营肉饺、酒酿饼、麻饼、马条糕、粉蒸蛋糕饼等上百个品种。最出名的是麻条糕，因其用蒸熟的面粉制作，再下油锅，所以香飘四溢，舒松柔软，在周边享有较高的声誉。每年清明节、中秋节、春节，上海、青浦的人回乡探亲、祭祖、踏青时，都要大量购买，带回去馈赠亲朋好友。

西桥塊傍河小街上，顾乾英的圆堂内有顾粹华中医诊所。往北是薛根生打铁店，店内陈设着镰刀、铁搭、锄头、犁刀、犁头、铁钉等家什，以及家庭使用的菜刀、火夹、铁钩等铁器。

甲子桥西塊往北傍河小街上，依次是吴勤龙的豆腐店、顾连相的中药店、竹匠魏阿桂、米厂糟坊、顾家祠堂、砖瓦窑厂。甲子桥西塊往南，一直到王家角的中南饭店，分别是顾大伦肉庄、教堂、沈大手的茶馆店、殷师傅的理发店、福老大、佰英的裁缝店、陆记里小吃店、跨街楼、吴志本诊所。

王家角在金家庄的中心地带，也是金家庄最热闹的地方。程文进开设的中南饭店长年河鲜不断，特别是在淀山湖中捕到的鱼虾更是鲜美无比。王家角的中南饭店以自制米酒和水产为主的菜肴而盛名远扬，其中清水虾、河豚鱼、鳗鱼等最受顾客欢迎。中南饭店的招牌菜是甲鱼烧肉，把甲鱼与上选猪肉加大水进行烹煮，水沸后，加入葱姜、糖、料酒、酱油等佐料，改为温火煨，数小时后，直至肉酥嫩、汤浓稠。揭开沙锅盖，满街飘香，令人垂涎三尺，吸引食客无数。

南学桥（西桥畔）北塊，有阿凤来茶馆店，朔香里南什货店，顾平生的豆腐店，往西的傍河小街有能工巧匠泥水匠吕凤春、许仁芳作坊，南学桥南塊是李昌藻的豆腐店，连接着翟家里什货店，绕过徐家埭，走过彩士街傍河小街到永庆桥西桥塊下，是金家庄规模最大的阿腊茶馆店，聚集在那里吃茶的渔民最多。

金家庄另一有名的食品是顾家豆制品，店堂主人的真实名字，叫得出的人不多，但其俗名"老豆腐"却家喻户晓。顾家豆制品的特点：油泡空如球，豆腐皮薄如纸，干丝可以像面条一样捞起来，水豆腐细腻润滑爽口；而且用同样的原料，成品可以比人家多出一成，因而生意红火，盛名四方。

顾葆民渔行

顾葆民渔行也是金家庄的名店。顾葆民在称鱼时，什么品种、什么规格、单价多少、总价多少，一路报来，丝毫不差，其业务娴熟、速算之快，堪称一绝。

永庆桥东堍南港潭北是学堂，南是庙宇，善男信女烧香拜佛的甚多，香火缭绕。桥堍往北的傍河小街上，依次是顾金秀的茶馆店、沈杏奎沈凤奎的木器作坊、蔡达生什货店、徐金寿茶馆、往北便是福安桥。如此在金家庄的中心绕4座石桥一圈，就是金家庄最热闹的商业圈。

优越的地理位置，充裕的自然资源，金家庄在历史上一度成为货物进出交易的集散地。一方面，渔民的水产品、农民的粮食和土特产需要运出去；另一方面，大量的生产生活资料需要采购，于是，金家庄就有了定期的人货混载的航船。航船来回到陈墓、朱家角等四乡八码头，形成了金家庄的"物流业"。新中国成立前，金家庄还保留着四条航船，他们分别是顾学成航船、仁奎航船、阿根全航船和吴四观航船。

新中国成立初期，昆山中粮公司将金家庄顾氏三房里房屋做粮库，俗称"三仓库"，收购金家庄农民的公粮（税收部分）及余粮，并在里珠角石库门内开设粮油供应点。当时的业务员郁连生既负责本地24户居民的粮油供应，又担任三仓库的粮食保管工作。1958年，杨湘粮库建成后，三仓库停用。1963年，金家庄粮油供应点停业。

1958年5月，淀东公社供销社成立，是年在金家庄福元桥北堍开了一爿金福康肉铺。1971年，在王家角开了一爿店，面积57平方米，职工朱筱英、张德一、蔡达生、顾兴龙。货源由公社合作商店配送，经营光明大队、胜利大队社员的计划商品，如火油、粉丝、笋干、肥皂、糖等，兼做其他商品的生意。因当时货源紧，经常供应烟、盐、油,其他商品缺乏。该店于1993年停业。

淀东供销社金湖分社

1958年,淀东供销社在金家庄甲子桥(北桥)西堍拆了一些破旧小屋,在原有基础上扩建了淀东供销社金湖分社,店面房约300平方米。在该店工作过的职工有小朱、朱占春、顾葆民、徐柏芳、顾庆丁、沈月琴、朱家元,供应的商品为金湖大队、黎明大队社员的计划商品。另外,还有水产品、鲜肉、农机具配件、五金家电、南北杂货等种类。1993年,金湖分社停业。

二爿新中国成立前的老店之一的大新南货店业主朱荣根于20世纪80年代停业邮政代办,把业务转给朱家元办理。另一爿阿凤兰茶馆店,后来由顾阿妹、顾允奎续开,除供应茶水外,增加了一台摇面机,代人加工面条。20世纪60年代,他们经营过糖、烟、酒,于20世纪70年代停业。

20世纪70年代初,黎明4队开了一家鲜肉铺,营业员顾庆旗,每天杀一只猪。随着队办企业的崛起,及当时盛行未婚夫妇的男方在大忙前要买一腿肉给女方家的风俗,供销社金湖分社于20世纪80年代初增设鲜肉供应,每天杀一头猪。1993年,黎明大队鲜肉铺停办。

20世纪80年代,随着队办企业的迅速发展,金家庄开始出现朱巧根、范福明、盛雪荣三人合办饭店,为队办厂接待外来人员提供方便。同时出现了吴群龙、徐小福、顾小弟三家豆制品商店,开始用大豆来换豆制品,后发展到可零卖。1990年前后,豆制品商店先后停业。

随着经济的发展,交通的便利,金家庄外出定居的人越来越多,因而,有许多商店在金家庄无法营利而关闭。截至2012年,金家庄的十三家商铺,主要以经营日用百货和餐饮业为主,见表6-2-1。

表6-2-1　　　　　　　　2012年金家庄个体商店一览表

序号	商店名称	经营者	地址	经营项目
1	宝昌商店	沈宝昌	淀山王家角	杂货店
2	兴华商店	顾兴华	淀山王家角	五金杂货
3	明生商店	赵明生	淀湖长滩滩	烟酒
4	雪荣商店	盛雪荣	淀山西场头	烟酒
5	农贸市场	顾兴欢	金家庄社区	农副产品
6	便民商店	朱全元	金家庄社区	南货店
7	捷强超市	朱惠忠	金家庄社区	百货
8	白弟商店	郭白弟	金湖新桥塆	杂货
9	菊华发廊	何菊华	金家庄车站	理发
10	阿三饭店	沈良荣	金家庄车站	饭店
11	巧根饭店	朱巧根	金家庄车站	饭店
12	姐妹饭店	齐贵霞	金家庄社区	饭店
13	武元饭店	邵武元	金家庄社区	饭店

链接:"小嘉定"的来历

1937年8月13日,"八一三"事变后,嘉定城西的百姓往西避难。据说整个西街都避难在金家庄,那时金家庄的人口一下子膨胀了起来。好在金家庄村庄大,生活资源丰富,大量嘉定难民的到来,非但没有压垮金家庄,反而繁荣了金家庄的商业和服务业。一时间,金家庄街上行走的人,店铺里吃、喝、购物的帮工,大多数是嘉定人。当时,金家庄的繁荣程度不输嘉定,因此,金家庄又有了"小嘉定"的说法。

金家庄老街

第七章 村落文化

凡到过金家庄的人,都认为这是一个美丽、神奇,又富有个性的村庄。说她美丽,虽然没有张家界、桂林等地的奇山异水,天下独绝的奇景,但她似一个清雅脱俗的少女,浑身洋溢着水墨江南的独特神韵。说她神奇,尽管她没有陶渊明笔下世外桃源的浪漫情怀,却有着凤凰涅槃演化出的"八风三海镇"的美丽传说。说她富有个性,虽然没有周庄的明朝江南首富沈万三那样富可敌国的商人和商业文化,但她有着独特的自然环境和"水儒"文化交融,历经千百年,演化积淀而形成的一种有别于他人的深厚文化特征。

第一节 村民记事

金家庄,从一个默默无闻的小村落,发展至明清时期名扬四方、力压群镇的大村庄,除了独特的地理优势和丰富的自然资源外,与金家庄人"水儒"交融下形成的"刚柔相济、如儒似水"的文化个性有着密切的关系。

金家庄村,即将消逝。故土难离,作为金家庄的子孙后代,我们穷尽努力,收集了一些村民的记忆故事,伴随其他文字,存进历史的档案,走进金家庄的子孙后代,以及喜欢金家庄的人们的心田。

一、朱家金头坟的传说

金头坟坐落在金家庄的西南角(原淀金)小羊圩坟埭的西面,隔江而峙的是大独圩的最北面,北面是西江,南面是娄头滩浜,三面环水,坟被四周的农房包围,坟上耸立着许多参天大树,浓荫蔽日。

据说,朱家一位能人在明朝万历年间在朝廷做官时,刚直不阿,敢于直谏,得罪了权贵,那些权贵在皇帝面前多次进谗言,皇帝听信了谗言,逐他离京,放逐西南边陲云南的蛮荒之地做地方官。他上任之前回老家金家庄,准备好了大量的稻、麦、油菜等种子,带到上任之地。一到那里,他就悉心指导百姓种植稻、麦、油菜等农作物,教他们除草、施肥等田间管理。平时,他处理公案,事无巨细,尽力而为,且秉公办理,深得人心。在他的治理下,没几年功夫,当地便逐渐富裕起来。治安稳定,人们路不拾遗,夜不闭户。

当地百姓为了感谢他,大家抬了一条大蟒来献给他。他吓了一跳,叫他们抬了回去。最后,当地人给他抬来了一筐鳌人虫(实际是蟹,当地瘴气重,吃蟹以后会生病),他非常高兴,煮熟的蟹蘸着有姜末的配料吃得津津有味,他无形之中教会了那里人吃蟹。他虽已放任外官,但京城里的权贵仍不放过他,又在皇上面前进谗言,皇帝下令将他处死。

朱家就在他们家的土地上建造了坟墓。建坟时有一个传言,说他们买了一男一女两孩子,在封坑的时候,坟冢里放了用金塑成的人头、几缸菜油、几缸枣子、几大捆灯草,并将这一对金童玉女也活葬在里面。坟坑里点着灯,命令这对金童玉女添油添灯草。假如这些东西全没了,叫他们喊"油干灯草尽枣子没有了",就会有人送来。据传阴雨绵绵的夜晚,能听到断断续续的"油干灯草尽枣子没有了"的声音。此传言,说得人们毛骨悚然。其实这一传言,是他们本家和邻居故意说的,因为他们怕孩子们去坟上玩,那里蟋蟀多且厉害,如果大人小孩都去那里抓蟋蟀,容易把坟冢破坏,所以才故意编造这让人害怕的传闻。

新中国成立后,破除迷信,树木被砍伐了,坟也被铲平了。如今七八十岁的老人,提起这"金头坟"的传说,还记忆犹新。其实,他们孩提时都钻进这坟坑,也未发现过什么棺木,连一片木头都未见过,更不用说金童玉女。想那朱家做官的,客死他乡,山高路远,扶柩还乡难,这里仅是一座衣冠冢吧。

二、神龙金凤的传说

金家庄的地形像一只展翅欲飞的金凤凰,传说是天帝女儿的化身,以"金凤凰"的"金"字取名会得到"神龙金凤"和天帝的庇护。据传,这里原是东海的一部分,沧海桑田,这里有了山和陆地,若干年后山水间的陆地上长出了一片硕大的桃园。东海龙王的一位太子巡游到此,发现了这一人间仙境。几年后,他因不满龙宫中兄弟间的争斗，便来这里隐逸起来。

那一年，孙猴子大闹天宫，将仙界的寿桃糟蹋殆尽。王母娘娘获悉东海之滨有这桃园，于是就命女儿带领三个宫女前来探访。天女们来到这里，就被这里美丽的景色吸引住了。她们沉醉在这一方美景之中，嬉耍起来。她们的嬉耍声惊醒了正在一旁午睡的龟鳖精。

龟鳖精睁开眼睛，看到如花似玉的仙女们，顿时起了淫心。三个宫女与龟鳖精进行了斗法。天帝女儿见状，也参与进去。龟鳖精法力深厚，天帝女儿和宫女们渐落下风。危急时刻，正好龙太子巡视到此，见此情景，双拳齐出，将龟鳖精击出十几里外，重重地落在了湖中。愤怒之下，龙太子又拗断了一座小山，把龟鳖精死死地压在了水中。后来这龟鳖精和半截小山便成了淀山湖里的淀山，也称龟鳖山，而那被拗去半截的小山，便成了一个墩，这就是南港潭口，被金家庄人称为"山矮墩"的小墩。

在龙太子的悉心照料下，天女们恢复得很快。三个宫女没有几日便能下地行走了。天女与龙太子一见钟情，迟迟不回天宫。几天以后，王母不见女儿回来，便亲率天神寻找到此，才放心。见两人宁愿在此隐居，也不愿回天宫，便应允了。临行前，王母从头上拔下发簪，向东一划，顷刻间，一条滚滚江河直通东海。王母转身在身后一点，一棵参天大树拔地而起，于是，就有了黄浦江和金家庄背面的银杏树。

此后，天帝的女儿、龙太子和三个宫女便在这里过起了人间生活。为点化当地百姓，走出渔猎为生的原始生活，他们从神农架引来稻种，并请来蚕神，教会村民男耕女织。从此，这里的人们衣食无忧，过上了幸福的生活。

天上一天，人间一年。500年后，天帝的女儿不敢违背母亲的教训，凤凰涅槃，回到了天宫，留下了这块形如凤凰的风水宝地。而龙太子深深地眷恋着天女。睹物思人，他没有回到东海，终身厮守着这块"凤凰涅槃"后的宝地。三个宫女不忍龙太子孤独一人，自愿留下，相伴龙太子。于是，在金家庄村东面有了"一潭三岛"，即神龙潭和三个小岛，东岁圩、中岁圩和西岁圩。

神龙金凤的传说虽然有点离奇，但大千世界毕竟是一个充满玄机和想象的世界，这个传说表达了金家庄人对世世代代、耕耘生息的这块风水宝地的爱恋。他们说，金家庄之所以年年风调雨顺，岁岁五谷丰登，无灾无难，都是神龙金凤在暗中庇护。为表达对神龙金凤的敬爱，他们在金家庄南端的南港潭南北两侧建了两所寺庙——"城隍庙"和"青莲寺"。据说，城隍庙内供奉的城隍老爷便是龙太子的化身，而青莲寺里的观音菩萨，便是天帝女儿的化身。他们还说金家庄人如遇上了什么灾难,只要呼唤"神龙金凤保佑",便可逢凶化吉。

20世纪60年代末,金家庄原黎明大队第四生产队和第五生产队有两条去上海运肥的船。回来时,船行至金家庄对岸的三泾港口,天已黝黑,且风急浪高,他们就在湖畔停船过夜。谁知第二天天亮后,淀山湖已冰成了一个大锅盖。船上有几个过几天就要结婚的小伙子,急得直跺脚。忽然,船头前面的冰面裂开了一条冰缝,而且越裂越大、越裂越远,直指金家庄方向。真是天助我也!回家心切的小伙子们便顺着裂缝起锚回家。没想到,船至湖中,忽然西风乍起,湖里爆出淅淅沥沥的响声,这是湖里开冰的先兆。若开冰成势,这两条船定会被拥上来的冰块挤沉,情况十分危急。船上的人们也预感到情况严重,一边取船上能敲冰的工具,敲碎拥挤上来的大冰块,一边向村上发出了呼救的信号。村民听到呼叫,男女老少蜂拥到湖边,刹那间,南港口人山人海。男人们纷纷拿上敲冰工具,登船去营救。妇女老少在岸上向"神龙金凤"呼喊保佑。还真灵,一时间,满湖的冰浪戛然而止,风停了,上下涌动的冰块也平静了,两条运肥船顺利得救了。但时不多久,风又起,开冰又始。一时间,淀山湖里冰随风势,一浪接着一浪蜂拥着冲向岸边,甚至有的大冰块挤到了城隍庙的墙脚边。

在金家庄这块神奇而古老的土地上生活的老百姓一直坚信,真有神灵庇护着他们。千百年来,金家庄村民碰到的惊吓不少,但都有惊无险,总能够化险为夷。这更增强了他们相信神灵的信仰。金家庄的老人总是对人们说,由于金家庄有天帝的女儿和龙太子的庇护,因此"天神不敢造次,地魔不敢近身"。

三、"桃花源"里的故事

金家庄泖泾港的东面有一片名为"蝴蝶嘴"的地方,这里曾是朱氏家族的一个桃园。桃园内有一个神奇的水潭,名"神龙潭",也称"屯龙潭"。古时,潭边上建有一座草堂。据传,朱希周少年时,一直在这草堂内勤奋苦读,而且朱希周成状元,也与"桃花源"有关。

朱希周,原名朱璞。一日,朱希周读书至下午,感觉很疲倦,便闭目养神。他刚合上眼睛,朦胧之际,见有一白衣少年入内,自称是东海龙王的太子。两人相见恨晚,结为"金兰"。然后,随白衣少年来到一座大殿,只见大殿门楼檐角飞翘,雕梁画栋,门额上挂着鎏金匾,匾上书"神龙殿"三字,闪闪发光。

神龙殿前是一片宽阔的广场,殿后面是石牌坊,两旁巍然屹立着百年松林,中间青石板通道伴有神物、神兽,直通神龙殿正殿,三楹飞檐斗拱,庄严雄伟。大殿正中,身披黄龙袍的小白龙戎装坐像,十分威严。

两边粗壮的殿柱上书写一副楹联,上联是"敢为天下风调雨顺",下联是"愿与百姓安居乐业",上方悬挂着"国泰民安"四个遒劲有力的大字。殿后是一座大石牌坊,石牌坊浮雕上刻有一片汪洋大海,蛟龙时隐时现,出没在波涛汹涌之中,甚为壮观。

两人来到殿内,在一案几边坐下。仆人端上香茗,茶过三沏,白衣少年说:"朱兄之名为'璞',字,固然好,未加修饰的天然美玉,隐喻朱兄自然质朴的美德,若将名字改为'希周',日后定会中进士,得状元。"朱希周一阵惊诧,梦醒了。事后,经父母同意,朱璞更名为朱希周。

据《明史·朱希周传》载,朱希周之所以能中状元,是因为明孝宗喜欢他的名字,才擢为第一甲第一名。明孝宗看到有个名叫朱希周的举子入围,认为"朱"乃国姓,而"希周"二字表达了明朝要像周朝一样长治久安,甚为吉利,于是,定朱希周为状元。

四、村庄的"草鞋队"

民国初年,在新文化运动的影响下,金家庄人不仅将青莲寺中的观音菩萨请出,举办新学,还在盛世房北侧,"金庄田"中辟出五亩田,修筑大操场,内设足球场和篮球场。每天清晨或傍晚,喜欢运动的小伙子就活跃在这片操场上。农闲季节,他们甚至没日没夜地练。后来,金家庄成立了"湖光体育会",其下组建了五支足球队,以学堂的教员、开店的商人、回乡的读书人组建"清客班"队,金家庄4个自然圩块的村民分别组成金农、金青、金金、金星4支足球队。平时,由湖光体育会负责请教练指导训练,并在队与队之间开展对抗赛。为了调动兴趣,在"金庄田"的收入中拿出一部分资金,购买奖品,以鼓励优秀球队。在多项鼓励措施下,金家庄的足球运动一时鹊起,技艺高强,远近闻名。

新中国成立前,金家庄人上街(北方人叫赶集)以朱家角为主。金家庄人在朱家角打工、做事、经商、读书、定居的颇多。民国后期,朱家角镇有"朱商""淀南""黑白"三支足球队。他们闻听金家庄足球队如何了得,心里不服,一心想刹刹金家庄足球队的威风,于是便发出邀请,金家庄、朱家角各组织一支球队,单挑比赛。为了确保稳操胜券,朱家角队做了手脚,招兵买马,从上海请来几位高手充实球队。比赛当天,朱家角队穿上崭新又统一的球衣、球鞋,闪亮登场。而金家庄队保持原来本色,无意购买衣鞋,身穿土布衣裤,脚穿草鞋(故名"草鞋队"),以寒酸的形象上场。比赛一开始,也许由于朱家角队轻敌的缘故,被金家庄草鞋队先进一球,顿时赢得了满场掌声。

比赛临近结束时,朱家角队比分还落后一分。金家庄草鞋队犯规,罚球。如果球罚进,则打成平局。朱家角队负责罚球的队员正是从上海请来的射门高手,以"狠、准、猛"为长,在上海滩小有名气。只见他将球放好后,后退几步,然后一个冲刺,飞起一脚,足球如出膛的子弹一样,对准球门左上角飞驰而来。草鞋队守门员徐福生见状,照准飞来的球,双手接球。只因球的来势太猛,他虽把球接住了,但胸膛上也被猛击了一下,连人带球倒在球门之外。整场比赛,两队比分虽然差距不大,但也没有出现得分高低交叉的现象,草鞋队一直稳稳地压住对方,直到比赛结束。

赛后,东道主朱家角足球队在"七家桥杨记"饭店设宴招待金家庄足球队。席间,朱家角队教练总结说:"这场比赛,金家庄队赢在'勇气',朱家角队输在'骄气',特别是守门员徐福生的勇气,实在令我佩服。"徐福生为了金家庄人的荣誉,奋勇接这一球而负伤,竟埋下了他英年早逝的病根。

五、最会"玩水"的人

几百年来,生长在淀山湖畔的金家庄人,开门见水,出门过湖,特别钟情于水。五六岁的男孩,夏季就跟父亲在湖滩浅水中戏水。八九岁时,已三个一伙、五个一群在湖滩浅水中游泳,练就了一身好水性。孩提时,有的甚至在襁褓之中,就跟随父母出入淀山湖,耳濡目染了大人们过淀山湖的种种经历,并加上自己切身的体验,很快地掌握了大人们的真传。

十四五岁的少年就能和父亲一起,半夜里去淀山湖中拉草。几十条船在湖中来回穿梭,那挂满帆的红篷船在淀山湖中航行,向目的地进发。同一方向,红篷船总能把其他船远远地抛在后面。说来也怪,红篷船的起航像事先约好的,差不多同一时间,但回家时就不一样了,因为种的田距离不一样。

金家庄人的田,大多在淀山湖镇西北面,夏季那段时间,大多是东南风,即"顶头老逆风"。金家庄人就靠"盘"戗回家,所谓盘戗,就是不走最近的水路,而是根据风向,在河道中来回穿梭,像走盘山公路一样,其实是绕了远路,但省力。他们识水、识风、识天气,知道怎么走怎么行,才能顺风顺水。

淀山湖观景栈桥

有的船刚进湖,看到别的船已经过了一半的湖,心急了,便拉起满帆,缭脚绳逼紧,奋起直追。船快,浪急,淀山湖水哗哗地溅进来。但船上,除一人掌舵外,另外一人谈笑自若地向外舀水。其实,此时船舷与水平了。一阵大风吹来,船翻了,掌舵之人水上本领了得,走到船背上,鞋袜竟然不湿。这时,周围的船都会围拢来帮忙把船很快翻过来,重新扯篷,再盘戗回家。水面上行得多了,所见风雨都在他们的谈笑间化解了。

最难的是在黄浦江里盘戗。那时,金家庄人经常到上海杨树浦、广兴码头、复兴岛、北京公路等地装咸鱼卤,或到浦东金桥装鸡屎鸭屎,经常在老江和黄浦江里出入。那黄浦江水流急,货船和海上捕鱼的渔船都只能停靠在码头上,小船在江上航行,多有不便。但金家庄人在黄浦江里来去自如,且能在较狭窄的地方,及有很多障碍物的地方盘戗。在黄浦江里盘戗船,风险很大,稍有不慎,就会船毁人亡。金家庄人以熟练的驾船技巧和果断的判断,在黄浦江中也能游弋自如,这些技能堪称一绝。

(一)

金家庄人识水性,对船也情有独钟。出门靠船的金家庄人,船上功夫更是了不得。1946年5月,昆山作为东道主邀请嘉定、太仓两县在昆山东门江进行摇船比赛。昆山县县长自然就想到了金家庄人,经挑选由吴士德、朱志福代表昆山县参加比赛。

比赛那天,刮起了四到六级大风,江面上白浪涛涛。两岸站满了人,锣鼓声、鞭炮声,响彻赛场上空。昆山、太仓、嘉定三条船一并排开,在昆山桐丰油厂的石桥前,每队一船两人,一个人掌橹,一个人扯绑。

比赛开始,发令枪一响,吴士德因从未见过这样的大世面,被这突然的枪声吓了一跳,等他缓过神来,只见其他两条船已经窜出了数十米。这时,吴士德、朱志福两人咬紧牙关,用尽吃奶的力气,使出浑身解数,奋力追赶。他们抢占上风滩,巧妙地利用风浪小的优势,追上了太仓队,赶上了嘉定队,获得了第一名。一轮结束,嘉定队不服气,说昆山的船好使,要换船比赛。在第二轮比赛中,昆山队改用太仓船,最终还是昆山队胜,而且到达终点时间的差距比第一轮还大。此时,嘉定队心服口服。

(二)

金家庄人在干活最艰苦的时候经常叨念的一句话是"狗伸舌头做、鸡缩脚时吃",意思是大热天是农作物生长期,也是田间管理最要紧的时候,再苦再累也要干。冬天,农作物越冬时,是人们的休闲期,是养精蓄锐的好时机。这时农闲大多数人在家休息,时间一长,青年人就耐不住了,特别是吃罢晚饭以后,青年们集中在一起,无事可做。这样,他们想到了船,在船上表演功夫。只要一人提议,其他人就会响应,进行推樯子、抽水关(舵)、跳船舱的运动。

说起樯子,是交通工具之一,是淀山湖中出进的必备之物,人们爱惜它就像步兵战士爱他的枪、骑兵爱他的马一样。比赛开始前,一人先把樯子抛在肩上,然后掉过头来,把樯子头顶在桅夹板中间,上面有桅夹销压住,放下桅杆。一群青年摩拳擦掌,准备一搏。起初是百拾来斤的,一人带头,手掌托住樯子,很轻松地一推就起来了。接着轮流上,都很轻松地推起来了。重量逐步提升,这条船跳到那条船,一直要推到一百六七十斤,甚至还会在樯艄上绑上水橡,以增加重量和难度。这时,能推起来的已为数不多了,能推得起这个重量的人会受到大家的尊重,成为人们茶余饭后的话题。

抽水关(舵)运动,没有像推樯子那样热烈,而且有一点不公平,因为人高的占便宜,人矮的吃亏,同样百拾来斤重的水关,有的难抽,有的好抽。伏紧船尾的向里凹的难抽,直的好抽。但往往越难抽的,金家庄青年人越要去抽,甚至发展到跪着抽水关。跪着抽,这个难度比推樯子还大,因为水关重量要一百多斤,高度与成人差不多,跪着抽要用两种力,一是提力,二是推力,两力用得恰当才能把水关抽出来。在进行这种运动时,人们不用招呼,自然而然地在河两岸站好了。老人、姑娘、孩子们在为他们呐喊助威,此时,也是姑娘们寻找意中人的好时机。

(三)

农历三月三正是阳气上升、阴气消退、杨柳吐蕊、春光明媚、心旷神怡之时,善男信女们要把庙里的老爷请出来,点烛焚香进行祭祀,当天,青年们要进行摇桨船比赛。

三月初二,四村早已准备好桨船,在江河湖中摇了起来。桨船与龙舟不同,龙舟仅供比赛之用,而金家庄的桨船本身就是农船,经常出没在淀山湖,是金家庄人养家糊口的必要农具。比赛的小伙,在春节之前早就看好选择哪家的船作为桨船。桨船选择尖艄船为宜,船身较狭长、轻盈、吃水浅、阻力小,这船就是灵活,速度快。船上共安七把桨,橹前四把,橹后三把。橹前船头上安放一把桨,叫头桨,起平衡、转弯作用。余下的桨相对安放在船舱之中,安排七人扳桨。船艄上,大橹、二橹各两人。船头立撑篙者一人,共十二人一组。这十二人经村里选拔,才能参加。十二人除了气力大之外,还都精通行船技巧。

摇桨船

比赛之前,船还闲置着的时候,看热闹的人只要喜欢都可以试着去摇,从王家角摇到南港潭。南港潭水面较开阔,且水又深,推艄180度大转弯较容易(俗称转船),但王家角水浅,且狭窄,要进行180度的大转弯,就不那么容易了。撑大橹的人必须技术高超,且与摇头桨的人配合默契。当大橹猛力向外推的时候,头桨要猛插下去,紧靠船旁,船头才会很快地转过来。假如遇到障碍,不能及时转过来,那就需要靠立头篙之人稳稳地站在船上,抛出篙子,撑住岸头,使出千斤之力。篙子像一只大弓,硬是把船头转了过来。此时,岸上喝彩声不断。

比赛正式开始,四村四条桨船在城隍庙外一字排开,各船的青年赛手们个个踌躇满志。发令枪一响,四船如离弦之箭,如蛟龙出海,"嘿嘿"的喊声响彻湖面。木桨齐整有力地起水落水,大橹一面把握着方向,一面拼命地摇着,扯绑者把吃奶的力气都用上了拼命地推出去、拉进来,二(小)橹也不示弱,齐心协力往前冲去,各不相让。当第一船在湖中拔下旗帜,往回冲时,赛手们满脸喜气,个个都像凯旋的勇士。村民们站在湖边,屏住气息,目不转睛地看着,一会儿喝彩,一会儿叹息,心随着船动而动,好不热闹。摇桨船,一年举办一次,一般在三月初二到初三举行。

六、村里的女人

淀山湖水的灵性,湖的开阔,历练了金家庄人。水往低处流,居下而不争,顺势而为,能屈能伸;水能滴水穿石,以柔克刚,有无法比拟的韧性,更是象征了金家庄的妇女。

金家庄的妇女农闲时在家纺纱、织布、绣花、缝衣、做鞋、烧饭、整理,忙时随丈夫外出劳动,几乎没有空闲的时候,但她们从无怨言。

小农经济时期,大多数是夫妻档种田,要到一二十里远的地方种田(北头),出

门必过湖,所以船上的重活,男女都能干。摇船、把橹、逆风盘戗、把舵、拿戗板、理缭脚绳等,且他们能看得出风云起色,如果变天,行船要有所变化,都能及时做出调整。金家庄的男人也疼惜家人,重活都自己做,轻活给女人干。但也有一些女人十分能干,她们把自己当男人使,里里外外的活,出手便行。

（一）

金家庄有一个妇女叫何阿婉,她不但干妇女的活,还要干男人的活。金家庄人的衣鞋都是手工做的,她的针线又匀又密又快,手工一流。如果叫她到田间劳动,她一早总是第一个起来烧菜烧饭,把一切收拾妥当。她与别人一起出工,能像男人一样装柴叠稻,而不站在地面上掷柴捆。

男人半夜起来拉草,她也半夜起来,与他们一样,到淀山湖中拉草。拉草,在农活中可算是难度较高的。那船出江,是半夜一两点钟。其他人此时都在梦乡里。何阿婉手托橹子,抛肩上,且稳稳地站在船头的最边缘,任凭浪涛的冲击、船的摇晃,她照样把橹子竖起来。然后扯上篷,船像脱缰的野马,向前驶去。此时,偌大一把铁搭要放入湖中,男人也有点心虚,怕稍一不慎,就会跌入水中,有生命危险。可就是她和男人(丈夫)一起拉草,毫不逊色。到天亮,其他船拉满,他们也拉满了。

（二）

淀湖村有一个叫吕阿三的妇女,样样能干,而且眼疾手快。家里生活杂活、田里苦活重活、船上的捐橹子、扯篷、罱泥、拉草等活,总之,不管重活轻活,她都包了。现代农具还未出现时,把稻谷变成大米的工序也较复杂,先要牵砻(砻:去掉稻壳的器具)。牵砻也有术语,有五子转、七子转,就是两部砻牵要五个人,三部砻牵要七个人。吕阿三家牵砻一般是两部砻五个人。她为了好好招待相帮的人,又想节省人工,预先算好时间,花时间的菜隔夜烧好,时间短的菜当日烧。做饭的时间是挤出来的,所以她在水沸腾后,就不再添柴了,余火把饭煨熟。如此,她烧的饭,大家都说不好吃。

牵砻的工序最难的是大筛筛米,据说会使大筛的男人人数也不多。大筛筛米,通过筛,把谷米混合中的谷去掉。第一次牵出来的谷米叫头糙,通过筛后剩下的谷回砻叫二糙,再回砻叫三糙,三糙后就可舂米了。筛米是个技术活儿,力大了不行,力小了也不行,要恰到好处。头糙、二糙因为米里谷较多,好筛一些,三糙筛米就难了,百分之九十多已是米,较滑,很难筛好。作为口粮,米里不能有谷粒,要适当地拉扯大筛子,把谷粒揉成一个小团,然后把筛子一抖,把谷粒抛出来,而不是用手撸。这是一项既花力气、又有技术的活,女人很少干,但吕阿三家,就是她筛米。

（三）

20 世纪 70 年代,胜利三队的全体劳动力做耘耥,坐在红篷船上,回家时天气突变,刚出半桥江,船的东北方向出现一条"龙",旋转着向船的方向过来,龙尾迅速变细。顷刻,人们只见船艄后面一股白花花的水柱往上伸,水面急速下降。船将离开水面,即将失控。舵手高喊不好！话音尚未落地,坐在橹边的女人周火珍立即站起,使劲将橹插入水中,控制住船的航行方向,驶离了着旋风区域。回家后人们都说:周火珍功底深,救了一船的人。

七、"四清"轶事

社会主义教育运动,也叫"四清"运动,其中一项工作重点是抓政治思想教育,通过组织男女老少学习,用毛泽东思想武装头脑,做好人好事,拾金不昧、关心他人蔚然成风。如果某一家社员在生活上或生产上碰到困难,人们都会自觉地,且偷偷地去帮助他。做了好事,从不留名。对方得了好处,却找不到帮他的人。

当时的人们思想都很单纯,社会风气非常好。在生产劳动中,大家都争着、抢着干重活、脏活、累活。干活时,都铁了心的出力,根本没人会想到要耍滑偷懒。在四秋大忙中,一天繁重的劳动过后,人们已经非常疲劳了,但那些积极分子等别人熟睡以后,轻轻地穿好衣服,蹑手蹑脚地走出大草棚(那时条件有限往大地铺),往田里走去。有的到别的队里割稻或捆稻,有的在自家队里割稻或捆稻。待第二天早上,人们准备去捆稻时,才看到一大片稻铺已变成了一捆捆稻,人们明白又有好多人干好事了。

八、种田万万年

在金家庄,朱家是大户。朱家人熟读四书五经,并开馆授徒,教化金家庄人。金家庄人受儒家思想的影响,一直认为种田是入流的,是上等的,所以虽然淀山湖就在身边,鱼仓近在咫尺,且白天下湖捕鱼,晚上回到岛上休息,也方便,可金家庄人就是不捕鱼,甚至原来捕鱼的人也改行种田,宁可摇 20 多里去北头种田,真是舍近求远。如果家有良田,却不好好种田,搞这搞那,那大家就会笑话他,说他不

入流胚。中华人民共和国成立前,人们还经常叨念着这样一句话:"种田人穷来铁搭撑,做生意人穷来一脑浆,种田万万年。"这大概就是金家庄人宁可舍近求远种田不捕鱼的原因吧。

关于种田,还有一个传说。话说乾隆皇帝下江南,行至大江边,周边无桥不能过江。见江对面一个渔民在理网,他就喊摆渡。那时渔民的网正好理到一半,不能放手,渔民就回答他道:"等我网理好后再来摆你。"乾隆皇帝不好发作,只能呆呆地等着,渔民理好网后,把乾隆皇帝摆到了对江。乾隆皇帝上岸后说:"鱼眼乌子不眨,捉鱼人不发。"所以那捉鱼人的生活穷苦。

九、金家庄人的秉性

仁爱、包容是金家庄人的个性之一。金家庄,在历史上虽然也有穷人富人之分,但再穷的人家,也不会穷到外出讨饭,或饿死街头。金家庄的居民大多是种田人,他们的生计靠种田,而种田最讲究的是季节,适时播种是种田的重要环节。但往往因天灾人祸等特殊原因,有的农户到了播种、收获等时节,缺乏劳力,因为要错过时节而急得跳脚。这时候,亲眷乡邻都会主动上门相帮,确保按时播种,适时收获,具有极强的互助精神。金家庄有句俗语:"种田勿种夏至秧,夏至无人帮,亲眷乡邻全死光。"此话虽然粗俗了一些,但也体现了金家庄人品行的一面。水稻插秧,农历夏至是关节点,夏至前不插好秧,那么秋熟收成基本无望。牛、船、车(水车、风车或踏水牵小车)是历史上金家庄种田人的三大农具。然而这三大件并不是每家种田户都有的。一般农户,只有一件或两件,有的甚至一件也没有。这样,在金家庄农户中就出现了"合种田"和"巢种田"两种形式。所谓"合种田"就是大件不全的农户合起来,组成一个单元,互相配合使用。"巢种田"就是只有田,而没有大件农具的农户,他们合并到有牛、船、车的农户家。最为可贵的是,在这种以亲情为纽带的自发组织里开展互助合作却绝没有任何附带条件。另外,金家庄还专门设有几十亩"金庄田",即庄上集体财产,并成立董事会,负责管理。"金庄田"的收入在正常情况下,专供庄上修桥铺路、办学等公益事业,遇到有特殊情况,也可用于救济穷人之用。这种"金庄田",充分发挥了公共事业和济贫助困的作用。

金家庄人的亲和力还表现在一家有难百家帮。结婚、举丧、造屋,人生三大事。金家庄人除了吃喜酒要东家请外,举丧、造屋的相帮,人们不请自到。如果举丧人家办丧事有困难,亲眷乡邻都会帮助,缺啥,送啥。造房子相帮,一直帮到东家"屋面断水"。经济不富裕的年代,某家添了丁,亲戚朋友就买了红糖、布料等物

第七章 村落文化

资,及时送过去,一则表示祝贺,二为给予实质性的帮助。喝喜酒时,大部分人拿着米去,以防东家粮食不够。

金家庄是一个拥有几百户人家的大庄,不小心失火的事也时常发生。一时发生火灾,不管是酷热的白天还是严冬的深夜,只要火警响起,全村人都会拿起救火的器具,从四面八方奔赴现场,根据各自的特长,全力扑救,直至扑灭为止。

金家庄的农船,一般时隔一两年都要上岸整修。除去船底的青苔,挖出水门里局部腐烂的木头,盘过有损的油灰线条。拔般和翻船,一般都在傍晚时分,东家只要沿街走上一个来回,口喊:"拔船了!""翻船了!"男人们都会自觉来到现场,哪怕是刚端上饭碗开始吃饭的,都会立即放下碗筷,过去帮忙。

淀山湖的湖面宽广,天有不测风云,雷雨、台风时有发生,湖中容易出现沉船、翻船事故。每当遇到恶劣天气,看守人会在湖滩边巡视,如发现湖中发生事故,不管是谁,他都会敲锣或脚炉盖(如哪家灰棚或房子失火敲洋皮畚箕)。当人们听到这种声响,男人立即摇船出去相救。

20世纪80年代,胜利村有一家农户到陈墓去,将买来的造房用的木材花旗松锯成木板。买的时候,追求质量,专挑沉入水中的圆材。船头额角有些破损的8吨水泥船装了7吨木材,锯好板回金家庄时,突发大风,在无法掉头的情况下,只能顶着风浪朝东南方向行去。金家庄村内三人开了一条挂机船,绕到锯板船附近,进行护航,想挡住锯板船前面的风浪。两船的航速很难控制,一不协调,锯板船遇到风浪,船头开始下沉。当锯板船上的舵手跑到船头时,一半船头已经沉入水中。人全部被救起,而船却沉入湖底。不明情况的金家庄人又开出三条挂机船,出去营救。后去的船手知道人安全了,就帮着打捞浮在水面上的木材。

第二天,又开了两条挂机船。人们用挂重物的秧绳在湖中牵,找到沉船后,打捞人用溜头绳套住沉船的头和艄,两船平行,中间留一只沉船的宽度。平行的两条船组成一体,中间搁一根粗圆木,挂上神仙葫芦和溜头绳,慢慢地往上吊,当沉船离开湖底,打捞船就往岸边开;当沉船再次碰到湖底时,再将沉船往上吊,因淀山湖的湖底硬,具有一定坡度,所以不断重复着吊与开,最后将沉船拖出水面。结果沉船完好无损,建材也没有丢失。

一方有难,八方相助。顾元贞一人在北头看瓜。一天,刮起阵风,电闪雷鸣,大雨倾盆而下,在田间拔草的吴群龙到瓜棚内躲雨。顾元贞睡在床上,吴群龙坐在铺口上打盹。突然,吴群龙看见一个火球滚进瓜棚,绕着铺的北边而去。吴群龙一看睡在铺上的顾元贞脸色不对,他立即呼救。金家庄人种的田比较集中,听到呼声,周围的人急忙过来,把顾元贞抬去医院。有的人买了香烛、猪头到出事地

点祭祀,求神保佑。由于抢救及时,顾元贞有惊无险。

金家庄就像一个大家庭。大事不马虎,小事不计较。20世纪50~60年代,在昆山一中、省中读书的金家庄人较多。当年,交通十分不便,每学期开学或放假的时候,家长会摇船到昆山来接送。两位家长开船,金家庄的孩子就一起坐这船来回,似一家人一般。

金家庄离朱家角、杨湘泾都是12里路,金家庄人外出购物就要到朱家角或杨湘泾。20世纪70年代,交通不便,只好用船。金家庄一般只开一两条船,其余的人就乘船。当返回金家庄时,若有人还在办事,未回船上,那一船的人就会等着,直到那人回船,才开船。船上的人等了很久,也无怨言。

十、第一大力士何强耀

祖辈们茶余饭后谈到某某力气大小时,就会联想到何强耀。

何强耀不仅力气大,水上船上功夫也十分了得。不知什么原因,他得罪了官府。官府得知他在虬泽,便去捉他,他飞速跳到船上,拿篙子撑船,船如离弦之箭往金家庄方向驶去(那时金家庄和虬泽的距离是三里)。据说,他一共撑了十八篙,就到了金家庄的西南嘴。官兵们在后紧追,何强耀眼看跑不掉了,急中生智,就把樯子搁在肩上,那时西南嘴上正好有好多人在浇水浇粪,何强耀就叫他们把粪桶套在樯子上。刚套好,官兵就追到了。官兵们傻了眼,这人力气好大呀。他们问:何强耀在哪里?何强耀就说:"他是我哥。"官兵一看何强耀的弟弟力气这么大,那他哥哥更了得,算了吧,不捉了,回去吧。何强耀躲过了一劫。后来只要小伙子在船上干净利落地撑篙,人们就会脱口而出"何强耀撑篙,一撑撑了十八篙"。

有一次,何强耀真的被官兵捉住了,那时吃官司要自带被子,何强耀把一块大青石裹在被子里。到了官船边,何强耀要官兵接他的被子,官兵不愿意接,叫他抛下来。何强耀说:"那么我抛下来了。"就这样,他把被子一抛,船底立刻砸出了一个大窟窿。官兵们又气又恼,只得换船。

一到船上,他们把何强耀五花大绑绑起来。船到半路,何强耀说:"难受,能不能松一松?"可官兵不愿意,他又要求说:"那么,我伸个懒腰可以吗?"官兵们想,让他伸个懒腰有什么稀奇,就让他伸吧。谁知,何强耀懒腰一伸,绑在身上的绳子毕毕剥剥地断了;脚一伸,前梁脚、后梁脚及船板都碎裂了。船眼看就要沉下去了,官兵一看这人力气大得出奇,都说:算了算了。就这样把他放了。

十一、抗日轶事

抗日战争时期,日本人侵略中国,杨湘泾也有日本人入驻,金家庄村自发组织了自卫团,保家卫村。平时,日寇开着啪啪船(小马力的动力机船)到处耀武扬威,奸淫烧杀,无恶不作。

某天,日寇乘船从北巷江出来,朝金家庄北港口方向驶来。时任乡长的顾定尖一声令下,进行阻击。自卫团飞快地从北面的破窑中拖出枪支、弹药等武器。何家祥手提机抢,迅速攀上了村北的古银杏,在银杏树上架起了机枪。其他成员或钻在葱绿的芦苇丛中,或伏在湖滩的堤坝下,各自找地方隐蔽,准备决一死战。

日寇的船只航行到外潭嘴北面,已经离北港口不远了。但不知什么原因,日本船突然停了下来,最后扳艄往虬泽方向去了。可能是日寇察觉到危险,或者是他们接到上司的命令让他们改变方向。

不久,日寇在金家庄驻扎了两个小队的日本兵。时间一长,他们大约知道金家庄有自卫团,但不清楚金家庄有多少枪支弹药。日寇想破坏自卫团。某一天,他们把金家庄的强壮男人全部押到南学堂(金家庄小学),并在大门口架起了机枪,要他们交出武器弹药。

其中,有几个日寇叫人搬砖,说是要用砖头砌什么墙壁,而武器弹药就藏在北港口的破窑里。如果日寇真的到窑洞里去搬砖的话,那武器弹药也就暴露了。在这万分紧急的情况下,金家庄人的聪明才智显现出来。他们一方面与敌人巧周旋,拖延时间,另一方面派出胆识过人的年轻人偷偷潜入窑洞,在敌人眼皮底下把武器弹药转移了。日寇在金家庄搜不到什么,就抢了些东西走了。

1945年4月15日,盘踞在杨湘泾的日寇以伪军为先导,向新四军淞沪支队黄山部队临时驻地西南巷村进犯。新四军在指导员顾志清、队长徐永坚、副队长冯祥生带领下,组织全队30余名战士,进行了顽强的阻击和突围战斗,使绝大部分战士得以安全转移。副队长冯祥生在这次阻击战中光荣牺牲,同时牺牲的还有六位不知名的英雄。

西南巷战斗惊动了金家庄全村群众,特别是一批热血青年。其中何家祥、郁林生、盛仲林等人自发组织战地救护队奔赴泖泾江畔,投入救护伤员的战斗。他们冒着被日寇子弹打中的危险,奋不顾身驮伤员,向金家庄村西南的小独圩方向撤退,把伤员藏在老百姓家中,并进行紧急救治。为了防止日寇搜村,他们连夜摸黑横渡淀山湖,把新四军伤员安全送达新四军驻地虬泽毛柴泾村。

第二天,日寇到复月村、金家庄村进行搜查;并把村民集中起来,让他们交出

伤员,但村民没有一个人讲出伤员的下落。日寇折腾了几天后,最终无功而返。

十二、误入歧途的留法学子顾越奎

顾氏家族重视知识,注重子女的教育。顾氏三房里的顾越奎从小就被送到朱家角镇读书,继而留洋法国。在留洋期间,他见识了国外的先进技术,深感国内的落后与贫穷。他发愤苦读,懂得多国语言,尤其精通法语。他回国后,正是国内动荡时期。

1905年,中国杰出的工程师詹天佑负责设计和修建京张铁路,这是一条完全由中国自己筹资、勘测、设计、施工建造的铁路,全长200多公里。铁路于1909年8月11日建成,施工时间比原定缩短了两年,而且建造成本比原来预算(700万两白银)节省了200万两白银,这是中国铁路建设史上的一次飞跃。在京张铁路即将修成之际,为了能顺利通车,清政府委派顾越奎联系法国相关部门,向他们购买了中国第一个火车头。10月2日,京张铁路顺利通车。这在当时是挫败外国侵略者的一大壮举,也激发了国人的士气。第一次世界大战结束,中国作为战胜国之一,参加了巴黎和会,中国政府代表请顾越奎任翻译。

京张铁路建成后,清政府要他在法国买8个火车头,他只买了3个火车头,其余之钱是被骗掉,还是入了他腰包,无法说清。清政府大怒,把他召回,削职为民,回金家庄。之后,上海法租界又聘请他去当法语翻译。可惜他吸上了毒,毒瘾难耐,最后被开除,重回金家庄。第二次回来后,便落魄得一发不可收拾。他为筹毒资,能卖能当的室内东西一扫而空。最后,他把自己的法式洋房都卖了,只身一人住在坟堂屋里。白天,他还要顾及读书人的面子,晚上饿极了,就到人家地里挖山芋,采摘一些瓜之类的东西。最后穷困潦倒,死在坟堂屋里。

十三、金兰潭的故事

金家庄虽然面积不大,但位于江浙沪三地交界处,水路与外界相连,交通方便,金家庄成了外来人汇聚的村庄,因此,金家庄村聚集了一批文人雅士,也为其增加了一些故事。

金家庄北港口的"绿色灯塔"古银杏北侧200米处,距案池石坟滩百十米左右的湖中,长年累月会发出"咕噜咕噜"的声音,并不停息地冒出一个个水泡。这里的水冬如温泉,夏似凉茶,金家庄人称此为"金兰潭"。

金兰潭水,在淀山湖镇民间传为包治百病的仙水。相传,淀山湖中有一座山,叫北干山。有一日山王听报,得知有一老妪在山脚下撒尿。他听了非常气愤,说老妪坏了自己的风水,便用神力将北干山从湖中迁走。山王发力将山搬走后,湖中有一处冒着一朵朵白花花的水,闪闪发光,水花散发开去。少顷,湖水趋于平静,水花不再冒出光亮来了。有些好奇的人便摇船过去看看,但也看不出什么名堂。他们舀了些水喝,只觉得潭水清甜可口。喝后,顿觉神清气爽。之后,这里的潭水被郎中用于给病人治病,而且水到病除。原来,山王错怪了这个撒尿的老妪,她是圣母娘娘派来点圣水的仙女。以后,周围的老百姓有头痛、肚痛、伤风咳嗽等小病,总是喝些金兰潭水。喝后,没几天,这些疾病就消失了。

在炎热的夏天,农民外出做耘稻,早上用金兰潭的水泡上一茶壶的茶水。收工回来,茶水非但不会馊掉,喝下去反而感到十分清凉,疲劳顿消。

金家庄人,不管是大户人家,还是小门小户,都要到金兰潭去挑水,存于水缸,用来烧饭、炒菜、煮茶,这种习惯一直沿袭至今。

第二节 农村文化

金家庄有着深厚的历史文化底蕴,朱家后裔朱文、朱瑄先后兴建了文昌阁与晚翠轩。与村中贤人志士为伴,结识文人墨客,吟诗作对,挥毫泼墨。他们衣冠整洁,步履气宇轩昂,谈吐文明,为人谦逊,影响着周边的村民。历史上,这里就有着看"社戏"和喊山歌的传统,劳作之余,男女老少都能哼上一段申曲(沪剧)、锡剧或京剧。新中国成立前,就有看戏、演戏、说戏的生活习惯。每年金家庄村农历三月三、七月半庙会,是村民们看戏、演戏、说戏的好时间,如顾乾英一大家几乎人人会唱京剧,好多人会拉京胡。

新中国成立后,群众文艺活动更为活跃,在土地改革及合作化时期,群众学唱革命歌曲,学唱新戏,配合土改工作队进行宣传演出,收到较好的社会效果。之后,4个大队的文艺骨干合并成立了文艺宣传队。1964年,文艺宣传队解散。1966年,4个大队各自成立文艺宣传队,能演出样板戏。戏曲文化凝聚着淳朴、和善的乡风民风。

一、群众文艺

新中国成立前,金家庄村的文艺活动较为活跃,有元宵灯会、迎神比赛中的摇桨船(三月三庙会)、舞龙灯、摇荡湖船、打连厢等民间传统文艺活动。特别是农历三月初三或七月十五举行庙会,盛况空前。人们从上海请来戏班子,搭台唱戏。在这种氛围的熏陶下,顾乾贤、顾乾行的大家庭几乎人人会唱京剧,会拉二胡,一出手就是一个戏班子。

新中国成立初期,青年积极分子在"解放区的天是明朗的天,解放区的人民好喜欢……"的歌声中,学扭秧歌,学打腰鼓,高唱革命歌曲,配合土改工作,收到较好的社会效果。文艺宣传队的人员有吴士德、盛全林、周勤生、周善林、陈取凤、盛美娟、朱美英、吕元龙、顾新英、蒋士生、朱祥福、顾泉英、蒯金仙、徐金凤等。他们有的只读过一两年书,有的还不识字,虽然他们文化底子薄,但喜欢文艺,靠着对文艺的热爱及聪明的智慧,硬是把台词唱词记住了。他们白天生产,晚上排练,配合村干部宣传党的政策,同时演出一些锡剧、沪剧小戏,如《双推磨》《庵堂相会》《借黄糠》等,一直坚持到1958年。

1959~1961年,金家庄人顽强拼搏,努力生产,战胜了自然灾害。1963年,生活开始好转,但文化生活相当匮乏。

回乡知识青年盛福元筹建了金家庄文艺俱乐部,参加者大多是回乡知识青年及中华人民共和国成立初参加文艺演出的爱好者。具体人员如下:金湖大队有吕美珍、吴雪英、赵影美、朱家俊等;光明大队有周火根、蒋美琴、吴福林、徐金龙、周善林、周楚英;胜利大队有周勤生、吴祥文、顾美新、盛福元、顾全英、吴景芳、顾庆范等;黎明大队有顾卫丁、赵国光、吕美凤、朱鸣琴等。

他们结合当时的形势排演节目,如《白毛女》《沙家浜》选段,较长且完整的剧目有《红军的女儿》《小气姑娘》。其中,《小气姑娘》曾参加公社文艺会演,并得好评。同时,还排练当年较为流行的革命歌曲,如《红梅赞》《洪湖水浪打浪》《谁不说俺家乡好》《唱支山歌给党听》《李双双》《十送红军》等。经过两年的排练演出,4个大队培养了不少文艺骨干,为日后各自成立文艺宣传队打下了坚实的基础。一直延续到1964年"四清"运动时才解散。

1966~1970年,金家庄文工团解散,4个大队分别成立了"毛泽东思想文艺宣传队"。金湖大队宣传队队长吴雪英,队员有朱文元、朱文玉、俞五囡、顾林根、朱雪华、赵影美、邵光荣、顾玲珍等。光明大队宣传队队长郁福龙,队员有吴福林、蒋阿妹、蔡根元、邵毛元、邵光其、郁姐玉、沈静芳等。胜利大队宣传队队长周勤生,队员有吴祥文、吴美芳、吴景芳、顾国芳、顾美新、顾取英、徐进元等。黎明大队宣传队队长朱瑞荣,队员有赵国光、吴云清、顾志浒、顾志峰、顾卫丁、顾阿小、吴维英、莫彩珍等。他们晚上排练,节假日演出。演出的节目主要是沪剧或锡剧样板戏《沙家浜》《红灯记》及部分革命歌曲。当年,《看看拉萨新面貌》这一歌曲最为流行。

金家庄人爱看戏是出了名的,他们不仅爱看戏,自己也喜欢唱戏。1992年,吕元龙退休后,任金家庄村老人协会理事。那时候,村里经常邀请上海、青浦等演出队来村演戏。在大礼堂内,搭个简易的舞台,就能进行表演。想看戏,要买票,一人一元,后来涨到两元。部分老人受经济的限制,无法场场去看戏,因此,自己觉得非常遗憾。为此,吕元龙寻求私人老板赞助,让他们帮村民购买一百张票。直到吕元龙遇到黎明大队的吴云清,吴提出建议:可以购买VCD、碟片,这样就不需要再花钱买票了。

有一次,吕元龙搭陆炳贤的车去镇上。陆炳贤,时任淀山湖镇农村信用社主任。吕元龙把自己的想法告诉了陆炳贤,金家庄想建一个电视剧场,信用社能不能赞助两千元钱。陆主任一口答应,但说明经费审批需要两个月。吕元龙决定先去借钱买机器。在老街修理店店主徐惠岐的帮助下,买来了电视机、VCD和戏曲的碟片。刚开始有一些老干部持不同意见,运行了几次,发现很受老百姓欢迎。于是,村里让朱卫海专门负责播放。

2002年春天,关王庙有个戏曲队来金家庄演出。他们一班人,除了演员外,乐器只有两架胡琴。他们虽然在金家庄只唱了两天,但听戏的人非常多。200人的礼堂容不下了更多的人,有的人就站在窗口看。

看到这样的情景,吕元龙、庄俊生找到村书记庄建红,把想成立剧团的想法告诉了庄书记。庄书记答应了,但因村里经济困难,没有多余的钱给剧团。于是,吕元龙外出找赞助,朱善彪两千,任以若一千。把钱凑好后,吕元龙几人到苏州把乐器买了回来。之后,在企业老板朱小明、朱善彪、朱桂荣三人的赞助下,购买了字幕机,方便金家庄村人看戏。

2002年3月16日,金家庄村成立了"金家庄业余演出队",负责人吕元龙、朱文元,队员任以若、朱瑞荣、顾林根、蔡林珍、顾清秀、顾丽萍、顾彩萍、朱美珍、朱红菊、沈爱华、蔡根元、吕华峰、赵国平、吕华东、沈小妹、顾巧英等。在节假日演出,剧种以沪剧、锡剧为主,演出了《双推磨》《庵堂相会》等老戏,也有自编自演

沪剧《顾朱能阎》剧照

的,反映农村风俗的小戏,如大型锡剧《顾朱能闯》,小戏《菜单》《乡情》《棋逢对手》《存单风波》等。其中,《剪枝》在2010年淀山湖镇村级团队小戏会演中获一等奖,《种田山歌》在2011年的会演中获一等奖,《存单风波》在淀山湖镇2013年会演中获二等奖。

演出队最初在度城村、复兴村、红星村、永新村、杨湘村等周边几个村进行演出,随着演出阵容的强大,演出影响的扩大,还到朱家角镇张家库等几个村进行表演。

金家庄业余演出队是淀山湖镇第一个成立的村级演出团队,自成立以来,共演出了400场左右,受到老百姓的一致好评。在金家庄村业余演出队的影响下,度城村、复兴村、红星村、永新村、杨湘村也相继成立了业余演出队。为了互相学习,取长补短,淀山湖镇每年要举行一次业余演出队会演,这成了淀山湖镇戏曲文化的常态,也为淀山湖镇创建"戏曲之乡"打下了坚实的基础。

二、金家庄小报

1934年春,时任上海市警察局副局长的金家庄人朱云龙的母亲在家病故。朱云龙、朱仁慰兄弟两人把母亲的棺木运回金家庄。丧事期间,兄弟俩与顾书麟、顾光球、顾志川、顾天生等人聚在一起,相互说起了各自的事业,都感慨自己不能及时了解当前的市场信息,错过了许多良机。随着商讨的深入,他们达成了一致意见,成立"旅沪同乡会"。

所谓"旅沪同乡会",是指由在沪的金家庄人士组成的一个互相帮助、交流商业信息的组织。他们中有政界的、军界的、社会团体等的社会名流,也有混迹江湖的各色人等。同乡会定期组织活动,互通信息,并根据各家的需求,及时协调资金、物资、人事、运输物流。"旅沪同乡会"的成立,使金家庄人产生一股凝聚力,他们通过信息交流、共同生存、扩大业务,在上海的商业贸易分别得到了发展。

旅沪同乡会成立一年后,为了更好地互通信息,在同乡会的资助下,办起了《湖光周报》。"八一三"淞沪抗战后,银行家朱友方,教育界顾书麟、顾光球、顾志川、顾天生还参与了报纸的运作。上海成为孤岛后,《湖光周报》也结束了发行。《湖光周报》每周出一期,由朱家角印刷厂承印,8K版面,主要报道商业信息及发生在金家庄的一些琐事。

1966~1986年期间,金家庄4个大队各自创办了《战地快报》,每周一期,油印,8开版面,报道内容为各生产队的生产进度,好人好事。《战地快报》由大队进行生产检查时,定期送货的豆腐船来发送报纸。具体经办人有金湖大队朱文元、光明大队郁福龙、胜利大队盛裕根、黎明大队朱瑞荣。他们平时注意收集来自生产队会计送来的稿子,晚上刻蜡纸油印,农忙结束停办。

2006年,为满足农民学习农业科技知识的需要,金家庄村创办了一个图书馆,内有图书1 500册,报纸13份,每周开放4天。为满足老年人文娱生活的需要,1999年金家庄村开设了电视录像室,在周一至周五的下午开放,供老年人观看。

第三节　诗文淀山湖

千百年来,淀山湖作为重要的水上交通要道,常有文人墨客经此路过。湖光波影,碧水连天,令其沉醉其间,流连于此。他们的诗性与才情,被悠悠淀湖所激发,写下了多篇歌咏淀山湖的诗文。自宋以来,卫泾、袁华、吴文英、谢应芳、吕诚、杨维桢、夏原吉、归有光、乾隆皇帝、王士禛、朱彝尊等人相继吟诵过淀山湖。一切景语皆情语,在文人笔下,淀山湖呈现了不同的景观,传达了不一样的诗意情怀。诗人用托物言志的方式,表达自己的身世之感、故园之思、家国之恋。这些凝练而有韵致的文字,记录了当时文人的才情与心绪,也为读者展示了当时淀山湖的风致。

宋代华亭人卫宗武,对淀湖和家乡充满眷恋,在他的《清明行役过淀湖至吴》中有句云:"涉柳正清明,淀湖波更平。雉媒空古迹,鹤唳动乡情。"因淀湖唤起乡情的,还有生长在淀湖畔的明代松江人管时敏,他对滋养其生命的淀湖充满感情:"我家住在淀湖东,风景依稀似画中。白首曳裾归未得,鸥波千顷属渔翁。"诗

淀山湖风光(一)

行中洋溢着自豪感,也有不得归家的乡愁。明末清初太仓人吴伟业,在《茸城行》和《暑夜舟过溪桥示顾伊人》中也表达了对淀湖风物和家乡深沉的爱。有诗云:"黄淀湖雨过,莼丝绿百年。""谁家更吹笛,归思淀湖东。"

清代文人,浙江嘉兴人朱彝尊,也写了多首与淀山湖有关的诗,在这些诗行里,诗人注入了浓郁的思乡之情。如这首《送陈鈜之青浦》:

忆同九日登高宴，益信陈琳最善文。
易水自来长送客，词人且免学从军。
帆飞薛淀连乡树，鹤下华亭划海云。
吾老思归犹未得，天涯岁月总离群。

重阳节登高，诗人发出许多感慨，最让人产生共鸣的，是他的思乡之情。"帆飞薛淀连乡树，鹤下华亭划海云。"从这两句诗的内容来看，薛淀湖介于松江与秀水（嘉兴）之间，诗人登高所见，有风帆，有连接着家乡的远树，有从华亭飞过的鹤。无论是帆船、飞鹤，抑或是从诗人家乡秀水连绵生长过来的树，都让年迈的朱彝尊产生了浓郁的离愁。再如他的诗作《鲁太守超席上赋》，有句云："归路亭皋飞木叶，放船薛淀冷湖云。十年梦寐西堂烛，今日题襟得共君。"以萧萧落木、寒冷湖水抒发浓烈的乡愁。

南宋昆山人卫泾的诗作《游淀山湖》，有句云："疏星残月尚朦胧，闲入烟波一棹风。始觉舟移杨柳岸，直疑身到水晶宫。"传达了夜行淀山湖的诗意生命体验。卫泾用了柳永《雨霖铃》一词中"杨柳岸""晓风""残月"的意象，融入诗中，浑然天成，恰到好处地描绘了夜晚淀山湖的朦胧清幽、空阔辽远。元代诗人黄溍

淀山湖风光（二）

对淀湖风物情有独钟，作诗云："移舟夜泊华亭县，却听吴歌思渺然。最忆淀山湖北寺，白云堆里看青天。"

同样是夜泊淀山湖，清代诗人范缵的感受与卫泾、黄溍迥异，其诗如："雨暗四天低，湖边山影迷。惊寒孤雁起，愁湿怪禽啼。鬼火明空庙，悲风撼断堤。那知栖息处，到晓不闻鸡。"何等凄风苦雨，自是离人愁情。同样有着愁苦情怀的，还有元末明初诗人邵亨贞。当邵亨贞有闲情雅致时，他笔下的淀湖充满禅意和诗意，"三千世界非尘境，九十春光半雨天。准拟前村寒食后，移尊共买淀湖船。"洪武初年（1368年），邵亨贞的儿子邵颖为馆人所连累，得罪入狱，友朋都建议他去朝廷申冤，为其儿昭雪。于是，年迈的邵亨贞冒着风雪酷寒前往金陵，途经淀山湖，作诗《淀湖》。因心怀愁绪，淀湖在他眼中成了萧条的所在："兵余聚落废，草木荡不存。""向来经行处，恍惚不可论。""岂知衰暮景，值此天地昏。"

当然，吟诵淀山湖的诗大多是轻松明快的调子，给读者展现了优美的淀湖风

光,以及诗人内心的畅快或赞美之情。在这些诗行里,用得最多的意象是湖水、云天、鸥鸟,以及九峰三泖等,传达人与自然和谐共处的生态环境。如元代诗人郑洪有诗云:"淀山湖头鸥鸟飞,谢家泖口鳜鱼肥。菱花正熟胡儿米,荷叶新裁楚客衣。"描摹了一派山清水秀的江南风光,以及鱼米之乡的富足生活,也能感受诗人对这片泽国的热爱。元代僧人善行在《送瞿慧夫上青龙镇学馆》中有句云:"淀山春树檐前绿,谷水秋风帐底寒。善舞不须愁地褊,才名行且属儒冠。"于明媚的淀湖春景和萧瑟的谷水秋色间,抒发为人处世的智慧。

明代文人董纪写有《过淀湖》:

舟前白鹤孤,相引过平湖。
时景莺花月,烟村水墨图。
朦胧山似有,浩荡地如无。
天与东风便,帆开十幅蒲。

借着东风,小舟快速地行进在浩荡的水面上,白鹤在前引路,远村隐没在烟云中,似一幅水墨图画,淀山或隐或现,朦朦胧胧……诗人将过淀湖的轻快洒脱,以多种江南水乡的典型意象表达出来。

明代昆山诗人龚诩在《归自云间,道经淀山湖,与竹庄同赋》中这样赞叹淀山湖:"淀山水深清到底,俯视鱼虾游镜里。"他与好友知己泛舟湖上,乘着酒兴抒怀:"船中有酒有知己,不醉忍使湖山羞。"诗人感叹:"未知何年复到此,重与湖山酬一杯。"明代诗人屠隆在《泛淀山湖》中有诗句:"扁舟凌紫氛,潇洒绝人

淀山湖风帆

群。浦暗遥吞树,湖空不碍云。"写出了湖面的空阔、旅行的畅快与无拘无束。明代郭谏臣在《淀山湖中》云:"晓起进兰桡,东行水国饶。湖连天共远,日出雾全消。独鹤凌风举,群鸥逐浪飘。柳村看渐远,青幔映河桥。"这首充满动感和韵律的五律,色彩明丽,意象丰富,将淀山湖的自然生态与水乡情调勾勒出来。明代顾清在《送沈惟馨赴举和陈刚中韵》云:"送子涉淀湖,画桨摇清波。"虽是送别之作,情怀却是轻快畅达的。明末清初学者彭孙贻有诗《淀山湖》:"洞庭山下去,白浪接天流。烟波十万顷,少个打渔舟。"写出了淀山湖浩浩汤汤的气势。清代诗人毛奇龄的朋友迷恋淀湖景色,久久流连,不忍离去,所以,毛奇龄在诗《寄京兆杜二游云间

二首》(其一)中有这样的诗句:"长日榴花归去晚,寻君只在淀湖头。"

不是所有写淀湖的诗词都很婉约,也有豪放之作,如元代许恕的《淀山湖阻风》:

湖之水,不可渡。短棹夷犹日已暮,沧浪浩渺阻修路。雪云满天风满湖,湖边买酒祭龙姑。美人可望不可即,谁写山阴兴尽图。

还有元代吕诚的《登淀山寺》:

> 一上湖南淀山寺,寺门高开秋树颠。
> 下界云烟惟一气,八方楼阁驻诸天。
> 无风灵籁时生壑,深夜神龙或起渊。
> 我独题诗此临眺,寥寥宇宙几千年。

再如明代夏原吉的《泛淀山湖》:

> 寒光万顷拍天浮,震泽分来气势优。
> 寄语蜿蜒波底物,如今还肯买舟不?

以上这几首诗,特别具有气势。无论是宏阔的画面构图,还是粗放的诗歌意象,还有动感的诗歌韵律,都跳出了婉约的路子,显得朴素大气。而诗歌所赋予的人生追问、哲学思考和情怀表达都与众不同,引人深思。

有几位文人,写下了多首关于淀山湖的诗文,他们是谢应芳、杨维桢、陶宗仪、归有光等人。

谢应芳(1296—1392年),元末明初学者,江苏武进人。元末,为避兵乱,在昆山、松江一带活动,过了18年的避世生活,并与杨维桢、顾阿瑛、袁华等人成为朋友。他一生未入仕途,过着耕种、教书、诗文酬唱的生活,其《龟巢稿》收录了很多咏昆山的诗歌,粗略估计,涉及淀山湖的诗就有8首。经历了元末明初的战乱,安贫乐道的谢应芳,特别珍视淀湖难得的安宁环境,《访淀山因自明习无学二禅老》,正是他由家乡来淀泖地区避难的真实写照。全诗如下:

> 西风满帆天所假,扁舟过湖快如马。
> 欲寻渔父问桃源,因访高僧过兰若。
> 南能北秀两魁奇,翠竹黄花总潇洒。
> 相逢握手问流落,试为从头略倾写。
> 生居扬子大江滨,老我毗陵力田者。
> 群凶西来火三月,四境更无茅一把。
> 乡邻死战血漂杵,妻子生擒肉为酢。
> 随波幸若鱼漏网,失窟惊如逡在野。

山中碧松堪疗饥,池上白莲宜结社。
笑语同行有发僧,数见不辞禅板打。

诗人描述了朱元璋淮西红巾军攻击常州时,家乡被杀烧抢掠的惨景,以及自己如漏网之鱼、失窟狡兔的侥幸和不安。他避世在淀湖畔,过着与世无争的生活,参禅悟道,修身养性。在谢应芳的笔下,淀湖就是桃源和兰若,是安宁寂静、没有烦恼的所在。诗人在多首诗中都表达了相似的情感。如《送蔡伯升避兵淀山依故人》:

淀山湖景观带

典衣沽酒碛沙头,送客携家访旧游。
虎窟携来桃竹杖,鸥波荡去木兰舟。
黄杨偶厄今年闰,老菊重逢九日秋。
觅得桃源堪避世,结邻当与老莸裘。

虽然日子过得拮据,兵荒马乱,在豁达乐观的谢应芳看来,都算不得什么,能够在淀山湖畔,与朋友叙旧,与贤者为邻,对诗人而言就是"老菊重逢九日秋"。因此,他所见所感受的淀山湖,沙鸥飞翔,兰舟轻桨,是避世桃源,表达了"苟全性命于乱世,不求闻达于诸侯"的散淡心态。再如,他另外几首诗作中对淀山湖的由

淀山湖渔舟

衷赞美:"淀山湖边五亩宅,芙蓉锦城耕稌田。多情念我久离别,风雨远来书画舡。""鬓丝垂领白毵毵,老我身如作茧蚕。午梦忽惊飞炮响,狼烟只在淀湖南。""淀山湖上避兵时,总角曾闻阿母慈。霜野不教儿子出,水池竟得鲤鱼知。""淀湖喷薄东岸曲,陈湖缭绕西丘阿。前看震泽后笠泽,青山数点堆青螺。""淀山湖水国人家,自是生成图画。""淀山小湖边,草亭修竹里。"谢应芳认为,淀山湖是一个逃避战乱的桃花源,他看重的不仅是淀泖地区的湖光山色,还有昆山、松江地区文人因结社、互访形成的浓郁人文氛围。

元末明初著名诗人、书画家和戏曲家杨维桢(1296—1370年),与淀湖的关系

很密切,他曾居住在淀湖畔的松江,与文人墨客诗文流连。杨维桢非常熟悉这个诗意的湖泊,曾写有《淀山湖志》,该文详细梳理了元代治理淀山湖的经过,有重要的史料价值。他还写了歌咏淀山湖的诗,如下面这首《淀湖》:

> 禹画三江东入海,神姑继禹淀湖开。
> 独鳌石龟戴山出,三龙联翩乘女来。
> 稽天怪浪俄桑土,阅世神牙亦劫灰。
> 我忆旧时松顶月,夜深梦接鹤飞回。

前面三联以大禹、神姑、鳌、龙等神话形象,讲述淀山湖形成的原因,充满瑰丽想象和神秘色彩。最后一联,诗人从神话世界中抽身而出,写个人的个性感受,令其难忘的是已逝时光里松树顶上的月亮,以及夜深时分,驾鹤从梦里飞回的况味。与前三联动感宏阔的叙事比较,这一联传达

湖中白鹭

的意境,正是淀湖带给诗人的生命体验——清冷幽静,余味绵长,令人低回。

杨维桢还有一首《淀山湖》,全诗如下:

> 半空楼阁淀山寺,三面篷樯湖口船。
> 芦叶响时风似雨,浪花平处水如天。
> 沽来春酒浑无味,买得鲈鱼不论钱。
> 明日垂虹桥下过,与君停棹吊三贤。

垂虹桥,在江苏吴江县内,"三贤"指春秋时范蠡、西晋张翰和唐代陆龟蒙。这首七律的前二联,描绘了淀山寺的奇伟,湖口泊船的悠闲,芦苇随风摇曳,湖面辽阔,水天相接。第三联写得比较散淡,舟行浩瀚淀湖上,人在悠游小船中,喝着春酒,品着鲈鱼,不亦快哉。

杨维桢谈及的湖鲜鲈鱼,确是淀山湖一带的美味。西晋时期,就有张翰见秋风起,思念吴中家乡的莼菜鲈鱼,辞官回乡,隐居农家的传说。淀湖的鲈鱼,被历代文人墨客赋予了美食之外的文化魅力。清人王士禛《渔洋诗话》记载,他家藏有元代文

渔舟唱晚

人倪云林的两张画轴,其一云:"高士江阴许士雍,淀山湖里泊烟篷。秋来莼菜鲈鱼好,亦欲东乘万里风。"清人董俞(号莼乡钓客)写有词《南浦》,有句云:"不浅莼鲈逸兴,趁秋光、独泛淀湖船。"清人汤右曾《题王俨斋大司农横云山庄图》中有诗云:"独乐园中最相忆,合先鲈脍次莼丝。泖桥波细淀山春,他日追陪杖履亲。"可见,淀湖鲈鱼在文人墨客看来,是雅兴,是情趣,是典雅江南生活的承载方式。

元末明初学者陶宗仪笔下的淀湖,总能勾起一些伤心惆怅的情绪。洪武己巳(1389年)正月,陶宗仪与亲友四五人,乘舟送学生张宗武入京应聘。正月初六,雪霁初晴,过淀山湖,陶宗仪赋诗《送张宗武》,如下:

小舟冲雪向来曾,如此湖山喜快晴。
万顷渊淳云浩渺,一峰危立玉峥嵘。
寒生毳褐清尊益,色映乌纱白发明。
只怕阊门明日到,春风恼乱别离情。

诗行里有天气放晴、大雪初停的喜悦,有对淀山湖浩渺烟云、秀美风光的赞美。这种情感的铺垫,最终引出了年近七旬的陶宗仪发出"色映乌纱白发明"的人生喟叹,以及"春风恼乱别离情"的哀愁,这也是人生历练到一定阶段后,开出的朴素花朵。

孤鸟独立

久寓他乡的陶宗仪,常在诗中表达浓烈的思乡情绪。如《登干山次林泉征士韵二首》其一:

水作巴蛇走淀湖,山蟠天马载浮图。
重重桑柘平原近,闪闪乌鸦落照晡。
林庙幡镫祠岱岳,江城雉堞带东吴。
归心自是愁如织,只怕游人唱鹧鸪。

这首诗从俯视的角度观察淀湖及其周围的风物,写得大气有魄力。在诗人眼中,淀湖水是汪洋恣肆的,天马山是高骏雄伟的,平原村的树木重重叠叠,翻飞的乌鸦、肃穆的经幡、低矮的城墙,都令人心生惆怅,而真正让诗人感伤的,是不绝如缕的乡愁。

陶宗仪还有一首《和张宾旸西畴泛舟韵二首》(其一)与淀山湖有关,诗文如下:

> 潦水茫茫接淀湖,人家如在辋川图。
> 日明练色涵青嶂,风细鳞纹漾绿芜。
> 打鼓踏车农事冗,放船携酒客情娱。
> 饮阑同叩邻姬户,啜茗听讴直至晡。

全诗展现了淀湖如画的风景,诗人与朋友闲适的情怀,最难得的是,诗人在举杯把盏之间,听到了淀山湖畔农民的疾苦声,虽只是轻描淡写一笔,却也是深刻的历史印痕。"打鼓踏车农事冗",因豪强占湖为田,导致淀山湖周边良田一遇雨水,便成涝灾,在湖上游人的欢愉声的映衬下,农民显得愈发忙碌而辛苦。

有"明文第一"美誉之称的归有光,写有多篇关于淀山湖的诗文,如散文《望湖曹翁六十寿序》《王母孙孺人墓志铭》,诗《书王氏墓碣寄子敬淀山湖上》《夜行淀山湖》《游淀山湖》等。在《王母孙孺人墓志铭》中,有这样清丽的文字:"予岁时一至其

湖上群鸟

家,多从中秋泛月湖中,或憩潭旁篁篠间,观鱼鸟之飞泳。主人为撷嘉树之实,采芳桂之英,瀹茗清谈,指点山旁竹木之间二先生饮酒博弈之处,因登忠孝之堂,为之慨然而叹息。"他由衷赞叹月下淀湖之清幽,湖畔人家之和谐,这是一种难得的、诗意的人生体验。其诗《游淀山湖》:"江南肥黄雀,秋晚淀山湖。出浦生风浪,轻舟过荻芦。"这些诗句写出了秋天傍晚时分淀山湖的勃勃生机,以及诗人的豁达畅快之情。

彭孙贻的堂弟,清初广陵词坛重要词人彭孙遹在《金粟词话》中说:"作词必先选料,大约用古人之事,则取其新颖,而去其陈因。用古人之语,则取其清隽,而去其平实。用古人之字,则取其鲜丽,而去其浅俗,不可不知也。"他在诗词创作中善于用典,或化用前人诗句,化古为新,贴切工整,不着痕迹。这种艺术风格可从他的三首关于淀山湖的诗词中窥见堂奥。先看他的《寄幼瑜弟》:

> 游丝午幕日初长,曾索微吟赋海棠。
> 客子正悲芳树晚,名花还发去年香。
> 淀湖水绿舟容与,秦峤云迷路渺茫。
> 小谢风流频入梦,应怜春草遍池塘。

诗人在这首七律中,以海棠、芳树、名花、绿水等意象,赋予日常生活精致典雅

的风格。写淀湖的绿水轻舟、缥缈烟云,展现复杂深幽的情绪。最后一联,既用了典故,又化用了前人诗句。"小谢风流频入梦"用了"王谢风流"和"风流王谢"的典故,"王谢风流"出自宋朝陈亮词《瑞云浓慢》中的句子:"问何如长鞭尺棰?向来王谢风流,只今管是。"以及苏轼诗《徐熙杏花》:"江左风流王谢家,尽携书画到天涯。""应怜春草遍池塘"则化用了南朝谢灵运的诗句"池塘生春草,园柳变鸣禽"。再看彭孙遹的《病中闻苍水归自繁昌以诗代讯》:

> 淀湖五月片帆飞,徂暑还家换客衣。
> 客里送君行作客,还从客里见君归。

该诗描绘了诗人总以异乡客的身份迎送朋友,以及初夏淀湖帆船穿梭的场景。后两句化用了中唐司空曙诗《峡口送友人》中的诗句:"来时万里同为客,今日翻成送故人。"

彭孙遹仿李清照词《一剪梅》(红藕香残玉簟秋),写了一首《和漱玉词,同阮亭作》:

> 万叠青山一抹秋。
> 天半归云,天外归舟。
> 何时玉席手重携,同拂香巾,同上朱楼。
> 南浦寒潮带雨流,只送人行,不管人愁。
> 吴天极目路逶迤,海涌峰头,薛淀湖头。
>
> (古诗:香巾拂玉席,共郎登楼寝。虎丘山一名海涌峰。)

有人将这首词归为应酬类,或为相思离别类,认为其风格柔婉。也有人指出:"这是一首写离情的词,从词中不难看出对易安婉约特色的效仿。与易安原词相比,全词婉约相近,俊逸不足,情感的表达也不如原作细腻传神。"还有人认为彭孙遹这首词"写别情语意更为直白,用语又不够自然浑融。"彭孙遹在这首词中,最后写到薛淀湖这一意象,作为情感的收束和全词的尾声。而纵观全词,无处不在的淀湖风光,笼罩全篇,拨动词人的点点离愁。

水中芦苇

第四节 非物质文化遗存沿革

非物质文化是古人留下的文化遗存。传统的手艺、优秀的工艺,在现代化的进程中逐渐消失。但金家庄原有的文化遗存依稀还能找到缩影。匠人粗糙的双手,器物精细的制作,那就是文化的延续。

一、木船的圈法

金家庄人既离不开水,也离不开船。他们每天都乘船在湖上往来,对于船的结构及制造过程了然于胸。虽然当代以车代步,船渐渐远离了金家庄人的生活。为了传承这一非物质文化遗产,现根据造船师傅朱生阳的叙述,把如何制作湖扁嘴船和尖艄船、如何用料记录下来。

1. 湖扁嘴船

船身长3丈4尺(木工尺每尺28厘米)计952厘米,载重5 000公斤。

备料:锯木船底板6块,三根杉木对开。方法:用墨斗在圆木上弹一根直线,两端挂线找反面线头的对应点,然后在圆木反面也弹一直线。将弹好的圆木一头放到锯板凳上。锯板凳下面是三只脚,上面有一个岔口,一人站在待锯的木头上,另一人坐在相对的地上。两人上下各握住锯的一端,用力拉锯,将木头锯开成板材,船板厚3寸4分。

湖扁嘴船

1. 眉毛板 2. 腊旦 3. 腊闸 4. 平几 5. 帆团眼 6. 前梁头
7. 旁板 8. 船底 9. 后梁头 10. 橹拧头 11. 水关 12. 翘艄板

(1) 船底，用6块半圆形板按尺寸用活钉连接。（两头尖的钉）大号5号钉拼成船底，船底用5号钉，船帮用7号钉。

船底头2丈4寸571.2厘米，按船身长度的60%计算。

船底宽3尺4寸95.2厘米，按船身长度的10%计算。

船底头宽2尺4寸57.12厘米，按船身长度的6%计算。

船底艄宽3尺6寸85.68厘米，按船身长度的9%计算。

注：船底半圆部分的地方锯掉一片，在梁头压重物时，下加撑头，使船底的两头翘往上。

(2) 做梁脚（目的使船体整体性更加牢固）。

梁脚法：不论船的大小，船舱梁脚为6尺，若3丈以上每大1尺梁脚加二寸，头梁脚比船舱梁脚多1寸，艄梁脚少1寸。例如，3丈4尺的舱梁脚为6尺8寸(190.4厘米)，头梁脚为6尺9寸(193.2厘米)，艄梁脚为6尺7寸(187.6厘米)，钉梁脚用菜钉(一头尖的)，先钻眼后加钉。

(3) 算撑帮。

方法：若每1丈船身为2尺2寸宽，那后梁头宽为7尺4寸8分(209.44厘米)。

船头宽为4尺2寸4分(118.72厘米)，约撑帮的50%，船艄宽为5尺2寸4分(146.72厘米)，约撑帮的70%。

帮板左右各6块，分别称为脚材、两材、三材、四材、五材、腊里旁。帮板上法，从脚材开始一块一块接下去，先钻眼，再用7寸菜钉钉牢。

板材算法：帮板的总宽度不少于船长的10%。例如，3丈4尺的6快帮板宽之和3尺4寸，脚材两材长度按拔3尺4寸，后抽拔3尺4寸，加船长3丈04寸，脚材2丈4尺6寸，两材2丈7尺2寸，三材以上可按板头、板艄宽度作为抽拔长度。腊里旁的长度，据船底长度算，加接艄板。船撬计算，从腊旦上面到船艄基，经一根绳至后梁止，按船长的10%计算，3丈4尺为3尺4寸，船深为后梁标准2尺3寸8分(66.66厘米)，按船长的7%计算。

(4) 封船头及艄，头斗劲、艄斗劲板各5~6块，用7号钉拼上，上腊旦（上面加大铁圈，接铁锚）。欠口，量头腊闸，做四龙骨、眉毛板、跷艄板。

(5) 翻船。把底朝上，船倒扑在地上。便于把船底、船帮的板刨光。

(6) 盘缝。船身表面及钉眼处，用麻丝、油灰嵌入。待处理平整后，再抹上老油，以防水。

桅杆3丈4尺，做水橹配平几。

水关最宽处3尺4寸。

撬头长6尺4寸,宽1尺4寸。

下水前,在船头钉上铁尺里士头,它有6个眼,挂彩布条。

船艄钉橹拧头,并挂彩布。

圈船又称打船,船主人每天留两顿饭,当老师傅钉好橹拧头,船主人给五斗喜米。等油干,放高升,下水。

2. 尖艄船

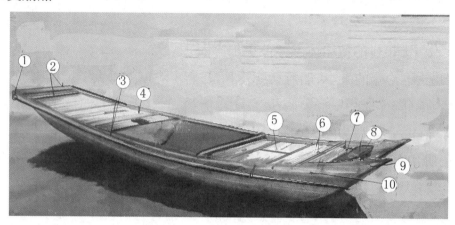

尖艄船

1. 看檐 2. 套其头 3. 欠口 4. 头、艄平几 5. 荷合平几
6. 艄眉毛 7. 烧香板 8. 后肚皮 9. 翘艄 10. 船艄基

船长3丈2尺(896厘米),载重3 500公斤。

撑帮6尺5寸6分(183.68厘米)按1丈为2尺5分。

船头宽3尺2寸8分(91.84厘米),按撑帮的50%计算。

船艄宽4尺5寸9分(128.57厘米),按撑帮的70%计算。

船深2尺4寸4分(62.72厘米),按后梁头船长的7%计算。

船底表度1丈9尺2寸(537.6厘米),按船长的6%计算。

船底宽2尺9寸5分(90.6厘米),按船长的10%收2块。

船板厚度3寸4分,等3尺2寸收3寸4分等于2尺8寸6分。

船底头宽1尺5寸8分(44.24厘米),按船长的6%收3寸4分。

船底艄宽2尺5寸4分(71.12厘米),按船长的9%收3寸4分。

定量脚,船头比船艄长2寸,3丈船,船舱定6尺1寸,3丈以上每尺按舱口长度加1寸。

船头6尺5寸5分(183.4厘米),船舱6尺3寸,176.4厘米。

船艄6尺4寸5分(180.6厘米)。

二、红篷船

船帆一般都以白色居多,如果湖上帆船多的话,就会形容成"白帆点点"。但金家庄村就是特例,其船帆不是白色的,而是红色的。金家庄采用红帆,有其特殊的原因。一是由于地理环境的原因,湖心岛的村民赖以生存的田地离村庄很远,金家庄人种田,非得坐船过淀山湖不可。几百年来,为了生产方便,金家庄每家每户省吃俭用、节衣缩食,也要打造一艘船。有船,必有篷帆。金家庄人长年在淀山湖里往来,船帆常遭狂风暴雨、霜雪的侵袭,白色的篷帆用不了多久,就坏了。金家庄人为这事苦恼着。

红篷船

有一次,村民在淀山湖里航行,看到太湖里的捕鱼船在湖面上捕鱼。他们发现太湖船很大,船上竖起的三根桅有三扇篷帆(当地称这为甲箍船),用大围网拖鱼,篷是红色的,网也是红色的。于是,村民便上前询问,为什么用红帆篷呢?捕鱼人告诉他们:自己常年在湖上捕鱼,太湖就是他们的家。白的篷帆经不起湖面上的风吹日晒,用不了多久就坏了。如果给白帆染色,效果就不一样了。原来,太湖船的帆是用栲树染色的。栲树属山毛榉科,它是常绿的大乔木,叶长,椭圆状,叶柄长3~12厘米。春季开花,花雌雄同株。它的主要成分为单宁。单宁经提炼后,用处很大。用单宁做染料,可染篷帆、网等,以提高物件的耐用性。把适量栲皮或栲胶放进装有大量水的锅子里,架火烧,把这些原料溶化,再用桐油、生猪血等浸染篷布。经过这一工艺后,帆布变厚,白布变成暗红色,也提高了帆布的抗腐性和耐用性。

金家庄人听了后,也学着他们的方法,把白帆做成红帆。讲究一点的人家,一年要染色两次。于是,在淀山湖上一看到红帆,就知道是金家庄的船。

淀山湖上百帆行

三、三月三、七月半开光("朝老爷")

东晋南朝,统治者对江南的民间宗教基本上持包容、改造的态度。这种包容与改造,一方面使佛、道教加快发展,另一方面也使民间宗教从佛、道中吸收了大量的鬼神概念,从而丰富了江南民间宗教的内容,更使其开始带上亦佛亦道的色彩。

金家庄村祭祀风俗十分庞杂,宗教信仰较复杂。村民将希望寄托于图腾、祖先和神灵。面对险恶的自然环境,村民们祈求神灵庇护自己的安危,风调雨顺。他们将心中的祝愿通过祭祀向神传达。于是在北庙供奉着杨老爷和猛将老爷,它们的周边有许多不知名的小老爷。

青莲寺改为学校后,晚翠轩里还供奉着大慈大悲、救苦救难的观音菩萨。金家庄祭祀"老爷"一年两次,分别中农历三月初三和七月十五。特别是三月初三,杨柳吐蕊,河边绿柳低垂,河里游鸭欢娱,人们脱下厚重的棉衣。此时,虔诚的善男信女要把庙里的老爷请出堂。其实在三月初三之前,村民已做了不少工作。祭祀的具体事由4个自然村轮流做,如搭木叶棚,到苏州给"老爷们"买新衣新帽、新朝靴。

三月初一把"老爷"请出堂,供在棚里。先把南庙的"城隍老爷"和北庙的"杨老爷"请出堂,放在木叶棚正中,其他"老爷"像朝堂上做官那样,按职位分坐"城隍老爷"与"杨老爷"的两旁,由威望较高的老人给"他们"洗脸、净身,去掉旧帽、旧衣服、旧朝靴,换上新的衣服,这个过程叫开光。然后放上三牲,插上香,点起蜡烛,此时善男信女轮流上香,三拜九叩。

三月初二,请来戏班子做戏,说是做给"老爷"看的,其实是为了祈求风调雨顺、五谷丰登、岁岁平安。这样,一直持续到初三上午。初三下午"起嘛"。所谓"起嘛",就是要把这些"老爷们"送回庙里,这是最热闹的时刻,也是"朝老爷"的开始。

"老爷"坐在轿子里,由四人扛着,前后飞快地跑。金湖的长埭,长而直,是"朝老爷"的最佳地方。小伙子们扛着沉重的"城隍老爷""杨老爷"飞快地往前冲,到指定地方后,迅速转身,继续飞跑,但轿杠仍稳稳地扛在肩上。之后,他们又要起步飞快地向前冲。如若这一动作稍有不慎,就会跌得鼻青脸肿,所以"朝老爷"的小伙子都是经过严格挑选的,他们不但力气大,还要身手敏捷,人又长得帅,因此,这些参与"朝老爷"的小伙子,都会得到姑娘们的青睐,"朝老爷"也成了小伙子露脸的机会。

"朝老爷"的过程,有严格的规定。为了表示对"城隍老爷"和"杨老爷"的尊重,决不允许摔跤、翻掉轿子等情况发生。

四、灶头

金家庄人的烧饭灶头主要有三种,一是"蟹来灶",二是两眼一发镬,三是陷壁灶。现以两眼一发镬的式样为标准,记录灶头的堆砌。

选址:灶前头要留五发距离(一发距离约25厘米),第六发能大就选大的,如不大可以挪动一根椽子,能砌四块砖头的方框。

砌灶头:先选好位置,在地上放上三只镬子,撒上石灰印,砌灶脚,平砌五块砖头高,灶前处,灶脚墙壁距石灰印一顶砖。灶台,灶外壁侧砌40厘米高,里边填泥,平铺砖头与外边平,灶门砖选大砖便于推灰(实际是"扒")。

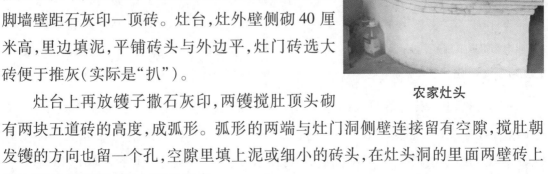

农家灶头

灶台上再放镬子撒石灰印,两镬搅肚顶头砌有两块五道砖的高度,成弧形。弧形的两端与灶门洞侧壁连接留有空隙,搅肚朝发镬的方向也留一个孔,空隙里填上泥或细小的砖头,在灶头洞的里面两壁砖上放上两块蟹绞砖,铺上两根铁条。

用一块大方砖铺在灶面上搁出一定的距离,其他部分砖头可小些。

灶门洞外的两壁放两块壁掉角的五道砖砌成"人"字形,上面砌烟渠,高40厘米。烟渠上面平铺几块砖头成灶山(供灶君公公或放调料),在灶头后部侧砖头成一定的高度,上面平铺木板,成T字形,与靠壁脚的烟囱相连。

用纸筋做镬檐,放上镬子,加水,确定水平,再用纸筋粉刷。灶脚刷墨水,烟渠的外侧面上置方框,写上警示语或吉祥语,如火烛小心、丰衣足食、年年有余等字样。灶台上方的壁上写一个"福"字,以示吉祥幸福。

五、风车(水风车)

当风车传入金家庄时,只有一只竖在田里的撑脚,四扇固定不动的篷。由于风车不能随风向改变方向,如遇大风又不能减篷,风车容易损坏,工作效率极低。金家庄香山匠人的后裔将风车竖立躺轴上增架了一只面扭,效果极佳。风车一度成为金家庄人农田灌溉的主要工具。

水风车

1. 下车车创 2. 绞关、绞关绳 3. 橄榄钵、链头、板子 4. 下车 5. 塔脚 6. 水躺轴 7. 水钵 8. 四脚凳 9. 挑板 10. 大钵 11. 竖头躺轴 12. 四脚凳 13. 平钵 14. 侧钵 15. 横躺轴 16. 六眼钵(檐子钵) 17. 檐子、篷 18. 张铅丝 19. 两肘架

村民程雪林、朱文荣两人讲述了风车的制造过程。四脚凳由形似梯形的二半爿做成,最下端的一根圆木横扦距地面15厘米,在其正中钉上一个雄榫,与竖头躺轴下面的跳板套住。梯形中间有5根圆木横扦,供人爬上爬下。梯形顶端半个凳面上开一个半圆形孔,当两个梯形合拢后,用两根木扦固定凳面,竖头躺轴的上

端被凳面抱住。

竖头躺轴长近3米,下端装有一个半径为30厘米的大钵,其共有24个木质齿。钵的中心开一个正方形的孔,孔的对面各开一个槽子,供其套入竖头躺轴下端,用木针固定,防止上下滑动。大钵下面接一只长26.4厘米、边长为13.2厘米的方木,名为面扭。在面扭相邻的两个面上开两个孔,孔间距离1厘米,其中一个孔套在竖头躺轴大钵下的铁榫上。该铁榫端点插入四脚凳跳板正中的铁制雌榫中,另一孔供水躺轴的铁制雄榫插入。竖头躺轴伸出四脚凳台面26.4厘米,这里装一个平钵。平钵的半径为18厘米,钵中间开一个方孔(钵中方孔大小虽不同,但形同大钵方孔),钵周装18个齿。平钵上面装一只面扭,供竖头躺轴、横躺轴上的铁制雄榫插入。

横躺轴长3米,靠近四脚凳面扭的一端套上一个侧钵。侧钵的半径为17厘米,中间开一个方孔,外面17个齿,钵面上装6个铁制拳头。距这端三分之一的地方套上六眼钵,其半径为15厘米,中间开方孔,外边等距离向方孔方向开6个墙洞,深5厘米,大小正好将竹质樯子头插入。在该钵的后面的横躺轴上也钉上6个铁制拳头,与侧钵上的拳头成一直线。这12个铁制拳头上都有一根张铅丝,6根竹质樯子,每根长1.65米,梢端套有一只铁制荷花箍,在箍的折面上开有4个眼,其中两个眼供前后两根铅丝钩住,另两个眼穿一根长铅丝,将六根竹质樯子围成一体。

两肘架长4米,梢有一耳状带孔木板较厚,也叫面扭,供横躺轴的另一端插入。

竖躺轴长2.4米,一端搁在塔脚的凹槽内,另一端插入竖头躺轴大钵下面的面扭内,大钵下方装上旱钵。旱钵半径13厘米,有15个齿,中间偏另一端有水钵一个,半径为15厘米,外有12个齿,这个钵可据地形稍作移动。

下车,车护栏长5米,旁板和底板,在旁板外每30厘米有一个连车护栏的工具,将车底板与旁板固定。旁板内侧半高处有切腹,两片长竹片就搁在它上面。下车在水门处有一个橄榄钵,直径10厘米,有6个齿,配上链头100只,每只链头长12.5厘米,前4.5厘米,形成雄榫状。底宽1.3厘米,高4.4厘米,厚4.5厘米,开成雄榫状,正好将另一只链头的雄榫插入。板子长27.8厘米,宽10厘米,厚为1.4厘米,中孔长方形宽1.4厘米,长4.5厘米。

篷6扇,每扇长1.25米,宽1米,6根篷杆竹,6只铁圈,6付缭脚绳。附件绞关一根,车创一根,绞关绳一根。

严控齿间距为8.3厘米,校正木质齿的长短,使其相邻两点间距离为8.3厘米,这才能使平钵与侧钵、大钵与旱钵正好配套。为了减少压力,铁制雄榫处加中孔圆形铁制垫片。

六、山歌

金家庄曾流传着许多山歌,因是吴地,所以也称吴歌。歌词内容有从外地吸收为己用的,也有即兴创作的,它们是劳动人民生产和生活最真实最直接的反映。劳作之际,休闲之时,唱一段山歌来抒发内心的情感,是一种精神文化的享受。以下记述吴乾元老人口述的《十二条汗巾》《吊码头》《十只台子》等。

《种田山歌》演出剧照

1.《十二条汗巾》

《十二条汗巾》将二十四个时令节气(物候)与汗巾结合起来,引出26个古人,口头说唱让人对历史、对小说有所了解。

  第一条汗巾是白绫　　　　　　　　春分一交天气热
  单叶头梅花一开等新春　　　　　百草还芽满地青
  雨水高过正月半　　　　　　　　满地青姐妹亲
  家家门上挂灯结彩闹盈盈　　　　唐伯虎外出去游春
  闹盈盈唧盈盈　　　　　　　　　游春游到苏州落乡虎丘前山后七层
  梁山上独坐宋公明　　　　　　　千人石上仰着左边秋香女
  宋公明弟兄结拜一百零五加三单八将　三笑姻缘结成亲
  李逵一夜闹东京

  　　　　　　　　　　　　　　　第三条汗巾描来三番纱
  第二条汗巾描来燕子青　　　　　桃红柳绿开好花
  惊蛰一交看杏花村　　　　　　　节塘妹子来把春景游

清明往谷雨看三社
看破三社是三社
刘氏女大娘叫卖花
曹太师吃酒西湖里住
范家庄吃酒酒连赊

第四条汗巾描来树皮青
立夏一交看小麦青
蔷薇花开来交小满
家家门上说起花包头拔菜闹盈盈
闹盈盈唧盈盈
鲁智深吃酒,醉打半山顶
浪子燕青昔日偷打八记(次)猴拳
为好汉
时迁出外逃皇城

第五条汗巾描来五色纱
芒种一交要看石榴花
夏至难得端阳日
家家门上说起播秧插秧
落苎麻
落苎麻来是苎麻
小青青房中泡香茶
许仙官人常伴香房里
白娘娘出外半条蛇

第六条汗巾描来是姜黄
荷花透水热难当
交之小暑交大暑
响了高叫闹城隍
闹城隍是城隍
王婆药死武大郎

潘金莲搭识西门庆
小武松盯嫂嫂心慌

第七条汗巾描来七子乔
蓬仙花开来颜色齐
交之秋来不落耥
处暑一交不扒泥
不扒泥来是扒泥
王文奎爬墙望姐姐
冒龙捉到刁南楼
刘氏女大娘骑木驴

第八条汗巾描来八玲樨
八月中秋赏木樨
交之白露落不得雨
秋分一交稻头齐
稻头齐是头齐
潘巧云小姐搭识海阇梨
杨勇石秀结拜成兄弟
翠屏山上杀家妻

第九条汗巾描来姐衣青
寒露交之菊花心
霜降一交天气阴(冷)
家家门上说起围衣巾
围衣巾来是衣巾
莺莺小姐爱偷情
跳墙下棋张金泉
冯氏大娘满操琴

第十条汗巾描来十芙蓉
月落西山要转东

交之立冬交小雪	纣王色情江山失
家家门前说起要牵萻	单鞭救驾尉迟恭
唐朝军师徐茂公	
保得那唐朝天子登龙位	第十二条汗巾描来玄色纱
贼挞子胡子闹进宫	腊梅开拉小寒边
	大寒一交年头到
第十一条汗巾描来绣大红	家家门上说起要过年
水仙花开来月月红	要过年来是过年
交之大雪飘飘落	吕布拿之长枪马上眠
连冬去九发狂风	董卓一为貂蝉女
发狂风来是狂风	乌龙齐会免贵天
渭水河钓鱼姜太公	

2.《吊码头》

《吊码头》以花名结合事物,突出各地方的特色、特产,使长期身在农村之人对外部世界有所了解。

开篇

南翔景致盖苏州,三牌坊相对四牌楼,小小黄浦通大海,拦路客商不断头。不断头来是断头,崇明楼相对太仓州,太仓城里出了个王阁老,王阁老囡吾在三层头楼上梳好头,梳好头来画好头,八月十八到吴王桥上看潮头。看潮头来落潮头,山歌要唱吊码头。

正月梅花唱起头	佘山上竹笋有名声
湖州城里出(专出)西施白馒头	龙井茶叶天台出
水浒龙袍不宜北京城里万岁着(穿)	南山头搭起紫藤藤
文班好戏在苏州	
	四月蔷薇开来一粒焦
二月杏花白堂堂	隆化专出白步枣
扬州开起女混堂	三双头嫩藕斜塘出
襄阳城里开起七七四十九爿招商店	水红菱出在五龙桥
上海小东门落北开起兴洋行	
	五月石榴花开来心里黄
三月桃花红喷喷	台湾福建专出雀砂糖

红皮甘蔗塘栖出
锦溪里鲫鱼辣板黄

六月里来是荷花
双桥专出大西瓜
雪白洋蒸粉真如出
画眉鸟出在江栅桥

七月蓬仙七秋凉
小辫子凉帽出丹阳
花花绿绿手巾安亭出
锉刀锯子出南翔

八月木樨散挤挤
周浦专出大雄鸡
阳澄湖滩上专出两鳌八
脚团柱蟹
南黄浦阿姐扳罾张簖
发鳗鲤

九月里菊花开来根多叶少
心里黄
篮笪风车出莘庄
胭脂花粉真如出
九页头好伞出松江

十月芙蓉引小春
东洋专出大河豚
双挡头洋船哗啦啦过
三页头好布加进京

十一月水仙花开来雪上飞
腌鱼腊肉出兰溪镇
紫砂茶壶宜兴出
吴江四川专出菠萝蜜

十二月蜡梅花开来冰嗖嗖
南寻人出来卖包头
红花白碗江西出
细脚小猪出常州

3.《十只台子》

《十只台子》将历史文化与家具台子结合起来，通过众多脍炙人口的历史故事，弘扬了真善美，抨击了假恶丑。

第一只台子四角方
岳飞枪挑小梁王
武松手托千斤石
太公八十遇文王

第二只台子凑成双
辕门斩子杨六郎
诸葛亮要把东风借
三气周瑜芦花荡

第三只台子桃花红
百万军中出了赵子龙
文武全才关夫子
连环巧计是庞统

第四只台子四角平
吕蒙正落难破窑里蹲
朱买臣落难樵柴卖

何文秀落难唱道情

第五只台子五端阳
莺莺小姐烧夜香
红娘月下偷传信
引得张生跳粉墙

第六只台子荷花放
阎婆惜活捉张三郎
宋公明投奔梁山上
沙滩救驾小秦王

第七台子是七巧
蔡状元起造洛阳桥
观音龙女来作法
四海龙王早来潮

第八只台子只只好
疯僧月下闹元宵
巧断阴阳包文正
张飞吓断霸陵桥

第九只台子菊花黄
王婆药死武大郎
潘金莲搭识西门庆
小武松杀嫂嫂心慌

第十只台子唱完成
唐僧西天去取经
孙行者领路前头走
山中碰着妖怪精

4. 思春

六月荷花开来透水面
小姑娘梳头打扮出房门
轻轻盈盈行细步
盈盈轻轻行细步
我小姑娘走出自家大门口
待看我自家下场头榆树顶上出鸟名
凤凰对孔雀孔雀对秀眼秀眼对百灵百灵对黄鹂
黄鹂对画眉画眉对鹦鹉鹦鹉对鹁鸪

鹁鸪嘴里喃喃地说:那千百样鸟名、万百样花名都有成双对,鸟有成双,你姐呒不郎。

唱山歌,让金家庄人在劳动间隙时,心情得到放松,暂时忘却劳动带来身体的酸痛。虽然山歌不长,但通俗易懂,曲调简单,便于传唱,受到了村民的喜爱。因此,一些传统的山歌在村民中传唱甚广。

第五节 宗　教

金家庄是一个移民村,村中的人都来自五湖四海。他们有的为了躲灾避祸在此隐居,有的忘情于金家庄的山水而在此定居,因而,金家庄的宗教信仰非常复杂,儒、释、道、基督教,各种信仰都有。

其中,把仁、义、礼、智、信为主旨的儒家学说作为自己信条的,大有人在,特别是金家庄的一些文人墨客、乡绅名流。他们推崇对人要有仁爱之心,处世要合乎情理,与人相处要有礼仪,要明辨是非,诚实不欺。在儒家思想的影响下,金家庄人注重道德、礼教、仁义,能自觉遵从儒家的道德行为规范。

在金家庄,有一部分是渔民。他们驾驶小鱼船在淀山湖里捕鱼,危险重重,稍有不慎,就有可能命丧湖中。面对险恶的自然环境,他们希望有神灵庇护自己的安全,保佑自己勤劳致富。随着道教和佛教的广泛传播,金家庄人信仰道教、佛教的村民占多数。他们建了寺庙,以便村民祈祷、许愿、祝福。

基督教,也是一部分金家庄人崇信的宗教。元朝的基督教称"也可温教",元灭亡后,逐渐失传。明万历年间(1573～1619年),基督教再次传入中国,不久,也传入了金家庄,信仰基督教的人士建了耶稣堂。

金家庄教堂遗址

19世纪中叶,天主教传入吴县。起初由江南教区派昆山籍女教徒周刘氏以给人治病的名义,在苏州各处乡村传教,发展信徒。于是,天主教传入了金家庄。

金家庄的教堂在朱家豪宅的北面,教堂周边环境清幽。周末,教徒们就聚集到教堂内,举行祈祷、唱诗、读经、讲道等活动。

第八章 文体卫生

金家庄村由于受朱氏家族的影响很大，很早就有私塾、义塾。光绪二十八年（1902年），创办了金溪两等学堂，属昆山县第二所新式学校。1951年，创办了幼儿班，附设在金家庄中心小学内。1964年，为了贯彻中央"耕读中学与全日制中学两条腿走路"的方针，金家庄又办起了金家庄农业中学，这是1958年淀东公社王土泾农业中学停办后，重新办的昆南片第一所农业中学，直至1968年秋停办。随着初中不出村的大趋势下，在金家庄小学办起了初中，称之为"戴帽子"初中。

1952~1976年期间，每年进行群众性的查螺灭螺工作，对血吸虫病人进行治疗。1969年年初，全面建立村级医疗站。20世纪90年代，金家庄村争创卫生村，卫生工作更上一层楼。

金家庄有着深层的文化底蕴，朱氏家族不仅引导了金家庄的教育，还把文化的种子种在了金家庄的土壤上。唱戏、办报、书画、诗词等文艺活动，在金家庄的历史上都有存在。特别是金家庄的戏曲文化，由来已久，古代村民就有看戏、听戏、说戏的习惯。每逢三月三、七月十五的庙会，成为老百姓戏曲文化的节日。

第一节 学 校

金家庄村历来重视教育，早在宋、元时就办有私塾、义塾。近代，金家庄拥有幼儿园、小学、中学三所学校。

一、小学

清末,金家庄村的最后一个秀才叫顾乾英,新中国成立前去世。清光绪二十八年(1902年),清廷废科举,兴新学。由里人筹款,创办了淀山湖镇第一所学堂——金溪两等学堂,属昆山县创办的第二所新式学校。当时,村民们称金溪两等学堂为洋学堂,同时,私塾照办。民国十一年(1922年),里人顾逸奎从昆山请来徐继扬(留法学生),在家庵堂里办私塾。自抗日战争到新中国成立前数十年间,有黄士明、顾丕文、顾允奎、王巧仙、顾永禄、朱考和、郁洪武、顾静娴、顾振寰等教师先后在这里任教,新中国成立后,他们中的教师仍有在校任教的。

1. 学校简介

光绪二十八年(1902年)正月,金家庄时为井亭乡,由顾天文创办了金溪两等学堂。不再死读八股文。引进了学校第一任校长郁联陞,学校校舍由文昌阁改建。第二年,改青莲寺为校舍,增加教室,开办了6个初小班,8名教师,学生228名。

1919年起,金家庄的金溪两等学堂设有高小部分,高小有2个年级班,升级为金家庄国民中心小学。小学宗旨为有教无类,所以收费不高,一般村民也能承受,可以让子女读完相关的课程。一到四年级的初小程度能识字、写字(写毛笔字)、会算(打算盘),开始参与家庭的农耕或务商。那些聪慧但穷困的村民子弟,有志于读书受教育,时任金家庄乡长的顾达今先生带头慷慨解囊,资助他们上学,以助他们成为有用之才。

新中国成立后,金家庄小学校门正对南方,与城隍庙隔潭相望(南港潭)。走进校门,首先映入眼帘的是左右墙壁上嵌了刻有佛教偈语的青石,校门两侧是教室。东侧是宿舍和教室。校内有一天井,设了厨房、杂物间等设施。金家庄小学占地面积1 360平方米。随着教育事业的发展,金家庄小学经过三次翻建,教室更为明亮,设备更为齐全。以下是历年来在金家庄小学任教的教师名单:

1949~1952年:

校长:刁飞力。

教师:郁洪武、顾永禄、顾宝娥、顾振环、顾叙奎、顾之逸、顾静娴、薛伯光、王巧仙。

1953年:

校长:焦章成。

教师:陆家骥、薛伯光、顾之逸、朱美英、陈根明、顾静珍、俞启元、吉玉、潘慰先、顾静娴、尹伯川。

1954～1955年：

校长：焦章成。

教师：陆家骥、薛伯光、顾之逸、朱美英、陈根明、顾静珍、顾叙奎、吉玉、杨帆、顾静娴、陈庭贞、冷成志。

1956～1957年：

校长：焦章成。

教师：夏教导（只知姓不知名）、周景邠、薛伯光、陈根明、顾静珍、顾之逸、朱美英、潘为先、吉玉、杨帆、顾静娴、陈庭贞、冷成志。

1958～1959年：

校长：程品金。

教师：周景邠、薛伯光、顾永兴、秦佩倩、陈冠洲、顾月娥、张杏涛、郑以成、余玉茹、顾照。

1960～1964年：

校长：沈凯群。

教师：周景邠、薛伯光、顾永兴、周本华、方国良、顾照、仲以辉、陈冠洲、顾月娥、赵明福、顾泉英、顾真、陆士文。

1965～1968年：

校长：王定廉。

教师：周景邠、陈冠洲、顾月娥、薛伯光、张芝芬、顾永兴、方国良、顾照、徐林福、何明权、周本华、朱惠芳、夏俊勤。

1968～1969年：

学校负责人：徐林福。

教师：周本华、朱惠芳、顾永兴、朱波兴、徐巧珍、郁洪禄、何民权、顾照、朱福元、徐林芳。

1970～1984年：

校长：莫再祥。

教师：徐林福、何民权、夏志铭、周以中、朱雪珍、顾照、莫美英、朱锡新、徐巧珍、朱波兴、朱福元、郁洪禄、蔡金兴、顾玲珍、陈玉珍、王芳、沈晓妹、沈正德、张福良、朱国娥、任以芳、郭秋耕、朱家学、邵光荣、徐玲芳、周本华、朱惠芳。

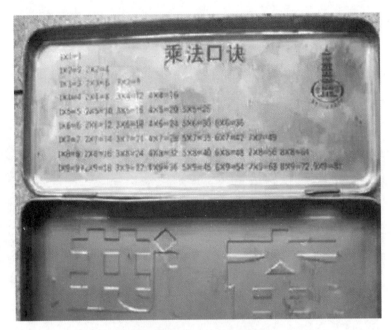

带乘法口诀的铅笔盒

小学课本

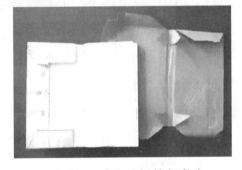

用挂历(报纸)折的包书皮

1985～1989年：

校长：朱锡新。

教师：周以中、朱雪珍、郁洪禄、顾玲珍、任以芳、朱家学、邵光荣、徐卫青、顾仙、顾庆南。

1990～1992年：

校长：任以芳。

教师：周以中、朱雪珍、顾玲珍、朱家学、邵光荣、郁洪禄、顾仙、顾庆南、郭桃美。

1993～1994年：

校长：徐三兴。

教师：顾庆南、顾仙、邵吕琴、郭桃美、邵光荣、朱家学、顾玲珍、郁洪禄。

1995年：

校长：顾庆南。

教师：顾仙、顾玲珍、郭桃美、邵光荣、朱家学、朱玉瑾、邵美花、朱国娥、郁洪禄。

1996年金家庄小学三至六年级到淀山湖中心校就读，保留一至二年级的学生在金家庄小学就读。一至二年级的教师是：顾玲珍、朱国娥、朱家学。

1997年，三至四年级的学生重回金家庄小学就读。金家庄小学成为一至四年级的办班点，学校移至校办厂。

校长：顾玲珍。

教师：朱家学、朱丙庆、朱国娥、赵惠芳、倪才孚、钟雄初、邵美花、朱玉瑾、吴凤娥。

淀山湖中心小学校

2003年6月，金家庄小学办班点全部并入淀山湖镇中心校。随着金家庄拆迁进程的推进，住入淀山湖花园小区的孩子都到新建的淀山湖镇中心小学校就读。新校舍外观大气，内部配备了现代化的教育设施。学校以戏曲、轮滑为办学特色，在抓好教育教学工作的同时，全面发展学生的各项素质，促进学生全面健康发展。

2. 小学学制

清光绪二十八年（1902年），金溪两等学堂创建时，拟定小学教育的学制为五年。民国八年（1919年），小学学制改"四二"制（即初小4年，高小2年）。新中国成立后，小学学制仍沿用六年制。1952年秋，苏南推行小学《五年一贯制》的意见，但没有立即试行。1953年，沿用"四二制"。1968年，小学实行五年一贯制。1983年秋，小学由五年制向六年制过渡，于1986年完成过渡。

3. 小学课程

清末，初等小学堂教授科目有修身、读经讲经、中国文字、算术、历史、地理、格致、体操8科，加设画图和手工2科为随意科，此为完全学科。乡民贫困、师儒稀少的地方，科目从简，为修身读经合一，中国文字，历史、地理、格致合一，算术，体操5科，此为简易科。高等小学堂教授科目为修身、读经讲经、中国文字、算术、中国历史、地理、格致、图画、体操9科，加授手工、商业、农业等科目为随意科。民国元年（1912年），执行教育部颁布的《小学校令》，初等小学校教授科目为修身、国文、算术、本国历史、地理、理科、手工、图画、唱歌、体操10门，男子增设农业（或商业），女子增设缝纫，并可加设英语或别种外语。民国十二年（1923年），初级小学设国语、算术、社会（公民、卫生、历史、地理四科合一）、自然（自然、园艺合一）、工用艺术、音乐、体育8个科目。高级小学设国语、算术、公民、卫生、历史、地理、自然、园艺、工用艺术、形象艺术、音乐、体育12个科目。民国二十五年(1936年),初级小学设公民训练、国语、算术、常识、劳作、美术、体育、音乐9科。自四年级起算术加教珠算。其后,虽历经多次修订,但课程无重大变化。新中国成立后,取消公民训练,其余仍维持原状。

1952年,执行华东军政委员会教育部颁布的教学计划,初小设语文(国语)、算术、体育、音乐、美工5科。高小设语文(国语)、算术(四年级起含珠算)、自然、历史、地理、体育、音乐、美工8科。此外,初、高级小学均有朝会(包括早操)、课间会(包括课间操)、周会、校内课外活动、校外社团活动。

1967年,实行"四自":自订方案,自定课程,自选教学内容,自编教材。多数学校设政治、语文、数学、唱歌、图画、军体、劳动。

1972年,执行县颁布的教学计划。

1977年秋,班队活动列入课表。

1982年秋,执行教育部颁《全日制五年制小学教学计划(修订草案)》。政治课改为思想品德课;低年级语文课教时略减,高年级酌增,安排写字指导,外语课停开。自然课提前一年开,增加总课时。1983年秋,由于学制过渡,同时执行省颁《全日制六年制小学暂行教学计划》,六年制课程设置工作相应调整,设思想品德、语文(阅读、作文、写字)、数学、体育、音乐、美术,四年级起增设自然常识,五年级增设地理,六年级增设历史。三年级起开设劳动课。各年级均有自习、科技、文娱、体育活动和每周班队活动。

二、中学

在教育要"两条腿"走路方针的指导下,淀东人民公社决定在金家庄开办一所农业中学。郭景明社长委托吕全福、顾炳泉通知本村返乡知青。朱波兴、徐巧珍去苏州培训一个月,回来后,开办一所农中。

1964年,秋种一结束,昆山县教育局派蔡梅初老师来金家庄与朱波兴、徐巧珍一起创办金家庄农业中学。这所农中是1962年老农中停办后,重新开办的路南片的第一所农业中学,当时办学条件极差,借光明大队郁氏的磨坊棚做教室。小学报废的破旧课桌经木匠之手,修理后做课桌,并添置了一块大黑板。学生来自金家庄4个大队和复月大队。开设课程有语文、数学(几何、代数)、农机知识、作物栽培的水稻、三麦,每周上4天课。

一学期后,4个大队到外地砍倒了一些树,卖了钱,并拆了家庵里的老书塾房,添置了一些旧瓦,在胜利大队办公室后面的空地上造了两间教室、一间办公室,约80平方米。教室前面是胜利大队的篮球场,为学生活动的场地。1965年,教师发展到3人,增加了郁洪禄,班级由一个年级扩展到2个年级,学生数发展到66人。教师教育业务和日常管理,由淀东中心校顾国光协助管理。

1966年,"文化大革命"开始,金家庄农业中学停课串联。1968年9月,金家庄农业中学停办。

金家庄初中的所在地在现金家庄南闸的东块。金家庄初中校舍简陋,设在城隍庙和观音堂两座庙内。1973年,金湖、光明、胜利、黎明4个大队出资,拆去两座庙,建造了三间教室和一间办公室。任教教师有莫再祥、莫美英、徐林福、朱福元、朱波兴、蔡金兴、郁建青、何民权、沈祥发、徐金龙、朱惠芳、朱锡新。

1983年,全乡教育结构进行调整,原19个"戴帽子"初中调整为金家庄、复光、榭麓三所初中,其余初中学生进淀东中学就读。1984年,任教于初中的教师有莫再祥、徐林福、朱波兴、蔡金兴、沈正德、何民权。1985年,何民权专门负责校办厂。1993年7月,金家庄中学并入淀东中学。

在金家庄中学读书时,因学校就在村子中心,从家到学校不过10分钟左右的路程,学生中午都回家吃饭。读了高中后,中午只能在学校里吃饭(右图是学生蒸饭用的饭盒)。每天早上,学生抓一把米放入饭盒。到学校后,自己去滩涂上把米洗干净,然后拿到学校食堂的蒸饭处。为了以防认错,饭盒上大家都会做上记

学生蒸饭的铝制饭盒

号,有的写上名字,有的用刀刻。三年时间过后,饭盒就像一个饱经风霜的老人,盒面上坑坑洼洼,颜色也暗淡了许多。

链接:参加国庆典礼

1966年9月19日晚,公社干部顾鸣皋在金家庄召开的主要干部会议上,落实赴京参加国庆典礼的师生代表。当晚会议决定,由朱波兴为教师代表,庄惠元、朱引根为学生代表赴京。

20日清晨,三人到了淀东公社,与淀东农中三位学生代表会合。公社送给每

人一套《毛泽东选集》,并送上了去昆山的轮船。他们又与昆山县赴京的中学师生代表团会合。下午3点,县政府给每人发放干粮,敲锣打鼓,送他们上了火车。

9月22日,上午8点左右,火车到北京站。中央政治局派工作人员领昆山代表团到北京广渠门117中学训练基地住下。9月23日,中央军委派来的军人在117中学的操场上,训练这支队伍的步伐、队形、口号,一直到30日。

10月1日凌晨3点钟,每人自带了面包、水果,整队前往天安门广场。队伍从前门进,到人民英雄纪念碑正北方,距碑107块方石的地方,坐成方队,看文艺表演。

当天安门城楼上的钟敲了十响时,毛泽东主席、林彪、周恩来等领导干部健步登上天安门城楼。会上毛泽东主席讲话,之后广场上的人有序离开,进入长安街游行。周恩来总理多次在城楼上喊,同志们队伍不要停下,继续往前行。游行结束,队伍回到广场内原位席地坐下。

天一黑,广场边树上的彩灯亮起,仿佛这些树都开满了鲜花,之后是盛大的烟火晚会。烟火晚会结束后,这支昆山代表团的队伍有序回到117中学,10月2日,乘火车返乡。

三、幼托

新中国成立前,金家庄村幼儿教育是空白。新中国成立后,开始创办幼儿教育。1951年,有一个幼托班,附设在金家庄小学内,王巧仙老师任教。入学幼儿30人左右。1953年,由朱美英老师任教。1958~1967年,由顾月娥老师任教,入学幼儿30~40人。1968年,4个大队增办了专职托儿所,配备专职幼托教师,工资由大队支付。幼托教师分别为金湖大队阮惠秋、光明大队徐百芳、胜利大队徐林芳、黎明大队沈晓妹。1970年,顾玲珍任幼儿园老师,幼儿园设在原农业中学内。1971年,又回设至金家庄小学。1972年后,幼儿教师为顾国英、沈晓妹、朱国娥。1996年,转为村办幼儿园。幼儿教师为徐林芳、蔡裕芳、顾彩萍、庄翠琴。那时入学幼儿较多,见表8-1-1。

表 8-1-1　　　　　1996~2000年村办幼儿园师生统计表　　　　单位：班级、人

年份 幼儿园名称	1996			1997			1998			1999			2000		
	班级	幼儿	教职工	班级	幼儿	教职工	班级	幼儿	教职工	班级	幼儿	教职工	班级	幼儿	教职工
金家庄中心村	3	113	6	3	106	6	3	88	5	3	72	5	3	54	5

2005年，顾彩萍、蔡裕芳辞职。那时学生人数明显减少，到2009年以后，幼儿园仅十多人就读，由庄翠琴一人任教。

早期，幼儿班招收4~6周岁幼儿，编成混合班，学制1~3年。年龄小的幼儿读2~3年，年龄大的只读一年。课程有语言（包括讲故事、认识环境）、音乐、画图、劳作（泥工、纸工）和计数等。70年代，幼儿园按大、中、小编班，学制三年，课程开设语言（讲故事、认识环境）、画图、美工、音乐、体育、计算等科目。此外还有早操、午睡、活动、游戏。

1978年后，幼教日益规范，幼儿园入园年龄调整为小班3.5周岁、中班5.5周岁。1981年，教育部《幼儿教育纲要（草案）》颁布后，幼儿教育统一开设计算、语言、常识、音乐、美工、体育6门课程，向幼儿进行体、智、德、美教育，使用全国的统一教材，教养工作逐步走向规范。幼儿教育开展多种多样的游戏活动，具有趣味性，符合儿童心理特点，做到寓教于乐。1996年，《幼儿园工作规程》颁布后，根据规程的精神进行教养工作，采用保教相结合的方式，对幼儿实施"体、智、德、美"全面发展的教育。

第二节　医　疗

人们都向往健康，但生病治病难以避免。古代的金家庄交通不便，因而自古村庄内就有郎中（中医）、药店。

一、药店

新中国成立前，金家庄村有两家私营中药店，一家设在淀湖自然村里珠角的东厢房内，业主顾金生。另一家设在淀山自然村顾家三墙门靠街南侧的房子内，业主顾连相。

二、卫生室、服务站

20世纪三四十年代,金家庄有两家中医诊所,分别为顾石林、顾瑞华中医师诊所。顾石林的诊所设在外珠阁进门右侧的厢房内,顾瑞华的诊所设在北桥堍顾家西侧的小屋内。西医姜云诊所设在王家角北侧的小楼里。新中国成立后,两中医停止营业,姜云西医诊所一直运营到1964年,才停诊。1953~1956年期间,青浦人吴志本在村里又开设西医诊所。

1958年,杨湘卫生所和杨湘联合诊所合并,成立淀东卫生院,门诊部设西医内科、西医外科、中医、化验室、妇产科等,下设金家庄、歇马、榭麓、塘泾、新星五个医疗站。淀东卫生院培训不脱产保健员,由保健员负责卫生院统一布置的防疫工作。1962年,淀东卫生院派张亚绍在北桥西堍开设西医诊所。1966年,张亚绍因健康原因,淀东卫生院派魏建新医生来金家庄开诊所,后停办。

1969年,4个大队各自开办了医疗站。合作医疗的基金由社员个人和生产队集体共同筹集,参加合作医疗的社员每人每年缴纳2元,集体从公益金中提取2~4元,基金主要用于参加者的医药费报销。

报销标准:一般的疾病,在村医疗站就诊,医药费全免;转公社卫生

金家庄农户旧房

院就诊者,医药费报销50%;转县以上医院就诊,每次限额报销医药费20%~30%。医疗站流动经费,由大队集体铺底,为医疗站添置必备的医疗器械、办公用具,备足一般常见疾病的药品。

1984年,"赤脚医生"改称乡村医生。

1985年,医疗站改称卫生室,卫生室的医疗设施、设备明显改观。两间三室的卫生室内,有办公台、观察台、外用台,病人就诊有床、有凳。卫生室配有标准的药厨、必用的医疗器械和常用药品。

1992年后,农村合作医疗福利型转为风险型,实行风险基金制度,为了解决重病人的医药费负担问题,一次性可报销500~3000元不等。一般疾病治疗仍享受报销一定数额的医药费。

1994年,金湖、淀金、淀山、淀湖村卫生室,经昆山市卫生局验收,达到合格标准,所在卫生室的乡村医生取得省颁发的乡村保健医生合格证书。

1996年后,农村合作医疗基金的筹集由集体转向个人,参加农村合作医疗的村民按本村规定,每人每年缴纳6～8元、8～10元。

1969年12月,4个大队合并成立金湖医疗站。

人员分别为,光明大队:沈建国、邵如菊;胜利大队:周福兴、顾取英;黎明大队:顾阿小、居仁华;金湖大队:朱元林、朱密宝、吴永明。

地点:甲子桥西、北塊、顾家大宅内。

设备:有一般的医疗器械,药厨1口。

1970年,总医疗站分开,各大队各自建立医疗站。

人员:光明大队:沈建国、邵如菊;胜利大队:周福兴、顾取英;黎明大队:顾阿小、居仁华;金湖大队:朱元林、朱密宝、吴永明。

地点:紧靠大队办公室。

设备:有一般的医疗器械,药厨1～2口。

1984年后,医疗站改称卫生室,"赤脚医生"改称乡村医生。

人员:淀金村(光明)郁佩莲、邵孝珍;淀山村(胜利)周福兴、顾取英;淀湖村(黎明)顾阿小、居仁华、程贵荣;金湖村(金湖)朱元林、朱密宝。

地点:紧靠村办公室。

设备:明显改观,有观察台、外用台、办公台、简易病床。

2000年,4个自然村卫生室合并,改名为金家庄村社区卫生服务站。

人员:朱元林、邵孝珍、顾阿小、程贵荣。

2003年部分医务人员分流,留下的医务人员是朱元林、邵孝珍。除挂号、出诊、注射费自理外,在村医疗室(卫生室)就诊全额报销。转镇卫生院(医院)就诊的医药费个人担负30%,另外70%由卫生院向医管会结算,年终医管会向行政村结算;转市以上医院就诊报销药费限额50%(限额300元);服中药,每剂中药报销0.5元。

链接1:接生员

金家庄村有沈秋英、郁秀英、吴巧娥三名接生员,专为妇女生孩子接生。接生员经过培训后,技术较高,接生的成功率在95%以上。接生工作一直延续到1976年才结束。之后孕妇生孩子送往县卫生院。

链接2:"赤脚医生"

"赤脚医生"是一个新生事物。1955～1957年,根据上级的指示精神,为了彻底消灭钉螺,掀起了群众性的查螺灭螺运动。1964年,每个大队配备了血防大队长,各生产队有一名专职查螺灭螺员。经过培训,查螺灭螺员成为半农半医的生产队保健员,这是"赤脚医生"的前身。1965年10月,江苏省血防研究中心为淀东公社培训不脱产的农村保健员,之后苏州市医疗队为淀东公社培训"赤脚医生","赤脚医生"正式产生。

第三节 消灭血吸虫病

金家庄不论是居住区还是农田,河浜交叉,沟塘纵横,湿地多。新中国成立前,条条河沟内有钉螺,村上户户有血吸虫病人,是血吸虫病的重灾区。真是万户萧疏鬼唱歌。

新中国成立后,党和人民政府高度关心人民的身体健康,发动群众彻底消灭钉螺。灭钉螺有两种方式,一是压埋式,二是药物喷洒。同时,派驻医疗队医治血吸虫病人,治愈了轻度患者,同时,挽救了一批重症患者,把他们的生命从死亡线上拉了回来。

一、查螺灭螺

金家庄村是血吸虫病的重灾区。原光明大队大独圩的"老同生"一家人,都死于血吸虫病。蔡全古、阿杨等人也死于血吸虫病。

为了消灭血吸虫这个瘟神,政府组织干部和社员,在相关的月份里进行查螺灭螺活动。经过数年努力,血吸虫病在江南一带得到了控制,直至消亡。

1952年,金家庄全校师生和广大农民职工识别钉螺、捕捉钉螺。1955～1957年,全村掀起了群众性的查螺运动。特别是1956年,进行了一次大规模的查螺运动。发动群众压埋钉螺,填平无用的小沟、池塘、洼地,人工捕捉钉螺。在金家庄各个江口都筑了坝基,把江水全部抽干,利用压埋的方式,消灭钉螺。

1964～1966年,金家庄4个大队配备了血防大队长,培训了生产队保健员,结合化验粪便,开展查螺灭螺。其中,1964～1965年,每个生产队结合垦荒,采用人

工灭螺与化学灭螺相结合的方法进行灭螺。公社派陆贵高蹲点在血吸虫重灾区，光明大队的西北头，由大队血防干部吴根生具体负责。

光明大队五队和六队把河沟里的水抽干净，用铁铲把泥土翻转过来，来了个底朝天。湿地的四周杂草丛生，水中又长满芦苇。村民先割去杂草芦苇，再从上到下铲去一层薄薄的泥土，浸入水中。在一大片湿地上泼浇了五氯酚钠混合液，用以消灭钉螺。同时，又开垦了许多荒田。光明大队的六个生产队用同样的方法在2队的湿地上筑了防护岸，开垦了一片荒田，俗称"东荒田"。榭麓圩也开垦了荒田，总共50～60亩。

金湖大队在梅家堰、神龙潭灭螺开荒40～50亩。胜利大队在小西门湿地，现第四养殖场灭螺开荒40多亩。黎明大队在官里南面湿地长漕娄等地，灭螺开荒50～60亩（注：荒滩、湿地是钉螺最多的地区）。如此，这些荒滩湿地彻底消灭了钉螺，荒地也变成了良田。

4个大队对渠道、进水沟、排水沟等进行清理。把沟底铲平，由上向下把沟的两壁的草皮铲光，并把草皮填入沟底。由电灌站打水，让沟渠里有1.5～2尺高的水位，最后泼入五氯酚钠混合液，浸几天，彻底消灭了沟渠里的钉螺。虽然如此，但金家庄人仍不放松，每年定期重复查螺灭螺，一直持续到2012年。那段时间，挖沟渠的总长度为18 360米。

二、查病治病

为彻底消灭血吸虫病，政府组织医务人员、干部群众进行病情调查。先体检，后查病，再治病。

1957年的血吸虫病病情调查中，有群众报病和医生询问病人体检两种方法，来确定可疑血吸虫病人。对他们进行粪检，以确定是否有血吸虫病。

查病，检查人体粪便，采用沉淀孵化法（含沉淀镜检）。1960年，为了提高粪便受检率，将三送三检改为一送三检。1964年，实行三送三检和沉淀孵化法相结合进行查病。1970年，从实践中总结出粪便检查血吸虫病要把好"五关"，即送检质量关、水质处理关、操作质量关、孵化观察关、情况消毒关。

1952年2月，华东军政委员会卫生部组织上海同德医学院师生150多人、华东卫生部医疗预防大队、华东区苏南血吸虫病防治所、昆山卫生院、血防站、各区卫生所医务人员等组成的21个小组到淀东区，进行血吸虫病的治疗。其中一组到金湖乡（金家庄）进行血吸虫病的治疗。用1%酒石酸锑钾静脉注射，20天为一个疗程，病房设在三仓库，治疗者为顾根元、顾顺超、朱祥球等几十人。

1956年3~7月,苏州市组织医务人员,采用中西医结合,加强晚期血吸虫病人的治疗。在此期间,光明大队顾根元切除了脾脏,恢复了健康。1958年6月,采取边劳动边治疗,进行锑钾2天疗法。

1965年9月,江苏省血防研究所血防人员在金家庄,采用血防846合并人丹型锑钾丸治疗,以及血防846呋喃丙安、人丹型锑钾丸等几种药物联合治疗,并结合锑-58肌注治疗。期间,治疗病人有原光明大队吴仁清、邵光元、朱福元、沈云超、朱俊考、朱根生等80多人。吴仁清、郁坤福、周兴奎、吴炳中、朱根生、吴根宝、沈密秀、吴根新、蔡俊才、张阿二、顾大东、朱五林、蒋方林等人切除了脾脏,恢复了健康。

1970年,曾一度用枫杨叶、口服锑-273,大面积治疗血吸虫病病人。1993年,淀山湖镇通过江苏省血吸虫病防治达标考核。1985~2000年,未查到钉螺。1981~2000年,未检查到病人。金家庄历时30多年,通过反复查治,终于送走了血吸虫病这个瘟神。

第四节 农村体育

金家庄青年人在进行农业生产的间隙,开展了丰富多彩的体育活动,组建了一支支运动队,参加各种比赛,既提高了金家庄农民的体育水平,又促进了金家庄村的凝聚力。

一、篮球队

1964年,农村兴起篮球热,每个大队的青年热情高涨,义务开辟球场。金湖大队篮球场设在东场(习惯称白场),光明大队篮球场设在坟埭上,胜利大队篮球场设在供销社后面,黎明大队篮球场设在现社区的位置。各村的青年练球时一般都在自家大队的球场上,到正式比赛时,集中在金家庄中心的"胜利篮球场"。

金家庄村曾经组织过一次规模

村民打篮球

较大的篮球赛,邀请了大市公社、千灯公社,本公社的几个球队及青浦县的叶荡大队前来参赛。4个大队的球员和学校的球员合并,专门成立了一个球队,队员是周本华、徐林福、邵光荣、赵国光、吴才元、莫新德、蒋坤生。

改革开放以来,随着人民生活水平的提高,参与重体力劳动的人越来越少,因而患三高、肥胖等富贵病的人越来越多。人们为了养生,逐渐认识到锻炼的重要性,纷纷加入广场舞、打太极拳、骑车、跑步等业余团队,在锻炼身体、提高体质的同时,愉悦身心。

二、庭院游戏

中国民间传统游戏在幼儿户外活动中有着悠久的历史和传统,流传下来的游戏项目数不胜数。它们是一代又一代人传承下来的朴素智慧与生活趣味,也是那些物质匮乏年代,让小伙伴们乐此不疲、亲密无间的嬉戏娱乐活动。这些游戏不知道流传了多久,可是每一代孩童在玩耍的时候,趣味依旧。

1. 骑马

三人一组,一人站立做马头,另一人在他背后双手搭住他的双肩,弓身俯首做马身。第三人为骑马者,骑在做马身者的肩上。玩时三人同时口喊"嘿！嘿！嘿——"数匹"马"竞相跑步向前,比谁跑得快。

骑马

2. 坐轿

三人一组,两人抬轿一人坐轿。抬轿的两人各自把左手掌握在右手腕上,然后互相把右手握在对方左手腕上,形成"井"字形。坐轿者双脚各插进抬轿者双手形成的环圈中,坐在手掌形成的"井"字上。玩时各组侧向疾跑,快者为胜。坐轿、抬轿者轮流担任。

3. 骑竹马

以一根1.5~2米长的竹竿做"竹马",夹在骑者的双腿间,左手握住竿的一端,另一端拖地,右手做持马鞭状。玩时口喊"嘿、嘿、嘿——"向前奔跑。多人玩时同时奔跑,快者为胜。

4. 滚铁环(叉铁箍)

器具是一个水桶大小的铁环(旧时农村常用废旧水桶铁箍),一根1米左右小竹竿,竹竿一头插进以粗铁丝弯成的U字形弯钩。玩时手持竹竿一端,以另一端的U形铁弯钩推着铁环在地上滚动前进。多人玩时,看谁跑得快,且铁环不倒下,为胜者。

滚铁环

老鹰抓小鸡

5. 老鹰抓小鸡

一人扮老鹰,一人扮母鸡,其余人数不定,扮作小鸡。一"小鸡"在"母鸡"背后抓住"母鸡"衫尾,其余"小鸡"也都各牵住一人的后背衫尾,形成一列纵队。玩时,"老鹰"尽力设法要抓住最后一只"小鸡",扮"母鸡"的则张开双臂拦住"老鹰",保护"小鸡"不被抓,众"小鸡"也在"母鸡"后面不断躲闪。若有"小鸡"被"老鹰"的手摸到,便算被抓住,就得退场。达到一定时间后,"老鹰"抓到的"小鸡"超过"小鸡"数的一半,则"老鹰"胜;不到一半则"母鸡"胜。老鹰、母鸡、小鸡由游戏孩童抽签轮流担当。

6. 抛沙包(砸铁子)

器具是5个4厘米见方的布缝沙包。玩时,先把全部沙包放桌上(或地上),以右手先取一个往上抛,同时抓起桌上的一个沙包在掌心,再接住落下的沙包;然后再往上抛一个,同时抓起两个桌上的沙包,再接住落下的沙包。如此接着抓起三个桌上的沙包。第二遍玩时上抛两个沙包,第三遍三个沙包。接住下落的沙包时,若有沙包跌落为失败,则换另一人玩。往上抛沙包数多者为胜。有的地方不用沙包而用小石子,称为"打五子",玩法一样。

7. 造房子

先在地上画一个类似两个品字、一个日字垒叠起来的2米长、1米宽的图形,每人持一小瓦片。玩时,一人先"造房子",即以小瓦片丢在最面前的"日"字中的最前一格,然后以单腿自面前向远处跳格,每格只能落一只脚,横向两格的双脚同时落下,各踩一格,有瓦片的不能落脚,只能跨跳过去。一直跳到顶端时双脚落地,然后跳回到起步处,再把瓦片丢到第二格,照样跳到顶格转回来,再丢瓦片至第三、第四格再跳,横向双格的丢瓦片顺序为先左后右。

一直跳到瓦片丢到"天宫"返回后,便可做一座"屋",即随意选上一格画上圈圈,算是属于自己的"屋",再跳时可双脚同时落在"屋"中,但对方的脚不能踩进此"屋",得跨跳过去。若在跳的过程中踩线,或跌倒,或瓦片丢出界外,都属失败,应退出,改由对方跳。如此循环,做"房子"最多者为胜。时间一长,踢石子碰破了鞋面,就要受家中大人的奚落责骂,但责骂也挡不住孩子玩跳房子的兴头。

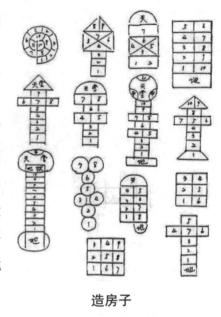

造房子

8. 踢毽子

踢毽子是城乡儿童少年中最常见的一种游戏,毽子一般用公鸡的长羽毛和圆形方孔的铜钱做成。踢毽子比赛有单人赛与集体赛。单人赛以每人踢毽的次数多少来判定胜负;集体赛按个人技术的高低分组,以总踢次数多少来判定输赢。技艺高超者可连踢数千次而毽不落地。还有一种团踢,即一群人共踢一毽,当毽落到谁面前,谁可任意选择踢法把毽复踢给别人,接毽者也以自己的踢法把毽踢给别人,毽掉在谁的面前谁为输。踢毽子以下肢肌肉的协调运动为主,功夫在脚上。髋关节、膝关节、踝关节、脊椎各关节、腿部肌肉、肩背部肌肉都能得到有效的锻炼,可促进人的身体健康。

9. 斗鸡(顶牛)

斗鸡者,拐起自己的一腿,双手抱脚,膝头为角,相互顶斗。两人单斗,也可多人群斗。被对方斗倒或所抱腿脚落地为输,不可用手去推对方,最后不败者为将军。斗鸡是一种锻炼身体平稳及耐力的活动。热闹激烈,很受青少年喜爱。

10. 轧庄头

寒冷的冬天,选择"L"形的屋檐。几个幼儿靠"L"形的墙而立,用肩部的力量向前面挤,被挤出的人接到队伍的最后,再向前面挤,如此反复进行。占领L角落的人,为最厉害。如果让幼儿边念儿歌边游戏,更能增添情趣,并培养协作精神。

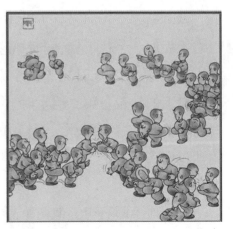

斗鸡(顶牛)

11. 拉"大锯"

两人对坐,双脚自然盘曲,双手对握,随着儿歌的节奏做拉锯似的前俯后仰动作。

12. 蚊子叮手

游戏者随着儿歌的节奏,将做捏东西状的手叠放至另一人的手背上,依次叠高,直到无法够着为止。

13. 堆馒头

游戏者边念儿歌,边轮流伸出右手大拇指(其余四指呈抓握状),第一人伸出后,第二人握住第一人的拇指,第三人握住第二人的拇指……直到最高处。

14. 木头人

参加者两人念儿歌,儿歌念完后,立刻静止不动,不说不笑地对视,谁先忍不住动了或笑了,就算输。

15. "警察"捉"小偷"

幼儿平均分为两组,一组为"警察",一组为"小偷"。场地上,分别画两个圈为各自的"家"。游戏开始,"小偷"出来活动,四散跑开,"警察"出来捉"小偷",把"小偷"捉回"警察"的家,未被捉住的"小偷"如果跑回自己的"家","警察"就不能再捉了。

16. 拍手背

两名幼儿以猜拳来决定谁先拍。拍者掌心向上,并将手放在对方的手心下面,看准机会,撒手从上面去拍对方的手背。如能成功,则继续拍,一旦拍空,两人交换。

17. 扎手绢

几位幼儿手拉手,成一个圆圈。甲乙两位幼儿在圈外相对的地方分别将手绢扎在圈上幼儿的手腕上;然后以最快的速度往顺时针方向跑,将对方扎的手绢解下,扎在前一位幼儿的手腕上;扎好再往前跑去解前面的手绢……若另一位幼儿还未扎好被追上则为输者,与被扎幼儿换位,游戏继续开始。

18. 种西瓜

4人至8人一组站成圆圈,然后,依次把脚钩在前一个人的脚弯里,形成脚搭成的圆圈。大家一起拍手一边念儿歌,一边单脚跳着绕圈前进(此游戏适合较大的幼儿玩)。

19. 切西瓜

几位幼儿手拉手围成一个大圆圈(做"大西瓜")。一位幼儿做"切西瓜",边念儿歌边绕着圆圈走,并做"切西瓜"的动作,念到最后一个字时,将身边两位幼儿拉着的手切开,然后站在被切开的位置。被切到的两位幼儿则必须立即朝不同方向跑一圈,再回到原位,先到达原位者即为再次游戏的"切瓜人"。

20. 打弹子

所谓弹子,就是带花心的玻璃球。打弹子是男孩们最常玩的一种游戏。一般用大拇指和食指弹球,才能容易掌握力度和打中目标。玩法通常是"打老虎洞"。在地上挖出比弹子稍大的6个坑,谁的玻璃球先打进6个洞,就变成"老虎",可以先打谁的球,打着了就算赢,这就叫"打老虎洞"。

打弹子

21. 削水片

平时或散步,或劳动歇息,一时性起,便在河边、墙角取一块碎瓦片、碎缸片、碎碗片之类,朝河面飞去。随着一阵"嗒嗒嗒——"的声音,水面上便会出现漂亮的水花,这就叫"削水片"。削水片看似简单,却很有讲究,也有一定技巧。一是要有力,二是要使缸片、瓦片紧贴水面,掠水而行,出没跳跃,能在水面上激起一串串的涟漪。飞出的涟漪由近及远,由小而大,在水面上划出一朵朵美丽的"白莲花",给人以无穷的乐趣。

22. 跳橡皮筋

跳橡皮筋也叫跳牛皮筋,是女孩子们特别喜欢玩的一项活动。不少街头巷尾、弄堂院落经常可以看到女孩子们哼着童谣、和着节奏在跳橡皮筋。人多的时候总会由两个高手分别率领两支队伍比赛;人少的时候一根橡皮筋(牛皮筋)加两个小板凳,一个人也可以玩得热火朝天。

23. 扇"洋片"

"洋片"又叫娱人片,是一种彩色的卡片。早年装在烟盒里,叫"纸烟画片",也有人称为"香烟牌子"。画面都为三国、水浒等故事中的人物,还有各类兵器,全套攒齐很不容易。小摊、货郎担上常有整版或分条出售,买回将其剪成单张,用橡皮筋绷住,藏好。每当放学后,一帮顽童就蹲在墙脚边的空地上,或庭院、马路旁,将自己的"洋片"按单张、多张,正面朝下摞起。先猜拳决出先后,然后用手掌扇洋片。所谓扇,就是将洋片的正面翻出,翻出即赢。扇时,根据各人掌握的技巧与力度,利用手掌扇动时产生的风力将洋片扇翻。有时一扇能扇翻一两张,甚至好几张。当然,也有可能连一张也扇不翻,看似简单却魅力无穷。

24. 滚铜钿

滚铜钿,是一项适宜少年儿童玩的竞技性很强的民间游戏活动。滚铜钿实际上是用铜板滚的。铜板跟铜钿有区别。铜钿也叫铜钱,它跟铜板不同,中间有一个方孔,体量轻而薄,不好滚。但它是金钱的代名词,所以把滚铜板叫作滚铜钿。

先在地上斜支一块砖,在前面五六米开外设一障碍物。然后用大拇指和食指扣着铜板,在砖面上用力一磕,铜板就叮的一声落在砖上并弹离砖面,顺着地面一路往前滚,谁滚得远,就是胜利者。如果用力过猛,铜板从障碍物上弹回来,就反而距离近。谁的铜板能正好靠着障碍物上停下,那就是胜者。如果几个人滚就能决出第一名、第二名、第三名……然后,由第一名先出手用自己的铜板打别人的铜板,打中一个就吃掉一个。打不中则由第二名出手打,这样依次类推,十分刺激、好玩。

25. 打铜板

打铜板是两个人以上玩的一项活动,以男孩居多。先在场地上平放一块砖,参与者每人将一个或数个铜板叠放在砖面上。然后,通过猜拳形式决出出场名次。胜者第一个出场,用自己手中的铜板瞄准砖面上的铜板用力击打。打掉几个就赢取几个。然后由第二个出手击打,依次类推。击打时,既要眼力好,打得准;又要力度巧,打得多。技艺高的人可以一记一锅端,叫"端庄";技艺差的可能连一个也打不着,叫"太烂光"。十分刺激、好玩。

后来铜板成了奢侈品,一般的孩子拿不出几个铜板。于是用硬纸板剪成一个个铜板状的圆圈来打,叫作"打圆圈"。有时用瓦片敲成一个个圆的来打,叫作"打像脐",也富有乐趣。

26. 挑绷绷

先取一根一米不到的"鞋底线",把线的两头打结拴住。然后,你来我往,利用双手的十个指头,或钩,或挑,或叉,变换出许多不同的图形。有"大方砖""梭子块""大手巾""乱草把"等。真是变幻无穷,让人目不暇接。

27. 跳绳

跳绳,在我国历史悠久,盛行于清代,名谓"跳百索"。《松风阁诗抄》有记载:"白光如轮舞索童,一童舞索一童唱,一童跳入光轮中。"当时,这种跳绳加伴唱的游戏娱乐性很强,对促进少年儿童的灵敏度、速度、弹跳力及耐力等身体素质都有好处,因此,跳绳运动一直流传至今。

跳绳器械简单,场地到处都是,随时可做,是一项适合大众的体育健身运动。跳绳花样繁多,可简可繁,无论在家庭、社区、机关、学校乃至各企事业单位都开展这项活动。

28. 掼纸包

掼纸包,也叫打四角,是由两个人玩的游戏。把书页撕下,取两张纸对折成长条形,然后把两张长条形的纸交叉相叠,折成一个四方形,一个纸包就做成了。然后,平放在地上,用自己手中的纸包击打别人的纸包。如果能把别人的纸包打得翻个身来,就算赢了。如果觉得自己的纸包太单薄,经不起打,容易被别人的纸包打翻,可以把三四张纸叠起来做,做得厚实就不容易输了。这是少年儿童,特别是男孩子们十分普遍又很爱玩的一种游戏娱乐活动。

29. 放风筝

每至清明时节,人们在春回大地、草木皆绿的大好时光,兴致勃勃地结伴出郊外,踏青游玩放风筝。人们通过放风筝活动,呼吸了新鲜空气,锻炼了身体,陶冶了情操,增强了体质,达到身体健康、精神愉悦的目的。

30. 红灯、绿灯,马上开灯

请一位幼儿背朝众幼儿做开灯者,站在场地的另一端,众幼儿朝前随意行走或做各种姿势的动作。当开灯者大声说完"红灯、绿灯,马上开灯"转回头时,众幼儿必须立刻如木头人一般静止站立,直至开灯者再转回头。若在此间有人控制不住而动了,将被请出。游戏反复进行,谁能坚持到最后一个则为胜者,然后由胜者当开灯者。

31. 地雷爆炸

游戏前先用猜拳决出一个为追逐者,其余幼儿为逃跑者。逃跑者可以四散跑,追逐者只要能捉到一个人就算胜利。逃跑者保护自己的办法就是,快被捉住时,可以立即蹲下说"地雷":追逐者就必须停止追他,另找目标追逐。而"地雷"只能原地不动地蹲着,等其他人来拍一下,并喊"爆炸",才被解救,继续做逃跑者。被捉住者为第二轮游戏的追逐者。

32. 脚尖脚跟脚尖踢

幼儿双手叉腰,边念边跳。"脚尖"(右脚尖朝后点地),"脚跟"(右脚尖朝前点地),"脚尖踢"(将右脚尖朝左前方点地,接着向右前方踢)。第二遍换左脚,依次反复进行。

33. 锤子、剪刀、布

四人参加游戏,两人一组,一人做猜拳人,一人做走步人,走步人站在起点线上。猜拳双方相对而立,边原地跳边说"锤子、剪刀、布",当说到"布"时,双方用脚做出想做的动作("锤子"为两腿并拢,"剪刀"为两腿一前一后,"布"为两腿向两侧张开),以动作决出胜负,胜者一方的走步人向前跨一大步。游戏反复进行,直至走步到达终点,先到终点者为胜者。

34. 孵小鸡

游戏者中选一人当"鸡妈妈"坐在凳子上,凳子下放几个"蛋"(可放石头代替),表示"鸡妈妈"正在"孵蛋",其余游戏者做"耗子"。"耗子"在"鸡妈妈"身边钻来钻去,伺机取"蛋"。"鸡妈妈"可以自由转动保护身体下面的"鸡蛋",但不能离开凳子。"耗子"伸手取"蛋"时,"鸡妈妈"要迅速拍"耗子"的手臂,被拍到的就不许再取"蛋"。游戏可玩到"鸡蛋"取完为止。

35. 吹羽毛

在桌上放一根羽毛,参加游戏的两个人各站在桌子的两侧,同时吹羽毛,将羽毛吹到对方的一侧落下为胜。

36. 爬楼梯

此游戏由两人玩。游戏开始时,其中一人伸出一手臂,另一人则分别用自己双手的大拇指和食指从手腕关节处开始,环捏着对方的手臂,边念儿歌"升级、留级、补考、跳班",边逐级向上移至手肘关节处,若到了肘关节处,儿歌刚好念到哪个级,对方即为哪个级,如上移至手肘关节处时,儿歌刚好念到留级,此人即为留级生等。

37. 杂响根

此游戏可由两三人或数人轮流做。游戏前,以锤子、剪刀、布的形式决定游戏顺序。游戏开始时,第一个参加游戏的人将一把冰棒棍撒在地上后,再逐一拾起冰棒棍,在拾的过程中,将先拾起的冰棒棍做辅助工具,但在挑动时不能碰动其他几根,若碰动了,则由下一人用剩余的冰棒棍以相同的方法继续游戏,依次进行,最后以手中拾得的冰棒棍最多的为胜者。

38. 打陀螺(打棱角)

用绳子绕住陀螺后,降低身体,用力将绕在陀螺上的绳子拉开,使陀螺在地上快速旋转,然后不停地用绳子抽打陀螺。陀螺旋转时间最长者为胜。

打陀螺(打棱角)

39. 捉迷藏

参加游戏的几个幼儿,用剪刀、石头、布的方法来定输赢,谁赢谁就藏在指定区域里,输的人就来找藏起来的人,找之前要从1数到10,然后开始找,找到就算胜者。

40. 斗蟋蟀

在农村,斗蟋蟀颇为流行,孩子们特别喜欢。到碎砖乱石或草丛中听声音,听到唧唧的叫声时,搬开碎砖乱石或拨开草丛,用手捕捉。有的蟋蟀钻在小洞里,就用水灌,等它出来时再用手捕捉。安放蟋蟀的工具相当简陋,孩子们自己想办法,有用火柴盒或者罐头安放蟋蟀。动手能力较强的孩子,点子多,就用一段多节的竹梢,把所有的节都打通,每个节旁锯一条缝,再插上铅皮,分成几个空间,然后安放捕捉到的蟋蟀(一般能安放四五只)。蟋蟀颜色有尊卑之分,白不如黑,黑不如赤,赤不如黄。把两只蟋蟀放在一个盒子中,或一个罐头中,用蟋蟀草引逗它们的触须,激起它们的斗志。蟋蟀卷动着长长的触须,不停地旋转着身体,寻找有利位置,勇敢地扑杀对方。几个回合之后,败者回头就跑,胜者紧紧追赶,发出唧唧的叫声,好不威风。

41. 丢手绢

一幼儿做丢手绢人,其余幼儿围成一大圆圈,游戏开始时,幼儿一起唱歌,丢手绢人沿着圈外走或跑,当唱到"轻轻地放在小朋友的后边"时,丢手绢的幼儿悄悄将手绢丢在圈上一幼儿身后,并迅速离开,当唱到"快点快点抓住他"时,被丢的幼儿立即起身去追丢手绢的人,丢手绢的幼儿则迅速跑到被丢者的位置上蹲下,若丢者被抓捉,则继续做丢者,若未被捉,则与被丢的幼儿交换角色,继续游戏。

丢手绢

42. 飞竹蜻蜓

竹蜻蜓是中国古老的玩具。早在公元前500年,我们的祖先就从大自然中蜻蜓飞翔的观察中受到启示而制成了竹蜻蜓。竹蜻蜓的外形呈"T"字形,横的一片像螺旋桨,当中有一个小孔,孔中插一根笔直的竹棍子,用两手搓转这根竹棍子,竹蜻蜓便会旋转着飞向天空。当升力减弱时,它才落到地面。

43. 东南西北

用纸折成右图形式,然后在表面写上"东南西北"四个字,在折开的各个侧面写上各种类型的职业。然后,各自说方位,打开看,写的什么内容,便嬉笑着自己会成为什么人。侧面,也可以写上各类东西,如水果、玩具、颜色等。

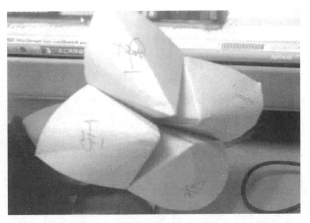

东南西北

第九章 人民生活

新中国成立后,金家庄人民的生活发生了天翻地覆的变化。生活水平依次经历了缺衣少食、勉强温饱、衣食无忧、丰衣足食、锦衣肉食的过程。虽然其间也有过曲折,如三年困难时期,金家庄人以其不屈不挠、坚韧不拔的精神,最终渡过了难关。

在奔向小康、面向现代化的发展过程中,金家庄人凭借机智的头脑、吃苦耐劳的精神,抓住机遇,创造自己美好的生活。

第一节 农民生活

金家庄人的生活随社会的不同阶段而出现各种境况。新中国成立前与成立后的收入差距是非常明显的。

一、新中国成立前

新中国成立前,金家庄人民身受三座大山的压迫,再加上病患匪灾,百姓生活艰难,民不聊生。

民国三年(1914年),金家庄成立了自卫团,负责保卫村庄的安全。自卫团分工明确,防守严密,一直以来,村上平安无事。但盗匪对金家庄虎视眈眈,一直想掠夺金家庄的财富。民国二十一年(1932年),匪首徐天荣派人化妆成村民侦察,了解了金家庄自卫团的布防情况,乘自卫团收岗之际,乘虚而入,冲进金家庄,大肆抢劫,且丧心病狂地杀害了顾达今先生。

之后,自卫团的力量被大大地削弱了。据老人们说,1931～1945年间,金家庄经常遭到来自淀山湖上湖匪的抢劫,其中有3人惨遭杀害。

民国二十六年(1937年),十多个日军进驻金家庄,在北桥堍(甲子桥)两岸设岗,凡经过北江的船员都得向他们鞠躬,假如忘记了鞠躬,两边就伸出长竹竿敲打船员,甚至会招来杀身之祸。日军强行规定,要求每家巢军米,所谓巢,实际是进行抢掠,日军给的价钱低,且克扣斤两。有的村民不肯交,他们就冲进村民家里,把农民种的粮食全部抢光,致使好多村民都无隔夜之炊。

民国三十五年(1946年),有一个土匪头子叫严该生,他心狠手辣,与以字圩的村民小弥陀一言不合,就把小弥陀绑起来,抛入淀山湖中,用竹篙捅小弥陀。小弥陀就这样淹死在湖中。

民国三十八年(1949年)四月末,大忙已开始。由于田地远,好多村民为了省力,干活速度快一点,就住在船上,且分散地停在各自的田边。如此一来,就成了匪盗的抢劫目标。1949年4月,淀金自然村村民郁保根就这样,在田头惨遭强盗杀害。

金家庄的地理环境特殊,农田大多数在大市、千灯等地,农民种田要比别的村庄多花一倍的力气。农田地势低,容易受灾。碰到好年景,水稻亩产才三四百斤,夏熟则更是低得可怜。如遇到荒年,佃户还租米、付利息后,稻谷便所剩无几,要过一年,粮食根本不够。淀金村蔡全古身患血吸虫病,肚子大得像孕妇。因家中无米,常常吃了上顿没下顿。村里有个顺口溜总结他的生活:老全古真格苦,有之酱油吭豆腐,有之豆腐吭酱油。关于穿,人们也有顺口溜:阿大着新,阿二着旧,阿三着筋。意思是说一件衣服,老大穿新的,老大穿了给老二,老二只能穿旧的。老二穿了给老三,老三此时穿的衣服已经破得不成样了。特别是冬天,金家庄人摇船过淀山湖去种田,头上裹一块布绢头,上身穿夹袄,下身穿夹裤,小腿套上破袜头(用布和棉花自己缝制的无底袜),在湖上冷得瑟瑟发抖。雨天,没有橡胶套鞋穿,穿的是脚式。所谓"脚式",其实是用木板做底,上面钉了一块能扣脚的皮,类似木屐的样子。

二、新中国成立后

新中国成立后,经过土地改革,农民分到了土地,政府清剿了盗匪,人民生活日趋安定。经过农业合作化运动,充分调动了农民的生产积极性,农田单位面积产量不断提高。农民穿着也有所改善。大冬天时,人们能穿上棉衣、棉裤。条件好一点、赶时髦的人家,买上几件球衫、球裤,或1～2件绒线马甲。

1959~1961年,三年自然灾害期间,国家经济面临巨大的困难。金家庄人响应党的号召,毫无保留地把粮食全部交给国家,自己吃糠咽菜。许多村民得了消瘦病、浮肿病,但他们依然坚持生产,最终度过了困难时期。

随着改革开放的不断深入,给金家庄带来了前所未有的机遇,村里办起了企业,人均收入翻了几倍。20世纪80年代,进入农民翻建住房的高潮。家家户户拆了平房,建起了楼房。村民根据自己宅基地的大小,分别建起了三楼三底,或两楼两底,或三底两楼一平台等式样的楼房。人们先后购置了电视机、洗衣机、收音机及音响。金家庄开辟了乡村公路后,又分别添置了自行车、摩托车,有的还买了卡车,搞起了运输。最先富起来的人,还购置了轿车。

以下图例是20世纪七八十年代人们购买的电器和交通工具。有能力购置这些物品,在当年算是很富裕的人家了。

"红灯"牌收音机(一)

"红灯"牌收音机(二)

"凤凰"牌自行车

电视机

录音机用的磁带

"蝴蝶"牌缝纫机

20世纪90年代至21世纪,村民生活越来越好。人们不再担心饿肚子,而是担心营养过剩,许多人家在昆山市里买了房子。遇到拆迁的人家,分到了2~3套拆迁房。一般来说,每家都有2~3套住房。屋内装修也越来越讲究,家用电器一应俱全,近九成的人家自备轿车出入。迎娶新娘都用高档轿车接送。林肯、劳斯莱斯等高档车,不时出现在结婚现场。结婚的排场越来越大,全程摄像。新娘的嫁妆,不再是生活日用品,而是轿车。

金家庄人前后30年的变化是巨大的,某些生活观念和方式发生了颠覆性的转变。例如,30年前,好多的姐妹俩像娘俩;30年后,好多的娘俩像姐妹俩。30年前,穿花衣服和红衣服的,往往是小姑娘;30年后,穿花衣服和红衣服的,常常是中老年人。30年前,人们盼望怎样才能"长膘";30年后,人们考虑怎样尽快减肥。30年前,穷人才吃野菜和玉米面;30年后,人人爱吃野菜和玉米面。30年前,无奈穿破洞和补丁衣服的,是因为"穷";30年后,花钱买窟窿和补丁衣服的,是想摆"酷"。30年前,往往为饭不够吃发愁;30年后,常常因孩子少吃饭而操心。30年前,背心和裤头全是穿在最里面;30年后,背心和裤头也有穿在最外面的。

金家庄的80年代,有一个特殊的群体,她们是绣花大军。金家庄村有很多妇女聚集点,她们聚在一起,低着头,聊着天,说着闲话,手里却是忙着,她们要么在绣花(绣台布),要么是在打羊毛衫。

农闲时,金家庄的妇女就在家里做加工活。这些手工活,由吕国英、沈静芳等几个与上海外贸公司联系接单。她们把活分发给闲在家里的妇女,把金家庄村的剩余劳动力集中起来,也为村民增加收入提供了一条渠道。

在这样的环境下,金家庄的妇女个个都是巧手,绣花,织衣,信手拈来。特别是织衣,绞丝、漏空、结籽……什么样的花样都不在话下。绣的台布、织的棒针衫,都是出口到国外去的。

表9-1-1、表9-1-2、表9-1-3用数据来反映农民经济收入的提高。表9-1-1为1957年时,各高级社秋季的分配方案。表9-1-2为1962~1982年,各生产队人均年终分现金的数额。表9-1-3为2012年金家庄人住房统计。不管是分配,还是住房,从这些数据中,都可以看出金家庄人的经济收入在逐年提高,生活水平已达小康。

表9-1-1　　1957年金家庄各高级社秋季分配方案主要数据汇总表

项目		胜利社	光明社	生生社	黎明社
生产队数		6	5	8	6
户数		159	117	185	140
人数	男（人）	274	194	372	268
	女（人）	304	219	332	270
	小计（人）	578	413	704	538
正半劳动力（人）		278	210	317	188
耕地	集体（亩）	1 708	1 492	2 404	1 706
	自留田（亩）	26	29	38	25
	饲料田（亩）			38	
	小计（亩）				
决分劳动日					
农副业总收入（元）		120 108	94 076	158 498	115 875
农副业实际收入（元）		89 386	68 226	112 722	85 436
农副业生产费用（元）		30 722	25 850	45 776	30 439
合计纯收入（元）		62 269	48 144	81 677	62 193
社员人均纯收入（元）		107.7	116.6	116	115.6
社员分配纯收入（元）		92.3	106	104.3	95.5
人均分配纯收入（元）					
决分总收入（元）					
缴纳国家税金（元）		18 908	15 889	29 088	19 146
提留	生产费用（元）	4 143	1 045	/	786
	管理费（元）	199	228	132	167
	公积金（元）	2 440	1 900	3 087	2 147
	公益金（元）	610	475	772	552
	其他支出（元）	1 444	1 027	748	1 109
	提留合计（元）	35 768	25 889	47 265	30 054

表9-1-2　　　　　　　　1962~1982年金家庄各生产队人均年终分现金选年表　　　　　　单位:元

年份\大队生产队	金湖大队										淀金大队					
	1	2	3	4	5	6	7	8	9	10	1	2	3	4	5	6
1962	132.8	119.08	112	110.35	109	148.6	145.1	135.25	106	116.3	117.87	116.62	99.12	102.19	116.82	114.8
1963	154.75	103.4	126	109.67	117.25	133.28	139	127.3	96	108.54	135.33	128.8	124.67	130	133.25	136.6
1974	180.74	155.8	144.35	177.71	175.05	162.18	181.12	138.85	152.3.	177.33	211	180	170	179	208	194
1976	171.5	142.2	142	154.2	149	157.2	168	138	152.2	161	161	171	162	170	191	189
1978	175.6	160.94	153	171.94	162	176	170.09	147.18	144.26	163	180	168	180	173	174.8	176.3
1980	193.27	205.55	191.57	199	169.12	257.74	224	191.79	195.66	179.29	187.16	180.6	185.12	207.3	164.15	224.73
1982	280.7	336	295	280.66	194.17	372.11	309.27	310.16	275.43	147.73	255.5	287.06	249.31	262.02	275.28	324.8

年份\大队生产队	淀山大队									淀湖大队							
	1	2	3	4	5	6	7	8	9	1	2	3	4	5	6	7	8
1962	108.03	109.3	83.44	91	86.53	99.91	87.81	91.97		80	89.05	84.89	88.56	94.95	113.50	107	90.88
1963	114	112.26	104.65	99.07	107.02	95.19	101.64	82.16		89.8	95.55	89.68	94	99.3	119.08	108.8	103.01
1974	135.9	166	165.1	168.9	150	144	134.84			131.04	170.62	152.67	152	158.02	147.87		
1976	129.7	129.2	150.5	156.8	135.3	143.4	130			128.2	150.5	148.8	148	145	137.3		
1978	177	179	180.5	196.5	181	172	180			159.21	201.35	186.8	170.1	183.13	176.3		
1980	208.9	248	251	232.5	287	187	211.8	257		198.94	226.17	200.67	169.56	190.58	210.64		
1982	265.6	334.2	353.1	386.9	479	329.47	324.4	378.6	450	286.46	265.35	269.44	230.48	294.48	288.81	331.37	305.95

表9-1-3　　　　　　　2012年金家庄人口住房统计表　　　　　　单位:人、平方米

村名	人口数	住房面积	人均住房面积
原金湖村	812	55 851	68.78
原淀金村	454	34 421	75.82
原淀山村	611	26 472	43.33
原淀湖村	558	31 635	56.7
合计	2 435	148 379	60.94

第二节 社会保障

历来,农民老了,靠子女抚养。若生有几个儿子,便轮流到儿子家住。如果单独居住,则每年年底,儿子分别给一些抚养费和一年的米。由于是几个儿子共同负担,弟兄、妯娌、婆媳之间会产生许多矛盾。"哪家的钱比自己给得少","老人帮其他的子女家务做得多了","老人对孙子偏心,对孙女不好"诸多问题,都成为吵架的根源。

随着生活条件的改善,政府越来越重视养老问题,百强县市之首的昆山,更是把居家养老作为百姓生活的头等大事。淀山湖镇也不例外,在农村实施了农保、社保、医保等保障措施,广大农民到了退休年龄后,同样可以衣食无忧。

一、农保

2003年4月,金家庄开始实行农村居民养老保险,女年满55周岁、男年满60周岁以上的老人,无须交费,就直接领养老金。2003年每月领130元,2004年每月领133元,2005年每月领136元,2006年每月领150元,2007年每月领160元,2008年每月领220元,2009年每月领280元,2010年每月领340元,2011年每月领340元,2012年每月领400元,2013年每月领460元。

女尚未满55周岁,男尚未满60周岁的,愿意参加农村居民养老保险的,每人每年交40元,之后每年的个人交费逐步递增。因年龄不同,交费全额也不同。至2012年,最高交840元,最低交210元。例如,2012年交210元的,昆山市财政补交945元,淀山湖镇财政补交945元,年累计交2 100元。2012年交840元的,昆山市财政补交630元,淀山湖镇财政补交630元,年累计交2 100元。如果是贫困户、低保户、残疾人,个人交费部分免交,由村代交。

截至2012年,全村共有劳动力1 549人,参加农村基本养老保险的有47人,这些均是大农户、养殖户。1996年,外资企业、民营企业开始为部分农民职工交养老保险,当时政府对其有优惠政策,发展到2011年,农民进厂满6个月厂方就为其交养老保险,如进厂前已参加农保或社保的可连接社保,企业内村民的社保由投保人、企业、政府财政三部分完成交费。进厂的村民均把农保转为社保。2012年,全村共有303人,每月领取农村基本养老金。

2009年年底,昆山市政府出台文件,农保两年算一年社保,即将退休的农保人员和已退休的农保人员经换算,如有不足部分,可一次性补交。2009年12月,金家庄有151个男性老人和301个女性老人补交。每人补交款4万元左右,全部转入社保。现他们每人每月领1 000元多一点。同样,2009年到2012年间,农保退休人员全部补交转社保,所以领取农村基本养金老人数未增加。

表9-2-1　　　　　2012年12月金家庄农保领取养老金统计表　　　　单位:人、元

总人数	男	女	总金额	个人	
				最高	最低
303	124	179	120 547.9	400	370

二、社会养老保险(社保)

2000年,社会养老保险只在市镇从业人员(机关、事业单位干部、在职职工)中展开,之后,又在有业农民中逐渐展开。2003年,全镇社保9 993人,其中档案托管236人,企业社保8 195人,机关、事业单位1 562人,至2007年社保对无业农民放开,政府补贴巨资,鼓励无业农民参保,当年农民参加社保4 788人,2008年增至6 517人,占农民参保人数的41.7%。参加社保的农民女性50周岁、男性60周岁,第一个月的养老金可领600元以上,解决了农民养老的根本问题,同时解决了农村四二一型家庭人口结构的养老后顾之忧。无业农民的养老金制度,也全部过渡到社保,2012年,企业职工社保505人,档案托管社保669人。仅档案托管社保,财政补助金额574 380.00元,其中市财政补贴287 190.00元,镇财政补贴287 190.00元。

社保托管是自有职业者自交养老保险,就是人们常说的每年自己交养老保险,年底有返还部分资金的人。政府为了解决他们老有所养的问题,每月都要补助一笔资金。例如,某人每月交684.5元的,镇财政每月补交135元,市财政每月补交135元。若每月547.6元的,镇财政每月补交90元。市财政每月补交90元。若每月交136.9元的,镇财政每月补交22.5元,市财政每月补交22.5元。总之托管人员的交费额不同,交费时间不同,市、镇两级财政的补助各不相同。

2012年,农村居民养老保险参保率达100%。企事业单位参加社保的人数未作统计,只统计2012年金家庄村自有职业者参加托管(社会保险)人数,见表9-2-2。

表9-2-2　　　　　　　　　金家庄托管人数统计表

序号	姓名	性别	序号	姓名	性别	序号	姓名	性别
1	朱林华	男	91	蔡祥福	男	181	蔡祥荣	男
2	朱川芳	女	92	吕勤学	男	182	朱　仙	女
3	朱善兴	男	93	庄康英	女	183	朱瑞光	男
4	顾静英	女	94	朱雪春	男	184	沈　俊	男
5	顾奎新	男	95	郁永新	男	185	庄明亮	男
6	朱瑞荣	男	96	朱丽华	女	186	朱佩庆	男
7	朱静芳	女	97	顾永明	男	187	顾留芳	女
8	郭丽峰	男	98	顾桃元	男	188	周彩芳	女
9	盛方娟	女	99	吕卫芬	女	189	邵惠忠	男
10	朱海生	男	100	顾丽岗	男	190	朱善中	男
11	吴福光	男	101	顾冬芳	女	191	徐树平	女
12	蒋永良	男	102	吕善生	男	192	沈连英	女
13	朱兴林	男	103	朱家丰	男	193	戴小燕	女
14	顾林生	男	104	顾　婉	女	194	朱　红	女
15	顾文忠	男	105	朱贵元	男	195	周珍飞	女
16	朱红荣	男	106	朱留元	男	196	朱三见	女
17	顾永元	男	107	朱丽芳	女	197	盛秀珍	女
18	朱阿三	男	108	蔡雪忠	男	198	朱建勇	男
19	邵雪英	女	109	盛奇青	女	199	朱桂新	男
20	邵秀菊	女	110	盛凤元	男	200	刘晓艳	女
21	邵阿度	男	111	吴东表	男	201	朱仁忠	男
22	朱根兴	男	112	朱振坚	男	202	陆建花	女
23	郁晓平	男	113	顾国其	男	203	俞俊心	男
24	邵惠东	男	114	朱秀娟	女	204	蒋丽东	男
25	郁琴仙	女	115	周卫荣	男	205	许怀凤	女
26	任以菊	女	116	朱善光	男	206	朱晓峰	男
27	吴巧英	女	117	吴桂明	男	207	吴亦梅	女
28	吴建成	男	118	顾建平	男	208	朱留兴	男
29	顾岸成	男	119	周伟明	男	209	高小娟	女
30	赵海珍	女	120	顾永明	男	210	朱建标	男

续表

序号	姓名	性别	序号	姓名	性别	序号	姓名	性别
31	朱建青	男	121	朱林孝	男	211	朱仁荣	男
32	居吉芳	女	122	徐林芳	女	212	吴虎荣	男
33	居吉英	女	123	吴夏兴	男	213	何建芳	女
34	朱菊玉	女	124	何晓新	男	214	陆萍	女
35	周献秋	男	125	蒋菊仙	女	215	邵卫平	男
36	谈月珍	女	126	朱丽红	女	216	沈宝琴	女
37	盛卫芳	女	127	吕平	男	217	郭金华	男
38	顾娟	女	128	顾浩	男	218	庄庆丰	男
39	朱惠中	男	129	朱月新	男	219	顾永林	男
40	吴桂忠	男	130	顾福新	男	220	吴建川	女
41	顾金华	男	131	周彩菊	女	221	顾永珍	女
42	顾金兴	男	132	蒋志新	男	222	朱庆红	女
43	谈月琴	女	133	朱文秀	女	223	莫雪花	女
44	朱建江	男	134	郁祥英	女	224	周献忠	男
45	潘雪球	男	135	朱培芳	女	225	赵燕藻	男
46	蔡生林	男	136	顾丽兴	男	226	旦炳其	男
47	朱文虎	男	137	周岳荣	男	227	顾雅红	女
48	朱雅倩	女	138	沈伟洲	男	228	顾春	男
49	俞孝雪	男	139	朱红英	女	229	凌贤平	女
50	周美琴	女	140	朱彩琴	女	230	邵卫国	男
51	吴永军	男	141	沈青华	男	231	朱建明	男
52	顾文虎	男	142	郭幸玉	女	232	蒋菊妹	女
53	顾文华	男	143	郭惠林	男	233	何为华	女
54	邵海娟	女	144	朱雪凤	女	234	蔡金林	男
55	周建华	男	145	朱建明	男	235	冯建明	男
56	周伟菊	女	146	郁金林	男	236	庄伟荣	男
57	范洪康	男	147	朱晓春	男	237	沈良英	女
58	朱雅青	女	148	吴川新	女	238	顾留芳	女
59	赵志芳	女	149	朱红英	女	239	朱以芳	女
60	潘国生	男	150	顾永福	男	240	束志锋	男

续表

序号	姓名	性别	序号	姓名	性别	序号	姓名	性别
61	蔡秋风	男	151	朱善琴	女	241	吴祖新	男
62	蔡秋菊	女	152	朱巧珍	女	242	章川芳	女
63	盛 春	男	153	朱彩珍	女	243	陈永菊	女
64	朱兴明	男	154	顾雪琴	女	244	徐静强	男
65	沈跃民	男	155	朱建光	男	245	马红霞	女
66	朱进荣	男	156	尹红玲	女	246	朱桂荣	男
67	朱善荣	男	157	蒋凤仙	女	247	顾美菊	女
68	范红梅	女	158	吴正光	男	248	顾春林	男
69	蔡丽芳	女	159	张 琴	女	249	朱永生	男
70	朱丽元	男	160	吴惠荣	男	250	朱建荣	男
71	顾伟忠	男	161	朱金林	男	251	吴旦刚	男
72	薛 珍	女	162	沈建东	男	252	顾幸录	男
73	朱文虎	男	163	朱联芳	男	253	吴 勇	男
74	朱建新	男	164	吕火兴	男	254	盛取英	女
75	陈志明	男	165	柴惠菊	女	255	顾佩荣	男
76	张宏兴	男	166	顾文龙	男	256	吴惠光	男
77	沈金东	男	167	赵 静	女	257	范春芳	女
78	顾引新	男	168	顾洁华	女	258	顾善林	男
79	柴卫芳	女	169	朱长华	男	259	吴白弟	男
80	徐兴红	女	170	顾彩琴	女	260	朱国洪	男
81	徐雅英	女	171	顾云杰	男	261	许永福	男
82	邵永峰	男	172	沈英浩	男	262	顾引华	男
83	盛奇红	女	173	蔡祥菊	女	263	陈永刚	男
84	朱凤光	男	174	吴前荣	男	264	蔡红妹	女
85	沈良荣	男	175	莫建芬	女	265	朱秋燕	女
86	沈伟锋	男	176	顾 奎	男	266	朱 敏	女
87	吴川红	女	177	顾建芳	女	267	顾勇芬	女
88	周善兴	男	178	蔡丽菊	女	268	蒋继红	女
89	居吉荣	男	179	李艳红	女	269	邵世红	女
90	朱静华	女	180	吴永刚	男			

三、最低生活保障

2000年,《昆山市城镇人民最低生活保障办法》规定,政府对收入水平达不到政府测试的最低生活保障水平的人员,加大了保障力度。2000年,农村人民生活最低标准100元/月,城镇人民生活最低标准180元/月,以后逐年增加。2007年,调整为农村人民240元/月,市镇人民320元/月。2008年,农村、市镇人民最低生活保障水平统一为人均350元/月。2012年,金家庄享受低保34人。

四、失地农民

2000年,随着工业、社会主义公共事业的迅速发展,淀山湖镇政府征用了大量土地。截至2007年12月底,全镇征用土地54 327亩,失地农民有4 000多户,17 802人。政府对失地农民实施补偿政策。政策规定,于2003年12月31日前被征用的责任田,4 000元/亩,自留地800元/亩,口粮田1 200元/亩,享受到2015年终止。2004年1月1日后被征用的土地,12 600元/亩,一次性直接支付。

五、安置补助费

以村民小组为单位,按20 000元每人记入失地农民个人账户,已到退休年龄的农民按120元每月支付养老金。2007年开始,政府补贴,将失地农民纳入城镇职工养老保险。失地农民到退休年龄,失地安置费个人账户资金可抵算个人缴纳的基金部分,转入养老保险基金。镇政府制定失地农民有优先就业的政策,同时享受失业保险、医疗保险,且扶持失地农民经营第三产业。

已到退休年龄的失地农民(女性年满50周岁,男性年满60周岁),发放失地农民养老金410元/月。70岁以上的发440元/月,并允许补交基金转入城镇职工养老保险,进一步提高养老水平。

六、弱势群体保障

无业残疾人享受低保,若有业残疾人收入不到低保标准的,则补足。2011年3月,开始凭爱心卡乘公交车。

表 9-2-3　　　　　　　　2012 年金家庄残疾人名单

姓名	组别	残类	级别
许雪珍	31	精残	2
戴菊芳	33	精残	2
束志峰	18	视力残	2
朱文雪	7	肢残	2
朱许娥	22	肢残	1
程凤珍	3	肢残	2
沈金东	10	肢残	2
沈子青	30	智残	1
旦建红	29	智残	1
吕小芳	25	智残	2

七、医疗保险

20 世纪 50 年代初,建立的公费医疗和劳保医疗统称为职工社会医疗保险。它是国家社会保障制度的重要组成部分,也是社会保险的重要项目之一。中国的医疗保险实施 40 多年来,在保障职工身体健康和维护社会稳定等方面发挥了积极的作用。但是,随着社会主义市场经济体制的确立和国有企业改革的不断深化,这种制度已难以解决市场经济条件下的职工基本医疗保障问题。

链接:黎明大队医疗费报销

1975 年,黎明大队向光明大队第六生产队借了 2 000 元,做资本,创办了黎明大队玻璃钢厂,当年就获得了巨大的利润。1976 年,玻璃钢厂纯利润达 10 万元,这在当时是非常可观的效益。为了让村民也能享受到相关利益,黎明大队干部决定为民办些实事,从 1976 年开始,凡黎明大队学生的学杂费、课本费免交;另外,凡本大队社员外出看病,手术费、诊疗费、药费都由玻璃钢厂报销。这两项决定的实施,让村民得到了实惠。但在实施过程中,由于经验不足,产生了一些问题,再加上玻璃钢厂效益不稳定,此项利民实事只实行了两年就停止了。

1988 年,开始对机关事业单位的公费医疗制度和国有企业的劳保医疗制度进行改革。1998年,颁布了《关于建立城镇职工基本医疗保险制度的决定》,开始建立城镇职工基本医疗保险制度。

基本医疗保险制度实行社会统筹与个人账户相结合的原则,将社会保险和储蓄保险两种模式有机地结合起来,实现了"横向"社会共济保障和"纵向"个人自我保障的有机结合,既有利于发挥社会统筹共济性的长处,也有利于发挥个人账户具有激励作用和制约作用的优点。这种医疗保险模式符合中国国情,是具有中国特色的社会医疗保险制度。

基本医疗保险基金,原则上实行地市级统筹。基本医疗保险覆盖城镇所有用人单位及其职工;所有企业、国家行政机关、事业单位和其他单位及其职工必须履行缴纳基本医疗保险费的义务。用人单位的缴费比例为工资总额的6%左右,个人缴费比例为本人工资的2%。单位缴纳的基本医疗保险费一部分用于建立统筹基金,一部分划入个人账户;个人缴纳的基本医疗保险费计入个人账户。统筹基金和个人账户分别承担不同的医疗费用支付责任。统筹基金主要用于支付住院和部分慢性病门诊治疗的费用,统筹基金设有起付标准、最高支付限额;个人账户主要用于支付一般门诊费用。

在基本医疗保险之外,还建立了大额医疗费用互助制度,以解决社会统筹基金最高支付限额之上的医疗费用。

医疗保险是社会进步、生产发展的必然结果。反过来,医疗保险制度的建立和完善又进一步促进社会的进步和生产的发展。一方面医疗保险解除了劳动者的后顾之忧,使其安心工作,从而可以提高劳动生产率;另一方面也保证了劳动者的身心健康,保证了劳动力的正常再生产。

昆山的医疗保险实行合作医疗,金家庄村也按此方法实施。

1969年,金家庄金湖、淀金、淀山、淀湖4个大队分别建立医疗站,社员每人交2元,集体为每人补4元。社员到医疗站配药免收药费。若病人到乡卫生院治病,药费报50%。若转到县医院治病,药费报20%。

1992年,建立大病风险制度,以户为单位,参保率达95%。每人每年交2~4元不等,政府拨款,大病补助每人不超过30 000元。2000年,参保人每人每年交16元,市、镇二级财政为每个参保人各补交2元,当年如大病病人费用超过1 000元,补贴20%,若超过3 000~5 000元,补贴25%,如5 000元以上补助30%,住院补偿封顶为6 000元。

2004年,全面实施医疗保险,投保人每人每年交200元,其中个人交50元,其余由市、镇二级财政补交。60周岁以上的农民免交。

2009年，调整医保筹资制度，每人每年交320元，其中市、镇财政各补助110元，村补助20元，个人只交80元。

交了医疗保险后，可以享受以下待遇。门诊和住院起付金与职工医保接轨。门诊，60岁以下门诊起付金调整为600元，60岁以上门诊起付金调整为300元。住院，60岁以下住院起付金300元、600元、1 000元，60岁以上报市一、二、三级医院为200元、500元、800元。门诊、住院各分段由统筹基本金补助报销，比例在原基础上分别提高5个百分点。

2012年，医保的交费标准每人每年550元，其中个人交150元/人，镇补180元/人，市补200元/人，村补20元/人。60岁以上人员的交费由市、镇补贴，低保人员交费由市、镇补贴。

金家庄医疗保险867人，其余人数参加职工医疗保险。筹资农村医疗基金251 130元，其中个人交55 950元，村级补贴7 460元，镇补贴88 920元，市补贴98 800元，见表9-2-4。

表9-2-4　　　　　2012年金家庄村农村居民医疗交费明细汇总表　　　　单位：人、元

人数				个人交费	村级补贴	镇级补贴	市级补贴	合计
合计	正常人	60周岁以上	低保					
867	373	460	34	5 950	7 460	88 920	98 800	201 130

第十章 名胜古迹

金家庄这个以五行之首命名、诞生于淀山湖水中的村庄,以其独特的自然风景、丰厚的人文积淀,而鹤立于千灯、陈墓、周庄、朱家角等几个古镇之中,是江南水乡独具标志性的特色古村。

第一节 金家庄的豪宅与农舍

金家庄内,河港交错,临水成街,房屋依河而筑,形态多样,因水成路的风貌依旧。从河边少许遗留下来的古建筑中,人们依然可以想象出当年鳞次栉比的传统建筑簇拥在水港两岸的情景,依然可以形象地再现河岸毗连的过街骑楼、河渠廊坊,仿佛配有备弄的那一座座豪宅就在眼前。

20世纪60年代前,金家庄基本保持着江南水乡小桥流水人家的古村风貌,庄内建筑以明清建筑为主,偶尔有一两幢元代和民国的建筑。朱家和顾家是金家庄的大户人家,拥有十几处殿堂式的气派建筑,而颇具农家特色的通天八间前后埭的建筑也十分适合农民居住。

金家庄的住宅分为三种类型:一

滩涂

是以朱氏、顾家为代表的豪门望族的殿堂式大宅,二是农户的农宅,三是商贾店铺。

一、朱家豪宅

朱家故居,是香山匠人倾心打造的古建筑精品,又是占尽"风水"的吉宅,位于大羊圩正南,门前西江及禁河港如一条玉带环绕着朱府。风水学认为,如有玉带状的流水从门前经过,家中必定出高官,世世代代皆为文人。这一说法在朱家得到了应验。

朱家故居从王家角往西北延伸,占地面积15 000平方米,建筑面积12 000平方米,由130间居室连成一体。朱家故居不仅大,而且房屋多,沿街分设四个出入大门,分别名为五房、七房、六房、八房,房连着房,屋挨着屋,首尾呼应,前后连贯。整个建筑群外围高墙紧裹,院内庭园重叠,游廊环绕,假山、荷池、花坛、亭园点

朱家故居遗存

缀。正屋、厢房、庭院、天井……规矩严整,充分体现了以儒家为纲常的朱氏家族的个性。那一房房、一户户,如果在那里从头到尾走一遍,恐怕不是一天半天所能走遍的。

朱家故居的建造略异于同时代的建筑。这里的每一块砖瓦、每一扇门窗,都倾注了以顾仲年为代表的香山匠人独具匠心的设计,特别是屋檐采用飞檐翘角的设计。在屋脊的两头,各安装了一堵横切面,形状既像天空中的一朵祥云,又似一个守家卫国的盾牌。屋脊的两侧,是一排排行列整齐的凹凸交错的黑色瓦片。瓦片与瓦片之间都是统一的距离,每一行的棱、每一凹进的槽,所有的瓦片数是一样的。每一行并不是以斜线的方式直直地往下,它在渐渐往下舒展的时候,以一定的弧度而延伸着,到尽头时,采用的瓦檐上绘有朵朵盛开的牡丹。那飞檐以傲人

朱家故居

的姿态,向外张扬着,更显示出朱家豪宅的气派与壮观。飞檐上,还垂挂着一个又一个铜铃。风一吹,那些铜铃就发出悦耳的声响。这飞檐的设计,既适应了房屋内部结构的需要,又能更好地排除雨水和积雪,还起到了遮阴纳阳的作用。

走进朱家豪宅,体会到的是其中的精巧与细腻。跨过那高高的门槛,首先看到的是那几根粗大的顶梁柱,从柱子下那块顶柱石上就可以看出这气势的不同寻常。顶柱石上,梅花的刻图十分清晰,每一则的梅花形状又各不相同,有枝头含蕊的,似乎正在等待凛冽的风把它吹开;有含苞待放的,那微微张开的几片花瓣娇羞着,欲说还休,不好意思完全打开;有争妍怒放的,正把自己积蓄许多的清香洒向人间。站在这石头边上,欣赏着这精美的石刻,仿佛能闻到梅花若有似无的香味。不仅仅是石头上有精美的雕刻,那倒垂的梁托上,也被一朵朵祥云包围着,围成一大朵莲花。栏杆、门沿、窗饰等地方,各种木刻比比皆是,上面不仅有山水流云、鸟兽鱼虫,还有一个个栩栩如生的人物,甚至人物的表情、人物的手势都那么惟妙惟肖,让人叹为观止,称为妙绝。故居的墙角处,一片片的青苔躲在阴影中,悄悄地泛绿,成了小院独特的风景。天井内,一条狭长的通道隐藏于房屋间的过道内,安静而悠长。

朱家最早的故宅在甲子桥西桥塊,是朱德润辞官后隐居的地方,后由朱家后裔捐赠、改建为教堂和私塾。朱德润故居的门是紫黑色的,门的两边各有一块青石,其高50厘米,东西长80厘米,南北宽30厘米。门朝东开。青石上面是大门的门框,门框到墙壁之间由木板封住。两块青石的外侧各有一条凹槽,里面嵌着门槛。凹槽前青石上的浮雕各刻有一只欢奔乱跳的鹿,鹿前身高、后身低,前面外侧一蹄缩起,另一蹄往前迈。两只鹿头对着正要跨入大门的人,寓意为"乐(鹿)在其中"。沿着朱家故居的石头路,游历完朱家豪宅,让人感受到它的幽深,似有一种走出此地,就不知身处何地的感觉。

朱姓五房,一井四埭,明朝砖木结构的大宅园,大小房屋23间,建筑面积2 400平方米。

朱姓六房,两井六埭,明朝砖木结构造型特殊的大宅院,建筑面积2 500平方米,最后一埭仅一间,形似宝塔,大小房屋26间。

朱姓七房,两井四埭,明朝砖木结构造型特殊的大宅院,建筑面积2 400平方米,四周有高大的围墙,东西两旁有备弄,大小房屋26间。

朱姓八房,四井九埭,明朝砖木结构的大宅院,建筑面积3 600平方米,东面有围墙、长廊,大小房屋44间。

朱氏故居遗址（一）

朱氏故居遗址（二）

二、顾家豪宅

金家庄建筑群的分布较为明显，名门望族都在大羊圩和以字圩的北面，而小羊圩和以字圩的南面全是农舍。据说，顾家第一大墙门属于元代建筑，顾家第二大墙门和第三大墙门，雄伟大气又精致典雅，属于明代建筑。顾家第三大墙门，新中国成立后曾作为粮管所的仓库，那时叫"三仓库"。粜米粜粮的人，肩挑一栲栳谷或麦子，跨过十六条门槛，才到了放粮之地。提起三仓库，村民们都会异口同声地说：进深很深啊！顾家人之大气，宅子也大气，享有金家庄第一豪宅之美誉。有楼阁有花园，从前门到后花园，大小居室有55间。

顾家豪宅砖雕门楼

最精雕细琢、花功夫处，当数外珠阁。从福元桥北桥堍往东20米处，便是昆山第一花厅：顾家外珠阁。外珠阁是建于清朝的砖木结构的房屋。要观赏外珠角的大花厅，必过七道门槛，两个御门楼，每道门都十分沉重，用力推会发出"咔咔"的响声。听老人说，这个当家女主人的丈夫英年早逝，一个大家就由她打理。她治家有方，备足了钱财，造屋的时间就足足用了36年。且不说雕刻之类，单说粉刷石灰纸筋就下了一番大功夫。墙壁洁白如雪，屋顶黑瓦有如墨色，屋内柱子油光锃亮。外珠阁厅堂的门窗、梁檐上都有木雕，线条蜿蜒盘曲，花鸟走兽、人物戏名，生动活泼。屋内陈设风格柔顺俊逸，情趣雅俗共赏。进入大门，首先映入眼帘的是砖雕,砖雕上的人物栩栩如生。左面刘关张三顾茅庐的画面中,刘备披着斗篷雪花飘飘,三人虔诚地等在门外。右面是三英战吕布的场景,张飞豹头环眼,络腮胡子根根见肉,吕布雉尾高挑,厮杀之激烈,像要从墙上跑下来一般。外珠角,因其建筑的精细,故享有昆山"第一花厅"之美誉。

顾氏家族顾乾贤大墙门楼房

顾氏家族顾乾英东圆堂

甲子桥之北,北港西岸基本上都是苏州香山匠人顾家的宅院。顾家大墙门,这是香山匠人中顾家定居的第一宅院,其结构较简单,只有五开间大瓦房和几间小屋。顾家大墙门的院内及屋后各有一片空旷的场地,树木错落有致,花草随风摇摆,青砖石径蜿蜒曲折。虽然大墙门建筑面积只有800多平方米,却有另一番滋味。

在顾氏家族的共同努力下,顾家先后建起了顾家二墙门、三墙门。顾家二墙门建于明朝,东西起向,四井九埭,东南角上有砖木结构的楼房九间,其中一间是三层楼,其余厅堂小屋计51间,总建筑面积有1 500多平方米。

到顾氏宗族五世孙顾晓天时,又建起了顾氏三房里。顾氏三房里北靠徐家墙门,南靠顾氏二房里,其间有一条备弄,西面是一片草地。这是明朝砖木结构的古建筑,占地面积2 500平方米,大小房屋36间,东西向共10进。南北走向一条36米长的通道将房屋分成两个单元,东面是厅堂建筑,西面是楼房,其中有10间楼房。每个天井都有御门头,御门头的砖石上都雕有古典戏文、花鸟走兽等图案。

盛四房是顾达今先生的故居,位于金家庄东浜中段,占地面积3 800平方米,建筑面积3 500平方米,南北九进,大小房屋55间,是一座粉墙黛瓦、高大幽深的豪宅。四周高高的院墙,一字排开,五间房屋构成水墙

顾氏家族顾乾贤大墙门石驳岸下水道出口

门。石驳岸和水桥滩涂,用精致的70厘米×90厘米的花岗石块叠砌而成,很是气派。一进大宅门,便有两根廊柱,块块匾额,木刻雕花门窗,御门楼上精美的砖雕字画透出一股古朴清雅的气息。穿过天井、主厅,沿着曲曲折折的备弄长廊来到"杏花春雨楼"的两座后楼。推开长窗,眼前豁然一亮,百花园便在眼前。园内假山、荷花池、回廊、凉亭楼阁,绿树成荫,秀美绝伦。在这里春天可赏花,酷日听蝉鸣,秋天尝鲜果,冬天可踏雪。

三、小洋房

甲子桥之北、北港之西是顾乾贤宅。该宅建于清朝,东靠北江,南临顾大伦肉店,河滩有石凳、石栏杆。门前有一片场地,得上三级台阶才能进大门,天井周边壳牌上建有两层小楼。该宅占地面积1 700平方米,建筑面积500平方米,有17间房屋、11间楼房。其屋后是一片树林,种的多数为元宝树和梧桐树。新中国成立后,该正屋作为金家庄乡的乡政府所在地,之后一直是村、大队的办公地。

小洋房

金家庄村甲子桥与福元桥之间的长滩滩上,有一座法式的花园洋房,十分醒目。它的主人就是顾氏三房里的后裔顾越奎。那时的长滩滩热闹非凡,每天所过之人摩肩接踵。那是寸金之地,所以花园洋房占地面积仅70平方米,且南面又被旁边人家小屋所挡,所以大门只能朝西开。不过那御门特别惹眼,一改古色古香之貌,都用红砖砌成,砖与砖之间的缝隙基本一致,不涂纸筋,尖尖的屋顶似等腰三角形。从西门步入,是一个很小的天井,左转是两楼两底木结构楼房,坐北朝南。东次间楼房的南面接造三层楼小屋,这里安装楼梯,俗称楼梯间;在楼房的北侧又建两小间平房,用来摆放杂物。此房小巧玲珑,与众不同,金家庄人称为"小洋房"。后来顾越奎沾染了毒瘾,穷困潦倒,为吸毒把洋房卖给了顾葆民。20世纪70年代,顾葆民之子顾庆鹏又把此房分别卖给了赵明生与朱家元。如今小洋房风光不再,已成危房。

顾氏家族盛世房大滩涂

顾氏家族顾乾利大墙门石驳岸及大滩涂全景

四、普通民宅

与朱氏、顾家的豪宅相比，金家庄的农宅，虽逊色不少，但也保持着明清建筑的特点，在其场院的布局上与朱氏、顾家殿堂式建筑截然不同，彰显出农家的特点。

金家庄农宅以三开间四拖歇为单体，南北重复，中间设有天井，东西两面各有厢房，这组群，俗名通天八间前后埭。形式上近似北京的四合院，所不同的是，北京的四合院宽绰疏朗，四面房屋都向院落方向开门，且院落宽敞，可在院内植树栽花、饲鸟养鱼、叠石造景；而金家庄的农宅，组群中的天井（即北京四合院中心的院子）较小，天井内没有游廊，除南北正屋向院内开门外，两边厢房门口均向南北正屋开门。

徐家大屋复原图

金家庄的农宅均以家族为单位，傍水或背水而建，一族一宅，东西向并列成埭，族宅与族宅之间，以或大或小的弄堂为界。前埭正屋前都有砖铺的宽敞的场地，风水学中也称"明堂"，以供收获农作物所用。

金家庄是一个建筑密度较高的村庄，密密麻麻、大大小小的各式建筑，将形如凤凰的腹部和两翼填得满满的。初入金家庄，如进八卦阵，坠入云里雾里，弯弯曲曲的道路，不知何为尽头。待走到河边，方才天地开阔。

第二节 庙宇及石碑

金家庄是个移民村,因其人口来自四面八方,所受的影响也五花八门,所以,金家庄人对宗教的信仰也各不相同。对英雄人物的敬畏,对儒道释的推崇,对西方教义的崇拜,在金家庄里共存。

一、南庙

南庙又分三处,分别建在天然的渔港"南江潭"的两侧。潭北的永庆桥东桥堍是青莲寺,是供观音菩萨及罗汉的寺庙。1902年,青莲寺改为蒙养公学后,晚翠轩便改为青莲寺观音菩萨的佛堂。

南庙遗址(现为"金家庄南闸")

南庙复原图

潭东南有一狭长地带,三面环水,东面与大圩链接。那是一个小半岛,上面有城隍庙。城隍庙是汉民族宗教文化中祭祀、祈神的重要地方,因而中国大部分城市都有城隍庙。城隍庙中供奉的神,大多是有功于地方的名臣英雄。

在城隍庙西侧,隔潭有一个小半岛。小岛三面环水,北面与永庆桥西滩相连,那儿建有三官庙。道教中,天、地、水被奉为三官。天官每逢正月十五日下人间,判定人之祸福,故称天官"赐福"。地官每逢七月十五日下凡,校戒罪祸,为人赦罪。水官每逢十月十五日来到人间,校戒罪祸,为人消灾。因此,每年的正月十五日、七月十五日、十月十五日被奉为三官神诞辰之日。那时,一寺二庙香客众多,香火鼎盛。由于三官庙在小岛上,长期受风雨侵袭、大浪冲刷,且年久失修,三官庙便倒塌了。倒塌之后,泥土被湖水冲刷殆尽,地势变低,成暗礁模样,后来,这个湖中的土墩被称为"三爷墩"。

二、北庙

北庙,建在大羊圩东北角的一个小岛上。那里供的是猛将老爷和杨老爷。

猛将是吴地民间的驱蝗神,许多地方都有猛将堂。金家庄把"猛将""杨老爷"安放在一起。吴地民间传说,猛将姓刘,是一个苦孩子,母亲死后,父亲娶了后娘,后娘待他十分刻薄,处处刁难,后来还把他赶出家门。

北庙

有一年,田里突然飞来大批蝗虫,眼看庄稼都要毁了。猛将拿起竹竿,脱下身上的破衣衫,往竹竿上一扎,就冲到田里去赶蝗虫。他想把它们赶到沟里去喂鱼虾,免得别人田里再遭殃,就日夜不停地赶。最后,蝗虫果然被赶到沟里,他自己却被一个浪花卷到沟里淹死了。人们为了纪念猛将,给他塑金身,供在庙里,称他为猛将老爷。每年他生日和稻子成熟时，都要出会祭祀。金家庄出会的日子是三月三、七月十五。民间认为猛将除了驱蝗虫外，还能司雨，所以过去久旱不雨，就有"抬猛将"之举，祭祀之外，还抬了他的像在烈日下巡游，希望他能感受到人间无雨干旱的苦痛，大发慈悲，普降甘霖。

杨老爷在苏州、上海地区是香火极盛的神灵。他非佛非道，却在民间威望甚高。杨老爷面色黝黑，眼角向上扬起，表情狰狞。他手持八棱金瓜锤的形象在诸多慈眉善目神灵中，显得与众不同。作为发源于民间的"草根神灵"，杨老爷不知何许人也，正史中未有太多的解释。

民间传说，杨老爷名文胜，生前为县衙掌印官，在一场火灾中，忠于职守最后牺牲，因尸体烧焦，所以脸为黑色。民国年间的《申报》中刊载了又一说法，杨老爷为明朝嘉靖年间人，精通医术，世代居住在嘉定西门九里之外的山冈边。他观察到所居之处的一口井有毒，长期饮用此水的人，将得病。于是，他劝村民不要在这口井里汲水。村民不信，仍纷纷打水。杨老爷在万般无奈下，半夜时分，投身井中。翌日，大家发现他的尸体时，他全身发黑，大家这才相信他说的话是真的。还有一说：杨老爷是唐朝平阳（今浙江苍南）人，姓杨，名精义，在瑞安陶山修炼，与七子拔宅飞升，专做海上拯救渔民等善事。金家庄人特地把此神请来，意在保佑常年出没于淀山湖上村民的安全。

民间传说全凭口口相传，没有固定的文本，因而在口耳相传的过程中，会产生一些变化。但杨老爷这种生前一心为民，甚至为民牺牲的精神，符合"功"与"烈"的标准，也符合城隍庙供奉神像的标准。从上述民间传说来看，杨老爷担任政府官员和精通医术的经历，能包治百病，也是人们信奉杨老爷的理由，患者们将自己过继给杨老爷做"干儿子""干女儿"，从而可以不生疾病。那时医疗条件差，一旦身体不适就要祈求"杨老爷"给予治病。锦溪渔民陈富高，小时候在庙里转了两三转，点香烛许愿：要做杨老爷干儿子，改姓杨，叫杨富高。从此，他的学名就叫杨富高。

据说几百年来，金家庄从未受到龙卷风的侵袭，从未有过特大灾害，是因为村前有青莲寺、城隍庙、三官庙，村后有北庙，僧道合一，威力无比，保佑着一方平安。而且金家庄以字圩南面的一条裸埂和小羊圩一条裸埂，像是两条龙，龙头分别是城隍庙和三官庙，它们守卫着金家庄。

1902年，金家庄创办了蒙养公学后（南学堂），发生了一件大事。徐仰新和几个同村人到锦溪（陈墓）去看戏，大约下午2点戏结束。从锦溪出发到虹泽后江大约3点多一点，船到金家庄差不多还有一半路程，突刮大风，白浪滔天，小船在淀山湖中像一片树叶,被横骑浪打得就要进水了,毫无招架之力。顾丽山跑到船头上要想抛锚,使船顶浪,控制住船身,谁知锚未拿上手,一个横浪打来就此跌入湖中,船上三人越发慌乱起来,觉得死亡之神即将降临。徐仰新恰巧坐在船艄橹后,那里正好有一根系缆棕绳,他迅速把这绳系在腰间,紧紧地和船连在一起,心想即使死了,死尸也容易捞一些。风越来越大,船翻了,小草屋似的浪很快把这些人打入湖底。这小船,船底朝天,在大风浪中打滚,徐仰新随着船打滚。

整整一夜,风浪把小船从虬泽后江硬是推了几十里路远,到了石塘(靠近关王庙)。石塘人发现,救起了徐仰新。徐仰新幸免于难。事后,人们都说徐仰新能大难不死,是因为他之前做了善事。

1902年之前,有一批知识分子,是受戊戌变法影响的热血青年。他们既要报效国家,又要赐福于乡里,于是,他们想在青莲寺创办公学,把寺中的塑像都抛入南港潭中。徐仰新看到后,去湖里把小老爷像捞上来,并揩干,移放到城隍庙东面的屋子里,仍旧供起来。

这次他大难不死,村里人自然就把他捞起菩萨像的事联系起来,都说是菩萨救了他。因为这次翻船事故很蹊跷,有些现象似乎超出正常的情况。第一,整整十几个小时,三四月份的天在湖水里不淹死,冻也冻死了,徐仰新没有冻坏。第二,几十里路,浊浪排空,怎能透得过气来呢。自此以后,徐仰新每年到"难日"都会虔诚地来祭祀。

三、顾达今先生纪念碑

顾达今先生纪念碑坐落于神隍庙之东偏南,建于民国二十年(1933年),基石5米见方,高出地面3级台阶,每边有四个石柱,高80厘米。除南北两面间留出入口,其余均有花岗石横连石条。碑底由三块正方形的石块组成,逐层按比例缩小,托起碑身,碑身长、宽各80厘米,高320厘米。其北面有陈果夫、陈立夫题词"求仁得仁",下面留有方形玉石印章。南面上面镶嵌顾达今先生的铜像,下面书有"顾达今先生永垂不朽"九个字。东面有叶楚伧题词"见义勇为",两面是顾达今先生的生平事迹及列碑原因。

四、文昌阁和晚翠轩

在南港潭的南北两侧,除了青莲寺和城隍庙、顾达今先生纪念碑之外,还有文昌阁和晚翠轩。从青莲寺门口两块大青石的石刻上,可以得知该寺是由当时的和

尚化缘后建。该青石已沉于原淀金村2队公房前的河道内,故无法得知建青莲寺的确切年代。

青莲寺的东侧是文昌阁,原是三间平房,是北宋兵部郎中第九世孙朱德润隐逸金家庄后,与薛朝阳道长、金至善诗友谈道、讲儒、泼墨、临池的地方。后由朱德润之子朱吉改建成二层小楼,底层供村上孩子读书识字之用,二楼名"文昌阁",专供文友宾客聚会之用。据传,明代昆山五高士之一孙俊的"淀湖八景"名句就产生于此。

城隍庙之东紧依着的八间平房,是晚翠轩。它是由北宋理学家朱熹后裔、明代昆山治水名臣朱瑄所建。晚年的朱瑄居住在乡间,与沈诚学、鲁小蕴、章琼、张敬之、穆踵、龚节安诸多文人名流组成人文雅社,经常在这里谈论诗文。到了夜幕降临、一轮明月东升的时候,他驾着一叶小舟,往来于烟波飘渺、波光粼粼的湖上,寄情山水,寻觅诗文意境。1902年,青莲寺改为金溪两等学堂,晚翠轩改为观音菩萨的佛堂。

五、祠堂

金家庄人的祖宗来自五湖四海,据初步统计,金家庄人的姓氏有40多个,而有宗祠的只有朱氏、顾氏两家族。

朱家宗祠建在泖泾江东岸的吕字圩,坐北朝南,门前,签头栅,前后两座牌坊。前一座是蒋太儒人节善坊,后一座是王太儒人节孝坊。进入大门,便是前中阁,东西两次间,各开一扇门,从中进入天井。天井两边建有东西前厢房。从仪门进入中天井,天井布局与前相同。从天井进入正轩,东西两边各有一条小供予(善)、后轩,及后天井。朱家墓在泖泾江水泥桥东岸的北边。

顾家祠堂建于晚清,坐落在大羊圩北端,坟堂屋两棵古银树隔江相对。顾家祠堂坐西向东,建筑面积大约500平方米。从东面大门进入是大天井,中间屏风,绕过屏风进入,便是大厅。大厅南北两边为厢房,后门进入天井、礼仪厅。礼仪厅两边有厢房,再往后走,便是大小房屋共7间,为停棺厅。

朱、顾两家的祠堂建造在比较偏僻的地方,比普通民宅的规模气势大许多,但和他们自己的豪宅相差较大。到这两座祠堂的主要活动是祭祀祖先,也是族长行使职权的地方。

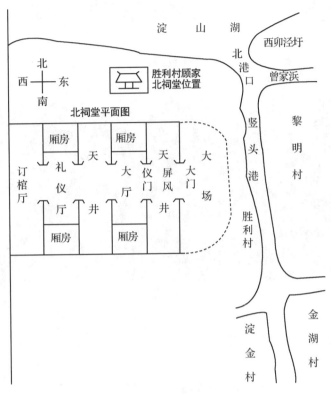

顾家祠堂平面图

第三节 古桥名木

千百年来,金家庄纵横交叉的河道上没有一座像样的桥,以往村民靠撑船过江,以沟通四村民间的来往,继而用竹子或树木搭成简陋的便桥供人行走。随着古村的不断开拓和发展,用竹木搭建的便桥缺乏牢固性和实用性,已经不适应人们日趋频繁的交往。尤其是老幼病残者,在竹木桥上行走更是十分困难。一旦遇到风雨冰雪的天气,人们只能望"桥"兴叹,过不去呀!直到清朝道光十八年(1838年),金家庄建起了第一座石桥,之后,又陆续建造了其他几座石桥,才贯通了金家庄的水陆交通。

一、永庆桥

清朝道光十八年(1838年),村民在竖头港、南港口(现淀金村与金湖村之间)率先修建了一座大石桥,将其命名为永庆桥(又名南港桥),方便了南湖边两个村村民之间的来往。永庆桥的建成激励了金家庄人,他们又先后修建了几座石桥。

永庆桥

二、福元桥

民国三年(1914年),42岁的顾达今看到村里小孩子到学堂读书,河上没桥,很不方便,心里很不是滋味。就在他复任金家庄乡乡长后,便与各村董事商量,决定利用金家庄公共滩田(夏家浜28亩滩田)积聚收的租米钱及其他费用,作为造桥经费。其他费用中,除了一部分是商贾、富户自愿捐

福元桥

赠的钱款外,还有相当一部分是罚款所得。如果村里有男女通奸,或有人做了错事,在征得村里长者的一致同意后,让他们上交部分钱款,作为金家庄村造桥铺路的公共经费。

经过6年努力,于民国九年(1920年)在后港南北口(金湖与淀湖之间)修建了顾达今先生经手的第一座石桥。石桥完工后,请来一班草台班(京剧)戏班子唱戏,以志庆贺。有一个名叫小福元的武旦,很会翻跟斗,在演出时,当他翻到第七十二个跟斗时人们看呆了,忘记了拍手鼓掌。他继续翻下去,直至口吐鲜血才停止,可为时已晚,不久便停止了呼吸。村民们为了纪念他,把这座通向南学堂的桥称为"福元桥",也称浜门桥。

三、甲子桥

在顾达今先生的带领下,村民们于民国十三年(1924年)又在竖头港北港(淀山与淀湖之间)修建了一座桥。因那年正是甲子年,所以把这桥起名为"甲子桥"。

甲子桥

四、南学桥

民国十八年(1929年),在现在的淀山村和淀金村之间的西港上,修建了"四桥"的最后一座桥,名为南学桥,又名西江桥。后三座桥在建造的过程中吸取永庆桥桥洞狭小的教训,特地放宽了桥洞,能使尖艄船的"双方船"(为安全及多载货物两船并在一起)及搭翘的船(船的两边放阔为多装体积大而轻的东西)通过,极大地方便了金家庄的种田人。

因蒙养公学在南江潭边上,许多人家的孩子去读书,都要往南走,会经过这座桥,所以这桥被称为"南学桥",意为孩子们往南学习去。

南学桥(一)

南学桥(二)

五、洛成桥

民国九年（1920年），在福元桥南30米的小河浜上，修建了一座小石板桥，名叫"洛成桥"。

五座石桥的相继建成，圆了村民们数百年的梦，结束了金家庄用竹木搭桥过河的历史，对推动金家庄的发展起着不可估量的作用。石桥沟通了金家庄内部的往来和外部的联系，使金家庄发展成为一个商业繁荣的农村小集镇，让金家庄呈现出一派湖美、村幽、桥古、街奇的江南水乡古村风貌。

六、古银杏

古银杏，坐落于村北尽头，朱家祠堂之南。这棵银杏已有一千多年历史，与南面的关王庙、北面千灯镇陶家桥的两棵古银杏树一起，三点成一线，古人称它们为一条巨龙。相传，这三棵古银杏为同一年所种。南宋时期，朝廷一路溃败，赵构南逃。在逃亡途中，做了一梦，说有一湖泊，以湖为中心，种植三棵不老之树，形成"龙"之势，必能化险为夷，保南宋江山。赵构梦醒后，让人解梦。那解梦之人是松江人，他告诉赵构，湖为淀湖（即今淀山湖），树为银杏。于是，赵构就派人在关王庙、金家庄、陶家桥三处各栽种了一棵银杏。

大小古银杏

抗战时期，为防止日本人进村破坏，金家庄人把古银杏当作瞭望据点。在树身上钉了铁钉，以此爬上银杏树顶，观察敌情。至此，此银杏树身还残存着铁钉的痕迹。

金家庄的古桥古树见证了金家庄的繁荣兴衰，也见证了金家庄人坚韧不拔的精神。虽然桥已旧，树已老，但它们是金家庄永恒的符号，是金家庄人不变的记忆、永远的守望。

第十一章

习 俗

  《周礼·大司徒》疏说:"俗,风俗也。"《周礼·大司徒》注说:"谓常所行与所恶也。"从以上字句中,我们可以得知,俗的意义与习字相近或相通,确切而言,便是风俗的意思。人们往往将由自然条件的不同而形成的行为规范的差异,称为"风";而将由社会文化的差异所形成的行为不同的规则,称为"俗"。风俗具有多样性,不同的民族,不同的地域,有不同的风俗,所谓"百里不同风,千里不同俗",恰当地反映了风俗因地而异的特点。风俗是一种社会传统,某些当时流行的时尚、习俗、久而久之的变迁,原有风俗中的不适宜部分,也会随着历史条件的变化而改变,所谓"移风易俗"正是这一含义。风俗是一种在历史发展过程中形成的,对社会成员有着强烈的行为制约作用的约定俗成。

  风俗,涉及喜丧、节气、客来送往等日常事宜。如女婿看望岳父母,"七不出门,八不还家";新媳妇当月不空房;娶亲避丧;生肖相克的男女不能结婚。与丧事有关的,有亡异地,尸体不能从大门进,可以从后门或后窗进;身服重孝者,忌入办喜事之家。与房屋有关的禁忌,如正房不能高于两邻的正房;屋冲路箭,须在冲向的墙上砌一磨盘或一面镜子;偏屋必须矮于正房。待客的禁忌,有长辈在场,不能占首席,要依辈次列座;男客在,女子不准入席;客人饭未饱,主人不能领先停餐。关于疾病的禁忌,处方忌反叠;借药锅子忌送还,由借者保存,随用随取;小孩生痘疹,大门口挑红,忌人忌响。节日的禁忌,年初一,不扫地,不倒垃圾,更不口出恶言或打骂儿女。已出嫁之女春节忌住娘家。其他方面的风俗,人到100岁,仍说99岁,忌说100岁,因为到了100岁,就活到头了;吃饭时,忌把筷子横搁在碗上,也忌把筷子竖在饭里;人家送了一碗吃的,吃完后,忌空碗送回,要在碗内放些食品送回。熬了中药后,要把药渣倒在路上,让病随着路人的行走而消失。传统风俗沿袭的过程中,一些粗陋的风俗随着社会的进步、科学知识水平的发展,逐渐被淡化,逐渐被淘汰;一些合理的风俗被一代代地流传了下来,如"小孩生痘疹,大门口挑红,忌人忌响","挑红"是为了告诉经过的人,此家有生痘疹的孩子,"忌人忌响"是为了避免让孩子受到惊吓。

第一节 生活风俗

一、岁时习俗

1. 春节

春节为农历正月初一,俗称大年初一,开门要燃放爆竹,寓意连连高升,迎来好运。"开门爆竹"一说,即在新的一年到来之际,家家户户开门的第一件事就是燃放爆竹,以噼里啪啦的爆竹声除旧迎新。放爆竹可以创造出喜庆热闹的气氛,是节日的一种娱乐活动,可以给人们带来欢愉和吉利。

新年的初一,人们都早早起来,穿上最漂亮的衣服,打扮得整整齐齐,出门去走亲访友,相互拜年,恭祝来年大吉大利。春节拜年时,晚辈要先给长辈拜年,祝长辈长寿安康,长辈可将事先准备好的压岁钱分给晚辈。据说,压岁钱可以压住邪祟,因为"岁"与"祟"谐音,晚辈得到压岁钱就可以平平安安度过一岁。最常见的压岁钱,由家长用红纸包裹分给孩子的钱。压岁钱可在晚辈拜年后当众赏给,亦可在除夕夜孩子睡着时,由家长偷偷地放在孩子的枕头底下。

清晨,家家户户皆食年糕、汤圆,寓意高高兴兴、团团圆圆。年糕的式样有方块状的黄、白年糕,象征着黄金、白银,寄寓新年发财的意思;又有圆糕,寓意"圆圆满满",金家庄人蒸糕以圆糕为主。年糕因为谐音"年高",再加上有着多种多样的口味,几乎成了家家必备的应景食品。

2. 元宵节

元宵节为农历正月十五,人称花灯节,旧时点燃彩灯,入夜家家户户门口挂灯笼,小孩子拉着大人制作兔子灯玩乐。元宵节,家家户户吃汤圆、饺子,农村还用米粉、青菜、豆制品、慈姑、荸荠等做成什锦羹(烊粉粥),别有风味。元宵之夜活动多样,有扛三姑娘、烧角落、猜灯谜、放鞭炮等活动,至今放鞭炮、猜灯谜、吃烊粉粥之风犹存。

3. 清明节

清明节是祭祖扫墓的节日,清明到谷雨时节,都可祭祀祖先,称为过清明。新丧人家叫新清明、新时节。清明节祭祖扫墓,一般都要做米团子,折锡箔,烧纸钱,设酒祭祖,以告慰死者。饭后上坟、扫墓、修坟,加盖坟头,以表示对祖先的缅怀。新中国成立后,移风易俗,实行火化,棺木入土的葬礼已不存在,死者骨灰一般在公墓安葬,亲人们就到公墓扫墓。学校、机关、团体都要组织青少年清明时节祭扫烈士墓,进行革命传统教育。

清明节的习俗是丰富有趣的,除了扫墓外,还有踏青、荡秋千、插柳等一系列风俗体育活动。相传这是因为清明节要寒食禁火,为了防止寒食冷餐伤身,所以大家来参加一些体育活动,以锻炼身体。因此,这个节日中既有祭扫新坟、生离死别的悲酸泪,又有踏青游玩的欢笑声,是一个富有特色的节日。

4. 龙抬头

农历二月二日为龙抬头日,家有孩子的,要带孩子去剃头理发。

5. 百花生日

农历二月十二日为百花生日,意为春天到了,花都要盛开了。金家庄人选择这天结婚办喜事的比较多。

6. 立夏

立夏,旧时流行吃酒酿、咸蛋、青蚕豆、螺蛳等,午后要秤人,测量一下孩子的体重。

7. 端午节

端午节为农历五月初五,家家户户裹粽子,中午关闭门窗把苍术、白芷(中草药)放在脚炉或者缸里烟熏,有的喝雄黄酒。房子周围撒雄黄粉,清除蜈蚣、蛇虫等五毒,以减少疾病。有的人家用艾叶、菖蒲扎成剑形,挂在门口,借以镇妖驱邪。

8. 七巧节

七巧节为农历七月初七,又称"七夕节",也是中国的情人节。七夕节,传说是牛郎织女相会的日子。这天,长辈与至亲要杀童子鸡给孩子吃,以表示对孩子的关爱。

9. 三月三、七月半

农历三月初三、七月半祭拜神佛,把"老爷"请出堂重新祭拜,做社戏。

10. 中秋节

中秋节俗称八月半、团圆节,家家户户吃糖烧芋艿、月饼。新中国成立前,中秋之夜,家家户户烧香点烛,供于月下。一家人团座月下,吃月饼、水果,赏月亮,

欢叙至深夜。新中国成立后,八月中秋已成亲人团圆、合家欢乐的一大乐事,亲朋挚友皆以月饼馈赠。

11. 重阳节

重阳节为九月初九,古有登高、赏菊、喝菊花酒、吃重阳糕、插茱萸等习俗。吃重阳糕,因"糕"与"高"同音,有步步高、喜庆之意,有登高避灾之说(有山登山,呒山吃糕)。新中国成立后,吃重阳糕的习俗一直流传下来。90年代始,将重阳节定为老人节,提倡敬老爱老,形成社会新风尚。

12. 送灶君

农历十二月二十四日,旧兴送灶君上天,灶台上供有年糕、团子等祭品,还焚化纸钱,以敬灶神,以求灶神保佑明年风调雨顺、衣食无忧。

13. 冬至

冬至是一个内容丰富的节日。据传,冬至是周代的新年元旦,是一个热闹的日子。金家庄有吃了冬至夜饭长一岁的说法,俗称"添岁"。在冬至这一天要烧上一桌菜,进行祭祖,向先人祷告全家平安。祭完祖后,这一桌菜供家人食用。据说,吃了祖宗享用过的菜,来年会平平安安。

14. 除夕

除夕,又称大年夜,是年终的大节日。凡在外地工作、经商者都要回家过年,赶回吃年夜饭。年夜饭的菜肴也是一年中最丰盛的。全家欢聚,尽情畅饮。饭后,长辈给子孙压岁钱。除夕每家门上要贴春联,入夜,家家要守岁。老人、孩子要洗脚,一起吃炒蚕豆、瓜子、花生米等果食,睡前要放爆竹,表示送走平安丰收的一年,迎来更美好的新年。

二、婚嫁习俗

1. 定亲

旧时男婚女嫁受"父母之命、媒妁之言",讲究"门当户对"。男子在年幼时,其父母就为其选择对象,谓摇篮亲、指腹为婚等。男方父母央媒说亲,女方将女儿的出生年、月、日、时辰写在红纸上,交媒人送到男方,这张红纸谓"生辰八字",这过程叫"测八字"。男方将"八字"供在灶公前,男方选定吉日送定亲礼。定亲礼一般是几件衣服、喜糖、茶叶等,较为简单。这些东西由媒人送到女方,称作"担盘"。

2. 担大盘

在结婚前2个月或3个月,男方请媒人将选定结婚的良日告诉女方,并送去糖和茶叶,这叫"给信糖"。这些糖果专供女方分发给亲友,并告知完婚日子。男方还送去几石米,这数石米是供女方备桶具的。另外的正媒钿,是送给大娘舅的。

3. 备婚

男方修建新房,装饰室内。女方购置嫁妆,嫁妆有全嫁、半嫁之分。全嫁者箱柜衣被四套俱全,取四季兴旺之意;半嫁则各样两套,象征成双成对。中等人家多置全嫁,农户以半嫁者居多。豪富置超全嫁妆,极尽奢华。吉日前一两日,男方备大礼送至女方家中,内有大肉、鸡、鹅、衣物等。

4. 迎娶

金家庄结婚一般三天排场,第一天叫"开厨",第二天叫"正日",第三天叫"舔厨板",或叫"罢厨"。客人吃三天,共六顿的酒菜基本相同,菜名为"六菜四荤盆"。荤盆为皮蛋、爆鱼、饭鱼(两条干熟的咸鲫鱼)、白切羊肉。六菜是现炒现吃的,为方肉、炒鱼、炒鸡、红烧羊肉、肉皮汤、白菜肉丝。也有做成"七菜一栈盆"的,七菜为蹄髈、炒鱼、全鸡、全鸭、红烧羊肉、白菜肉丝、肉皮汤。一栈盆为一只大盆子冷菜,如爆鱼、皮蛋、白斩鸡、肚子条等,装得满满的一大盆。也有"吃汤炒"的,吃汤炒则在热菜之前逐一加进一道甜食。

开厨的前一天,主家的兄弟姐妹就来帮忙杀鸡、杀鸭、杀鱼、选菜等,做好一些准备。开厨日,主人家还需做几件事:搭棚,借台凳、茶炉子,厨师进场,烧炉子的带铜面盆毛巾。近几年,都借大棚,包含台凳、茶炉子、碗筷等东西。

男方在结婚前,还要到女方送去这几样东西。第一是送上一桌下饭,供女方招待亲友之用。一般是炒鸡、红烧肉、炒鱼、红烧羊肉或牛肉、炒肚子片、白菜肉丝,为2～3桌的量。这些放在调箱内,女方收下后放进一个未脱的稻,其意是传宗接代。第二是送"肚皮痛钿"。这个既要有钱,也要有物。物品是一只猪腿、一条大鲤鱼、一只活公鸡。女方在调箱内留一条鱼,寓意游(有)来游(有)去,其他钱和物都收下。

结婚当天,男女双方在大门、器具、窗口玻璃上都贴上用红纸剪的双"喜"字。迎亲时,男方备彩轿至女家接亲。新娘则请儿女双全的妇女"开脸",用两根线绞除脸上的汗毛;穿戴整齐,头顶褡头后入轿。启轿后,铜鼓家伙响起,一路吹吹打打,不时鸣放鞭炮。新郎由鼓乐相伴迎至中途。轿至男家,红毡铺地,新娘由喜娘相扶出轿,沿红毡至中堂行礼。以前,有新娘哭嫁的习俗,即上轿前,新娘舍不得父母,啼哭着上轿。金家庄有一段时间,要扎彩船,用彩船搬运嫁妆。上午,把新娘备的嫁妆运到新郎家。下午,则一路铜鼓响,把新娘接到新郎家。因男女双方都在金家庄,所以,下午就不用船了,一路走,一路敲响铜鼓,打起镲锣,若碰到电

线杆、桥,就停一停,新娘撒喜糖,新郎发香烟。

5. 成亲

成亲礼在正厅设香案进行,由司礼主持。新郎、新娘先拜天地,次拜祖宗,再拜父母,然后对拜。拜毕,新郎揭去新娘盖头。随之摆席,大宴宾客。席上,新郎、新娘要按亲近、辈分等一定次序,逐个向每位在座的宾客双双敬酒。次日,新婚夫妇在日上三竿后回门。新娘家设酒宴款待,日落之前回新郎家。近代,新娘头上没有盖头,就少了揭盖头的环节,也无三拜的礼节。21世纪后,流行穿婚纱,轿车接,少了许多步骤,也无之前热闹了。

6. 闹房

通常在婚礼的晚上进行,有的延续数日。闹房时,"三天呒老小",允许长辈、平辈、小辈、亲朋和宾客嬉闹,皆无禁忌。年轻人闹房最为活跃,多出些稀奇古怪的难题和游戏让新人回答或完成,引人发笑,以此捉弄新人,而新人无特殊原因不得拒绝回答。闹房时,新娘要挨个点烟、敬酒。

三、特殊婚姻

1. 童养媳

新中国成立前,有些农户因家境贫困,无力养育子女,便把还未成人的女儿送给人家当童养媳。也有人家经济困难,生怕无力给儿子娶妻成婚,就领养一个穷苦人家的女孩子或在育婴堂、孤儿院里领养一个女孩子作为童养媳。大多数童养媳受到虐待,被繁重的家务压得难以喘息,到了成年,逼迫成婚,称为"并床"。新中国成立后,此习俗已绝迹。

2. 兑换亲

两家穷汉都无力娶亲,双方都有兄妹或弟姐,就互换成亲,称为"兑换亲"。

3. 入赘

俗称做女婿,这一习俗有两种形式。一是男家经济困难,娶不起媳妇入赘到女家;二是女家无兄弟,为继承宗嗣而招女婿。男方到女家得改姓女家的姓,生的儿女也得姓女方的姓,三代后,可还姓男方。新中国成立后,此风俗照常,但姓谁的姓无规定,由男女双方自行决定。实行独生子女政策后,双方都只有一个子女,采取"两家并一家"的做法,无所谓嫁娶,所生孩子的姓氏也各自协商。自2016年开放生二胎政策,许多"并家"的家庭都生了两个小孩,一个姓男方的姓,另一个则姓女方的姓。

4. 抢亲

旧时,男方订婚后,无力办婚事,或女家发财后嫌弃穷婿,企图赖婚,男方无奈,就采取抢亲的办法。有的公婆阻止守寡的儿媳再嫁,儿媳私自约新丈夫抢亲。抢亲时,男方预先邀请数名青壮年当帮手,利用庙会、节场,到女家宅,找到其女,鸣放爆竹。男方突然把女方拉住,其帮手一拥而上,将其抢至家中,当晚成亲。此举旁人大多不予干涉,受到各方认可。此俗新中国成立后绝迹。

5. 叔接嫂

兄长已故,弟娶嫂为妻,称为"叔接嫂",经长辈撮合即可同居。同样,也有伯伯(即兄长)接守寡弟媳的。新中国成立后,偶尔也有此种婚姻,但必须自愿履行结婚登记手续,才算合法夫妻。

四、生活习俗

1. 生育

孕妇临产前个把月,女方父母有催生的习俗,备好尿布、婴儿衣、鱼、大肉、鸡蛋、胡桃、桂圆、云片糕等,送到女儿家。孕妇临产后叫"舍姆娘"。婴儿出生后数天,男方就要办"三朝酒",两家的至亲都要去男家贺喜饮酒,送上红蛋、糕、米团子及人情。男家要给邻居分喜蛋、喜糕、米团子。婴儿满一个月叫作"满月",就得办"满月酒"。孩子周岁要"过周岁",亲友又馈送喜面、衣服、饰物、压岁钱等,以祝贺生日,主人设宴招待。新中国成立后,此风俗依然流行,将"三朝酒""满月酒""过周岁",三个酒席合并为一次,金家庄人叫"吃三朝饭"。具体时间,由孩子父母自己决定。

2. 庆寿

旧社会,年满60岁的老者,经济较宽裕的人家,生日那天有"做寿"的风俗。这天,一般在厅堂内设寿堂,堂中挂老寿星像,红烛高烧,至亲好友备有寿烛、寿香、寿面,前往祝寿。庆寿老人接受晚辈跪拜,并设酒欢叙。老人年龄到66岁,子女都要买肉备礼前往祝贺。新中国成立后,做寿习俗尚存。

3. 攀过房亲

这是一种认亲方式,是指没有血缘关系的认亲,一般都是因为父母与对方关系比较亲密,才让自己的孩子过房给对方。有的称寄父、寄母,有的称好爹、好娘。有钱人家设供桌、寿星像,由父母领着孩子带上礼物,在红毯上拜过神像,再下跪认寄父母。寄父母给子女见面钱,过年送压岁钱,此俗至今犹存。

4. 立嗣

旧社会,宗族中有一房无子,常以一子入室,立为继子,称为立嗣。也有外人立嗣者,但很少。

5. 建房

旧时建房,信奉迷信,选宅基地先请风水先生看风水,择日期,走地点。泥水匠、木匠动工,要备开工酒。上梁那天要设酒请客,吃"上梁酒",亲友前来送礼祝贺。正梁上,贴上横幅、书"福、禄、寿"等字样,左右正柱上贴红对联。淀山湖周边地区,历来都有"建房抛梁"的习俗。相传清末民初,有一位姓程的香山匠人在金家庄落户,由于手艺高超,在庄上站稳了脚跟,收徒传艺,娶妻传代。他不但是造屋打船的行家里手,而且创作的造屋上梁时的"抛梁谣"很被东家看重。上梁庆贺仪式是整个建房中的高潮,由木工工头(俗称"拖杖杆")主持,一开始是上香点烛。

口唱:

> 金台银台共八仙,
> 龙凤蜡烛两旁点。
> 檀香插在金炉里,
> 一股清香飘上天。
> 先敬天,后敬地,
> 再敬鲁班先师借仙气。

"拖杖杆"是建房工地的建房总指挥,若有三长两短,有可能身败名裂,故要敬天、敬地、敬先师,以助上梁顺利,然后正式上梁。口唱:

> 脚踏扶梯上高台,
> 手扳廊檐把仙桃采,
> 采得仙桃何处用,
> 今日弟子抛梁来。

此时正梁节节上升,将要到位,再唱:

> 面对紫金梁,
> 身登凤凰台,
> 手接花梁脊上抬,
> 传子传孙传万代。

鞭炮声中,助手送上蓑衣,披单被,围在正梁之上,意为龙袍玉带,然后把准备好的各色馒头、定胜糕、铜钿铜板,从梁上抛下,边抛边唱:

抛梁抛到东,

抛进东海水晶宫,

龙王接宝送东风,

老东家寿比南山不老松。

抛梁抛到南,

南天门外春风吹,

妙笔生花做文章,

代代子孙中状元。

抛梁抛到西,

抛出一对金鸡啼,

金鸡高唱千年福,

起造房屋万年基。

抛梁抛到北,

坐北朝南风水足,

四平八稳花梁正,

年年种田多积谷。

四周男女老幼皆大欢喜,抛梁后便是祭五行,主持人一手执酒壶,一手拿酒盅,祭唱:

一敬东方甲乙木,

二敬南方丙丁火

三敬西方庚辛金,

四敬北方壬癸水,

五敬中央戊巳土。

敬毕,边下梯边唱:

刘海修仙修了一百零八年,

踏梯回来,金钱银钱钿钿收地万万年。

接着助手问:刘海仙师,凤凰台上看见点啥?

答:要我讲点啥?

助手:见啥讲啥。

主持人再唱:

风吹竹园悠悠响,

闲人勿要多开口,

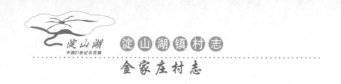

今年造了前后埭，

来年再造走马楼。

此时东家笑得合不拢嘴，马上送来赏钱，上梁庆贺仪式也在一片欢笑声中宣告结束。

6. 丧葬

旧时，凡人亡故，其家属即将此噩耗讣告亲戚朋友（称报死）。晚上，子女替死者净身，换衣服。死者的衣服，先反穿在死者的儿子或女儿身上，一件一件穿好，口语称"同好"。然后把几套衣服一起脱下，给死者穿好。换下的衣服火焚。在客堂置一门板，将死者从房屋中转出，头南脚北，放至门板上，称为转尸。请剃头师傅理好发，清好面，用清洁被单（面）盖上。脚上穿鞋，将一巴斗套住双脚，头前挂白被单（或白蓬单）称为"孝幕"。孝幕前，放一八仙桌，点燃香烛，放上祭品。死人头旁点一盏油灯，要昼夜不息。看到火光快灭时，要及时加油，或拨高油芯。台前放一铁锅，不时焚烧纸锭。子女及家属身穿白衣，扎白腰带，叫"戴孝"，昼夜在灵前恸哭，叫"守灵"。亲友吊唁，系白腰带。请道士、佛婆念经做道场。2～3天后入殓，把尸体放入棺材，棺材四周撒上石灰。出殡前，子女、亲戚、朋友，挨次跪拜作揖。子女重孝者披麻着白，扶着棺木抬出。出大门，沿着日常出入的路径到灵船上。长子手拿遗像，率众姐妹兄弟及子女，跪在船头，直到出了村庄，才回船舱，按序围坐在遗像四周。

一路上，道士吹奏哀乐，撒纸钱、摔碗盏，子女、亲友簇拥着送灵柩至墓地。回丧后在客堂设灵台、牌位。事后当天死亡者的家人再到墓地去一次，谓"望坑"。自死者去世之日起，子女早晚在灵前哀哭，逢"七"必祭，称为"一七""二七""三七"……直至"七七"。七七过后，被称为"断七"。新中国成立后，披麻戴孝多了一个臂戴黑纱，亲友吊唁送花圈、挽联。有工作单位的人，则单位负责召开追悼会，以寄托对死者的哀思。70年代起，土葬已改为火葬。金家庄人因信教的人比较多，相对来说，迷信的人很少，因此，丧事中，请佛请道的现象越来越少。如今，丧事基本不请佛道了。

7. 拜师学艺

旧时拜师先要央人介绍作保，请"拜师酒"。学成后，艺徒要请"满师酒""谢师酒"。徒弟尊师如父母，逢年过节要上门拜望送礼。徒弟有学三年、帮三年的习俗。

8. 吃讲聚

所谓吃、讲、聚，是老百姓在闲暇时的一种聚餐方式。在江、浙、沪一带都曾流行过。而在金家庄,像这种聚餐方式可能有几百年的历史了。

在农活闲暇时,几个人集在一起,说起聚餐大家满口应允,选定其中一家人家,到他家里烧煮、聚餐。其家母亲就张罗烧菜、烧饭、烧水。而菜,基本是张三有肉拿肉,李四有鱼拿鱼,王五拿蔬菜。条件好一点的多拿,条件差的少拿,甚至有的拿不出什么,大家也不计较。那时经济条件差,你几角、我一元凑钱买酒,香烟自备,大家图的是高兴。边吃边讲,用餐毫不拘束,天南地北地聊,东家长,西家短,以趣事、闲事为主,直到酒足饭饱。

生产队里也有吃讲聚的活动。如秋收过后,春节之前,生产队杀了养肥的猪,或者有老牛干不动活,就把老牛宰杀后,把部分肉分发到各户后,把余下的下作、头、脚及部分肉做成大锅菜,大家凑钱买烟酒聚餐,谈生产、拉家常,热闹非凡。

最为重视的要说小弟兄吃讲聚了。因为大人们深知"小弟兄"的重要性,也是给儿子面子。只要选择了其中一个弟兄的家,弟兄们家里有什么拿什么,而做东道的弟兄的父母必定拿出全家的菜放到餐桌上,烧菜、烧饭、烧水,热情招待。弟兄们也嘴巴甜点,这边叫老伯伯、爷叔,那边叫嬷嬷、婶婶,好不热闹。刚成年的弟兄谈得最多的是"找对象",哪家的姑娘最适合谁,如有小弟兄与姑娘是亲戚关系,便自告奋勇地撮合,要做说客,等等。嘻嘻哈哈,一餐下来就是几个小时,也是快乐的几个小时。

随着家庭联产承包制的实施,农村发生了天翻地覆的变化,农民也摆脱了土地的束缚,各自走向了更为广阔的人生舞台。不少村民勤劳致富,在城镇买了新房安了新家,代代相传的"吃讲聚"便逐渐淡出了人们的视野,但那种人与人之间和谐的关系,进了一家门、就是一家人的氛围,成了那代人刻骨铭心的回忆。

9. 吃讲茶

金家庄的渔民或农民,空闲时节,有早上喝茶的习惯,因而沿街沿湖每隔一段就开有茶馆店,最多的时候,竟然有八间茶馆店。金家庄人在茶馆内,泡上一壶茶,八仙桌上围坐数人,交流来自天南地北的新闻,了解全国局势和各处的信息,同时也交流各自生产劳动的经验,增进相互之间的情感联系。

以后这种喝茶的方式又衍生出解决民间纠纷的独特形式——"吃讲茶"的茶俗。吃讲茶是在平民百姓间因日常生活中发生的纠纷或矛盾,在双方争持不下时,既不愿私了,又不愿打官司解决时,为争吵双方举行的和解茶会。吃讲茶时,由争斗中的双方约定日期至某茶楼吃茶评理,并邀请双方都信任的调解人(调解人亦即纠纷裁决人,一般由社会上有名望、办事又公道、双方都信得过的长辈来担任)居中调停、评判,以化解双方的纠纷而握手言和。

10. 小弟兄与小姐妹

小弟兄、小姐妹并不是真正的弟兄或姐妹,而是像《三国演义》中桃园结义的弟兄或姐妹,基本是异族族群,但也可有部分是堂弟或表妹的,可以是同村,或异村年龄差距不到三五岁的人。人数可以八个,也有十几个的。金家庄在历史上什么时候开始有小弟兄或小姐妹的,到目前为止已无法考证,这大概与金家庄的特殊地理位置有关,人们外出必须经过淀山湖,如在危难之中有铁哥或铁姐的出现,可以帮助一起渡过难关。于是,金家庄就出现了小弟兄或小姐妹,且延续至今。

在小学读书的时候,要好的几个同学经常一起玩耍,这就是小弟兄的萌芽状态。当其中一个同学被老师关夜学或放学后在校扫地,其他几个同学背着书包在外等或帮他一起扫地,放学后一起打弹子、打铜板、叉铁箍或一起去湖滩边学游泳,到人家豆地里去偷蚕豆,在田埂上挖个坑置上锅子烧来吃。他们彼此之间十分熟悉,一起欢笑,一起调皮。随着年龄的增长,又一起吃讲聚。休息时间,一起去觅食,一起拷淺潭,将捉到的鱼、虾、蟹、黄鳝等作为菜肴,也可以你拿米、我拿蛋的方式,组合成一顿丰盛的菜肴,这也叫劈硬柴。因他们从小就串门,家长十分熟悉,谁都愿意为他们烧菜、备酒等。

小姐妹的形成在校时与小弟兄相仿,离校后,相互串门,一起接纱,做鞋子,学做衣裳,以至趁铺(两女一同睡)。日子长久了,便成了小姐妹,有时,亲密程度胜过自家的姐妹。

随着年龄的增长,到了择偶、完婚期。弟兄们在吃讲聚,或在桥头纳凉时,物色意中人。当某弟兄有了意中人之后,告知家人,众弟兄也会鼎力帮忙。如晚上陪同前去姑娘家,如若另一帮弟兄也在想同一个姑娘时,就会造成两帮弟兄冲突。举行婚礼时,如果新郎缺东西,弟兄们会将所需东西拿出来借给他。当一个小弟兄正式结婚时,搭棚、借台凳、告客、杀鸡、杀鱼、值盘、送下饭、送下亲六理、抬轿子或摇船、敲铜鼓、接行埂、移化烛等这些事情,都是小弟兄的义务。吃喜酒时,小弟兄也要送礼。当日,小弟兄的权利就是喜果可以随便拿,吵亲可以无休止,甚至可以恶作剧。例如,新婚第三朝,其他弟兄可以挖门或潜入新房内,等新婚夫妇入睡时,将他们盖在被头上的上衣及裤子全部拿光,要他们起不了床。次日一早,去探望新婚夫妻,与他们讲价格,讨要糖和烟。

一帮弟兄全部完婚后,随着家庭事务的增多,小弟兄见面的机会相对减少,其亲密关系也进入淡化期。只能约定定期或不定期的聚会一两次。虽然平时见面的机会少了,但他们的感情仍在。只要有一位家中有事,如造房、婚丧嫁娶、添丁等事宜,他的一帮小弟兄从头到尾都会帮忙出力。如若有一弟兄生病,其他弟兄前去探望。年龄大了,如果哪位小弟兄先走一步,那他的小弟兄都会去送他最后一程。说是小弟兄,其实与亲兄弟并无二致。

第二节 方 言

"啥个朱顾"和"顾朱能阎"是金家庄典型的方言。只要一听到"顾朱能阎"这个词,就知道是金家庄人。"顾朱能阎"作为金家庄人语言交流的"搭头语"就内容来讲,并无实际意义,但这个词在金家庄的话中却时时会被用上,有时用在开场白时,有时用在句中。"啥个朱顾","朱顾"在这里是原因的意思,"啥个朱顾"就是"啥个原因"。例如,村上有一对夫妻吵架了,边上的人看到了就会问:"小夫妻两人平日里好好的,今天不知道是啥个朱顾,吵成这样。"虽然同为淀山湖镇,但金家庄方言的发音,与淀山湖镇其他村的发音,又有许多不同之处。

随着昆山经济的快速开发,越来越多的人涌入昆山,涌入淀山湖,普通话作为交流工具,渐渐代替了方言。加之金家庄的拆迁,讲方言的人逐渐减少,有的孩子甚至不会说方言,只会讲普通话。为了方言的保护和传承,特罗列如下(注:括号中的拼音,是为前一个字注的方言音,与普通话读音无关)。

一、常用语

勒拉:指人或事物在的意思。例,某人阿勒拉? 回答:勒拉。

喃能:怎么样,怎样。例,盖桩事体喃能办?

作啥:什么事。例,伊拉作啥?(他在做什么事?)

覅(wiáo):不要。例,苹果只剩一个了,你吃吧,我覅吃了。覅面孔,意为不要脸。

朆(wèn):没有。我今朝一直在屋里,朆出去。

发毛:发脾气。

朊不:没有。

忒(tè):太。例:今朝去公园白相,覅忒开心哦!

透:语气词,程度深的意思。例,(1)么事多透多透;(2)昨夜头咯电影,好看透好看透。

闹热:热闹。

243

金家庄村志

活灵:灵活。

火着:失火。

开往:刚刚前面一段时间。

舌甜:宝贝、爱怜。例,伊对儿(方言音"仉")子特别舌甜。

荡浴:洗澡。

困觉(gào):睡觉。

恹气:困倦。

吃烟:休息。

强:便宜、贱。

货色:本指货物,引申为啥货色、什么货色,就是骂人,是个贬义词。

吊儿郎当:形容仪容不整,态度不严谨。

讲张:讲话。

摊充:难为情。

懊牢:懊悔。

昏闷:有些事很难解决或需要较长时间解决,心里烦闷。

架落:姿势、姿态、势头、形势。

便当:容易。

脚劲:两腿的力气。

推板:蹩脚。

摊面衣:面粉和水后煎成的薄形食品。

悬开:相距。

几花:多少。

搭酱:做事粗糙,引申为做人不正。例,此人蛮搭酱。

搅乱头:贬义词,指不做好事的人。

肚皮拆:腹泻。

勿适意:不舒服。

败家精:指败家的人。

作兴:可能。例,今朝作兴要落雨咯。

不作兴:不可以。例,你开口骂人,不作兴咯。

齆鼻头:感冒或其他原因引起鼻塞而造成的语音异常。

㾷车:晕车。

死血:冻疮。

拆白党:贬义词,指做事不合正规的人,诈骗他人钱财。
花里八蓝:衣服的颜色杂。例,这件衣裳花里八蓝哈,一点也不好看。
杂个隆咚:形容杂七杂八。
骂三门:骂人。
挖墙脚:暗地里损害别人利益的行为。
刁钻促狭(kà):指人品不好,使坏。
压末名:最后一名。
点拨:指点。
直拔直:笔直朝前,同"一拔直"。
拆天拆地:指把东西搞得乱七八糟,一般用于大人批评小孩子太顽皮。
原生:完整。
开荤:指第一次经历某种新奇的事情。
出笤:(中性词)出发、溜走。
着力:厉害。
结棍:厉害。
觉(gō)着:察觉到了。例,这病是瞒不住,伊已经觉着哉。
赞括:主要指人生得美又有气质,说话办事干练,方方面面都好。
豁边:糟了。例,把人家所托之事忘了叫豁边,犯下大错也可叫豁边。
推头:推说。
开戒:泛指人们解除生活上的禁忌。
来三:能干、可以的意思。例,某人来三。反之为"勿来三"。
揩油:比喻占公家或别人的便宜。
野豁豁:没边没沿,可以说地域,但也可用到社会生活上。例:你提的条件太大太多了,有点野豁豁。
吃力来:累死了。
拆烂污:敷衍了事。
点饥:稍微吃点东西解饿,点点饥。
点穿:点破,用一两句话揭露真相或隐情。
拎不清:搞不清情况,不机灵。
轧闹猛:凑热闹。
戳壁脚:在背后说人坏话,拆人台脚。
赖(lá)皮:无赖的作风和行为。

少辟:速度快,爆发力强。
一歇歇:一会儿。
一拔直:往前,不转弯。
老皇历:比喻陈旧过时的规矩。
老练:阅历深,经验足,稳定而有办法。
勿伦勿类(勿三勿四):形容不像样子,又不规范。
勿在乎:不放在心上,反之为"在乎"。
勿至于:表示不会达到某种程度,反之为"至于"。
勿梳齐:事情不结束,反之为"梳齐"。
勿壳帐:意想不到,反之为"壳帐"。
勿着杠:没有了,反之为"着杠"。
勿入调:原指唱歌或唱戏不入调门,引申为不规矩、不正派,反之为"入调"。
勿齐头:或多,或少,不正好,反之为"齐头"。
勿连牵:靠不住,不像样。
三脚猫:比喻对各种事稍懂皮毛。
有心相:有耐心,或很投入,反之为"呒心相"。
扣夹扣:时间或物刚巧正好,不早不晚或不多不少。
夹生饭:原指饭没做熟,比喻做事不彻底,或问题没有得到彻底解决。
阿咪咪:(1)指时间长;(2)可作贬义。例,你这个人阿咪咪了(你这个人,差远了)。
啥么事:什么事或什么东西。
保身价:(1)不肯担风险;(2)处处注意身体。
搭勿够:交情浅,难求人相助,反之为"搭得够"。
落场势:收场的台阶。
蜡烛:贬义词,指人没有主见,听命于别人。例,你真是个蜡烛,不点不亮。
插蜡烛:机器抛锚,引申为人身体不好。
一眼眼:很少。
呒劲头:无聊。
紧凑:密切连接,中间没有空隙。
回头汝(né):告诉你。
心急火燎:心里急得像火烧一样,形容非常焦急。
做生活:干活。

第十一章 习 俗

卸肩胛：推卸责任。

白白叫：徒劳无益。

夹嘴舌：吵架，吵相骂。

捉板头：找岔子。

打相打：打架。

茄门相：同"鸡肋"差不多，食之无味、弃之可惜。

讨惹厌：讨厌。

好到来：特别好。

稻炀到来：指水稻苗势旺盛。

投五投六：喜欢卖弄，但事情不一定能做好。

寿头寿脑：傻里傻气。

死样怪牵：装懒样，有气无力的样子。

胆气：胆量和勇气。

搞七念三：瞎搞八搞，且有关系暧昧的意思。

困思懵懂：犯困，引申为脑子糊里糊涂。

出脚一眼：多一点。

一塌刮之：全部，统统，总共加在一起。

痴头怪脑：带有一种斥责的意思。如有人超出了做人的规矩，往往就用这词。

贼忒兮兮：慢吞吞，油腔滑调的样子。

沥汁：指小孩容易生病。

青肚皮活猁：形容没有头脑的人，特健忘。

贼骨牵牵：坐立不安，多动症。

敨(tǒu)叉袋底：比喻把隐秘之事全部讲出来。

呒不清头：年轻人犯错或偷懒。

日里借不出油盏：吝啬、小气。

神知糊知：糊里糊涂的意思。

担不是：后果承担不起。

交交关关：很多。

海海还还：很多。

玛卡玛卡：许许多多。

面熟陌生：似曾相识。

稀奇勿煞：自鸣得意，带有贬义。

着落:下落。勿着落,指没有下落,反之为"有着落"。不着不落,形容事情没有着落,没有结果,引申为这人有点十三点,说话不在理上。

几花点:多少。

几几花花:很多很多的意思。

一天世界:摊放得杂乱,满地都是。

七桥八裂:引申为家庭不和、不团结。

不二不三:不太正派,近似的有"不三不四"。

勿入流胚:不正派。

急出胡拉:发急的样子,哭丧着脸。

极形极状:猴急的样子。

恶形恶状:不顾体面,乖戾。

踢脚绊手:障碍多,不宜行走。

假痴假呆:装傻。

的角四方:方方正正。

格里糊涂:噜苏纠缠不清。

滑塌精光:一点不剩。

极列搁碌:不安定,动个没完。

狗屎倒灶:不豪放,特别小气。

加粘不连牵:更加不好。

伲结咕结:缠拉着低声及喋喋不休地说着话。

少有出见:贬义词,指人的性格特别少见。

七盅七盏(zǎn):比喻事情做得细、好,样样都到位。

脱头落襻:形容做人、做事等方面不到位。

死勿临盆:临盆是指女人生孩子,比喻死不认错,顽固。

勒杀吊死:人情方面呆板,不通融,且特别吝啬,舍不得花钱。

腰岸角落:犄角旮旯。

紧俏:指货物的销路供不应求。

七勿牢三牵(七勿牢牵):形容事情不靠谱。

老卵:(1)指厉害,结棍;(2)骂人话,贬义词。

吃勿开:形容人缘差,反之为"吃得开"。

小家败气:指吝啬。

唪空(唪空念三):说谎,谎话连篇。

第十一章 习 俗

羊牵活狲:形容身体动个不停。

抓抓出出:撩拨别人,使人厌烦。

嚼白嚼白:话特别多,令人厌烦。

绕天世界:到处都是东西,或毫无目的瞎走。

绯赤生红:形容特别红。

黄享拉爪:指脸色不好。

阮要阮紧:贬义词,慢性子,做事没有紧迫感。

吓人倒怪:指一些事情不可理喻。

门槛精:指人精明。

温吞水:指人的性格不忧不急。

出洋相:指出现尴尬的事,或表情。

蹩脚:指差劲。

轧道:指结交的朋友圈。

七荤八素:指场面大,引申为乱糟糟,搞得人晕头转向。

好好交:劝人的话。劝架或教育不学好的人,让其好好交。例,(1)你们好好交,少讲一句,全劲响了;(2)伲要好好交,轧道要轧好,勤混日脚过。

辣手:指狠。

洋泾浜:指语言不纯正。

煨灶猫:形容没有精神。

险脚哦:差一点出大事,专指有生命危险的大事。

大呼隆:形容无计划、无秩序地一拥而上。

猪头三:不知好歹的人。

阿无卵:不明事理的人。

黄伯伯:办事不牢靠的人。

花洋镜多:形容花样多。

喃么僵哉:这下糟了。

角落头里:角落里。

哭出呜啦:似哭非哭,似笑非笑,一副尴尬相。

擦刮啦新:崭新的。

死蟹一只:形容败局已定。

阿有耳朵:用于责问不听话的孩子。

懊糟:心里郁闷,难受,不痛快。

金家庄村志

阿木林：近似傻瓜。

阿哇(阿哇啦)：很痛时发出的叫声。

板要：一定要。

笔笃直(笔立直)：形容很直,一条直线。

经心：在意、留心。

白相：玩。

看见触气：看着生气。

刺毛：指人脾气坏,惹不得。

厚皮脸：面皮厚,做缺德事不难为情。

痴子：疯癫的人。

滴粒滚圆：形容很圆。

滴沥嗒啦：滴滴嗒嗒。

荡马路：逛街。

肚肠根痒：别人做事做不好,恨不得自己亲自去做。

发寒热：发烧。

搞啥百叶结：搞什么名堂。

戆劲：傻力气。

戆胚：傻瓜。

戆棺材：骂人,指对方傻,一般指男人。

豁脚：离开,刚走。

横竖横：横下心来,什么都不怕。

拎勿清：指人不机灵,看不清状况。

浪头大来：形容吹牛。

磨洋工：故意拖延。

眯特歇：打个盹,小睡片刻。

啥个末事经：什么东西。

龌里龌龊：形容脏。

缠一呛：做事不负责任,得过且过。

收作：(1) 收拾,修理东西；(2) 教育、打骂孩子。例,你闯祸了,我过一歇再"收作"你。

水凼(dáng)：下雨后产生的水洼。

嗒嗒(dié die)：水塘。嗒嗒凼凼：坑坑洼洼,坑洼不平。

相骂:吵架。

血淋带滴:血淋淋的样子,形容人伤得很厉害。

悬空八只脚:指差得很远。

扎墩:指身体结实。

真家伙:感叹词。

该嗒(该爿):这里。

倘旁:估计,可能。

肉头厚:指油水多。

歪把仔欠:指有勇气,蛮干。

莽撞:粗鲁冒失。

鸡头混:做事没头没脑。

发痧:中暑。

放话:发出话,透露出某种目的、打算。

小热昏:对小男孩的爱称。

变戏法:变魔术。

白相干:指玩具。

伙仓:饮食。开伙仓,指摆酒席。

放晴:阴雨后,天气变晴。

滴沥嘟噜:不利落。例,他腰带上滴沥嘟噜,挂着好多钥匙。

蹲拉一道:待在一起。

扎乖:听话,识趣。

撩事:惹是生非。

搬场:搬家。

上腔:(1) 教训别人,找茬;(2) 也指生病的前兆。

掉勿落:心里放不下。

塌便宜:占便宜。

夹燎丝白:形容脸色苍白。

小绩玲玲:形容女性长得小巧玲珑。

香:亲吻。例,香面孔。

钝人:讽刺,挖苦,嘲弄。例,你讲话,勿要钝人。

进牢:坚持住。

行人情:给办事人家送钱、送物。

金家庄村志

大约摸扎:大约。

柴柴:省省,算了吧。

猛生头里:猛然、突然。

生腥气:食物因半生不熟而产生的一种气味。

触祭:吃东西或吃饭,贬义词。

该能:这样。

顾能:那样。

该呛里:这次,这段时间。

出趟:形容大方,不扭捏。

凿着法:遇见什么就是什么。

听壁脚(听壁式):偷听别人说话。

字转来:转过来。

啒嘴:漱口。

揩面:洗脸。

话困话:说梦话。

困嗳朝:睡懒觉。

像心:想做、考虑做,如所愿。

担心思:担心。

做人家:小气、节俭。褒贬均可,具体看语境。

闯穷祸:闯祸。

坍招势:坍台,丢脸,出丑。

吃扛其:聚餐AA制。

瞎悄:瞎做事情。

得劲:称心合意。

价钿:价格。

几只洋:几元钱。

托牢:手掌向上承受(物体)。例,下巴托托牢,指讲没有根据的话,瞎说。

滴括三响:硬邦邦,做事干脆。

老鬼(jī):门槛精的人。

蹩脚货:品质差、能力差的人。

难板:很少,偶尔。

对脚板头:面对面。

第十一章 习 俗

关照:照顾,叮嘱。

吃勿煞:吃不准,吃不透。

齐巧:正好。

加腻:更加。

系巾:围巾。

登嘴:结巴。

扒手:小偷。

恶作极:开玩笑。

着(zā)棋:下棋。

塌(tā)势诈:耍赖皮。

倒板账:把算总账后因粗心而不该支付的钱要回来。

赤卵弟兄:从小一起长大的弟兄。

黄落:(1)没戏了;(2)没有,不存在。另有"黄扯"与其意思相近。

忒个(gò):太。

野路子:不正规的途径。

一帖药:使人服帖。

热昏顶倒:糊涂,昏了头。

舌謌乱辩:纠缠不休,乱讲闲话。

活里活络:不明确。

鸭屎臭:本来的好事出了一个很糟的结果,出丑,出洋相。

寿头式牵:傻乎乎。

贼皮塌老脸:脸皮厚,且带有油腔滑调的样子。

千跟斗:翻跟头。

辨野猫:捉迷藏。

猜东里猜:猜拳。

丢(dō)脱货:废物,指没有用处,可以扔掉的东西。

落脚货:很差的东西。

吃饭家生:谋生用的工具。

扶梯:梯子。

齷拉弗出:说不清,一种说不清道不明的情感,怪怪的。

淡水刮嗒:淡而无味。

像煞有介事:带有贬义。例,(吵架时)你不要像煞有介事,人模狗样,装腔作

金家庄村志

势,有啥了不起。

悉粒索落:象声词,小的声音。

危险八拉:很危险。

摆好:放好,整理好。

吃价:身份地位与众不同,高人一等。

上路:做事讲道理,有人情味。

猛闷:蛮不讲理。

㹻(wān)崩(bān):与"猛闷"意思相近,但程度更深。

交关:非常。例,交关好。

呒趣:生了轻微的病。

透来:喘得厉害。

本当:原来,本来。

揭(xiāo)开:掀开、揭开。例,揭开天窗说亮话。

弄怂:算计、捉弄人。

乐惠:舒服,愉快。

掼跤:摔跤。

密惜:细心到有些过分。

告枕头状,吹枕头风:妻子向丈夫说别人的坏话。

癞嘎:说下流的话。

癞歪:孩子脾气坏,形容喜欢打人、用手抓人的孩子。

腾:用脚踩,腾一脚,踩一脚。

闸脚:踩脚。

闸一脚:用脚踢人。

凿拳:打一拳。

瞎七缠:瞎弄,带有劝告或指责的语气。

碰着赤佬:指遇上了倒霉的事。

阿拉屋里:疑问:在家里吗?

挨肩头:同胞兄妹姐弟排行相连,年岁相差很小。

嗳酸:胃酸从胃里涌到嘴里。

要面子(爱面子):怕损害他的体面,被人看不起。

瘪:不饱满,"瘪三"无正当职业的游民。吃瘪:输掉。

陀(tuó)膀:陀,靠;膀,船和船相靠,"陀膀"一词引申为靠膀靠山的意思。例,此人做成这事,陀螃必定不小。

作孽:(1) 可怜;(2) 指做坏事。

作怪:作梗,作对。

奘:指身体粗而大,也可指肥胖。例,他身高腰奘。

索性:干脆。

坍台:丢脸。

馊:饭菜变质。

惹气:引起恼怒。例,你这惹气话少讲点。

陪绑:没有做错事的人跟做错事的人一起受责罚。

赔不是:向人认错,道歉。

行(háng)不落:吃不消,扛不住。

挪一挪:移动一下。

怄气话:因不愉快、斗气,而说的与意愿相反的话。

灵光:好、灵巧,灵活巧妙。

拢共:一共、总共。

厉害:难以对付或忍受,也引申为本领大,这个人真厉害。

拉倒:算了,作罢,你不会就拉倒。

犟:固执,不服劝导。

叽里呱啦:声音很杂,你一声,我一句。

后首来:后来。例,当时没有听懂,后首来,想一想才明白了。

后手:指接替的人。

厚皮脸:厚颜。

囫囵:完整。

艮:性子犟,说话生硬,艮头艮脑。例,狄个人艮来,做事体勿会得转弯。

陪:依仗,斜靠。例,梯子陪在墙上。

陪牌头:指有靠山。

戆:傻、愣,戆头戆脑。

疙瘩来:挑剔。

吃耐:很能忍受,能吃苦。

能耐:技能,本领。

老固板牵:思想守旧,跟不上潮流。

人来疯:指小孩在有客人来时,撒娇胡闹。

金家庄村志

装佯(jiáng):装腔,做作,有"人来疯"的意思。

隔壁乡邻:左右相毗连的人家。

枉绷:蛮横无理。

黠(xiā)哑(zà):聪明。

阔勃:形容人比较粗壮。

舍姆里:产妇坐月子的一段时间。

装佯(jiáng)色牵:指得意忘形。

上路:比喻为人处世、待人接物等方面,做得比较圆滑、妥帖。反之为"勿上路"。

柴披阢屑屑:形容一个人做事无一件成功、像样的。

势坍阢休:形容干活太吃力,类似脱力的程度。

门门中:指一件事在人情世故中是应该这么做的。

献宝:指炫耀。

黠辉:贬义词,有点献宝的意思。

围圆:圆的一圈。

缲边:原指缝纫的一种方法,现引申为在旁边帮人说好话,促使事情办成。

犯勿着:不值得。反之为"犯得着"。例,犯不着为这点小事情生气。

发嗲劲:撒娇的样子。

搦搦牢:握紧,拿住,捏牢。

望张张:热切盼望。

跷梢头(拚气):赌气而走。

抟(tuán)弄:团弄。

脶(luó):手指上圆形的纹路。

坨头:田中土垄。

墨墨黑:一片黑暗。

朦朦亮:刚有些亮。

噘嘴:表示生气。

耳朵根软来:没有主见,容易轻信别人。

打耳光不肯放:形容东西好吃。

顾勿得:见不得别人好。

奔心:形容认真。

掂掇:小小的提醒。

抿拢:稍稍合拢,全部合拢叫抿紧。

起色:(1) 身体好转的样子;(2) 事情办得有点眉目。

起眼:看起来醒目,惹人重视。

恰好:正好。

腔调:说话的声音、语气等。例,你啥个腔调。

劳碌:事情多而辛苦。例,终日劳碌、呒劳碌、讨劳碌。

至交:最要好的朋友。

至亲:关系最近的亲戚。

嫡亲:血统最近的亲属。

喂:表示招呼。

热络:形容关系密切。

窸窣:形容细小的摩擦声。

现世:出丑,丢脸。

相商:彼此商量。

写意:舒服,惬意。

心思(念头):想法。

眼热:倾慕、羡慕。

形容勿出:小事大做。

醒觉(gò):醒悟。

共总:一共,总共。例,这几笔账共总多少钱?

溏方:煎(煮)蛋后,蛋黄没有完全凝固,还呈现液体状态。

得法:做事方法得当。

调匀:调和均匀。例,今年雨水比较调匀。

侧转:倾斜,不正。

捩(liè)转:把一件不正的东西扳正。

扳罾(zēng):捉鱼的一种方法。

打转回:往返一个来回。

针尖对麦芒:指争执双方针锋相对。

直撅撅:形容挺直。

转弯摸角:指兜圈子。

酸咋咋:味道有点酸。

性命交关:指到了紧要关头。

话勿过去:说不过去,不合情理,无法交代,反之为"说得过去"。

眼见得：显然，多用于不如意的事。例，病人眼见得不行了。

眼门前：眼前，跟前。例，眼门前几件事，够他忙的了。

阴干：把湿的东西放到没有阳光的地方，慢慢地干。

阴山背后：偏僻冷落的地方。

匀整：均匀整齐。

躁性子：急性子。

咋咋呼呼：吆喝，张扬。

爽一爽：潮湿的地方，让它过一段时间，自然干。

开眼瞎子：指不识字的人。

吃白食：白吃白用别人的东西。

搭把手：伸手帮忙。

做困梦：不能实现的愿望。

吃功夫：耗费时间、精力。

吃香：受欢迎，受重视。

簇簇新：极新，全新。例，簇簇新的大衣，赤(cā)刮啦新。

赤膊：光着上身。

赤脚：光着脚。

重沓：重叠，重复。

打瞌眈：困极小睡。

当街：靠近街道，临街。

出道：学徒学艺期满，开始从事相关的工作或事业。

出格：越出常规，出圈。

出生活：单位时间内做好较多的事情。

出师：（徒弟）期满学成。

穿崩：露出破绽，被揭穿。

簟条：用竹子编成的，一种盛粮食的器物。

春凳：宽而长的板凳，一种旧家具。

仓促：在很短的时间内完成某事，形容很匆忙。

凑手：使用起来方便，顺手。

促退：不求上进，与"促进"相反。

噱头噱脑：(1) 引逗。伊自家勿好意思做，一直噱别人去做；(2) 也可指说话风趣。

撩拨:挑逗、招惹。

板扎:多义词,(1) 指身体结实;(2) 做事周到。

蹊跷:奇怪,可疑。

婆婆妈妈:一般形容男人有大事时,拿不出主见,犹豫不决。

乱七八糟:无规律地存放。

路数:(1) 路子;(2) 招数;(3) 底细。例,不晓得他有什么路数。

气头上:发怒的时候。

稀奇百怪:形容事物奇异而多样。

齐巧正好:一点不差。

毛手毛脚:做事粗心大意,不沉着。

毛估估:粗略地计算。

满打满算:全部算在内。

吭轻吭重:指言语行为鲁莽,没有分寸。

戳一鼻头灰:想帮助或讨好别人,结果却落得没趣。

戳末代:发怒时骂人的话。

名堂:花样,名目。例,伊这样做法,到底有啥名堂?

道是:以为,认为。例,听这声音,有点陌生,我道是谁,原来是你。

勤谨:勤劳,勤快。

没头没脑:(1) 指沉入水中;(2) 对事情一无所知。例,你这样气势汹汹地责怪我,我真个是没头没脑,想想真冤枉。

没心没肺:说话做事不考虑他人的想法和感受,指不动脑筋,没有心计。

门道:做事的诀窍,解决问题的方法。例,外行人看热闹,内行人看门道。

拿手好戏:指某人特别擅长的一种本领。

拧(nǐng):形容脾气倔,固执。

拧滴滴:脾气不爽气。

手松:指随便花钱或给人东西。

手紧:指不随便给人东西,也指家庭缺钱,经济拮据。

手头:(1) 指伸手可以拿到的东西,例,就在你手头;(2) 指个人或家庭某个时候的经济情况,例,最近,手头紧来。

通天大本事:形容手段高超,善于钻营,与高层人物交往,狐假虎威。也有俗语"手眼通天"一说,带有贬义。

冲要:风水学的术语。例,大路对着住宅的大门,河水正对自己的房屋,桥对着大门,风水学叫作煞气。根据五行八卦,要"化煞"。

伊啦攀谈:别人怎么怎么说。

索格在能:索性这样。

花好稻好:样样好,带有贬义。

眼窝(ku)落潭:形容瘦得走样了。

眼看:马上。

肉痛:心痛,舍不得。

肉头厚:(1) 指人胖,肉多;(2) 引申义,指家庭经济比较宽裕。

险脚下(险险下):多指惊险的事,就差一点点,好在没有发生。

曲里曲绕:弯弯曲曲。例,金家庄村里的路,曲里曲绕的。

打圆场:为打开僵局而从中调解。

走形走状:比喻过了头。例,你怎么瘦得走形走状了。

赞(zài):优异,好。

臂膊朝外弯:比喻向着外人。

二、表示动作

阁(gē):邀请,合伙。

攀(bái):爬。

袒:露出,袒胸露臂。

斫(zhuó):用刀斧砍。例,斫稻。

扚(dí):用拇指和食指(中指)掐东西。例,扚人、扚点小白菜。

嗍:吮吸。例,嗍螺蛳。

揭(xiāo):揭开,掀起。例,盖在碗上的布,被风揭了起来。

咪:喝一小口。例,每晚咪点小酒。

张:看、望。例,你去外面张张看,你爷阿啦回来了?

躲(yā):例,你惹了他们,他们正在找你,你暂时躲一躲这里吧。

搓(cuō):两个手掌反复摩擦。例,搓绳。

差(cā):被人指使做事。例,在伊手下头不大好吃饭,一直被伊差来差去,忙煞了。

揹:找。例,天冷了,把羽绒服揹出来穿。

敁(duō):扔。

敨(tǒu):整理,捏在手里甩。例,早晨头起来后,被头要敨一敨。

留("tīng"):剩下,留下。例,他还没吃晚饭了,你留点菜给他。

蹓:偷偷地走开。例,伊滑脚蹓了。

遛:慢慢地走,散步。例,遛狗。

揿(qìn):按。盖头揿牢,勿让蒸汽出来。

掼:扔。例,伊脾气不好,一发火就掼家生(东西)。

润:渗透。例,屋面做来不好,天一落雨,就要润水。

荡:(1) 洗,例,荡脚水烧好了,可以荡脚困觉了;"荡浴"一词,意为洗澡;(2) 摇动,摆动,例,荡在空中。

掖:(1) 整理,例,衣裳掖掖好;(2) 塞进,例,掖菜,是指把腌好的咸菜塞进甏里。

囥(kàng):藏。例,我咯压岁钿被姆妈囥好了。

拗:动作,折。例,拗断。引申为不顺从。例,这个人脾气有点拗。

庹(拓):两臂张开,以度量物体的长短。

按:放。例,该个末事按拉该得(这件东西放在这里)。

掰:用手把东西分开或折断。

绊:挡住或缠住。例,绊户槛大阿哥,出门就吃苦。

礤:把刀在布、皮、石头等物件上面反复磨擦。

劈:用刀斧等砍或从纵面剖开。例,劈硬柴。

煠:用极少的油煎。例,煠鱼。

滗:挡住渣滓,把液体倒出来。

屏:屏一屏,忍一忍的意思。

拼:合在一起。例,拼拢。

搛:用筷子夹。

嘚:唠叨。例,你嘚来一遍嘚去一遍,唠叨啥。

蓬(pōng):蓬(bóng)松,形容头发松散。

涮:洗濯,局部地方洗涤。例,这件棉袄的领口、袖口涮一涮。

宕:拖延,这笔钞票宕一宕。

簸:(簸箕)把粮食等放在簸箕里上下翻动,扬去糠秕等杂物。

氽:把食物放在开水里稍微煮一下。

氽:物体浮在水面上。

搿(gé):用力抱,搿牢,不要落掉。

鲠:卡,鱼骨头(等)鲠在喉咙里。

蹿：向上或向前跳。

皲：皮肤裂开。

掸：掸子，用掸子或别的东西轻轻地抽或拂去灰尘。

扽：两头同时用力把绳或其他猛拉。例，这被单皱来，我们两人把它扽一扽。

掂：掂量，用手托着东西上下晃动估量轻重。

跐：抬起脚跟用脚尖站着。

垫：用东西支、铺或衬，使加高、加厚、平整，帮人支付、垫支。

掇：用双手拿，掇椅子。例，这只台子两个人一道掇一掇。

褪：缝补破衣。例，衣裳上这个洞褪一褪。

轧（gá）：挤。例，人轧人、轧闹猛。

缲边：做衣服的边或带子时，把布边往里头卷进去，然后藏在针脚内部。引申为帮人说话。

绲：缝纫的一种方式，绲一道边。

绗：用针固定面子。

懑：烦闷，昏懑，呒主张。

晃：摇动。

抠：小气。

匡：粗略计算、估计。例，这个东西匡匡多重。

晾（láng）：晾。例，衣裳晾一晾。

捩（liè）：捩转来，扭转来。

撩：把东西垂下的部分掀起来。

撬：把棍棒或刀锥的一头插入张嘴或孔中，用力扳或压另一头。

翘：一头向上仰起，翘尾巴。

捋：用手顺着抹过去，使物体顺溜或干净，捋胡子。

掮：用肩扛东西，引申为掮客。

戗：风向相对，戗风，"盘戗船"戗头，支撑柱子或墙壁，使免于倾倒的木头。

炝：用沸水略煮，再用酱油、醋等拌。例，炝黄瓜。

呛：因水或食物进入气管而引起的咳嗽。

㨄：舀、㨄水。

绾（wāi）：把扎条型的东西盘起来打成结，"绾结"。

舀：用瓢、勺等取东西，多指液体。

溢：充满而流出来。

傤:一只船装运的货物叫一傤(过傤)。

挦:撕、拔、拉。例,挦鸡毛。

撇:从液体表面轻轻地舀。例,撇油、撇沫。

揞(ǎn):用手把药面或其他粉末敷在作品处或伤口处。例,伤口上揞点消炎粉。

垨(bén):垨地、翻地、刨地。

垦(kèn):翻土。例,垦地。

搫(wāi):使细长的东西圈起来。例,把铁丝搫个圈。

怪:责备,怪不得。

揿:按,揿电钮、揿牢。

焐:用热的东西接触凉的东西,使之变暖。

嵌:把较小的东西放进较大东西上面的凹处。

镶:把物体嵌入另一物体内或圈在另一物体的边缘。

捣:(1)用棍子等的一端撞击;(2)搅乱。

拨:用手脚或棍棒等横着用力,使东西移动。

拔:把固定或隐藏在其他物体里的东西往外拉,抽出。例,拔草。

扯:拉,扯开,拉开。

拌:搅和。

绊:挡住或缠住。

萦(yìng):围绕,缠绕。例,萦线,萦头绳。

挜(yié):牵引,拉。例,把牛棚里的牛挜出来。

三、表示事物

碗屎(dù)底:指碗的底部。锅子的底部,叫锅屎底。

米泔水:淘米后的水。

小脚刀:削铅笔的小刀。

哈:螃蟹。

柴花:虾。

嗯:鱼。

饭粟:玉米。

饭糍:锅巴。

物(mê)事:东西。

胡塘：地方。

瓢：汤匙。

鳗(mie)鲤：鳗鱼。

枇(bí)杷(bó)：与鼻子无关，指枇杷。

电线木：电线杆。

桥脚下：桥堍。

角子：硬币。

豁水：鱼尾。

塌饼：用糯米粉做成的实心饼。

块：包，指虫子咬后，肿起的红包。

丫(wo)叉头：顶端分叉成"丫"字形的木杆，用以叉起晾衣竹。也有用金属丝制成的"丫"字形物件。

头绳：绒线。

眯细眼：小眼睛的人。

被头：被子。

被横头：在被子的横边位置，特地缝上避免被子弄脏的一块布。

皮皂：肥皂。

金鲫鱼：金鱼。

蚕宝宝：蚕。

门樘子：门框。

羊夹(gā)：天牛。

才绩：蟋蟀。

铜钿：钱。

屋面：屋顶。

曲蟮：蚯蚓。

田鸡：青蛙。

癞(lā)团：癞蛤蟆。

砧墩板：砧板。

夜壶箱：床头柜。

骨牌凳：凳板为长方形的凳子。

藤榻：藤制的靠背椅，有扶手。

小矮坮：小凳子。

料作:(1) 指原料;(2) 形容人的层次低。

捻凿:指安装或取出螺钉的工具。

洋锹:铁锹。

铁搭:垦地翻土的农具。

搠扒:竹制,爪形,用来拉拢乱稻草。

筷竖笼:指竖放筷子的盛具。

碗盏家生:盛菜饭及进食用具的称呼。

广勺(铜勺):灶台上舀水的工具,用铜制作。广勺较大,铜勺较小。

三和土:被敲碎的砖头。

网船:小渔船。

缠条:用竹篾编成的席子状物品,很长,可以围粮食,也可以平摊后,放粮,晒粮。

镬(huò)子:锅。

豁(huā)镬(huò):三眼灶中,嵌在两个大锅中间的位置,一般是借着火的余热用于烧水的小锅子。

汤罐:老式灶台上嵌入的圆柱形的铁锅。烧饭做菜时,利用火的通道,顺便将那里的水加热。

汤盏:小碗。

夹针:小型发夹。

撊捻:镊子。

座车:婴幼儿坐的木制或竹制的童车。

沙哈牌:扑克牌。

木人头戏:木偶戏。

鹞子:风筝。

瞒瞒子:谜语。

场化:地方,场所。

村寡:自然村。

浜兜:小河的尽头。

溇头:池塘。

田(dián)岸(ái):田里用来挡水的土埂。

田沟:田里开挖的水沟。

河滩头:河埠,在河边洗衣服的场所。

坟墩头:隆起的墓。

坟窠庐:乱坟堆。

被(pí)絮(ròu):棉絮。

抱被:用以包裹新生儿的棉或夹的小被子。

包衫:外衣。

困衣困裤:睡衣睡裤。

嘴套:口罩。

大襟衣裳:中式,又叫"扯襟衣裳",门襟开在一侧腋下。

搭攀:衣物上用以系住固定的构件。

揿钮:凹凸镶嵌而固定的扣子。

绢头:手帕。

叉胸:围在婴幼儿胸前防止唾液弄脏衣服的布。

饭单:围裙。

老开皮鞋:很笨重的皮鞋。

蚌壳棉鞋:有两个鞋帮的棉鞋。

蒲鞋:用芦花、柴草等编织的鞋子。

客堂间:客厅。

灶下间(灶头间):厨房。

窗口:窗户。

街沿石:街两边、房屋前铺设的长条形石头,也指台阶。

老坦克:旧自行车。

四脚蛇:壁虎。

活狲:猴子。

蜜鲦鱼:侧扁、灰白色的条状小鱼。

鲢胖头:鲢鱼。

裙带鱼:带鱼。

打拳虫:孑孓。

响板:会叫的知了。

百脚:蜈蚣。

菊珠:蜘蛛。

菊珠荡莽丝:蜘蛛网。

长生果:花生。

哈菜:苋菜。

草头:各种野菜的统称。

野菜:专指荠菜。

蒲桃:核桃。

枇杷干:用面粉制作油炸而成,颜色、形状与枇杷柄相似的一种甜点心。

烤果:用面粉摊成薄片、油炸而成的食品。

爆炒米:爆米花。

味之素:味精。

吃夜壶水:吃酒,贬义。

学堂:学校。

扎钩头:竹梢上留有短枝,悬挂在屋檐下可以用来挂篮子、毛巾等物件的一种用具。

竹爿头:一节粗毛竹竖切开后的竹片。

铴锣:铜锣。

鲎(hōu):虹。

拸(hài)兜:在水里捞鱼的工具。

木司:梳子。

臭踢(tie)子:形容黑而瘦小的人。

四、表示时间、天气

上昼(上半日):上午。　　　　　　　下昼(下半日):下午。

日里向:白天。　　　　　　　　　　老清早:清晨。

今朝:今天。　　　　　　　　　　　明朝:明天。

后日:后天。　　　　　　　　　　　大后日:大后天。

旧年:去年。　　　　　　　　　　　开年:明年。

年头啷:年初。　　　　　　　　　　年夜头:一年的岁末。

老底子(老早、老里八早):从前。　　后手来:接下来。

辰光:时间。　　　　　　　　　　　头一趟:首次。

该呛:最近。　　　　　　　　　　　该成:现在。

夜快:傍晚,也说"夜快点"。　　　　上呛:上次,也可指前段时间。

嗳歇点:晚点,等一会儿。　　　　　日脚:日子。

等脱歇:等会儿。　　　　　　　　　该模样:这个时候。

日头:太阳。

上阴(阴私天):阴天。

日头里:太阳底下。

濛(mo)花雨:很密很细的雨。

拗春冷:倒春寒。

冷天工:冬天。

摸夜务:摸黑干活。

落雨:下雨。

蒙蒙亮:(天)刚有些亮,天空鱼肚白时的状态。

天好:指晴天,或不下雨的天气。

旸(yáng)日头:阳光灿烂的大晴天。

阴头里:太阳照不到的地方。

还潮天:空气湿度高的天气。

热天工:夏天。

大清老早:一大早。

隔夜头里:昨晚。

前一呛:指前一段时间。

五、称呼用语

嗯(èŋ):我。

伲(nì):我们。

伊:他。

伊拉:他们。

汝("nè"):你。

啥人:谁。

小巴赖子:(1) 指小人物,或地位低下的人;(2) 指小孩子。

婆欽:奶奶。

大大:爷爷。

阿爸、爷(yá):父亲。

姆妈:母亲。

徒细:小辈的总称。

嬷嬷:父亲的姐姐。

夫夫:姑父;姨夫,姨妈的丈夫。

老末拖:最小的子女。

弟兄(姐妹)道里:指兄弟(姐妹)们。

老姑娘:大龄而未出嫁的女性。

自家:指自己。

大块头:身高体胖的人。

慢爷(yá)、慢娘:指亲生父亲或母亲去世或离婚后,另找的配偶,与子女又生活在一些,成为新的爹娘,但不能当面称呼。

好爹、好娘:即干爹、干妈。也可称为过房爷(yá)、过房娘。反之,则被叫作过房囝、过房伲子。

嗯(ēŋ)娘:父亲的妹妹。

男人:除性指向外,也指丈夫。

女人:贬义词,骂女性的话。

小官人:丈夫的古称。

家主婆:妻子。

新妇:媳妇。

阿哥:哥哥。

大老倌:大哥。

连襟:指姐妹丈夫之间的关系。

伲过阁人:女性说的话,专指自己的丈夫。

伲屋里:男性说的话,专指自己的妻子。例,伲屋里阿拉屋里。这两个"屋里"是两个意思,第一个"屋里"指妻子,第二个"屋里"指家里。

仇子:儿子。

囡嗯:女儿。

丫(wo)婷:指小姑娘。

老老头:指老人(男性),这是一种不礼貌的称呼。

新娘子:指刚结婚的女子。

新客人:指刚结婚的男子。

老相公:指新郎的父亲。

老娘娘:指新郎的母亲。

赤佬:骂人话,多指男性。

杀坯:骂人坏,指对方罪大恶极,有时也表示爱称。

伯姆道里:妯娌,指弟兄妻子之间的关系。

老烟枪:嗜烟如命的人。

相好:一般是婚外恋人。

脚色:指有能力,能干的人。有时也含贬义。

六、三字叠词

绿嘁嘁、白豁豁、黑层层、红 tān tān、红蹭蹭、白搭搭、黄蹭蹭、紫微微、酸济济、咸塌塌、苦咽咽、苦济济、辣豁豁、灰扑扑、青其其、蓝汪汪、黑雌雌、蜡蜡黄、暄暄红、碧碧绿、紧咯咯、雪雪白、白白叫、干豁豁(hō)、痒齐齐、硬邦邦、软滋滋、阴阁阁(gò)、献嘎嘎、戆嚎嚎、野豁豁、笃悠悠、老嘎嘎、冷丝丝(有点冷)、辣蓬蓬、冷飕飕(很冷)、胖笃笃、甜咪咪、急吼吼、扁塌塌、吓佬佬(吓丝丝)、瘪嗒嗒、瘦偈偈、烂糟糟、铿铿亮。

七、身体器官

枯榔头：头、脑袋。

块头：个头。

拉奄胡子：络腮胡子。

酒田：酒窝。

胡咙：喉咙。

扛肩家：肩部向上弓起。

眼窝(wō)珠(zi)：眼珠。

眼建毛：睫毛。

臂膊：臂膀。

鼻头管：鼻子。

手节头：手指头。

下婆：下巴。

小膀：小腿。

脚节头：脚趾头。

牙床骨：牙床。

手茄子：手腕。

咯啰遮：胳肢窝。

身坯：身体的总体形态。

头顶心：头顶。

雀子斑：雀斑。

头颈骨：头颈后面的部位。

肩胛骨：两侧肩部。

米毛：眉毛。

伲朵：耳朵。

面孔：脸。

额角头：额头。

节头骨：指头。

节卡子：指甲。

大膀：大腿。

脚馒头：膝盖。

面结骨：颧骨。

前披丝：留海。

馋吐水：口水。

条款：身材，引申为性格、个性，带有贬义。例，你这人条款不好。

八、带"头"字词

一记头：一下子。

吞头：贬义词，样子。例，啥个吞头（什么样子）。

尖粘头：尖的地方。

扳错头：挑刺找岔。

有清头：大多指小孩或青年，懂事有头脑，反之为呒清头。

滴粒头：指突出的小点。

毒头:指脾气很倔的人。

吃排头:挨批评。

斩冲头:欺诈顾客。

避风头:躲藏。

收骨头:收拾,来回管束。

好户头:指老实人。

嚼舌头:搬弄是非。

轧苗头:察言观色。

贼骨头:贼。

困扁头:痴心妄想。

小滑头:指油腔滑调的小青年。

轻骨头:指生活不检点的人。

老粘头:指做某事的瘾很大。

呒讲头:无话可说。

懒骨头:懒惰的人。

扚(dí)嫩头:指年轻人因经验不丰富而吃亏。

盐钵头(搞咸头):指吃菜很咸的人。

斩葱头:诈骗别人。

大舌头:口齿不清的人。

寿头:办事愚笨的人。

望头:指希望。

香头:葱姜香菜等调味的原料。

推头:借口。

出花头:(1) 想出新花招来、捉弄人;
(2) 关系暧昧。

掼浪头:吹牛。

捉板头:挑刺。

调枪头:改变策略,换方向。

别苗头:比先后,抢风头。

掼派头:用钱摆阔。

翻行头:变换衣服,时髦。

跌跟头:摔跤。

硬装榫头:强加于人。

砌墙头:指打麻将。

呒嗒头:不想搭理,没话说。

饭碗头:指工作。

书毒头:书呆子,不懂联系实际,只知道啃书本的人。

光榔头:指没头发的人,光头。

呒劲头:无趣,没劲。

困梦头:酣睡之中。

药罐头:长年吃中药的人。

一家头:一个人。

嫩头:初出茅庐的人。

牵头:牵线搭桥。

赚头:利润部分。

陷牌头:依仗别人的势力。

九、带"子"字词

豁令子:暗示他人。

兜圈子:拐弯抹角。

爬格子:写文章。

钻空子:投机取巧。

抬轿子:吹捧抬举。

赶场子:应酬赴宴。

接令子:心领神会。

汰脑子:洗脑。

卖关子:故弄玄虚。

翘辫子:指死亡。

叫花子:乞丐。

手条子:手腕手段。

寻搭子:找伙伴。

吃毛栗子:用第二个指关节瓦对方的头。

十、俗语

笑嘻嘻,不是好东西:面带笑容,心怀鬼胎。用于熟人间的开玩笑。

有吃觐吃猪头三:有吃的时候不吃是傻瓜。

新箍马桶三日香:指做事虎头蛇尾。

额骨头碰着天花板:形容运气好。

吃只空心汤团:空欢喜一场。

等人心焦:指等人时,更显焦急。

哭出乌拉笑嘻嘻:形容哭笑不得的样子,或又哭又笑的样子。

黑笔落勒白纸啷:白纸黑字,无法抵赖或无法挽回。

虱多勿痒,债多勿愁:说明因"多"而麻木了。

眼眼调碰着狭狭里:比喻干事极不凑巧,倒了大霉,也有恰巧的意思。

横竖横拆牛棚:形容豁出去了。

大懒差小懒、小懒差白眼、白眼差门槛:指懒人互相推诿。

火到猪头烂:比喻到了一定条件,事情会成功,也可解释为人到了一定年龄要服老。

死人多口气:比喻不愿说话或冷漠的人。

烧脚(香客)赶出和尚:比喻喧宾夺主。

插恭老寿星:比喻事情糟糕。

头困拉青鬓里:一点也不晓得事情来了,大多指被冤枉的。

铜钿眼里千跟斗:指守财奴。

黑铁抹塌,吃伊不煞:黑铁抹塌,指很深的黑色。这两个词连在一起,形容有人不可貌相的意思,吃不准的意思。

揭开天窗说亮话:指挑明了说。

盐钵头里出蛆:指无中生有的事。

日里嚓咚咚,夜里吓老公:指做事拖拉,不能把握好时间。

鱼有鱼道,虾有虾路:指各人有各人的本事。

黑咕隆咚:形容很黑暗。

吉人自有天相:好人会有上天保佑。

面皮老,肚皮饱:指不知羞耻,只讲实惠的人。

第十一章 习 俗

小洞不补,大洞吃苦:阐明了必须防患于未然的道理。

金窠银窠,不如家里狗窠:形容家里好。

六十不借债,七十不过夜:指人老了要服老,遵守生活规则。

人争一口气,佛争一炉香:教育人要争气。

上梁不正下梁歪:指家教不好。

无风不起浪:指事情是有一定的根据的。

身正不怕影子歪:做得正,就不用担心什么。

只有千日做贼,没有千日防贼:防贼难防。

有理无理出在众人嘴里:人的好坏,众人评说为准。

日里不做亏心事,半夜敲门心勿惊:指人做得正行得直,就不用害怕。

筷头上出忤逆,棒头上出孝子:家教严厉,将来孩子才有出息。

强龙敌不过地头蛇:比喻外来势力比不过地方势力。

斧头吃凿子,凿子吃木头,一木吃一木:一物降一物。

汝敬我一尺,我敬汝一丈:人相互尊重。

真金不怕火烧:有真本事,就什么也不怕。

锣鼓听声,说话听音:指善于观察,及时掌握动态。

行得春风有夏雨:积德才有回报。

不怕一万,只怕万一:指事情发生的几率很小,但也有发生的可能。

不看僧面看佛面:比喻看在第三者的情面上,帮助或宽恕某人。

爷有娘有,不及自有:自有自方便。

宰相肚里好撑船:指度量大。

呒事不登三宝殿:有事相求。

皇帝不急,急太监:多管闲事。

万宝全书缺只角:指还有不足的地方。

饿篱破,野狗钻:指防范不严,容易被人利用。

大意失荆州:指因大意而造成损失。

砍大树有柴烧:比喻风险越大,收获可能越多。

牛吃稻柴、鸭吃谷,各人头上福:各人有各人的运气。

吹牛皮只怕上真账:喜欢说大话的人,只怕顶真的人。

一个篱笆三个桩,一个好汉三个帮:指做事要群策群力。

一只碗不响,两只碗叮当:指吵架双方都有原因。

三百六十行,行行出状元:各行各业都能出人才,都有可能成功。

金家庄村志

打碎水缸,隔壁泅:话不讲明,有指桑骂槐的意思,与"骂囡责媳妇"同意。

打碎砂锅问到底:不耻下问。

黠哑新妇烧不出阢米饭:巧妇难煮无米之炊。

碰鼻头转弯:到底拐弯。

奇形怪状:形容难看。

横挑鼻头竖挑眼:形容挑剔。

吆五喝六:形容盛气凌人的样子。

滑头滑脑:形容人油滑不老实。

话头大来:夸大其词。

换汤不换药:只改变形式,不改变内容。

活灵活现:形容描述或模仿的人或事物非常生动逼真。

叽里咕噜:形容听不清或听不懂的说话声。

叽里呱啦:形容大声说话的声音。

鸡零狗碎:形容事物零零碎碎,不成片断。

结发夫妻:指第一次结婚,一直到老的夫妻。

精光铿亮:光洁,发亮。

井水不犯河水:比喻两不相犯。

敬酒不吃吃罚酒:比喻好好地劝说不听,只能用强迫的手段让其接受。

酒肉朋友:指经常在一起吃喝玩乐,不干正经事的朋友。

嘴翘鼻头高:指生气的样子。

心急吃不了热豆腐:指奉劝人不要着急。

夹板里人(受夹板气):指受到了来自双方的责难。

脚踏两只船:投机取巧,而与双方都进行周旋,以获取利益。

阢苦讨苦:自寻的苦恼。

涵拔拦挡:全部。

见风就是雨:比喻只看到一点点迹象就轻率地信以为真,并做出某种反应。

借鸡生蛋:利用别人或别的事物使自己得到利益。

得头拜脑:客气得有点过分。

空口说白话:指光说不做,或只是嘴上说,而没事实证明。

哩哩啦啦:零零散散或断断续续的样子。

哩哩啰啰:说话啰唆,说不清楚。

哇啦哇啦:形容说话吵闹声。

274

邋里邋遢：不整洁，不利落。

眉毛胡子一把抓：比喻做事不分主次轻重缓急，抓不住重点。

自扯篷自落篷：与"自上马自落马"同义。例，由自己引起的事而吵架，人们来劝架给你落场势了，有下台阶的路了，你不听劝告。人们火了，不劝了，都走了。这时，你倒停下来，不吵了。这样的情况叫"自扯篷自落篷"。

勤谨被(bê)懒咯笑：含有贬义，指虽然勤劳，但由于天时的不利，或人为的错误，而没有收获。

趁势踏沉船：指落井下石。

想自身度他人：以己度人。

嘴上呒不毛，做事不牢靠：指长辈对小辈的担心，认为年轻人贪玩，做事不放心。

除仔黄昏呒半夜：某人特别勤劳，除了白天劳动以外，晚上也做得很晚。

租田当自产：指把别人的东西当成自己的。

面黄昏，粥半夜，南瓜当顿饿一夜：晚饭，吃面，喝粥，还是吃南瓜，都只是短暂地充饥，意为晚饭只有吃米饭，一晚上才能不感觉到饿。

小粉粥走过街檐石：意思同上。

大不算，小搂乱：形容抓不住重点。

年初一吃了虾糟年糕糟：糊涂、记性差。

十一、歇后语

雾露里摇船——心中没数

鸟叫六棵齐——种秧快

捉只虱子往头里搔(zāo)——自寻麻烦

癞痢头啷虱子——明摆着

鲨鲦钓白丝——以小换大

石头啷掼乌龟——硬碰硬

螺蛳壳里做道场——兜勿转

一桨板足——势头忒足

十三页篷扯足——势头忒足

徐大打鸟——死不死伤

蒋阿毛耖田——大家省力点

蜻蜓吃尾巴——自吃自

癞痢头撑伞——无法(发)无天

癞痢头上拓浆——不得法(发)

哑巴吃黄连——有苦说不出

缺嘴拖鼻涕——顺路

兔子尾巴——长不了

六月里结亲——不要面皮(棉被)

踏碎皮球——一包气

泥菩萨过江——自身难保

养媳妇做媒人——自身难保
老虎头上拍苍蝇——胆大包天
造屋请箍桶匠——不对路
顶置石臼做戏——吃力不讨好
飞机上吊蟹——悬天八只脚
城头上出棺材——远兜远转
关云长卖豆腐——人硬货不硬
狗捉老鼠——多管闲事
六月里冻煞胡羊——说来话长
老婆鸡生疮——毛里的病
陌生人吊好——死人肚里得知
瞎子磨刀——快哉
牯牛身上拔根毛——小意思
三个指头拾个田螺——稳笃笃
驼子困在田岸上——两头不着实
初一夜里月亮——有吭一样
额角头上搁扁担——头挑（第一）
戴着箬帽亲嘴——差远了
瞎子吃馄饨——肚里有数
脱裤子放屁——多此一举
肉骨头敲鼓——昏（荤）懂懂
黄鼠狼给鸡拜年——勿怀好心
弄堂里拔木头——直来直去
棺材里伸出手来——死要

蒲鞋肚里点灯——末等
叫花子吃三鲜——要样呒样
慢娘拳头——早晚一顿
麻雀跺在糠囤上——空起劲
猫哭老鼠——假慈悲
癞蛤蟆想吃天鹅肉——妄想
王婆卖瓜——自卖自夸
落雨里挑灰担——愈挑愈重
鼻子上挂咸鲞——休（嗅）想（鲞）
十五只吊桶吊水——七上八下
眼睛生在额头上——眼界高
王小二过年——一年不如一年
烧香望和尚——一事两勾当
捆绑夫妻——长不了
热水袋放在心口头——焐心（指开心）
齇鼻头叫阿嫂——恰好
竹筒里倒黄豆——爽气
陛米囤饿煞——死脑筋（不转弯）
癞痢头上绕辫子——兜勿转
脚踏西瓜皮——滑到哪里是哪里
太湖里消马桶——野豁豁
冬瓜缠勒茄门里——瞎搅
半夜里呼猫——阿咪咪

十二、气象时令谚语

春雾不隔宿，一隔宿落塌屋
着夜烧（夕阳）明早戴个大箬帽（5、6月）
霜下东南要下雨
夏至东南第一风，不种低田骂老
　公，夏至西南氽坑风

三莳三送低田白种
六月初三起之阵，七十二个走马
　阵，上午耘稻，下午睏
六月六晒得鸭蛋熟
东北风雨太公（8、9月）

夏雨隔田生

乌云接日头,半夜醒里雨稠稠(10、11月)

日枷风(晕)夜枷雨

三朝雾露刮西风

寒水枯、春水潜

上看初二三,下看十六七

腊雪一条被,春雪一把刀

东鲎(hòu)日头西鲎雨

清明断雪,谷雨断霜

九月南风二天半,十月南风当日转

立春落雨到清明,一日落雨一日晴

雨打黄梅头,四十五日咣日头;雨打黄梅脚,四十五日赤刮刮

小暑一声雷,顶倒(倒转)做黄梅

对日鲎,不到昼

卯前雷,卯后雨来催

九月田鸡叫,十月犁头跳

九月初三难得晴,若是晴,百日不盖稻庐顶

重阳无雨一冬晴

早霞不出门,晚霞行千里

干净冬至邋遢年,邋遢冬至干净年

腊月初三晴,来年阴湿到清明

蟹立冬,影无踪

西风紧,蟹脚痒

长工快活要过二月半

日出一支红,无雨便有风

头九暖;二九冻煞百鸟卵;三九中心冷,无风冻煞鸭;四九三十六,摇航船哥哥随路宿;五九四十五,刀斩不入土;六九五十四,苍蝇叫滋滋;七九六十三,破袜两改难;八九七十二,黄狗躺阴地;九九八十一,犁耙全出齐。

雨天知了叫,晴天马上到

十三、农谚

雨打黄梅头,斫麦像贼偷

大麦勿吃小满雨,小麦勿吃芒种水

高田只怕迎莳雨,低田只怕送三莳

麦花要风,稻花要雨

麦秀风来掼,稻秀雨来淋

早种半天秧,多吃半年粮

大暑勿热,五谷勿结

落之三场挨秋雨,稻棵脚边全是米

冬季清除田边草,来年庄稼害虫少

养猪不赚钿,回头看看田

尺麦怕寸水,寸麦不怕尺水

白露白迷迷,秋分稻秀齐,寒露无青稻,霜降一齐倒

困得昏懂懂,六月初三浸稻种

腊肥一滴,春肥一勺

小暑发棵,大暑发粗

交秋不落耥,处暑不耘苗

人在田里跳,稻在田里笑

稻熟要养,麦熟要抢

伏里不搁稻,秋后喊懊恼

三分种,七分管

秧好半年稻

谷雨前后，种瓜点豆　　　　　　头伏萝卜二伏菜

每个地方的方言，都有各自的特色。南方与北方方言，差异很大。如"包子"与"馒头"两个事物，所指的完全不同。包子，昆山人把没有馅的面制品，叫作"包子"，"馒头"是指有馅的。而北方方言中，两个概念所指，正好与南方相反。方言，也是一个地方的文化特色。在普通话盛行、方言逐渐消失的现代，方言更需要大家传承和发扬。只有在平时的交流中，多讲多说方言，才能让方言的根脉延续下去。

第十二章

基层组织

1949年5月,昆山地区解放,是年7月成立茜墩区,1950年1月,成立金湖乡。11月建淀东区金湖乡,部队干部蓝本禄留金家庄,任金湖乡乡长。乡干事蔡林生、郁天明、朱言林,民兵队长沈坤福。金湖乡下设生产村、巩固村、胜利村、建设村、东村共5个村。1949年11月,金湖乡党小组成立。当时的政府发动群众,筹建村民委员会、农会组织,进行土地改革,推翻旧政权,建立新政权,同时还要抗洪救灾。这一切,为以后的建置打下了基础。

第一节 基层党组织

村党组织是领导本村工作,支持和保证行政组织、经济组织和群众自治组织充分行使职权。当时主要是宣传发动农民群众走集体化道路,组织互助组,成立合作社。是年,生产村成立生生高级社,巩固村成立光明高级社,胜利村成立胜利高级社,建设村成立黎明高级社,村党支部书记成为高级社党支部书记。

1956年,金家庄4个高级社分别成立党支部。生产村党支部书记庄俊生,巩固村党支部书记沈林福,胜利村党支部书记吕全福,建设村党支部书记程品金。

1958年,淀东人民公社成立,金家庄4个村合并成淀东公社第一大队(第一营),书记庄俊生,副书记沈林福、吕全福、程品金。

1959年,淀东公社第一营拆成4个大队,分别是金湖大队、光明大队、胜利大队、黎明大队。

1961年，金家庄4个大队又并成一个金湖大队，书记庄俊生，副书记沈林福、束金秋、程品金。

1962年，金家庄的金湖大队又拆成4个大队，分别是金湖大队书记庄俊生，光明大队书记沈林福，胜利大队书记束金秋，黎明大队书记程品金。

1964年，4个大队的党支部组织党员、干部参加社会主义教育运动，在提高认识的基础上解决"四不清"问题。

1983年6月，撤社建乡，淀东人民公社改为淀东乡人民政府，淀东公社党委改为淀东乡党委，大队党支部更名为村党支部。

1999年3月，撤销金湖村、淀金村、淀山村、淀湖村党支部，建立金家庄中心村党支部，书记沈裕服，副书记吴共兴。

2001年，金家庄中心村党支部更名为金家庄村党支部，书记庄建宏，副书记顾卫红。

2005年11月，改建基层党组织设置模式，撤销金家庄村党支部，建立金家庄村党总支，书记庄建宏。下设老年支部，书记顾惠红，支部委员吴玉光、朱楚新、束正林、朱晓春。企业支部，书记任以石。

2005年，第三批先进性教育活动全面启动，支部充分利用市民学校这一阵地，加强对党员干部的培训，选拔优秀人才充实干部队伍。全面推行重大事项的听证制，完善公示制，推行"双公示制""双票表决制"，严把党员入口关，改善党员队伍的结构与分布。认真学习《深入推进政治和预防腐败体系建设的实施办法》，严格执行"三禁"，深入开展廉政文化"六进"活动，严查违法乱纪案件，深化党风廉政建设和反腐工作。

全面启动农村"幸福家园"工程，按照"发展生产、生活宽裕、乡村文明、村容整治、管理民主"的总要求，坚持"工业化致富农民，城市化劳动农村，产业化提升农业"的总思路，统筹镇、村发展，扎实推进新农村建设。

2012年，金家庄村继续办好市民学校，切实做好对村民代表、全体党员的培训工作，在巩固创建卫生村、文明村、生态村时所取得成绩的基础上更上一层楼。

金家庄水边风光

2012年,金家庄村党总支书记庄建宏,共有党员126人,男94人,女32人。下设五个支部:分别是老龄1支部,书记吴玉光,共有党员35人,其中男28人,女7人;老龄2支部,书记沈卫刚,共有党员33人,其中男23人,女10人;青年支部,书记顾迪,共有党员19人,其中男9人,女10人;文体支部,书记顾清秀,共有党员8人,其中男3人,女5人;综合支部,书记庄建宏,共有党员31人,其中男31人,女0人。按党龄五年为一年龄段来分,见表12-1-1。表12-1-2为金家庄村党总支党员的学历情况统计表。

表12-1-1　　　　　2012年金家庄村党总支党员党龄统计表　　　　　单位:岁

党龄	1~5	6~10	11~15	16~20	21~25	26~30	31~35	36~40	40~45	46~50	51~55	56~60
老龄1支部	—	—	—	—	2	2	2	7	3	11	2	6
老龄2支部	1	—	1	1	—	—	—	11	4	9	1	4
青年支部	12	4	2	—	1	1	—	—	—	—	—	—
文体支部	5	—	—	—	2	—	1	—	—	—	—	—
综合支部	3	6	7	5	3	3	3	1	—	—	—	—
合计	21	10	10	6	8	6	6	19	7	20	3	10

表12-1-2　　　　　2012年金家庄村党总支党员学历统计表

党员学历	小学	初中	高中(中专)	大专	大学
老龄1支部	19	15	1		
老龄2支部	13	18	1	1	
青年支部			3	11	8
文体支部		3	2	1	2
综合支部		7	18	7	

镇党代表名录(部分)

(1)第十四次党代会代表(2006~2012)

庄建宏、郁菊妹、沈仁林。

(2)第十五次党代会代表(2012~2016)

庄建宏、朱引根、郁菊妹。

金家庄村根据上级的要求,以及本村的实际情况,制定了"党员中心户制度""党员议事会制度"等党务制度,以及"村务公开制度""金家庄村财务公开制度""金家庄村民主选举制度""金家庄民主决策制度""民主理财制度"一系列严格缜密的制度,使工作更具规范性、严格性。

第二节 村 政

1950年1月,现金家庄村为淀东区金湖乡,乡长蓝本禄,乡干事蔡林生、郁天明、朱言林,民兵队长沈坤福。辖生产村、巩固村、胜利村、建设村、东村共5个自然村。生产村村长顾国良,农会主席顾一林;巩固村村长郁根福,农会主席范老会;胜利村村长顾元真,农会主席吕全福;建设村村长程家梅,农会主席居木林。

1953年,正值互助合作时期,生产村成立生生1社、2社、3社、4社,计4个初级社,社长顾炳全、朱振元、吴金根、朱小考;巩固村成立2个初级社,社长吴根生、郁根福;胜利村成立胜利1社、2社,社长分别为吕全福、郁洪义;建设村成立2个初级社,社长程品金、许阿苟。

1956年,生产村成立金湖高级社,主任顾炳泉,会计任海元;巩固村成立光明高级社,主任沈林福,会计郁洪才;胜利村成立胜利高级社,主任吕全福,会计吴炳忠;建设村成立黎明高级社,主任朱雪生,会计朱惠根。

1958年10月,建立淀东人民公社,实行政社合一,金家庄为淀东人民公社第一营,营长顾炳泉、吴根生,会计郁洪才、任海元、盛裕根、吕七生。

1959年5月,金家庄第一营拆成4个大队,分别为金湖大队,大队长顾炳泉,会计任海元;光明大队,大队长吴林坤,会计郁洪才;胜利大队,大队长吕全福,会计盛裕根;黎明大队,大队长朱冬林,会计吕七生。

1960~1961年,金家庄4个大队又并为一个金湖大队。正副大队长顾炳泉、吴林坤,会计郁洪才、任海元、盛裕根、吕七生。

1961年春,公社党委组织学习中共中央《关于农村人民公社当前政策问题的紧急指示信》(简称《农业十二条》),要求农村坚持劳逸结合,取消大兵团作战,干部参加劳动,按劳分配。

1962年,金家庄金湖大队又拆成4个大队,分别为金湖大队,大队长顾炳泉,会计任海元;光明大队,大队长吴林坤,会计郁洪才;胜利大队,大队长吴天文,会计盛裕根;黎明大队,大队长朱冬林,会计吕七生。是年2月,公社党委贯彻中共中央《农村人民公社工作条例(修正草案)》(简称《农业六十条》)和中央《关于改变农村人民公社基本核算单位问题的指示》,当年分了自留地。3月,确立了"三级所有,队为基础"的管理体制。

1964年,"社教"工作队进村,主要解决"四清"与"四不清"问题。4个大队的"社教"工作队队长分别是:金湖大队朱鹤皋,光明大队吴世才,胜利大队蒋泉兴,黎明大队柳绍基,金湖片片长周之。大队成立贫下中农协会,领导为贫协主席,金湖大队贫协正副主席为顾一林、顾引生,光明大队贫协正副主席为周火根、朱雪根,胜利大队贫协正副主席为盛海林、居士龙,黎明大队贫协正副主席为许阿苟、吕乾龙。每个生产队都有一位工作队队员进驻,当年各生产队增设1名政治队长。"社教"对象是大队干部及生产队干部,在政治上、经济上搞人人过关,一些多吃多占的干部进行退赔。通过"社教"纯洁了干部队伍,发展了一批党员。金家庄的4个老会计一起上阵,勇挑重担。光明大队会计郁洪才一直连任到1983年;金湖大队会计任海元因工作需要任到1975年,后由郭秋耕接任,担任到1983年;同样,胜利大队会计盛裕根任到1969年,以后由吴祖兴、朱生根、顾国红接任到1983年;黎明大队会计吕七生任到1970年,后由沈裕服、吕雪林、朱瑞荣接任到1983年。

1966年,"文化大革命"开始,"破四旧,立四新",横扫一切牛鬼蛇神,运动一浪高一浪,大串连成立"战斗队"。1967年"造反派"夺权批斗大队干部,基层组织陷于瘫痪。

1968年年初,公社实行人武部总管,"昆革联"和"五一三组织"实行大联合,缓和"文化大革命"运动斗争局势,推动全公社革命生产的开展。原公社党委及干部复职。1968年4月,公社建立革命委员会。1969年4月,金家庄4个大队也建立大队一级的革命委员会(简称革委会),金湖大队革委会委员有任海元、顾一林、吴雪英、郭秋耕、顾炳泉,光明大队革委会委员有郁元仁、苏菊芳、沈坤福、吴福林、沈秀英,胜利大队革委会委员有朱近禄、盛海林、吴祥文、朱生根、顾新英,黎明大队革委会委员有朱雪生、朱良生、朱惠林、徐小兴、朱桂英。生产队建立"革命生产领导小组"(简称"革生组"),社会秩序恢复正常。之后一段时间,逐步将不称职的革委会委员清退,建立大队领导班子,但革委会的公章仍在使用。1982年,分配方案上开始使用大队公章。

1983年6月,撤社建乡,淀东人民公社改为淀东乡,金家庄4个大队分别改为金湖村、淀金村、淀山村和淀湖村,隶属关系不变。各行政村建立村民委员会。村民委员会是村民自我管理、自我教育、自我服务的基层群众性自治组织,实行民主选举、民主决策、民主管理、民主监督。同时,各村建立经济合作社。金湖村村民委员会主任顾根元,社长庄惠元任到1991年,副社长朱庆元任到1985年;之后,由吴玉光接任社长,直到1999年3月并村;会计朱文元从1983年任至1999年;村民委员会委员庄卫红、吴玉光。淀金村主任吴建福,社长郁福龙(1983~1985)、吴建福(1985~1988)、蒋金林(1988~1990)、郁建东(1990~1995)、蒋金林(1995~1999);会计蒋金林(1983.04~1984.11)、郁洪琪(1984.11~1998.03)。淀山村主任沈洪福,社长谈惠忠(1983.08~1986.11),接任社长盛毛苟(1986.11~1987.03)、顾善林(1987.03~1989.11)、吴共兴(1989.11~1998.03)、顾卫红(1998.03~1999.03);会计顾国洪(1983.08~1990.08)、顾卫红(1990.08~1999.03)。淀湖村主任朱瑞荣,社长吕善新(1983~1984),历任社长沈福明(1984~1988)、吴月明(1988~1989)、朱留兴(1989~1990.03);会计沈福明(1983.08~1984.05),历任会计居仁弟(1984.05~1989.04)、朱文虎(1989.04~1994.06)、吕善生(1994.06~1997.03)、朱晓春(1997.03~1999.03)。4个行政村共有34个村民小组。1988年6月,淀东乡更名为淀东镇。

1999年3月,金家庄4个村组建金家庄中心村,成立金家庄村党支部,书记沈裕服,会计朱晓春、朱文元,妇女主任朱初新,原行政组织不变,原金湖村主任兼社长吴玉光,原淀金村社长束正林,主任郁佩明,原淀山村主任兼社长顾卫红,原淀湖村主任兼社长朱留兴,民兵营长束正林,下设34个村民小组不变。2001年8月,组建金家庄村。金家庄村党支部书记庄建宏,副书记顾卫红、顾金林,主任吴共兴、吴玉光,社长吴玉光、束正林、顾金林,会计朱晓春、顾迪,妇女主任朱初新。

2010年12月5日,金家庄村举行第十届村民委员会换届选举。选举结果:主任吴玉光,委员朱初新、朱晓春、束正林、顾迪、顾卫红。村民委员会下设工作委员,见表12-2-1;各村民小组选出的组长名单,见表12-2-2。

表12-2-1　　　　　　　　金家庄村民委员会下设工作委员会一览表

名称	主任	委员
生产建设	吴玉光	束正林、顾卫红
人民调解	朱初新	朱文元、朱引根
社会保障	朱晓春	顾迪、顾永强
治安保卫	束正林	顾金峰、吕华东
文教卫生	朱初新	朱文元、朱引根
老年协会	朱文元	郁洪旗、吴天文

表 12-2-2　　　　　　　　　　金家庄村第十届村民小组组长名单

组别	组长	组别	组长	组别	组长	组别	组长
1	顾林生	10	庄明光	19	盛毛苟	28	莫彩珍
2	朱新德	11	朱雪荣	20	盛雪荣	29	程桂福
3	顾奎元	12	徐文兴	21	吕勤学	30	沈美新
4	朱伟元	13	徐亚英	22	沈跃华	31	赵国华
5	吴玉龙	14	朱文球	23	顾国忠	32	沈惠菊
6	顾三囡	15	邵雪元	24	朱金根	33	郁菊妹
7	朱福元	16	朱奎兴	25	盛阿二	34	沈惠琴
8	顾凤球	17	蒋祥生	26	吴祥文		
9	许卫荣	18	吴林英	27	顾阿小		

2012年年底，金家庄村民委员会下辖34个村民小组，在籍736户，计2 202人，常住736户，2 092人。原金湖村、淀金村已拆迁。

第三节　集体用房

金家庄村在建置过程中，人民公社时期，各生产大队有自己的大礼堂等设施。之后，各村也有自己的村委办公场所、厂房等。下面分别就4个村集体用房的情况进行了统计。

一、原淀金村

（1）村民委员会办公楼：建于20世纪70年代，四楼四底的楼房，砖木结构。建筑面积为250平方米，位于芦埂上。

（2）橡胶厂：建于20世纪70年代，占地面积540平方米，建筑面积336平方米，位于淀金村西南嘴东北角。

（3）各组的生产用房先后建于20世纪60～70年代，其生产用房面积及生产场地面积，见表12-3-1。

表 12-3-1　　　　　　原淀金村生产用房面积及生产场地面积一览表　　　　　单位：平方米

组别	生产用房面积	生产场地面积
1	300	1 500
2	300	1 500
3	250	1 500
4	250	1 500
5	350	2 100
6	350	2 100

二、原金湖村

（1）村民委员会办公楼为五楼五底、混合结构的楼房，建筑面积550平方米。

（2）厂房。

① 窑厂：占地面积8 000平方米，建筑面积450平方米。

② 标准件厂：占地面积300平方米，建筑面积80平方米。

③ 涂料化工厂：占地面积3 500平方米，建筑面积1 620平方米。

（3）各组的生产用房面积（临时住宅）及生产场地面积，见表12-3-2。

表 12-3-2　　　　　　原金湖村生产用房面积及生产场地面积一览表　　　　　单位：平方米

组　别	生产用房面积	生产场地面积
1	250	1 500
2	250	1 500
3	220	1 200
4	220	1 200
5	220	1 500
6	220	1 500
7	375	2 500
8	250	1 600
9	200	1 200
10	250	1 600
11	220	1 500

三、原淀山村

（1）村民委员会办公楼为六楼六底、砖木结构的楼房，建筑面积380平方米。

（2）厂房。

① 毛毡厂：占地面积5 000平方米，建筑面积1 500平方米。

② 水泥预制场：占地面积1 250平方米，建筑面积95平方米。

③ 黄玛酮厂：占地面积660平方米，建筑面积200平方米。

（3）各组生产用房面积（临时住宅）及生产场地面积，见表12-3-3。

表12-3-3　　　　　　　原淀山村生产用房面积及生产场地面积一览表　　　　　单位：平方米

组别	生产用房面积	生产场地面积
1	300	1 500
2	300	1 500
3	300	1 500
4	250	1 500
5	300	1 500
6	200	1 000
7	200	1 000
8	250	1 500
9	150	1 000

四、原淀湖村

（1）村民委员会办公楼为四楼四底、砖木结构的楼房，建筑面积350平方米。

（2）厂房。

① 淀山湖化工厂：占地面积2 000平方米，建筑面积400平方米。

② 玻璃钢厂：原礼堂做厂房，建筑面积120平方米。

（3）各组生产用房面积（临时住宅）及生产场地面积，见表12-3-4。

表 12-3-4　　　原淀湖村生产用房面积及生产场地面积一览表　　　单位：平方米

组别	生产用房面积	生产场地面积
1	250	1 700
2	250	1 700
3	250	1 800
4	250	1 800
5	300	2 000
6	300	2 000
7	250	1 500
8	250	1 500

五、金家庄社区房屋

金家庄社区房屋位于曾家浜桥西南，建于2004年。

（1）老人茶馆店、棋牌室240平方米。

（2）电视室240平方米。

（3）农民剧场500平方米。

（4）集贸市场480平方米。

（5）汽车站、警务站150平方米。

（6）乒乓室60平方米。

（7）图书室48平方米。

（8）医疗站240平方米。

整个社区房屋5间1 718平方米。

第四节　经济合作社

经济合作社以其成员为主要服务对象，提供农业生产资料的购买，农产品的销售、加工、运输、贮藏以及与农业生产经营有关的技术、信息等服务。

1983年，全面实行以农户为单位的联产承包，土地一包到底，按人分口粮田，按劳动力分承包田。在国家计划指导下，自主经营，自负盈亏，依法缴纳农业税、集体公积金、公益金、管理费，余下的都归农户所有。金家庄4个行政村都建立了农业经济合作社，并联合办了一个综合服务站——金家庄村肥药站。

金家庄村富民合作社于2007年5月筹建,入社农户56户,投资总额109万元,股本金为96.28万元,其中个人入股96.28万元,建造房屋面积为944平方米,当年度出租面积944平方米,出租率达100%,土地占用面积2亩。

2012年,金家庄富民合作社重在提高服务质量,邻里中心的店面出租实现年总收入10.34万元,总支出0.18万元,其中上交各项税金0.02万元,纯收入10.16万元,提留公积金0.15万元,提留公益金0.15万元,提留风险基金1万元,可分配纯收入8.87万元,实际分红利8.67万元。具体数据见表12-4-1。

表12-4-1　　2012年度金家庄村各类合作经济组织盈余返还结算方案表

单位名称(章):金家庄富民合作社入股农户数:56户			单位:元/股	
名称			今年(2012年)	去年(2011年)
收支情况	总收入		103 415.20	92 959.37
	其中	房屋租金收入	103 415.20	92 959.37
		土地租金收入		
	总支出		1 803.55	121.17
	其中:上交各项税金		151.30	218.00
	纯收入		101 611.65	92 838.20
各项基金提留	合计		12 946.00	2 772.00
	其中	公积金%	1 473.00	1 386.00
		公积金%	1 473.00	1 386.00
		公益事业建设基金%		
		风险基金%		
可分配纯收益(盈余返还)			88 665.65	90 066.2
上交集体及个人所得税				
按9%盈余返还			86 651.00	86 651.00
股本金情况	个人股		962 785.00	962 785.00
	其中	集体股		
		个人股	962 785.00	962 785.00
盈余返还情况	合计		86 651.00	86 651.00
	每股金额		45.00	45.00
	其中	集体		
		个人	86 651.00	86 651.00

金家庄村土地股份合作社于2009年5月进行组建入股,入股农户668户,入

股土地为3 442.2亩。2009年征用6.69亩，2010年征用0.45亩，2012年征用83.55亩，至2013年，实际入股农户668户，入股土地3 351.51亩，股本金为1 005.453万元。

当年度可分配审计利润为:2 581 704.7元,利润分配审计情况:按照昆山市委〔2009〕12号文件提取标准，按审计利润1 334 244.7元，计提基金总额为266 848元，计提基金后的余额为1 067 396.7元，其中计提各项基金为：

（1）公积金、盈余公积金各为5%，各为66 712元。

（2）风险基金10%，为133 424元。

可分配盈余返回为:2 314 856.7元,入股土地为3 351.51亩,平均每亩盈余返回为690.69元。其中：

（1）股份专业合作社经营利润计提基金后盈余返回分配额为1 067 396.7元，平均每亩盈余返回为290.69元。

（2）财政土地补偿款盈余返回为1 247 460元，每亩盈余返回为400元。

第五节　民兵营

在乡党委、人武部和村两委领导下，金家庄民兵营实施《民兵工作条例》，负责民兵组织建设，承办一年一度的民兵整组和兵役工作。加强民兵政治思想工作，协助搞好民兵政审工作，落实民兵四课政治教育，增强民兵国防意识和战备观念。充分发挥民兵队伍的骨干和带头作用，积极组织民兵参加"三个文明"建设。协助民政部门做好退伍军人的安置工作和军烈属的优抚工作。

金家庄各村历年来的民兵营长名单：金湖大队：蒋四林、顾冬生、朱杏元、吴前进、吴玉光、顾幸华。光明大队：蔡进和、庄文奎、吴建福、吴福林、蔡森林、束正林。胜利大队：吴天文、盛天明、吴祥文、顾川林、顾善林、吴雪兴、朱健。黎明大队：方小毛、朱惠林、朱森荣、吴月明、吕瑞生。并村后，金家庄村民兵营长分别为束正林、顾金林、沈卫刚。

第六节 群众团体

金家庄村群团组织有共青团、妇代会、老协会等。

一、共青团

金家庄共青团工作根据乡党委和上级团组织的工作要求,制订年度工作计划和共青团工作规划,召开团支部会议,传达上级指示,布置团的工作,做出团的决议等。

共青团组织开展对全村团员的思想教育,带领和引导团员青年认真学习马列主义、毛泽东思想和邓小平理论。加强政治形势教育,掌握和研究团员青年的基本情况和思想动态,向党委系统汇报。

抓好团的自身建设。建立健全团的各项规章制度,按照《团章》的要求进行团的换届工作,开展团的活动,积极开展创先争优活动,做好团员的按期纳离和组织关系接转手续,整理保管团的工作档案,开展团员教育民主评议活动,负责对违纪团员的教育和处分。

引导和带领金家庄村青年积极投身经济建设主战场,提高青少年一代的科学文化水平和综合素质,充分发挥青年的生力军和突击队作用。

代表、维护和关心青年的正当权益,负责向有关部门及时反映青年在工作、学习、生活等方面的意见和要求,并配合学校等有关部门加以改进。

组织青年开展有益于身心健康的文化娱乐活动和服务于社会的志愿者活动,指导青少年活动阵地和青少年服务机构的工作,为青少年的成长创造良好的社会环境。

搞好团的宣传工作。认真办好广播站、宣传栏、黑板报。通过各种形式、不同渠道来宣传团委工作。

负责指导和帮助驻城学校团委开展各项工作。负责新入团团员的教育和培养。

负责团费的收交、管理和使用,以及活动经费的使用和审核等工作,并不断增加团的活动自筹经费的来源。完成上级交办的其他工作。

金家庄各村历年来团支部书记名单:金湖大队:顾卯生、吴雪英、吴玉光、吴前进、顾引华、郭幸玉。光明大队：郭雪林、徐金龙、郁福龙、沈建忠、陈永刚、郁佩明、周正荣。胜利大队：吴天文、吴祖兴、顾金荣、顾瑶琴、盛凤根、顾卫红、顾娟、朱峰。黎明大队：吕元龙、朱克忠、吕雪林、朱瑞荣、沈福明、吴月明、朱生荣、朱金娥、朱晓春、吴佩明、吕华东。并村后，金家庄村团支部书记分别为郁佩明、朱晓春、顾迪。

二、妇代会

金家庄村妇代会主要是完成本村党支部和上级妇联安排部署的各项工作，教育引导本村妇女发扬自尊、自信、自立、自强精神，开展"双学双比""巾帼建功""和谐家庭"创建等活动，推动经济发展，促进社会和谐。代表和维护妇女儿童合法权利，反映妇女的意见、建议和要求，代表妇女在基层政权建设中发挥民主参与、民主管理、民主监督作用，推进基层民主建设。大力实施"巾帼维稳"机制，开展"四零村"创建活动，宣传、普及有关妇女儿童的法律和法规知识，预防和制止家庭暴力，维护本村稳定。成立本村巾帼志愿者服务队，为本村群众提供科技教育、文艺宣传、普法教育、维护权益、扶贫济困等方面的服务。加强村妇代会自身建设，建立和完善各项工作制度，提升服务水平和能力。

金家庄各村历年来妇女主任名单：金湖大队：庄小妹、吴雪英、庄伟红、朱楚新。光明大队：沈秀英、吕美珍、徐林英。胜利大队：顾新英、徐彩芳。黎明大队：程小娥、朱桂英、郁菊妹。并村后，金家庄村妇女主任分别为朱楚新、蔡晓燕、顾青秀。

三、老协会

金家庄老协会的工作，主要是关心老年人的生活。每年的春节、九九重阳节，对60岁以上的老人，分层次、分标准进行慰问。侵犯老人权益有人管，对虐待、欺侮、打骂等侵犯老年人权益的人和事，一经发现、举报和上诉，及时进行查处。孝敬典型有表彰，对孝敬老人的好人好事要及时进行表扬，并向上级有关部门、报刊反映报道。老人生日有祝贺，每年对年龄在80岁以上的老人进行生日祝贺。社会敬老有公约，对全村制定的敬老公约要人人遵守执行，并坚持开展争做两个文明建设的标兵、争做尊老敬老的模范、争做尊敬老人文明户的活动。养老状况有检查，为做到物质、精神赡养并举，使老年人精神上保愉快，生活上保供给，采用群众监督、领导调查、民主评议的方法去落实。敬老新事有宣传，对于在开展尊老敬老活动中涌现出的新人、新事，及时进行登记、表扬、宣传、奖励。身体状况有检查,全村老年人每年进行一次体检,逐人建立档案,并向本人及家庭提出医疗和健身建议,以促进老年人的健康长寿。

金家庄各村历年来老协会主任名单:金湖村顾炳泉、淀金村盛根福、淀山村吴天文、淀湖村程品金。合并后的金家庄村,老协会主任先后为庄俊生、朱文元、庄伟元。

第七节 组织沿革

以淀山湖(淀东)镇(乡、公社)党委、政府发文为准,没有免去职务文件的,据政府有关文件说法,可视为新任干部产生时自动免职,所见资料只有 1966~1995 年。表 12-7-1、表 12-7-2、表 12-7-3、表 12-7-4、表 12-7-5、表 12-7-6、表 12-7-7、表 12-7-8 为各村各个时间的书记、副书记人员名单。

表 12-7-1　　　　金家庄村原金湖大队及并村后党组织书记、副书记名单

组织名称及时间	职务	姓名	任期
生生高级社党支部 (1956.8~1958.10)	书记	庄俊生	1956.08~1958.10
	副书记	顾炳泉	1956.08~1958.10
四村组成的淀东 1 大队党支部 (1958.10~1959.05)	书记	庄俊生	1958.10~1959.05
	副书记	沈林福	1958.10~1959.05
金湖党支部 (1959.05~1960.10)	书记	庄俊生	1959.05~1960.10
	副书记	顾炳泉	1959.05~1960.10
四村组成的金湖大队党支部 (1960.11~1961.10)	书记	庄俊生	1960.11~1961.10
	副书记	沈林福	1960.11~1961.10
金湖党支部 (1961.11~1975.02)	书记	庄俊生	1961.11~1975.02.12
	副书记	顾炳泉	1961.11~1966.03
	副书记	朱阿九	1961.03~1969.04.05
	副书记	朱进生	1969.04.05~1975.02.12
金湖党支部 (1975.02~1983.10)	书记	朱进生	1975.02.12~1983.10
	副书记	吴雪英	1975.04.12~1979.04.23
	副书记	朱杏元	1979.04.23~1983.10

续表

组织名称及时间	职务	姓名	任期
金湖村党支部 （1983.10～1999.03）	书记	朱杏元	1983.10～1991.01.30
	副书记	顾根元	1983.10～1991.01.30
金家庄中心村党支部 （1999.03～2001.07）	书记	沈裕服	1999.03～2000.07
	副书记	吴共兴	1999.03～2000.07
金家庄村党支部 （2001.07～2005.12）	书记	庄建宏	2000.07～2015.12
	副书记	顾卫红	2000.07～2008.12
	副书记	顾金林	2009.01～2015.12

表12-7-2　　　　金家庄村原光明大队党组织书记、副书记名单

组织名称及时间	职务	姓名	任期
光明高级社 （1956.08～1958.10）	书记	沈林福	1956.08～1958.10
	副书记	盛根福	1956.08～1958.10
光明大队 （1959.05～1960.10）	书记	沈林福	1959.05～1960.10
	副书记	吴根生	1959.05～1960.10
光明大队 （1961.11～1983.08）	书记	沈林福	1961.11～1969.11
	副书记	吴根生	1961.11～1969.10
	书记	吴根生	1969.11～1975.10
	副书记	周火根	1966.08～1975.10
	书记	周火根	1975.10～1979.08
	副书记	郁元仁	1973.08～1983.08
	书记	吴根生	1979.08～1983.04
	副书记	郁元仁、吕美珍	1979.08～1981.08
淀金村党支部 （1983.04～1999.03）	书记	周火根	1983.04～1987.08
	书记	庄建宏	1987.08～1995.03.25
	书记	郁建东	1995.03.25～1999.03

表12-7-3　　　　金家庄村原胜利大队党组织书记、副书记名单

组织名称及时间	职务	姓名	任期
胜利高级社党支部 （1956.08～1958.10）	书记	吕全福	1956.08～1958.10
	副书记	郁洪义	1956.08～1958.10
胜利大队支部 （1959.05～1960.10）	书记	束金秋	1959.05～1960.10
	副书记	吕全福	1959.05～1960.10

续表

组织名称及时间	职务	姓名	任期
胜利大队党支部 （1961.11~1983.08）	书记	束金秋	1961.10~1969.11.15
	副书记	吴天文	1961.10~1969.11.15
	书记	吴天文	1969.11.15~1975.04.13
	副书记	盛裕根	1972.04.14~1975.04.13
	书记	盛裕根	1975.04.13~1976.12.02
	副书记	朱阿夯	1975.04.13~1976.12.02
	书记	朱阿夯	1976.12.02~1983.08
	副书记	朱生根	1976.12.02~1979.04.15
	副书记	沈洪福	1979.04.15~1983.08
淀山湖党支部 （1983.08~1999.03）	书记	朱阿夯	1983.08~1984.04
	副书记	沈洪福	1983.08~1984.04.15
	书记	盛凤根	1984.04.15~1990.09.11
	副书记	谈惠忠	1984.04.15~1990.09.11
	书记	谈惠忠	1990.09.11~1991.12
	副书记	顾国洪	1990.09.11~1991.01.12
	书记	郁永明	1991.12~1996.01
	副书记	盛毛苟	1992.11.02~1997.11.09
	书记	盛毛苟	1996.01~1999.01
	副书记	吴共兴	1997.11.09~1999.01
	书记	吴共兴	1999.01~1999.03
	副书记	顾卫红	1998.06~1999.03

表12-7-4　　**金家庄村原黎明大队党组织书记、副书记名单**

组织名称及时间	职务	姓名	任期
黎明高级社党支部 （1956.08~1958.10）	书记	程品金	1956.08~1958.10
	副书记	朱冬林	1956.08~1958.10
黎明党支部 （1959.05~1960.10）	书记	程品金	1959.05~1960.10
	副书记	朱冬林	1959.05~1960.10
黎明大队党支部 （1961.11~1983.08）	书记	程品金	1961.11~1962.05
	副书记	朱冬林	1961.11~1962.05
	书记	朱冬林	1962.05~1969.11.05

续表

组织名称及时间	职务	姓名	任期
	副书记	朱雪生	1962.05~1969.11.05
	书记	朱雪生	1969.11.05~1972.02.12
	副书记	沈裕服	1969.11.05~1972.02.12
	书记	沈裕服	1972.02.12~1983.08
	副书记	朱留根	1972.02.12~1983.08
淀湖村党支部 （1983.08~1999.03）	书记	朱留根	1983.08~1989.03.20
	副书记	朱良生	1983.08.12~1989.03.20
	书记	朱瑞荣	1989.03.20~1992.08
	书记	吴建福	1992.08~1996.01
	书记	吕雪元	1996.01~1998.10
	书记	朱留兴	1998.10~1999.03

表 12-7-5　金家庄村原金湖大队及并村后行政组织主要负责人名单

组织名称及时间	职务	姓名	任期
生生高级社社务委员会 （1956.08~1958.10）	主任	顾炳泉	1956.08~1958.10
	副主任	朱小考	1956.08~1958.10
拼成淀东公社第一大队 （1958.10~1959.05）	大队长	顾炳泉	1958.10~1959.05
	副大队长	吴根生 吴林坤	1958.10~1959.05
	副大队长	吕全福 朱雪生	1958.10~1959.05
金湖大队 （1959.05~1960.10）	大队长	顾炳泉	1959.05~1960.10
	副大队长	朱小考	1959.05~1960.10
金湖大队 （1960.11~1961.10）	大队长	顾炳泉	1960.10~1961.10
	副大队长	吴林坤	1960.10~1961.10
金湖大队 （1961.10~1969.04）	大队长	顾炳泉	1961.10~1969.12.10
	副大队长	朱小考 郭秋耕	1961.10~1969.12.10
金湖大队革命委员会 （1969.04~1980.01）	主任	庄俊生	1969.04~1972.02.12
	副主任	朱进生	1969.04~1972.02.12
	主任	朱进生	1972.02.12~1980.01
	副主任	任海元 顾根元	1972.03~1980.01

续表

组织名称及时间	职务	姓名	任期
金湖大队管理委员会 （1980.01~1983.08）	大队长	朱杏元	1980.01~1983.08
	副大队长	顾根元	1980.01~1983.08.04
金湖村民委员会 （1983.11~1999.03）	主任	顾根元	1983.11~1991.01
	主任	庄伟元	1991.02~1997.11
	主任	吴玉光	1997.11~1999.03
金家庄中心村委员会 （1999.03~2001）	主任	吴玉光 郁佩明 吴共兴 朱留兴	1999.03~2001
金家庄村委员会 （2001~2015.12）	主任	吴玉光	2001~2015.12

表12-7-6　　金家庄村原光明大队行政组织主要干部名单

组织名称及时间	职务	姓名	任期
光明高级社社务委员会 （1956.08~1958.10）	主任	沈林福	1956.08~1958.10
	副主任	盛根福	1956.08~1958.10
光明大队 （1959.05~1960.10）	大队长	吴林坤	1959.05~1960.10
	副大队长	吴根生	1959.05~1960.10
光明大队 （1961.11~1969.04）	大队长	吴林坤	1961.11~1965.12
	副大队长	吴根生	1961.11~1965.12
	大队长	邵光汉	1965.12~1966.08
	大队长	吴根生	1966.08~1969.04
	副大队长	庄金凤	1965.12~1969.04
光明大队革命委员会 （1969.04~1980.01）	主任	吴根生	1969.04~1975.10
	副主任	周火根	1969.04~1975.10
	主任	周火根	1975.10~1979.05
	副主任	郁元仁	1975.10~1980.01
光明大队管理委员会 （1980.01~1982.12）	大队长	吴根生	1980.01~1982.11
	副大队长	郁元仁	1980.01~1982.12
	大队长	郁元仁	1982.12~1983.08
	副大队长	沈坤福	1980.12~1983.08

续表

组织名称及时间	职务	姓名	任期
淀金村民委员会 （1983.08~1999.03）	主任	吴建福	1983.08~1986.06.23
	副主任	陈金荣	1983.08~1986
	主任	庄建宏	1986.12~1990.03
	副主任	蒋金林	1986~1990.03.27
	主任	蒋金林	1990.03~1999.02
	主任	郁佩明	1999.02~1999.03

表12-7-7　金家庄村原胜利大队行政组织主要干部名单

组织名称及时间	职务	姓名	任期
胜利高级社社务委员会 （1956.08~1958.10）	主任	吕全福	1956.08~1958.10
	副主任	郁洪义	1956.08~1958.10
拆淀东1大队后胜利大队 （1959.05~1960.10）	大队长	吕全福	1959.05~1960.10
	副大队长	吴天文	1959.05~1960.10
拆金湖大队后胜利大队 （1961.11~1969.04）	大队长	吴天文	1961.11~1969.04
	副大队长	徐金华	1961.11~1969.04
胜利大队革命委员会 （1969.04~1980.01）	主任	吴天文	1969.04~1975.04
	主任	盛裕根	1975.04~1980.01
	副主任	朱生根	1969.04~1980.01
胜利大队管理委员会 （1980.01~1983.08）	大队长	盛裕根	1980.01~1982.09
	大队长	沈洪福	1982.09~1983.08
	副大队长	朱生根	1980.01~1983.08
淀山村民委员会 （1983.08~1999.03）	主任	沈洪福	1983.08~1984.11.23
	兼主任	谈惠忠	1984.11.23~1992.12.07
	兼主任	盛毛荀	1992.12.07~1999.03
	兼副主任	吴共兴	1983.08~1999.03

表 12-7-8　　金家庄村原黎明大队行政组织主要干部名单

组织名称及时间	职务	姓名	任期
黎明高级社社务委员会 （1956.08~1958.10）	主任	朱雪生	1956.08~1958.10
	副主任	朱冬林	1956.08~1958.10
拆公社1大队后黎明大队 （1959.05~1960.10）	大队长	朱冬林	1959.05~1960.10
	副大队长	朱雪生	1959.05~1960.10
折金湖大队后黎明大队 （1961.11~1969.11）	大队长	朱冬林	1961.11~1965.03
	副大队长	朱雪生	1961.11~1965.03
	大队长	朱雪生	1965.03~1969.11.05
	副大队长	许阿苟	1965.03~1969.11.05
黎明大队革命委员会 （1969.04~1980.01）	主任	吕七生	1969.04~1975.04.13
	副主任	沈裕服	1969.04~1980.01
黎明大队管理委员会 （1980.01~1983.04）	大队长	朱留根	1980.01~1983.04.15
	副大队长	吕雪元	1980.01~1983.04
淀湖村民委员会 （1983.08~1999.03）	村主任	朱瑞荣	1983.08.14~1989.03.20
	副主任	吴月明	1983.08.14~1989.03.20
	村主任	吕雪元	1989.03.20~1997.10.07
	副主任	朱留兴	1989.03.20~1997.10.27
	兼主任	吕雪元	1997.10.07~1999.03

第十三章 人物

金家庄人杰地灵,以其得天独厚的地理环境和源远流长的江南文化,诞生了一代又一代杰出的人物。金家庄涌现的一批圣哲贤达和名人志士,以其出众的智慧和才能,在历史上留下了优秀的精神文化遗产。

第一节 历史人物

从古到今,无数志士仁人活动在淀山湖,以他们深刻的思想、丰富的精神产品和永载史册的历史业绩在此地留下了深深的烙印。金家庄,虽然地处偏隅,但元代画家朱德润隐居于此,其在淀山湖活动的影响至今依稀可见。从金家庄走出去的状元朱希周,金榜题名。秉承"为天地立心,为生民立命,为往圣继绝学,为万世开太平"的南宋著名理学家和教育家朱熹,也曾在淀山湖畔留下身影。虽然先人的足迹已经走远,但历史需要传承,当代人在仰望他们背影的同时,更要传承他们的人文精神。

一、金至善

金至善,元朝人,字伯名,世代居住在淀溪金家庄。生卒年不详。金至善注重修身养性,品德高尚,乐于施舍和接济穷人,不求功名仕途,一生刻苦学习,到了老年仍然诵读不辍。

金至善写的诗文可与唐宋时代顶尖人物的诗文相媲美。他隐居民间,教授周围乡里学子,他的弟子们都有所成就。他特别喜欢菊花,每年都要在篱笆下培植数百盆菊花。

每当秋天菊花盛开的时候,金至善总要将一盆盆菊花移到自己的座位之后,每天赏菊吟咏,将自己的高隐之风与菊花的风骨相互比衬,自称菊逸老人。著有《菊逸集》。

二、朱瑄

朱瑄,字敬德,浙江鄞县人,宋徽国公即朱熹的后裔(朱熹死后追封"徽国公")。生卒年不详。朱瑄著有《晚翠集》十卷。

明朝弘治年间,金家庄来了一位治水名臣,他就是朱瑄。朱瑄,任右副都御使巡抚应天时,曾巡抚至昆山。昆山当时连年遭受水灾,江河淤积,水流不畅。弘治四年、五年、七年,暴雨连绵,水势暴涨,周边庄稼房屋淹没,生灵涂炭,民不聊生。为了治理水灾,朱瑄带领昆山的民众,从昆湖、澄湖、阳澄湖开江引流,使水流顺江而下,流入东海,以确保湖水不再泛滥。朱瑄崇尚节俭,特别爱惜民众的财产与生命,但不善官场的钻营,在被授予"阶徵仕郎"的头衔后,以年老为由告老致仕,定居金家庄。

朱瑄定居金家庄后,以琴棋书画为友,同村中贤人志士为伴。其中沈诚学、鲁孙蕴、章琼、张敬之、穆踵、龚安节等,是他常常交往的好友。他们常常在一起切磋诗画文章,结成斯文雅社。

每当暮日黄昏、晚霞满天,或明月东升、星稀云薄的夜晚,朱瑄与诗友相约,赏景吟诗。有时,他们会和村中老者操一小舟,泛舟湖上,在烟波浩渺中,任舟随浪自由荡漾。舟过,无痕,人亦静心。片片汪洋像轻柔的绸布一样铺陈着淀山湖,浪花走到尽头,拍打着岸边的沙泥,发出声声巨响。远处一片片帆影,仿佛是从对岸葱郁的树林中穿出的,平静的湖面,就像是一面大镜子,把这天宇苍穹、地域万物尽归其中。舟上有一老者,突然吟起了苏东坡的《淀湖帆影》:

  汪洋铺薛淀,拍岸响惊雷。
  帆影林梢出,湖光镜面升。
  倚楼人正望,破浪棹应回。
  历历晴川树,都将五两猜。

大家听了他的吟咏,都拍案叫绝:"果然是应了此情此景!""鱼庄蟹舍往来道,四面帆樯路不穷。极目长天浑一碧,湖光山色有无中。"这首李世滢的《淀湖次韵》,便又被人吟诵。大家不由得诗兴大发,应景之作,应景之诗,出口成章。流连

在湖光山色间,乐此不疲。

天长日久,朱瑄和这些诗友的聚会成为他们生活中必不可少的事情。他们在一起饮酒作赋,吟诗对歌,思绪信马由缰,自由驰骋。在一次吟诗中,朱瑄突发奇想,向众贤提议:"是否在淀山湖畔,向面朝湖面的人家,购一轩,也好让我们有个专门的场所,那就不用管风吹雨打、盛夏酷暑,大家可以随时来此一聚。"众人听后,都拍手称赞。经过朱瑄等人的寻访,终于找到了一处理想的地方。只是这处该取个什么名字?大家议论纷纷。有人说:"我们时常在傍晚时聚首在此,那晚翠时光……"朱瑄含笑说:"称作'晚翠轩',各位意下如何?"大家听后,一致称好。"晚翠轩"此称,既高雅,又富有诗意,也表现了淀山湖畔傍晚碧波荡漾、山峦朦胧的美景。

不久,择一黄道吉日,朱瑄在匾额上书写"晚翠轩"三个遒劲有力的大字,高高地悬挂于厅堂后壁中间。其四壁挂有名人书画,厅堂中有长台椅凳,供大家吟诗作画之用。

自晚翠轩落成后,朱瑄与诗友们先正规范,衣冠皓伟、整洁,步履气宇轩昂,谈吐文明,为人谦逊,并影响着周边的村民。而金家庄的村民也愿意让子女拜朱瑄等人为师,学习诗文礼仪,成为举止文雅、饱读诗书之人。

三、朱德润

朱德润(1294—1365年),字泽民,号睢阳散人,元朝人。北宋兵部郎中朱贯的第九代孙,族称朱九公。他出身于东吴名门望族,书香门第。其人身长八尺,秀异绝人,读书过目不忘。相传朱德润是与其相隔一千多年的汉末三国时期的郁林太守陆绩转世,明代阳山草堂主人岳岱写的《阳山志》里生动地记载了这个故事:元季,昆山朱氏卜葬此山,梦朱衣人谓曰:"吾陆绩也,墓,吾墓也,君能让之,尔后有兴。"于是土中果得旧椁,避而葬焉。由是世为吴中缙绅之族,代不乏人,至今盛科,目者皆称之。文中的朱氏,没有详细说明是谁,但这个疑团在《浒墅关志》里得到了详尽而更具故事性的解答。

朱德润的母亲吉夫人非常贤惠,婆婆施夫人身体不好,卧病在床,她就亲自喂汤喂药,深得施夫人的喜爱。元甲午年(1294年)十二月,施夫人病重,虽然吉夫人即将临盆,但施夫人还是担心自己不能在生前见孙子一面。因此,施夫人日夜不思,病情加重。朱德润的祖父决定为自己的夫人在阳抱山上选择墓址。

当天晚上,施夫人在迷迷糊糊中,见一红衣人来到她面前,对她说:"我是郁林太守陆绩。我的墓就在这阳抱山上。施夫人,你已经病入膏肓。小生有一请求,请夫人在选择墓址时,绕过小生的墓。"红衣人说完,飘飘然,随轻烟而去。施夫人睁大眼睛一看,眼前并无人。她才醒悟,原来刚才做了一个梦。

第二天,造墓人在挖掘过程中,果然挖到了一块墓碑,上面写着"郁林太守陆公绩之墓",旁边还有一块石上写着"此石烂,人来换"六个字。于是,朱德润的祖父想到夫人昨晚做的梦,急忙叫工人将石头原地掩埋,把碑石稳固,为施夫人另觅墓址。

这晚,施夫人再次梦到红衣人,红衣人告诉她,为了感恩,他将投胎成为施夫人的孙子。果然,在凌晨时分,施夫人的儿媳吉夫人产下一男婴,取名为朱德润,意取"人以为厚德所致"。施夫人见到这个男婴后,脸上露出了灿烂的笑容,随即安详地鹤驾西去。

朱德润,人如其名,一生以德润物。他6岁时,师从吴兴姚子敬,主要学姚子敬的礼仪之学,特别是儒家经典的《周礼》,还学习诗词文章和书法。但朱德润的学画一事,并非师从于姚氏。

《存复斋续集》中有记载:元皇庆中,受学于雪川(吴兴)姚子敬先生。姚子敬见朱德润沉迷于书画,怕朱德润玩物丧志,所以很不满意,批评说:"书画技艺只是下品,会影响德行的修养,不可勤于书画,玩物丧志。"这时,恰好高克恭来拜访,听到了这句话。他看到朱德润正在案头练画,翰香韵远,颇有意境。高克恭并不认为绘画有损道德,他为朱德润喜欢绘画而高兴,给予了极大鼓励。高克恭对姚子敬说:"从这幅中,可以看这孩子有绘画天赋,以后会有成就的,先生不要制止他的发展。"在高克恭的鼓励下,朱德润学习书画更勤奋了。朱德润喜欢在风和日丽、花绽柳飞时,看山川丘陵的远近之势,感悟春夏草木的枯荣。每天清晨就起,到夕阳落山才回,把远处浅淡的景,或近处浓烈的物都化成墨香。站在高处,凭栏远望,是他非常乐意而喜欢的事情。日子一长,在不知不觉间,朱德润艺成,成了元代著名的画家。

元延祐初年,朱德润到杭州,与郭畀在旅馆相遇。朱德润说起了高克恭对他的鼓励,这让郭畀非常惊讶。这一记载可见高克恭对朱德润学画所起的作用之大。

杭州的郭畀,其书画、文采在当时已经小有名声。在杭期间,向他索书求画的人屡满户外,单牍片纸,人争宝之。郭畀为了将自己的镇江儒学学录之职升至学正而赴杭奔波。他到处请托、求荐、修改履历、通关节。但即使这样,他数次求见赵孟𫖯,都不能得见。即使之后见了赵孟𫖯,他手拿龚璛所写的推荐信,仍然不能得到赵孟𫖯的首肯而升官。而年轻时的朱德润即由赵孟𫖯介绍,经高丽忠宣王,人称沈王的王璋推荐,元仁宗皇帝在玉德殿召见了朱德润,并立即授予应奉翰林文字,同知制诰,国史院编修官的职务。第二年他又被授"镇东行中书省儒学提举"。

1320年,沈王失势后,朱德润便在宫中寻求其他官职。1322年农历二月,刚刚即位的元英宗出游柳林狩猎,在寿山驻跸,就有近臣集贤大学士泰思都、学士颡哥识律等,向英宗皇帝推荐朱德润。朱德润得到了英宗皇帝的召见,献上了《雪猎赋》和《雪猎图》。《雪猎图》展现了君主雪地行猎、广阔苍茫的平野气势,迎合了皇帝的爱好,再加上累万余言的《雪猎赋》,更是让英宗龙颜大悦。英宗崇敬佛教,召集天下善书者以泥金写佛经,朱德润也在应召之列,奉旨抄写佛经。他所抄佛经与"英庙陛配"而受到表彰。

英宗时,朱德润官阶升至五品,前后达四年时间。但不久英宗遇刺,沈王受到排挤。审时度势,朱德润不得不选择了"一官归老天宫里,为写浙江秋放船"的画隐生活。虽然朝中许多贤达之士一再挽留,但他去意已决,便买舟南下,回到故里赋闲30年,杜门不出,过着归隐田园的书香生活。

朱德润常常与张复亨、赵孟頫、牟应龙、萧

朱德润山水画(一)

子中、陈无逸、陈仲信、钱选等人雅集,他们八人聚集在一起,"放乎山水之间,而乐乎名教之中,读书弹琴,足以自娱",号称"吴兴八俊"。

朱德润之所以选择金家庄隐居,缘于他少年时曾跟随姚子敬于一次山水游历后,知道了淀山湖边有金家庄这一方山清水秀、民风淳朴的地方,所以他退出官场、隐逸归田时,便毫不犹豫地选择了金家庄这块风水宝地。

虽然朱德润在金家庄隐居,但一些达官贵人仍然慕名而来,向他求取字画,因为在世人眼里,特别是在当朝权贵的眼中,朱德润是以书画为世的。但朱德润却不这么想。朱德润说:"仆少小喜作书画,至日渐月渍,不觉为玩物丧志之习。今屡为人求取,乃欲罢不能。"所以朱德润遇到有人来讨取字画,往往闭门谢客,推说自己手腕疼痛,无法执笔。

朱德润在金家庄隐居的几十年里,热衷于推动乡村教育事业,自己带头并带动乡绅捐资办学,亲自授课,推动了金家庄的教育事业的发展。朱德润的故居位于甲子桥西桥堍略北。透过历经风吹日晒而显颓废的墙壁,可以感受到朱德润总是在隐与仁之间徘徊。他始终以修身、齐家、治国、平天下的传统儒士自居,杜门屏外,讨论经籍,增益学业不求闻达,他融出世与入世于一身,虽然寄情于山水,但始终留意天下时政;虽然归隐于乡村,但不乏交往元代文人和仕宦。

朱德润擅文、书画,其中尤工山水。而金家庄就是一个远离尘嚣的世外桃源。淀山湖的自然风光,给予他无限灵感,在宁静幽远中,他在画里悠闲地赏月、抚松、访友、观湖、听琴、论经。朱德润在《沙湖晚归》诗中云:"山野低回落雁斜,炊烟茅屋起平沙。橹声归去浪痕浅,摇动一滩红蓼花。"就是他对自己隐逸生活的真实写照。

朱德润山水画(二)

朱德润流连于山水间,不时邀请友人一起吟诗作画。其中有元初著名画家赵孟𫖯,元代中晚期的黄公望、王蒙、倪瓒、吴镇及陈基、周景安等人,与他们在一起说禅论道、谈诗讲经,或铺纸泼墨、以画会友,寄情于山水之间,畅游于天地之中,萧然神往,胸襟气象超旷,达到了"在官则适于公,在暇则适于野"的境界。

链接:朱家子孙

朱德润之子朱吉,字季宁,原名逢吉。他从小就学习儒家圣贤书,谨言慎行,做人表里如一。当时张士诚据苏州,他的队伍驻扎在富庶胜地,从上至下贪图享乐、腐化严重。张士诚喜欢招募文人雅士,终日在幕府中饮酒作乐,又喜欢向文人墨客大赠宝马、文房精品,远近的落魄文人趋之若鹜。但朱吉与众不同,洁身自好,不愿随波逐流,更不愿阿谀奉承。

金家庄村志

昆山州的判官徐石麟把女儿嫁给朱吉后,朱吉就把家从苏州迁到了昆山。朱元璋称帝后,得知朱吉的为人,大加赞赏,并为他改名为"吉",意为"善"者。

明洪武年间,朱吉被推荐为户部给事中。古代符契文书上盖印信,分为两半,当事人双方各执一半,用时将二符契相并,验对骑缝印信作为凭证。凡调遣军队、车驾出入皇城、官吏驰驿等均须勘合。明代初期,戡合制度非常严格。但在一次检查中,查到赋长违反戡合的法律。皇帝大怒,进行严查,并把违法的人都抓了起来,关进大牢,没收了他们的全部家产,并要处死他们。朱吉上疏皇帝:"戡合的办法,只是一种验看执照的手段,用以查验每年的皇粮纳入国库。如果每年的皇粮已入库,那戡合只不过是为了查验的虚文。现在各省的粮犯都抓了起来,但检查督察下来,并不缺少正粮。请求皇上宽宏大量,以显皇恩。"皇帝权衡再三,同意了朱吉的意见。

洪武二十二年(1389年),因为胡惟庸案,皇帝要肃清胡蓝逆党,其中波及许多无辜的人,制造了许多冤假错案。朱吉又上疏皇帝,请求皇帝能明辨是非,为了国家安定,释放无辜的人。皇帝也听取了他的建议,维护了国家的稳定。皇帝还特地嘉奖他,把一件织文绣衣赐给了他。第二天,朝廷上,皇帝当着全朝文武大臣,把朱吉大大赞赏了一番。不久,朱吉因文章写得好,文采出众,而改为中书舍人,升迁为侍书。

朱吉在皇帝身边待了十年之久,曾经外放任湖广按察司佥事。他理冤释滞,却被人牵连而受到处分,关入监狱很久。直到永乐年间大赦群臣的时候,他才被放出。后又再次被召回,为中书舍人,负责编写《永乐大典》,得到皇帝的厚爱。

朱吉一生磊落,为官多年,廉政清明。永乐年间,他谢政回家时,随带的行李中并无金银财宝,只有一些书法字画。

在回金家庄的途中,朱吉到朋友家做客,见朋友家徒四壁,朱吉有心想帮助他。谁知他们正在谈话之际,来了几个人,向朋友逼债,原来是朋友欠了田租,无法偿还。朱吉见朋友如此窘境,自己也没有多余的银两。于是,朱吉就把自己的东西变卖后,凑了钱,帮助朋友偿还。朱吉回到乡里后,与父亲一样,在乡间开馆授业,做到克己复礼,仁在其中。

在朱吉的影响下,朱吉的三个儿子朱定安、朱泰安、朱永安被称为"三杰"。侍郎叶盛曾经说过:县中文化望族必推朱氏。泰安兄弟苦读不辍,并为乡里仪表。

朱泰安,字士栗,永乐三年(1405年)举人,第二年礼部考试中榜,授内黄教谕,曾先后在安仁、安吉、信阳三处教学,所教内容以孔孟儒学为根本,他的学生很多。不久,朱泰安告别官场,杨文贞、杨文定再三挽留,但他去意已决。他回到家乡后,租屋教学生识文断句。

有几次,官场的朋友来看望他,向他说起某人得了什么官位,某人获了什么利益。听到这些,朱泰安就默不作声,像没听见一样。弄得来人非常尴尬,就不再讲相关的事情了。朱泰安在金家庄一心教谕,教育他的孩子和学生,要学会忠孝、恭谦,以仁义与人相处。"礼之用和为贵",人与人之间应和谐相处。他逍遥终身,不谈官府政事,活到了93岁。

朱泰安的儿子朱寿,字元龄,号古直。生于永乐己亥(1419年)三月十日,死于弘治壬子(1492年)五月二十日。他从小受父亲教诲,孝顺父母,谦让兄弟。他为人忠厚善良,性格爽直。当年父亲朱泰安在阳信县做教谕时,家里人口众多,仅靠父亲的俸禄,仍入不敷出。他虽然年龄小,但很懂事,学做生意,帮助父亲挑起养家的重任。父亲辞官回乡后,他的负担轻了些,但还是把自己多余的钱财交给父亲,支持父亲的教学事业。父亲死后,他并不与兄弟计较,用尽了自己的家产,独自埋葬了父亲。

朱寿,除平生喜欢读书外,还懂医术。穷人到他这儿看病,他都不收费,还花钱给他们买药。虽然他一生做生意,但由于乐善好施,并无多余的积蓄,到最后仅剩一百两银子。

有一次,朱寿在外做生意,当晚在一家旅馆里住下。第二天,他结账离开,在途中发现旅馆老板多付了十两银子给他。此时他已经走了近半天的路,但他毅然决然地回到旅馆,把钱还给了店主。店主感激不已。为人诚实守信,是他做生意的宗旨。

在前人的榜样下,朱氏状元朱希周、壮士朱集璜等几代人,在外为官时,清正廉洁。回到金家庄后,投身于金家庄的教育事业,传扬礼法,仁义。在朱家人格魅力的影响下,金家庄人遵守礼仪,自觉维护村庄和谐。自古至今,金家庄这个由来自四面八方的人组成的村庄,都能遵礼守法,仁爱相处,这与朱氏家族的熏陶是分不开的。

四、朱希周

朱希周,字懋忠,号玉峰。祖籍金家庄,后迁吴县(今江苏苏州)。生卒年不详。朱家乃书香门第,朱希周的高祖朱吉,官至户部给事中;他的父亲朱文,官至监察御史,湖广按察副使。朱希周深受家庭的熏陶,发愤读书。他生性恭谨,不喜夸饰,学惟务实。

明弘治九年(1496年)三月十五日,朱希周参加殿试,一举夺魁。据《明史·

朱希周传》记载,朱希周之所以能中状元,是因为明孝宗喜欢他的姓名,才将他擢为第一甲第一名的。明孝宗看到有个名叫朱希周的举子入围,认为朱是国姓,而"希周"二字意为明朝要像周朝一样长治久安,取其吉利,定朱希周为状元。

三年出一状元,中了状元是极荣耀的事。朱希周则与众不同,他夺魁后,脸无喜色,仍像从前一样,恭谨平静。他荣归故里,不像别的状元回乡那样夸耀,离家很远,便下车徒步行走。按照惯例,朱希周入翰林院为修撰,学修国史,不久进宫侍读,充任经筵讲官,与皇上讲经论义。

弘治十八年(1505年)五月七日,孝宗驾崩,皇太子朱厚照即位,年号"正德",是为武宗。武宗不像其父,孝宗贤明,励精图治,而武宗乃昏君。他亲信奸臣刘瑾,整日与刘瑾等竖小游玩。刘瑾不

朱希周像

喜欢为人正直的朱希周,更不喜欢他在武宗身边做讲官。于是,他从朱希周等修纂的《会典》一书中吹毛求疵,把朱希周贬为修撰。之后,朱希周再入翰林院,主持编修《通鉴纂要》《孝庙实录》。书成,武宗嘉奖编修人员,朱希周复官,再为侍读,经筵讲官,后进宫为侍读学士。

过了几年,朱希周被擢升为南京吏部右侍郎。五年后,朱希周被召回北京,出任吏部右侍郎。这时,已经是世宗朱厚熜君临天下了,朝廷里正在进行一场"大礼"之争。世宗是武宗的堂弟,他即位后,要追认父亲朱祐杬和母亲蒋氏为皇帝和皇后。而按封建礼法,朱厚熜应为他的堂兄武宗朱厚照的皇嗣,不应再追封生父、生母。

大臣们分成了两派,大多数人恪守礼仪,反对追封;少数人迎合世宗心意,赞同追封。群臣见世宗不听所谏,一意孤行,遂相约在左顺门跪伏,求皇帝放弃追封。内阁大臣没有行动,朱希周跑去对内阁大臣说:"群臣伏阙,诸位岂能坐视?"在他的鼓动下,内阁大臣也参加了跪伏的行列。一向恭谨的朱希周这时竟活跃起来了。世宗闻讯臣子跪伏,恼羞成怒,诏令逮捕8个领头跪伏的,朱希周待罪,听候处分,后又抓了若干人。第二天世宗正式册封生母蒋氏为章圣皇太后,朱希周等几个尚书、侍郎拒不出席册封典礼。世宗大怒,降旨切责。

朱希周见册封已成事实,再坚持无益,便上疏认罪。他上疏认罪后,见世宗的

怒气消退了些，便乘机说："诸臣狂妄、轻率，原是不能宽宥的。如今献皇帝的神主将至，必须百官斋戒、出迎，才能成礼。请皇上尽快宽宥，好举行大典。"然而朱希周煞费苦心，世宗却没有采纳他的建议放人。

第二年，朱希周出任有职无权的南京吏部尚书。嘉靖六年（1527年），考核京官，南京吏、户、礼、兵、刑、工六部没有被罢黜的。礼部右侍郎，安仁（今属湖南）人桂萼曾是赞成追封的少数人之一，与朱希周不合，他上疏弹劾朱希周畏惧权势，曲加庇护，因而南京六部才无一废黜。

朱希周上疏说："南京六部仅六名官吏，确无可罢黜的。不顾舆论，私加庇护，是不对的；为避嫌而斥责他们，更不对。若大部分官员皆有才能，定要罢黜一两人才算尽职，那么，若大部分官员都是不肖之徒，是否也罢黜一两人以塞责？"接着，他又上疏，以有病为由，请求辞去官职，回家养病。世宗以温和的言辞批准了他的要求。

朱希周回到吴县家中。吴县市肆林立，奇珍异宝琳琅满目，行人熙攘，摩肩接踵。进了朱家，却如到了山村僻乡，极为简朴。朱希周衣着如乡村野叟，悠闲自在。乡里后生敬畏他的名声，每欲做一件不太光彩的事，便道："真害怕让玉峰先生知道。"

朱希周晚年隐居阳山近30年，未曾一日去书不看。这期间公乡大臣荐举他复起的达30余人次，他皆不以为意，淡然自守，摒弃功名。

临终，朱希周戒其子孙不得请恩于朝廷，万一大臣奏闻，皇上怜悯，赐予谥号，请勿以"文"为谥，触犯父讳。不久，朱希周辞世，享年84岁。远近闻讯，莫不惋惜。朝廷追赠他太子太保，谥于"恭靖"，此号极符合他的一生。

五、薛朝阳

薛朝阳（1295—1388年），元末明初道士。字鸣凤，号洞玄冲靖广道大真人。先居住在江西龙虎山上清宫，有斋粮田庄。在昆山淞南县淀山湖滨建有房屋数间，作为云游栖息之地。该处远吞山色，平揖湖光，风景绝佳。薛朝阳在此焚香静坐，悠悠然，与世隔绝。

有一次，薛朝阳通过扶乩（又称扶鸾、降卜、扛箕等，道观从宋代开始就一直流行的宗教信仰活动）召仙，萨真人降笔云："玉堂侍御久思凡，谪（责罚、谴责的意思，在封建社会特指贬官）向人间九十三；此去更能修大德，青毡依旧列仙班。"

以后，薛朝阳更加锐志玄修，潜心道术，终年坚持不懈地修炼，使其操行卓然。

六、顾达今

顾达今（1873—1931年），金家庄盛世房人，人称"四相"，足见金家庄人对其之尊重。顾达今少年时受孔孟之道熏陶，喜欢唐诗宋词，崇拜李白、杜甫、白居易等诗人。青年时期备受辛亥革命进步思想的影响，忧国忧民，对家乡的热爱之情溢于言表。他为人耿直，同情劳苦大众。

顾达今以诚待人，为人随和，主持公道。凡是邻里纠纷、家庭矛盾，他不马上表态，坚持"偏信则暗，兼听则明"的原则，先进行一番调查研究，暗访后，再悉心调解，谆谆善导，使矛盾和纠纷得以化解。村中的大事件，在他的参与下办得有条不紊。村里遇到偶发事件或棘手的问题，经他处理后，往往迎刃而解。因而他赢得了村民们的信赖和尊重，在村里有很高的威望。

金家庄村民大多以农耕为生，每年秋收，满载的稻船从河道运回自家场上脱粒。纵横交错的内河道并不宽阔，有些有钱人要显示大户人家的豪华气派，把自家的滩涂不断扩大成向外的淌水滩涂，占据河道，妨碍河道运输。地处南学桥（又叫西桥）到周家水沟角一段，河道比较狭窄，那里有个姓曹的依仗有财有势，私自动工向南扩建淌水滩涂，致使农家的稻船难于通过，耽误农事。由于固守"穷不与富斗，富不与官争"的观念，乡亲们忍气吞声，敢怒不敢言。顾达今仗义执言，与曹家理论，迫使曹家拆除了扩建的淌水滩涂。

此事刚处理结束，有一家主营南北货兼营小吃的名叫"朔香里"的商店，为了多赚钱招揽生意，店老板要把店门口的小场扩大到与西桥洞一样齐，即要把小场的石驳岸扩展到桥洞边。这一损公济私的做法与扩建淌水滩涂如出一辙。在顾达今的直接干预和广大村民的抨击下，"朔香里"的店老板不得不罢手，石驳岸的工程为此夭折。从此以后，再也没有类似事件发生。

金家庄人历来崇尚教育，自从有了新式学堂蒙养公学后，村民们把自己的子女送到学堂里读书的多了起来，让自己的后代不再做睁眼瞎子，也能断文识字。可是，还有一些人受根深蒂固的重男轻女思想的影响，不让女孩上学。顾达今不厌其烦地做规劝工作，甚至自愿资助那些穷困人家的女儿上学，无形中推动着女性的解放。

顾达今先生厚重端庄、品学兼优，见不善者劝化，见为善者鼓舞，很受村里人的尊敬。他对公益事业的热情和关心受到村民们的传颂，使他继续为村民造桥的劲头倍增。继福元桥之后，他又带领大家分别建起了甲子桥、南学桥、洛成桥。在造桥的同时，进行铺路，其间定了一些村民们一致赞成、公认的"村规民约"。其中一条：如果有人犯了偷盗行为（包括有伤风化习俗的人），就要被罚责一年内修桥补路。在一定程度上，使村中的桥和路得到了保养和维护。在顾达今先生的倡导下，村民们有力出力、有钱出钱，为金家庄的交通事业做出了贡献。

1920年12月15日，上海的张静江、蒋介石、戴季陶、陈果夫为了在交易所中共同赚钱，订了一个"集合资产经营交易所"之经纪人事合同契约、规定牌号为"恒泰号"，营业范围以代客买卖各种证券、棉纱两项为主。恒泰号，由张静江的侄子张秉三任经理，陈果夫具体执行。当时，"旅沪同乡会"中，人称"三相"的顾书麟，从同乡会中获取信息，与陈果夫接触，并把陈果夫介绍给侄子顾达今。

顾达今把乡下的棉花收集起来，去籽加工后，经物流运输，将棉纱转运至"恒泰号"，一度十分红火。顾达今就此与陈果夫家人建立了良好的关系。交易所关闭之后，蒋介石出任黄埔军校校长，陈果夫没有随去广州，留守上海，为蒋介石黄埔军校师生东征北伐办了许多事务。他主要负责三件事：一是军需品；二是招募士兵；三是招聘专门人才、军官、掌握无线电技术人员及其他人员。顾家在沪人员，尤其是顾达今父子，又尽力帮助陈果夫，他们为陈果夫筹集军鞋、制作被服等，既给陈解了燃眉之急，又为国民革命军第一次国共合作，取得北伐胜利做了贡献。

陈果夫、陈立夫的二叔陈其美，有恩于蒋介石，他们兄弟两人从小随从二叔陈其美。由于陈果夫任务完成出色，1926年1月在国民党第二次全国代表大会上，经蒋介石的推荐，当选为国民党中央监察委员，上海证券经纪人一步登入国民党中枢。陈果夫升官后，就鼓励一心想搞实业、致力于矿业的留美学生其弟陈立夫，弃学从政。没多久，陈立夫也投入国民党政坛，任要职。

在与顾达今的生意交往中，陈果夫、陈立夫兄弟两人深感顾达今为人正直诚信，并与顾达今结下了深厚的友谊。虽然顾达今出身于盛世房富豪的封建家族，但他青年时期受辛亥革命进步思想的影响，关心着中华民族的兴亡、家乡的兴衰，对于劳苦大众的命运深表同情。

清末民初，军阀混战，败落下来的散兵游勇沦为土匪，骚扰百姓。他们对富庶的金家庄虎视眈眈，垂涎三尺，伺机窜上湖中岛掳掠。顾达今于民国三年（1914年）任当地乡长。为了防止湖匪侵袭，保护村庄的安宁，他率先出钱，村民出钱或出人，购来枪支弹药，组建村民自卫团。他亲自带领自卫团训练，农闲更是夜以继日地进行集训。他亲自带队巡逻守夜，经常一夜守到天亮，高度警惕，从不松懈。

有几次，湖匪化装上岸，到村上茶馆内喝茶，探视村中情况，被自卫团队员识破，有的狼狈逃窜，有的被活捉。金家庄村民在顾达今精心和严格的训导下，戒备甚严，百倍警惕，一直没有遭到湖匪的侵害。

1929年4月13日，湖匪偷袭金家庄，因庄上有备，自卫团给予迎头痛击。湖匪只抢到两三家村民的财物，败退而去。后来，匪首太湖大强盗徐天荣纠集湖匪大小头目，在朱家角镇放生桥一饭店召开秘密碰头会，密商步骤，蓄谋抢劫金家庄。

1931年8月2日（农历七月初二），徐天荣派人探准金家庄自卫团队员防夜收岗时间，30多艘匪船载着四五百名湖匪夜伏泖泾江到南芦埂岸边，天刚放亮，冲进金家庄抢劫。

顾达今闻声而动，冒着风雨外出组织自卫团队员与湖匪强盗对抗，枪声大作。最后终因寡不敌众，湖匪冲入金家庄哄抢。金家庄损失甚大，被抢人家不计其数。自卫团队员何桂荣等人被强盗枪杀。

顾达今退至自家大院上层奋力还击，强盗们放出枪炮，一枪打中顾达今的肩胛，他顿时晕了过去。自卫团尽力再度还击，村民举起铁锹、锄头蜂拥而至。湖匪抢得许多金银财宝，仓皇出逃。由于没有得到及时抢救，顾达今最终因流血过多而去世，享年58岁。

顾达今先生不幸殉职，金家庄许多知名人士，如徐仰先、顾乾英、朱怡九（医生）、彭小怡、顾家麟（上海民立中学教师）等依据当年（1920～1924年）盛世房宗族家庭与国民革命军北伐时期在上海同陈果夫、陈立夫的资深关系，将顾达今先生的事迹、民众捐款请求立碑等一系列的事修书一封，派专人到南京，送给时任江苏省政府主席陈果夫和中央组织部部长陈立夫。二陈收到信后，十分重视，立即派钮永建（时任中央委员）赶到金家庄，向有关人士询问、核实此事。

鉴于顾达今先生为一方人捍大难，实为昆南一杰。国民政府当局批准村民为顾达今先生树碑立传之请求，当时国民党元老叶楚伧先生，时任《民国日报》主笔，他的家乡在淀山湖畔的周庄水乡，素知太湖、淀山湖一带湖患猖獗，危害老百姓，听闻此事，对达今先生的不幸遭遇深表震惊。

1933～1934年，顾达今纪念碑建于金家庄村南学堂东南淀山湖畔。纪念碑占地面积10.5平方米左右，地面由抛光石子磨成，四周是花岗岩石栏，由花岗岩石条凳与石柱组成。正方立体形碑身高达3米左右。南面书有"顾达今先生纪念碑"八个大字，顶端嵌有顾达今先生正面半身铜像照。北面是顾达今先生碑文，由国民党中央委员钮永建撰写；碑身西面由国民党组织部部长陈立夫题字"求仁得仁"；碑身东面由国民党元老叶楚伧题字"见义勇为"。

第二节 当代人物简介

自古至今,淀山湖的美景吸引着众多游人。金家庄,在淀山湖边上,自然也成为历代文人墨客经常光顾的地方。他们或移居于此,或来此小居数日,举行斯文雅社,挥毫泼墨,论诗作画。天长日久,金家庄村民深受文化熏陶,"书中自有黄金屋,书中自有颜如玉",在金家庄人心中已根深蒂固。他们把教育放在农耕之上,只要条件许可,父母总是要创造条件让孩子上学读书,考取好的学校,为孩子的前程谋个好的发展,直至为村子的发展做出自己的一份贡献。

一、顾石林

顾石林(1909—1953年)金家庄名中医,居金家庄外珠阁,1953年病逝。他擅长诊治伤寒症,看病用药"稳""准""狠"。病人前来看病,一般只要来一次,服数帖中药即痊愈,不需要看第二次。时间一长,人们不约而同地给了他一个雅号"石一帖"。

二、顾瑞华

顾瑞华(1912—1967年),金家庄名中医,居淀山湖北桥堍顾家墙门,擅长诊治妇科疾病,用药温和,慢调细理,人称慢郎中。病者一旦痊愈,不再复发。新中国成立前去新疆行医,新中国成立后返乡。

三、朱考文

朱考文(1913—1990年),农民,年轻时好学,在锦溪骨科名医秦宝山的指点下,用手一摸就能诊断出伤者是骨折还是脱臼。如是骨折,他就叫伤者家属把伤者送往医院,伤者可以得到及时治疗。若是伤者脱臼或伤筋的话,便能手到病除,解除病人的痛苦。但他从不收人钱财,方圆十几里的人都知道他的医术和为人。因为他为人和善,乐于助人,人们一致推选他为县人大代表。

四、朱家成

朱家成(1922—1995年)，又名张田平，淀山湖镇金家庄五房里朱塑明的长子。早年，他接受抗日爱国革命思想的影响，利用父亲时任金家庄乡长的有利条件，掩护新四军革命干部。后参加民运干部陈杰的队伍，在淀山湖一带开展抗日斗争。

1945年6月，张田平参加顾福生的革命队伍，编入青东大队。1945年7月，被调入昆山新四军华山大队，并兼任杨湘泾区抗日民主政府副区长及自卫队队长。

某一天，四个汉奸穿着杂牌军的军服，到金家庄乡乡政府(当时政府设在金家庄小学内)收交军粮。张田平趴在小学校东南角的草棚顶上，把机枪口对准了校门口。当乡长将四个汉奸送出校门口时，草棚上的机枪立即响起，四个汉奸倒地。张田平急速爬下，前往南芦埂的芦苇中藏起来。之后，张田平随军北撤。

1949年秋，张田平所在部队驻扎在太仓双凤镇，在岸边船上，他巧遇做芋艿生意的姑母。张田平要姑母及时回家，将其父母接出来见面。第三天，张田平与父母及五妹见面。张田平对父亲说："以前，你为了我而当的乡长，新政府可以不计较，但以后不能做坏事。"五妹不肯回家，跟着张田平在部队当了卫生员。一星期后，随部队南下，解放全国。

朝鲜战争时，他参加了抗美援朝。20世纪60年代后期，张田平转业到上海，在整流器厂任厂长，直至离休。

五、朱鹿鸣

朱鹿鸣，1934年生，教授级高级工程师，昆山市淀山湖镇金家庄人。1959年毕业于华东纺织工学院机械系，分配在上海远东钢丝针布厂。历任技术员、工程师、设备动力科长、副厂长、厂长。1995年4月退休后任该厂顾问，为针布学会名誉会长。朱鹿鸣长期从事机械、器材专业工作，任职期间，领导科研团队研发6903钢丝卷。后该厂生产的6903钢丝卷获国家银质奖，利用科研成果织出652型盖板针布被评为纺织部优质产品。

六、朱慰中

朱慰中，1939年12月生，昆山市淀山湖镇金家庄人。1962年毕业于浙江大学无线电系。他先后在广播科学研究所、广播录音器材厂、广播局中控室、广电部工业局担任技术工作。1978~1981年,去德国研讨、交流电子技术。回国时,朱慰中带领一起赴德的同仁,将节省下来的生活费购买了一台高级计算机捐给祖国。1985年被聘为高级工程师。1986年,调中央电视台,先后任音频部主任、中国电影电视技术学会声音委员会主任、广电部科技委电声委员会副主任等职。1993年被聘为教授级高级工程师。著有《声图仪的原理和使用》《微机控制播出设备》《广播电视中的音频技术》等。1993年获国务院特殊津贴及证书。

七、朱慰祺

朱慰祺,1934年12月生,昆山市淀山湖镇金家庄人,肿瘤外科教授。1959年毕业于上海第一医学院(现上海医科大学)医疗系。长期在上海医科大学肿瘤医院外科从事医疗工作,曾任腹部外科主任。现任肿瘤外科教授、上海市抗癌协会副秘书长、上海《肿瘤》杂志编委。朱慰祺长期从事消化道肿瘤及软组织肉瘤的外科治疗及临床研究工作,擅长对肠、胃、胰等肿瘤的诊断及防治,先后在《肿瘤的防治》《实用肿瘤学》《现代肿瘤学》《大肠癌》等著作中,编写了有关重要章节,并发表研究肿瘤的论文30余篇。

八、吴德忠

吴德忠,1935年4月生,昆山市淀山湖镇金家庄人,桥梁设计教授级高级工程师。1958年毕业于上海同济大学铁路道路及桥梁系。在浙江省交通规划研究院工作,先后担任室主任工程师、设计院副总工程师等职务。40多年来一直从事浙江省交通建设,主要是公路测量、桥梁设计,以及完成设计后的配套工程的施工。吴德忠曾主持设计的工程有:温州瓯江大桥(获一等功及浙江省优秀设计二等奖)、丽水桃山大桥、宁波甬江水底公路沉管隧道。宁波甬江水底公路沉管隧道是我国大陆第一条软土地基沉管隧道,它的建成填补了国内的空白。吴德忠参与设计的主要工程有兰溪芷江大桥、嵊县清风大桥、金华婺江大桥等。

吴德忠获国务院特殊津贴证书

他曾受聘为工程总工程师的有舟山朱家尖海峡大

桥、舟山至宁波的海峡连岛工程,还担任了杭州市钱塘江第三大桥总监理工程师。吴德忠1983年被温州市人民政府授予温州市先进生产(工作)者,1985年被浙江省人民政府授予浙江省劳动模范,1998年受到国务院的表彰,颁发了证书,并从当年10月起享受政府特殊津贴。吴德忠长期从事交通工程建设,特别是桥梁设计,并先后著有《沙桩基础石拱桥》《等截面圆弧夹板拱架预留拱度商榷》《跨径拱桥的悬臂拼接》《沉管法水底隧道——甬江隧道设计》等。

说起吴德忠还有一段鲜为人知的小插曲。他家的政治环境较复杂,父亲当过保长,自己的老婆是地主的女儿。吴德忠同济大学毕业后,被分配到浙江杭州工作,那年他回家探亲。探亲期满,他一早想乘船去朱家角,然后回杭州。可就在这时,金家庄营部里走出来几个人(当时为淀东公社第一营)不准他乘船,不准出去,理由是谁让你出身这样的家庭。尽管吴德忠据理力争,但他们还是不允许吴德忠离开,并要拿出绳子来绑他。这时,突然听到一声"谁敢绑他"。那声音就像一声炸雷,那些人不由自主地停了手,一看是时任第二书记的沈林福。沈林福对吴德忠说:"你马上乘船去上班,这儿的一切由我处理。"然后语重心长地对周边的人说:"国家培养一个大学生不容易,他们是国家的宝贝。"

一个文化程度都不到初小的书记,凭着一颗对祖国的赤诚之心,对党的忠诚,救了一个人,同时为国家做出了重要贡献。吴德忠果然不负众望,成为一位了不起的桥梁设计教授、高级工程师,受到国务院表彰,享受特殊津贴。沈林福慧眼识英雄。

九、顾庆超

顾庆超,1938年12月生,昆山市淀山湖镇金家庄人,高分子研究教授。1962年毕业于南京大学化学系。历任南京大学助教、讲师、副教授、教授等职。1983年11月至1984年11月,曾任日本国立大阪大学理学院客籍研究员。现为江苏省科普作家协会基础科学专业委员会副主任、中国化学学会会员、国际固态离子学学会(ISSI)会员。顾庆超主要研究领域为功能高分子材料、高分子结构与性能的关系。两项研究成果被列入《中国化学50年(1932~1982)》。曾获江苏省科学技术委员会颁发的1987年度优秀科技成果二等奖、江苏省政府颁发的1989年度科技进步三等奖。在国内外刊物上发表论文50余篇,出版主编的著作3部,编著、合著和参译著作12种。曾获江苏省科普作家协会优秀科普作品图书奖,香港第四届"十本好书"之一。参著的《高科技知识丛书》被评为全国1993年度精神文明建设"五个一工程入选作品",代表性著作有由他主编的《化学用表》,被称为我国第一部自编的化学工具书,还有《化学实验与数据处理导论》,合著的有《元素与人》和主编的有《大学生指南》等。

十、顾振寰

顾振寰,盛世房家老三相的大儿子,从小就想做一名教员。15岁那年,考上安亭师范。当时,日本帝国主义早已对中国虎视眈眈。九一八事变后,全国没有一张平静的课桌,各地掀起了抗日救亡运动。身在上海的顾振寰胸怀大志,一心要报效祖国,投笔从戎,报考了黄埔军校(军校最后一期)。黄埔军校毕业后,他被分配到阎锡山部队,同日军作战,官至少校营长。经过八年艰苦抗战,最终把日军赶出了中国大地。此后,顾振寰也解甲归村,在金家庄小学任教,潜心教学,造福乡里。

同村的林敏华、朱锡新、席以芳等人,小学毕业后,原本想靠一己之力养活自己,不再上学,特别是朱锡新已经在帮别人家看牛了。顾振寰把朱锡新叫回来,让朱锡新报考安亭师范。现今这三人中,席以芳曾是浙江农林大学教授,林民华在银行工作,朱锡新是小学教师,现都已退休。当他们说起顾振寰老先生时,都肃然起敬,说起金家庄的体育,顾振寰功不可没,是他发起在自家房屋的北侧"金庄田"中腾出五亩地,修筑大操场,内设足球场和篮球场;是他带领金家庄喜欢运动的小伙子,组织足球队与篮球队,并兼教练与领队,外出比赛屡屡获胜。

十一、顾天冲

顾天冲,1932年7月生,本科学历,曾任上海铁道学院院长,铁道部第三设计院党委书记。

十二、李亚仙

李亚仙,1933年5月生,本科学历,曾任南京长江机械制造厂宣传科科长,兰州铁道设计院职工子弟学校校长。

第三节 人物表

金家庄,虽然只是个不足800户的小村子,但村子内人才辈出,孕育着众多的能人。

一、当代军人名录

金家庄人明白一个道理:有国就有家。所以每次征兵,金家庄青年都踊跃报名,从新中国成立初期抗美援朝志愿军到现在,只要身体健康,体检合格,人人都愿意入伍,所以金家庄当过兵的人很多,退伍军人名录及在役军人名录见表13-3-1。

表13-3-1　　　　　　　　　　淀山湖镇金家庄军人名录

序号	姓名	性别	出生年月	文化程度	入伍时间	退伍时间	在部队职务
1	朱志福	男	1920	初小	1950	1952	
2	朱家垣	男	1920	初中	1953.09		
3	吴林坤	男	1922	初小	1951.06	1955.01	保管员
4	郁洪义	男	1922		1953.01	1956.02	
5	盛天明	男	1923	小学	1953.01	1956.02	
6	吴仁清	男	1926	初小	1950	1952	
7	朱雪生	男	1926	初中	1950	1953	副班长
8	蔡俊和	男	1927	初小	1950	1952	
9	范孝根	男	1928	初小	1950	1952	
10	吴根生	男	1929	初小	1950	1952	
11	蔡品生	男	1929	初小	1950	1952	苏州武警教导员
12	蒋林生	男	1929	初小	1950	1955	班长
13	朱阿九	男	1930	小学	1951.01	1964.01	班长
14	方小毛	男	1933	初小	1953.01	1957.01	副班长
15	程小弟	男	1933	小学	1955.03	1958.01	
16	徐金华	男	1933	小学	1955.03	1959.02	班长

续表

序号	姓名	性别	出生年月	文化程度	入伍时间	退伍时间	在部队职务
17	朱根生	男	1934	初小	1955.03	1958.01	给养员
18	庄文奎	男	1935	高小	1955.03	1958.01	班长
19	蒋四林	男	1936	文盲	1955.03	1958.01	副班长
20	顾卯生	男	1936	小学	1955.03	1958.01	班长
21	庄阿四	男	1936	小学	1955.03	1958.01	副班长
22	程荣元	男	1940	大专	1967.11	1975.11	
23	谈虎中	男	1947	小学	1969.03	1972.05	
24	朱新德	男	1947	初中	1969.04	1973.02	副班长
25	吴海兴	男	1947	初中	1970.01	1976.03	班长
26	沈忠阳	男	1948	高中	1969.02	1972.06	代理排长
27	程贵荣	男	1948	小学	1970.01	1975.03	卫生员
28	吴生林	男	1948	小学	1970.01	1975.03	
29	顾留荣	男	1948	小学	1969.04	1973.02	
30	朱巧忠	男	1949	初中	1972.12	1976.03	班长
31	蔡士林	男	1949	大专	1963.08	1993	副团长
32	朱乾虎	男	1950	大专	1970.01	1980.07	苏州军分区干休五所政治委员
33	朱引根	男	1950	初中	1970.01	1975.03	班长
34	朱进根	男	1950	小学	1972.12	1976.03	
35	周进福	男	1951	小学	1972.12	1976.03	班长
36	朱杏元	男	1951	初中	1970.01	1975.03	班长
37	郁仁东	男	1952	小学	1970.12	1976.03	班长
38	吴月明	男	1953	小学	1972.12	1976.03	班长
39	蔡森林	男	1953	小学	1970.12	1975.03	班长
40	吕善新	男	1954	高中	1975.01	1980.01	班长
41	吴建福	男	1954	高中	1975.01	1981.01	副班长
42	顾善林	男	1954	小学	1975.01	1981.01	班长
43	郭大进	男	1954	小学	1972.12	1976.03	副班长
44	吴前进	男	1954	小学	1972.12	1976.03	
45	束芬荣	男	1955.05	大专	1975.01	1991.08	团军务股股长
46	郁国华	男	1955	高中	1975.01	1980.01	班长

续表

序号	姓名	性别	出生年月	文化程度	入伍时间	退伍时间	在部队职务
47	朱初明	男	1955	初中	1975.01	1978.04	
48	任以若	男	1955	初中	1977.01	1981.01	
49	吕善生	男	1956	初中	1976.02	1980.01	副班长
50	庄建宏	男	1956	高中	1977.01	1981.01	班长
51	束正林	男	1956	初中	1978.04	1985.01	
52	盛凤根	男	1956	高中	1976.03	1981.01	班长
53	程川忠	男	1958	高中	1983.03	1987.01	副班长
54	吴建忠	男	1958	初中	1978.03	1984.01	班长
55	朱建忠	男	1958	初中	1978.04	1983.01	班长
56	顾云新	男	1958	高中	1978.03	1982.11	
57	蒋桃元	男	1958	高中	1979.01	1982.01	
58	朱金林	男	1961	初中	1980.11	1983.01	副班长
59	郭永明	男	1962.07	大专	1980.11	1999.09	正营级
60	顾庆丰	男	1962	大专	1980.11	1983.01	班长
61	朱惠明	男	1962	初中	1980.11	1983.01	代理排长
62	郁永明	男	1962	高中	1980.11	1986.01	班长
63	盛福庆	男	1962	初中	1980.11	1986.01	班长
64	沈金忠	男	1962	初中	1980.01	1985.01	班长
65	邵祖德	男	1963	高中	1981.01	1985.01	
66	顾善新	男	1963	初中	1981.01	1984.01	班长
67	顾彩洪	男	1963	初中	1980.11	1984.01	班长
68	盛广兴	男	1964	初中	1982.11	1987.01	班长
69	徐永芳	男	1964	初中	1983.01	1988.01	班长
70	顾云华	男	1964	初中	1983.01	1986.01	
71	徐岳明	男	1965	初中	1985.11	1989.03	
72	程永明	男	1966	大专	1981.11	1998.07	副团级
73	陈雪龙	男	1967	初中	1985.12	1990.03	
74	顾　松	男	1968	初中	1986.12	1991.12	班长
75	蒋菊林	男	1970	初中	1990.03	1992.12	班长
76	郁佩荣	男	1970	初中	1990.03	1993.12	班长

续表

序号	姓名	性别	出生年月	文化程度	入伍时间	退伍时间	在部队职务
77	吴佩明	男	1971	大专	1993.11	1995.11	
78	朱晓峰	男	1972	初中	1990.03	1993.12	副班长
79	顾 红	男	1972	高中	1992.12	1995.12	
80	朱建秋	男	1972	初中	1990.12	1993.12	班长
81	吴佩中	男	1972	高中	1990.12	1994.12	班长
82	郭永兴	男	1972	初中	1991.12	1994.12	
83	吴惠峰	男	1972	大专	1990.03	2000.10	
84	俞英林	男	1973	初中	1992.12	1995.12	班长
85	朱建春	男	1973	初中	1991.12	1994.12	副班长
86	吴丽东	男	1973	初中	1993.12	1997.12	班长
87	朱翠松	男	1974	高中	1993.12	1997.12	班长
88	顾 丙	男	1975	大专	1998.12	2001.12	
89	朱德丰	男	1975	大专	1996.12	1999.12	
90	邵丽荣	男	1977	初中	1995.12	1998.12	
91	顾金林	男	1977	职高	1997.12	2000.12	副班长
92	蒋志坚	男	1978	职高	1996.12	1999.12	副班长
93	朱利刚	男	1978	高中	1997.12	2000.12	班长
94	吕 庆	男	1979	大专	1999.11	2011.11	
95	吕华平	男	1979	高中	1998.12	2000.12	班长
96	何志刚	男	1979	高中	2000.12	2002.12	
97	顾 建	男	1980	中专	2002.12	2004.12	副班长
98	朱佩庆	男	1981	高中	1999.12	2001.12	副班长
99	许德荣	男	1981	中专	1999.12	2001.12	
100	顾志峰	男	1981	中技	2000.12	2002.12	班长
101	盛剑峰	男	1981	中专	2001.12	2003.12	
102	吴佩林	男	1981	中专	2001.12	2003.12	班长
103	朱 剑	男	1981	中专	2001.12	2003.12	副班长
104	邵永峰	男	1982	初中	2001.12	2003.12	
105	徐建荣	男	1982	职高	2002.12	2004.12	
106	张振华	男	1983	中专	2003.12	2005.12	

续表

序号	姓名	性别	出生年月	文化程度	入伍时间	退伍时间	在部队职务
107	朱苇苇	男	1984	初中	2002.12	2004.12	副班长
108	顾 吉	男	1986	初中	2004.12	2006.12	
109	顾 春	男	1986	高中	2006.12	2008.12	
110	顾农艺	男	1987	初中	2005.12	2007.12	
111	顾晓强	男	1987	中专	2005.12	2007.12	
112	束志新	男	1987	中专	2006.12	2008.12	
113	吴晓杰	男	1988	中专	2007.12	2009.12	
114	邱 松	男	1988	中专	2008.12	2010.12	班长
115	盛晓峰	男	1988	大专	2009.12	2011.12	
116	朱龙迪	男	1988.08	大学	2011.12	至今	
117	盛江安	男	1989	初中	2007.12	2009.12	
118	顾爱杰	男	1990	中技	2009.12	2011.12	
119	朱叶颂	男	1991	中专	2009.12	2011.12	
120	吴宗杰	男	1993.11	大专	2012.12	2014.12	
121	郭叶飞	男	1993.07	中专	2011.12	2013.12	
122	顾超杰	男	1994.01	大专	2012.12	2014.12	
123	朱沈伟	男	1994.11	大专	2012.12	2014.12	

二、当代先进人物

吴玉光，男，1958年12月生，1981年参加工作，1985年加入中国共产党，现任淀山湖镇金家庄村村主任，连续四届当选淀山湖镇人大代表，他曾先后获苏州市劳动模范、江苏省劳动模范荣誉称号。

朱奎兴，1944年生。20世纪60年代开始任生产队会计，工作认真负责，实行家庭联产承包责任制后，他带领子女在自家责任田上劳作，成为首个家庭粜粮突破万斤大户，先后被评为昆山市劳动模范、苏州市劳动模范。

三、村籍大学生名录

金家庄人历来十分重视教学，新中国成立初期金家庄就有从名校毕业的大学生，如上海交通大学吕德文、同济大学吴德忠等。1968年金家庄小学升级为"戴帽子"初中，教师全部是金家庄人，他们经常进行家庭访问，及时了解学生的思想动态,认真备课、批改作业,学校建立定期检查制度。每学期进行走出去或请进来的教研活动,不断提升教师的教学能力,每学期结束发放成绩单,教师将成绩单直接发放到家长手中,以此联络情感。所以金家庄学校的教学质量处于领先位置,由于教师、家长、学生的共同努力,本村涌现了不少大学生,特别是九年义务教学实施之后,学龄青年中基本都是大、中专以上学历。

表13-3-2　　　　　　　　淀山湖镇金家庄村村籍大学生名录

序号	姓名	性别	出生年月	学校(学院)名称	现有学历
1	吕德文	男	1932	上海交通大学	本科
2	任惠荣	男	1933	上海同济大学	本科
3	朱慰祺	男	1934	上海第一医学院	本科
4	朱鹿民	男	1934	华东纺织工学院	本科
5	吴德忠	男	1935	同济大学	本科
6	顾凤元	男	1937	浙江医学院	本科
7	吴国良	男	1937	南京师范学院	本科
8	顾庆超	男	1938	南京大学	本科
9	朱慰忠	男	1939	浙江大学	本科
10	李　敏	男	1939	南京林学院	本科
11	吴云龙	男	1941	苏州医专	本科
12	盛福元	男	1942	南京大学	本科
13	张桂荣	男	1944	南开大学	本科
14	沈仁明	男	1945	清华大学	本科
15	徐亚明	男	1963	上海第一医科大学	博士
16	朱建亮	男	1965	扬州大学	本科
17	吴俊峰	男	1965	四川大学	本科
18	朱雪刚	男	1966	南京机械学院	本科
19	顾冬兴	男	1966	浙江大学	本科
20	徐卫标	男	1967	武汉财经大学	本科
21	郁洪青	男	1967	南京师范大学	本科
22	蒋志荣	男	1969	扬州大学	本科
23	邵世平	男	1970	太原大学	本科
24	顾冰芳	女	1970	东南大学	本科
25	郁向军	男	1970	南京大学	本科

续表

序号	姓名	性别	出生年月	学校(学院)名称	现有学历
26	郁文彪	男	1970.12	南通大学	本科
27	郁洪革	男	1971	南京邮电大学	本科
28	沈建红	男	1971.02	常熟师范专科学校	专科
29	顾海芳	女	1972	苏州大学	本科
30	朱彩兴	男	1972	哈尔滨工业大学	本科
31	郁晓秋	男	1972	华东师范大学	研究生
32	吕刚	男	1973	上海财经大学	本科
33	朱文	男	1974	武汉城建学院	本科
34	朱卫	男	1974	同济大学	本科
35	朱瑞萍	女	1974	上海农业大学	本科
36	莫春林	男	1974	哈尔滨工业大学	本科
37	沈鸿	男	1974.11	华东师范大学	本科
38	朱红梅	女	1976.02	同济大学	本科
39	朱秀英	女	1976.05	南京邮电大学	本科
40	顾建玉	女	1979.01	淮阴师范学院	本科
41	吴亦梅	女	1979.02	武汉大学	本科
42	顾琼	女	1979.08	太原华宝工业学院	本科
43	朱冬梅	女	1980.12	南京审计大学	本科
44	沈一平	男	1980.08	日本留学	本科
45	顾仁	男	1980.09	华北财经大学	本科
46	吴淀杭	男	1981.11	长沙交通学院	本科
47	盛志萍	女	1981.08	河北工业学院	本科
48	阮娟	女	1982	扬州大学	本科
49	沈皖炜	男	1982.01	德国留学	研究生
50	吴健	男	1982.02	江苏大学	本科
51	吕强	男	1982.02	江苏大学	本科
52	蒋小明	男	1982.06	南京邮电大学	本科
53	朱浩	男	1982.01	苏州大学	本科
54	朱建生	男	1983	西南大学	本科
55	朱建兵	男	1983.12	东南大学	研究生
56	郁菁菁	女	1983.02	上海大学	研究生

续表

序号	姓名	性别	出生年月	学校（学院）名称	现有学历
57	魏振泉	男	1983.02	常熟理工学院	本科
58	朱伟	男	1983.07	南京财经大学	本科
59	顾晓露	女	1983.07	四川西华大学	本科
60	朱雄林	男	1983.08	南京信息工程大学	本科
61	顾彩元	男	1984.03	上海轻工学院	本科
62	朱思慧	女	1984.05	常熟师范专科学校	专科
63	吴佩花	女	1985	南京财经大学	本科
64	顾海亚	女	1985.12	武汉科技大学	本科
65	程琳	女	1985.06	江苏大学	本科
66	王玉婷	女	1985.07	徐州医科大学	本科
67	庄婷	女	1985.07	扬州大学	本科
68	顾迪	男	1985.07	江苏工业学院（常州）	本科
69	顾静凤	女	1985.07	南京医科大学	本科
70	郁佩丽	女	1985.09	南通大学	本科
71	朱冬琴	女	1986	淮阴工学院	本科
72	莫卫芝	女	1986	江苏大学	本科
73	任婷婷	女	1986	苏州大学	本科
74	顾艳	女	1986	淮阴师范学院	本科
75	朱叶丽	女	1986	南京师范学院	本科
76	郁丽娟	女	1986.01	常州技术师范学院	本科
77	朱雅倩	女	1986.01	安徽大学	本科
78	朱春梅	女	1986.01	苏州大学	本科
79	朱彬沁	女	1986.11	南京邮电大学	本科
80	朱雪芬	女	1986.12	南京师范大学	本科
81	沈来香	女	1986.04	江苏科技大学	本科
82	顾洁华	女	1986.04	南京工业大学	本科
83	徐龙	男	1986.06	南京财经大学	本科
84	朱凌昊	男	1986.07	江苏大学	本科
85	盛雨雯	女	1986.07	宿迁工学院	本科
86	谈春花	女	1986.07	三江学院（南京）	本科

续表

序号	姓名	性别	出生年月	学校(学院)名称	现有学历
87	盛玉清	女	1986.08	宿迁学院	本科
88	莫晓维	男	1987	徐州工学院	本科
89	方 杰	男	1987.01	徐州工程学院	本科
90	谈志强	男	1987.11	常州轻工学院	本科
91	沈 梁	男	1987.12	苏州职业大学	专科
92	吴志杰	男	1987.05	连云港大学	本科
93	吕 杰	男	1987.07	南京财经大学	本科
94	吕燕萍	女	1988	扬州大学	本科
95	任仲奚	男	1988	南通大学	本科
96	庄银莲	女	1988	南京财经大学	本科
97	朱 蝶	女	1988	苏州电播电视大学	专科
98	顾晓华	男	1988	四川大学	本科
99	吴庆玉	女	1988.01	南京财经大学	本科
100	吴菊贞	女	1988.01	盐城师范学院	本科
101	朱庆德	男	1988.01	登云学院	专科
102	朱 健	男	1988.01	江苏大学	本科
103	朱 娟	女	1988.01	常州工业学院	本科
104	吴晓丽	女	1988.02	淮阴工学院	本科
105	顾明娟	女	1988.04	南京邮电大学	本科
106	朱明超	男	1988.05	三江学院(南京)	本科
107	吴丽燕	女	1988.09	徐州医科大学	本科
108	蔡晓燕	女	1988.09	淮阴师范学院	本科
109	居亚婷	女	1989	淮阴工学院	本科
110	吴庆芳	女	1989	徐州工程学院	本科
111	朱敏华	男	1989	江南大学太湖学院	本科
112	朱健文	男	1989.01	南京信息工程学院	本科
113	吴晓滨	男	1989.11	三江学院(南京)	本科
114	顾玉婷	女	1989.12	南通大学	本科
115	蒋神洲	男	1989.05	苏州科技学院	本科
116	顾春健	男	1989.05	江苏大学	本科

续表

序号	姓名	性别	出生年月	学校(学院)名称	现有学历
117	朱苇仙	女	1989.06	安阳师范学院	本科
118	吴玉萍	女	1989.07	三江学院(南京)	本科
119	顾顺清	男	1989.09	南京财经大学	本科
120	朱彬娇	女	1990	上海海事大学	研究生
121	莫晓辉	男	1990	南京大学	本科
122	朱之涛	男	1990	盐城师范学院	本科
123	蔡梦超	男	1990.01	南通大学	本科
124	吴凤连	女	1990.02	南京医科大学	本科
125	庄翌辰	男	1990.05	东南大学	本科
126	朱元英	女	1990.05	苏州大学	专科
127	朱强	男	1990.05	常州工业学院	本科
128	朱叶超	男	1991	江苏大学	本科
129	朱晓林	男	1991	常州大学	本科
130	陈彬	男	1991	扬州大学	本科
131	顾晓丽	女	1991	淮阴师范学院	本科
132	吴羚岚	女	1991.11	江苏城市职业学院	本科
133	朱凌萍	女	1991.02	苏州科技学院	本科
134	郁丽丹	女	1991.08	晓庄学院(南京)	本科
135	朱洁莉	女	1992	江南大学	本科
136	顾静强	男	1992	徐州师范大学	本科

四、从金家庄走出去的人

金家庄人历来重视文化教育,很早就办塾教育,当年私塾就有三种,其一是馆塾,富户将教师请进门教其子女;其二是私塾,由较富的人牵头,旁人也可送子女入他的私塾;其三是义塾,塾师薪金由公田的租赋中支付,普通人家的子女也可以入塾学习。金家庄最后一所义塾办在家庵里,1902年,金家庄金溪两等学堂开办,就是后来的金家庄小学。1964年,金家庄创办农业中学,于1968年并入小学,成为金家庄"戴帽子"初中,其教育质量一直名列前茅。

金家庄的孩子聪明能干,刻苦耐劳,学习认真,所以从金家庄走出去的人特别多,全国各大城市都有金家庄人。

1. "草根"干部

顾诚,男,(1914—1984年),国民革命军少校团长,1958年被捕,70年代特赦还乡。

蔡志强,男,1926年生,曾任金家庄乡乡长,度城乡副乡长,淀东公社党委副书记、党委委员。

庄俊生,男,1927年生,曾任金湖大队书记,淀东工业公司经理。

徐祥兴,男,1927年生,曾任淀东木业社第一任主任。

蔡金生、郁洪章、盛林生先后分别担任淀东人民公社木业社主任。

蔡品生,男,1928年生,曾任苏州地区公安局警察教导员。

吴启良,男,1928年生,曾任上海五四二厂(上海印钞厂)党委副书记、厂长。

2. 从学校走上社会各部门的干部、职工

盛根福,男,1929年生,曾任淀东信用社主任,淀东农业中学校长。

林明华,男,1934年生,曾任广西桂林人民银行信贷科科长,昆山市人民银行信贷科科长。

顾抱一,男,1936年生,曾任昆山人民银行工会主席,石浦镇党委书记,蚕种场场长,淀山湖堤闸站站长。

任海元,男,1937年生,大专学历(会计师),曾任淀山湖工业公司经销部经理会计,经管办主任,企管办财务科长,工业公司副经理。

李敏,男,1940年生,本科学历,上海市奉贤师范学院教授。

顾庆川,女,1940年生,大专学历,安徽省乒乓球队主力队员。

盛裕根,男,1940年生,大专学历,曾任淀山湖电力站站长。

盛福元,男,1942年9月生,本科学历,曾任广州军校教官,江苏省公安厅安全处处长。

周火根,男,1943年6月生,曾任淀山湖镇工业公司行政科科长、就业所科长。

沈裕服,男,1944年生,中专学历,曾任淀山水泥厂党支部书记,装潢材料厂书记、厂长。

钱阿夯,男,1945年生,南京理工大学毕业,高级工程师。

朱正青,男,1945年5月生,曾任胜利大队书记,淀东工业公司副总经理,村镇办主任。

吕雪林,男,1948年7月生,大专学历,曾任淀东信用社副主任,昆山农业银行人事科科长,昆山农商行理事长、主任。

朱文华,男,1949年6月生,大专学历,吉林汪清县审计局局长。

居仁弟,男,1953年生,大专学历,曾任淀山湖镇经服中心农经科科长。

吕国忠,男,1954年生,大专学历,南京铁路货运站站长。

郁建青,女,1957年3月生,大专学历,上海市纺织局党委委员、工会主席。

顾瑶琴,女,1957年9月生,大专学历,世界银行雇员,任中国驻英大使馆秘书,其夫先后任中国驻美国芝加哥总领馆总领事、中国驻巴布亚新几内亚大使馆大使、中国驻纳米比亚大使馆大使。顾瑶琴后为加拿大驻中国大使馆、挪威驻中国大使馆雇员。

郁兴东,男,1962年8月生,大专学历,昆山工商局千灯分局副局长。

朱振祥,男,1962年生,昆山农村商业银行市场金融部经理。

吕芳,女,1964年生,本科学历,曾任昆山市第一人民医院护理部主任,昆山市采购中心卫生分中心副主任,昆山市医学会秘书长,卫生局医政科教科副科长,支部宣传委员,巴城卫生院党支部书记、副院长。

朱建亮,男,1965年12月生,本科学历,曾任中共昆山市委机要秘书,昆山司法局党委副书记、纪委书记。

顾冬兴,男,1966年生,本科学历,昆山市教育局财务科副科长,昆山市粮食局财务科科长。

徐卫标,男,1967年生,本科学历,昆山建设银行行长。

陈志红,男,1968年生,大专学历,昆山市张浦交警中队中队长。

何建中,男,1968年1月生,大专学历,曾任镇工业公司副科长,外资办科长,淀山湖镇工会副主席,商管办副主任,环保办副主任。

吕娟,女,1971年生,本科学历,昆山市农业银行副行长。

顾冰芳,女,1970年生,本科学历,博士学位,曾任解放军理工大学正团级教授,江苏省科技厅主任科员。

程闵,男,1973年生,本科学历,昆山看守所预审科科长。

沈鸿,男,1974年11月生,本科学历,昆山国土局副科长。

朱文,男,1974年10月生,本科学历,昆山市设计院工程师。

朱卫,男,1974年10月生,本科学历,博士学位,上海农商银行总行授信审批副总经理。

朱建春,男,1974年生,大专学历,任淀山湖镇统计站站长。

庄春龙,男,1977年生,本科学历,昆山高新区规划建设局党委副书记、办公室主任。

吕玲,女,1980年生,本科学历,昆山市农商银行城东支行行长、公司部总

经理。

郭金东,男,1980年生,本科学历,昆山人民法院法官。

吴淀杭,男,1981年生,本科学历,浙江省科威工程咨询有限公司工程师。

3. 教学战线上的干部、职工

任惠荣,男,1933年生,本科学历,中学高级教师。

顾涛,男,1937年生,中专学历,曾任昆山市文教局建材科科长。

吴国良,男,1937年4月生,本科学历,中学高级教师,曾任陆家中学校长。

徐林福,男,1941年生,大专学历,中学高级教师。

朱波兴,男,1943年11月生,大专学历,中学高级教师,曾任淀东乳液厂厂长。

沈仁明,男,1944年生,本科学历,中学高级教师,江西飞机制造厂职工子弟学校校长。

莫再祥,男,1945年生,大专学历,中学高级教师,淀山湖中学总务科副科长。

顾庆力,男,1948年1月生,大专学历,中学高级教师,淀山湖中学工会主席。

周永源,男,1962年生,本科学历,中学高级教师,曾任淀山湖中学副校长,千灯中学副校长。

盛林福,男,1965年4月生,大专学历,中学高级教师,曾任新镇中学副校长,陆杨中学校长,周市、正仪中学校长。

郁洪青,男,1965年8月生,本科学历,中学高级教师,昆山电大教导主任。

朱建国,男,1966年生,本科学历,中学高级教师,城北中学校长。

吕成,男,1967年生,本科学历,中学高级教师,淀山湖中学党支部书记、副校长。

顾留元,男,1968年生,本科学历,中学高级教师,淀山湖中学教科室主任。

顾建华,女,1970年生,本科学历,中学高级教师。

顾玲,女,1970年生,本科学历,中学高级教师。

沈建红,男,1971年2月生,本科学历,中学高级教师,昆山高新区成人教育中心校工会主席、培训科科长。

朱善华,男,1972年生,本科学历,中学高级教师。

朱凤仙,女,1972年生,本科学历,中学高级教师,葛江中学教导主任。

4. 从部队中走出的干部、职工

程荣元,男,1940年生,大专学历,曾任昆山市农机公司总经理,昆山市周市镇镇长。

蔡士林,男,1949年生,大专学历,曾任昆山市计划委员会副主任,昆山市发展改革委员会副主任。

朱乾虎,男,1950年生,大专学历,曾任福建炮三师十二团一营排长,连宣传干事,政治指导员,曾参加对越自卫反击战。曾任无锡炮九师十四团一营副政治教导员,苏州军分区干休所营助理,干休四所政治委员,干休五所政治委员,一军干休所政治委员。曾任苏州国土资源局沧浪分局副局长、局长。

朱杏元,男,1951年生,曾任金湖村书记,淀山湖镇农业公司经理,淀山湖镇民政助理。

朱巧忠,男,1952年生,大专学历,曾任淀山湖镇广播站站长,文广站支部书记、经理。

顾桃兴,男,1954年生,中专学历,连长,部队转业,淀山湖镇工商所科员。

朱楚明,男,1955年生,大专学历,曾任香精厂厂长,淀山湖镇农工商总经理,淀山湖镇党委副书记,淀山湖镇人大主席,淀山湖镇政法委书记。

吕善新,男,1955年生,曾任淀山树脂厂厂长,淀山湖镇人武部部长,兼淀山湖镇党委宣传委员,淀山湖镇人大副主席。

束芬荣,男,1955年3月生,大专学历,曾任昆山市城北武装部部长,城北镇镇长,昆山市外贸局副局长,昆山市蓬郎镇党委书记,昆山市国土局局长。

吴建福,男,1955年8月生,大专学历,曾任淀金村主任、淀湖村书记,镇司法助理、综合办主任,党政办副主任。

盛凤根,男,1956年3月生,大专学历,曾任淀山村书记,合作医疗管理所所长,劳动社会保障所副所长。

朱建忠,男,1960年生,大专学历,曾任水泥厂化验室主任、项目部主任、综合办副主任、建管所副所长、拆迁办主任、信访办主任。

郁永明,男,1962年生,曾任淀山村书记,淀山湖镇副镇长。

郭永明,男,1962年7月生,大专学历,曾任昆山市城管局副局长、党委副书记。

顾庆丰,男,1962年生,曾任昆山城北电信分局局长。

程永明,男,1966年生,大专学历,任昆山市工商所花桥分局局长。

顾松,男,1968年生,中专学历,任淀山湖镇邮电局局长。

吴佩明,男,1971年生,大专学历,任昆山市周市工商所科长。

吴惠峰,男,1972年生,大专学历,任陆家农业银行经警科科长。

朱建秋,男,1972年生,本科学历,任淀山湖镇农业服务中心书记、主任。

吴丽东,男,1973年生,中专学历,任淀山湖镇拆迁办主任。

顾丙,男,1975年生,大专学历,任淀山湖镇强村公司董事长。

吕庆,男,1979年生,大专学历,任江苏有线昆山高新区广播电视站书记、站长。

五、手工业者

说到香山匠人,人们都肃然起敬,因为他们不但手工艺精湛,还能进行改革创新。金家庄顾家大墙门里的匠人,就源自于太湖香山匠人。

20世纪二三十年代,金家庄以字圩北面,有一程姓匠人,也是香山匠人的后裔。他看到风车的横躺轴搁在一根竖头躺轴上,不能转动,且不稳,于是,他对风车进行了改革。他把风车的横躺轴放高,加一只面扭。面扭形如长方形,两端为梭形,正面打通一眼,正好将竖头躺轴上的铁榫插入。铁榫上,加一开口销。在另一面,距上一眼一厘米处又打通一眼,供横躺轴的铁榫插入。此眼上下开一条槽,也在开口销固定。这样做,保证横躺轴上下左右移动。此后,风车由一个撑脚变为两个撑脚,可随风向挪动,轴的篷干上增加弹簧,用绳连到横躺轴的侧钵上,这样可根据风大风小,拉扯绳索可增减篷。

受惠于顾、程两姓师傅的传授,金家庄的手工业较为发达,木匠、篾匠、泥瓦匠、裁缝等匠人的手艺都非常精湛。30~50年代初的金家庄村,造船作坊就有多处,位于大羊圩禁河江边的朱小虎作坊,小羊圩的何家祥、何家福两处作坊,新开江西岸的朱土根作坊,位于车漕北岸的俞菊生作坊,沈凤奎的造船作坊,沈杏奎的家具作坊(俗称小木作坊),薛允其作坊,郁洪章的横料作坊,顾学兴的做橹作坊。做小木(家具)当数何家桢,他手工精细,当年在上海专做红木家具。据沈凤奎老人讲,他家是木工世家,到他这一代,已经是第五代。泥瓦匠中,凤春师傅、弥陀师傅是业内的高手。篾匠,杨中人周师傅、魏阿桂师傅是佼佼者。圆木匠(马桶、脚桶)中小六师傅,漆匠潘师傅是高手。因金家庄手工业者都吃苦耐劳,学艺认真,出师后,都能独当一面,甚至技艺有所突破。因而,金家庄的手工艺人也名扬四方。外村人也要请金家庄的匠人去干活。

在合作化运动中,这批优秀的匠人纷纷去杨湘创办了木业社、竹业社、铁业社,成为业内的领军人物。20世纪70年代,人们的生活改善了,金家庄掀起了造房热。他们的子女或亲族在前辈的悉心指导下,重操祖业,从此金家庄又出现了大批"五匠"。初步统计见表13-3-3。

表 13-3-3　　　　　　　　　　　　金家庄村"五匠"名录

姓名	性别	出生年月	工种	家庭地址	从事时间(年)	备注
程凡福	男	1904	木匠	28 组		已故
任振先	男	1910	裁缝	14 组	50	已故
周照光	男	1910	竹匠	2 组	50	已故
何家正	男	1910	木匠	居民		已故
吴群龙	男	1912	做豆腐	23 组	30	已故
朱土根	男	1914	木匠	34 组		已故
莫道元	男	1914	裁缝	30 组		已故
蔡福林	男	1916	泥瓦匠	3 组	40	已故
吕培林	男	1916	泥瓦匠	20 组	30	已故
沈杏奎	男	1919	木匠	9 组	60	已故
朱兴龙	男	1919	木匠	1 组	50	已故
潘永奎	男	1919	漆匠	11 组	40	已故
薛其荣	男	1919	木匠	18 组	55	已故
俞菊生	男	1920	木匠	10 组	50	已故
朱小虎	男	1920	木匠	23 组	50	已故
何家祥	男	1920	木匠	16 组	40	已故
魏阿贵	男	1921	竹匠	23 组	45	已故
何家福	男	1923	木匠	16 组	42	已故
顾小苟	男	1924	厨师	20 组	25	已故
沈凤奎	男	1924	木匠	30 组		
朱进德	男	1925	厨师	24 组	25	已故
徐祥兴	男	1925	木匠	24 组	40	已故
郁洪章	男	1925	木匠	14 组	40	已故
俞银龙	男	1926	木匠	2 组	50	已故
朱祥福	男	1927	木匠	32 组		
盛冬林	男	1930	泥瓦匠	24 组	45	已故
沈引德	男	1930	机工	15 组		
盛四荣	男	1931	理发师	22 组	40	已故
陈宝德	男	1932	弹棉花匠	26 组	50	已故
邵光汉	男	1932	木匠	14 组	18	

续表

姓名	性别	出生年月	工种	家庭地址	从事时间(年)	备注
顾学兴	男	1934	木匠	15组	35	已故
杨金龙	男	1935	木匠	9组	40	
顾奎荣	男	1936	木匠	9组	35	
庄连奎	男	1936	木匠	14组	54	
俞友福	男	1937	木匠	10组	40	
朱文新	男	1937	木匠	8组	30	
朱文荣	男	1937	木匠	3组	30	
陈昌生	男	1937	木匠	7组	35	
周群生	男	1937	理发师	22组	40	
朱生阳	男	1937	木匠	34组		
吴祥文	男	1939	理发师	26组	30	
薛三元	男	1939	木匠	18组	45	
程雪林	男	1939	木匠	29组		
蔡雪根	男	1939	机工	33组	1957年退休	
顾三雪	男	1940	泥瓦匠	10组	40	
朱文裕	男	1940	泥瓦匠	6组	40	
蔡奎林	男	1941	木匠	3组	30	
顾梅初	男	1941	裁缝	23组	25	
陆庭风	男	1945	竹匠	9组	25	
顾小根	男	1945	泥瓦匠	25组	40	
朱生平	男	1945	木匠	34组		
俞俊福	男	1947	木匠	10组	35	
朱惠新	男	1947	木匠	24组	15	
张琴荣	男	1947	裁缝	23组	35	
邵毛元	男	1947	木匠	17组	46	
郭金荣	男	1948	机工	17组	20	
顾志峰	男	1948	木匠	29组		
吴彩兴	男	1948	泥瓦匠	29组		已故
何冬林	男	1949	漆匠	16组	20	
徐孟仙	男	1950	泥瓦匠	24组	20	
陈洲海	男	1950	弹棉花匠	26组	25	

续表

姓名	性别	出生年月	工种	家庭地址	从事时间(年)	备注
谈泉根	男	1950	泥瓦匠	24组	18	
莫新坤	男	1950	木匠	30组		
郭幸福	男	1951	木匠	5组	15	
吴进荣	男	1952	木匠	4组	15	
顾富强	男	1952	泥瓦匠	6组	30	
吴兴根	男	1952	泥瓦匠	8组	15	
何永林	男	1952	木匠	16组	42	
沈雪荣	男	1954	木匠	30组		
任以若	男	1955	裁缝	14组	20	
徐志芳	男	1958	木匠	24组	40	
朱培林	男	1960	木匠	30组		
徐兴荣	男	1961	木匠	28组		
朱林元	男	1961	木匠	34组		
蒋永良	男	1962	泥瓦匠	4组		
朱见江	男	1962	泥瓦匠	19组	10	
顾进乾	男	1962	泥瓦匠	25组	25	
庄庆东	男	1962	木匠	14组	35	
朱永光	男	1962	木匠	33组		
朱永生	男	1962	竹匠	30组		
朱建荣	男	1963	木匠	8组	20	
朱建光	男	1963	木匠	3组	20	
朱建忠	男	1963	木匠	7组	15	
吴福光	男	1963	泥瓦匠	8组	30	
赵燕藻	男	1963	漆匠	22组	10	
顾永德	男	1963	泥瓦匠	20组	20	
顾祝福	男	1963	泥瓦匠	14组	25	
朱卯兴	男	1963	木匠	32组		
吴玉新	男	1964	泥瓦匠	5组	20	
朱介丰	男	1964	木匠	23组	40	
朱留元	男	1964	木匠	31组		
朱丽元	男	1965	木匠	34组		

续表

姓名	性别	出生年月	工种	家庭地址	从事时间(年)	备注
陈雪龙	男	1966	漆匠	7组		
庄庆丰	男	1966	木匠	14组	30	
郁金林	男	1966	木匠	15组	30	
吴永俭	男	1966	木匠	30组		
沈青华	男	1967	木匠	31组		
赵力新	男	1967	木匠	28组		
盛洪球	男	1968	木匠	25组	16	
顾静荣	男	1968	木匠	29组		
沈良荣	男	1968	木匠	33组		
薛珍	女	1970	理发师	18组	10	
周迎新	男	1970	木匠	18组	25	
盛洪元	男	1970	泥瓦匠	25组	12	

六、插队知识青年名录

60年代,为培养红色接班人,将知识青年、干部等安排到农村生产队落户,参加农业劳动。插队青年是响应国家的号召,到农村去锻炼的城市的中学生或青年。1968年12月,来金家庄插队的青年共有57人,其中来自本地居民的有4人,来自苏州的有53人。直到1978年12月,52名苏州插队青年全部返苏,并安排工作。其中1人婚嫁本地,与本地插队青年一起就地安排工作。

金家庄地理位置特殊,人们外出劳作必须经过淀山湖,故给这些插青带来很大的困难,特别是田头没有公棚的生产队。原光明4队大忙季节,有句顺口溜"鸡叫人们出门,鬼叫人们回家",形象地体现了他们早出晚归的情形。

当时人们的口粮是在稻熟季一下子分到户的,社员与插青的口粮是屯在稻草制的米屯里。一到夏收夏种时,米屯里的大米会长飞蛾和米虫,米虫粘成团状。远离父母的这些青年男女深夜要掏干净这样的大米,部分供当晚烧晚饭,部分供明天烧早饭,同时还要洗干净当天的工作服之后才睡,在鸡啼前又要将当天外出的午饭烧好。他们吃的菜基本是咸菜、咸肉、咸蛋,人们当时问他们最缺少的是什么?他们的回答是睡觉,这样的艰苦生活,他们都挺过来了,现在想想真不容易。

表13-3-4为金家庄村插队知识青年名录。

表 13-3-4　　　　　　　　　　金家庄插队知识青年名录

姓名	性别	家庭所在城镇	插队所在地当时名	插队所在地现名	插队年月	返城年月	备注
汤建英	女	苏州	胜利1队	金家庄村	1968.12	1978.12	
沈月琴	女	苏州	胜利1队	金家庄村	1968.12	留本地	婚嫁
严静华	女	苏州	胜利2队	金家庄村	1968.12	1978.12	
陆继萍	女	苏州	胜利2队	金家庄村	1968.12	1978.12	
张英	女	苏州	胜利2队	金家庄村	1968.12	1978.12	
张金凡	男	苏州	胜利3队	金家庄村	1968.12	1978.12	
俞菊其	男	苏州	胜利3队	金家庄村	1968.12	1978.12	
徐志军	男	苏州	胜利4队	金家庄村	1968.12	1978.12	
项祥元	男	苏州	胜利4队	金家庄村	1968.12	1978.12	
陈月生	男	苏州	胜利5队	金家庄村	1968.12	1978.12	
冯荣生	男	苏州	胜利5队	金家庄村	1968.12	1978.12	
徐孟羽	男	金家庄	胜利6队	金家庄村	1968.12	1978.12	安排本地工作
徐孟仁	男	金家庄	胜利6队	金家庄村	1968.12	1978.12	安排本地工作
徐孟仙	男	金家庄	胜利6队	金家庄村	1968.12	1978.12	安排本地工作
徐孟娟	女	金家庄	胜利6队	金家庄村	1968.12	1978.12	安排本地工作
马志东	男	苏州	金湖1队	金家庄村	1968.12	1978.12	
费为民	男	苏州	金湖1队	金家庄村	1968.12	1978.12	
盛琴玉	女	苏州	金湖3队	金家庄村	1968.12	1970.05	
朱苏琳	女	苏州	金湖3队	金家庄村	1968.12	1978.12	
倪建芬	女	苏州	金湖5队	金家庄村	1968.12	1978.12	
邵裕珍	女	苏州	金湖5队	金家庄村	1968.12	1978.12	
周桂英	女	苏州	金湖6队	金家庄村	1968.12	1978.12	
叶国英	女	苏州	金湖6队	金家庄村	1968.12	1970.05	
金汉荣	男	苏州	金湖6队	金家庄村	1969.02	1978.12	
许志坚	男	苏州	金湖6队	金家庄村	1969.02	1978.12	
张福良	男	苏州	金湖4队	金家庄村	1968.12	1978.12	
杨仲华	男	苏州	金湖4队	金家庄村	1968.12	1978.12	
谢国良	男	苏州	金湖7队	金家庄村	1968.12	1978.12	
王珏林	男	苏州	金湖7队	金家庄村	1968.12	1978.12	
陈志康	男	苏州	金湖8队	金家庄村	1969.02	1975.01	

续表

姓名	性别	家庭所在城镇	插队所在地当时名	插队所在地现名	插队年月	返城年月	备注
刘传良	男	苏州	金湖9队	金家庄村	1968.12	1978.12	
裴瑾琪	男	苏州	金湖9队	金家庄村	1968.12	1978.12	
周卫祖	男	苏州	金湖2队	金家庄村	1969.02	1978.12	
周柳珠	女	苏州	光明1队	金家庄村	1968.12	1978.12	
沈亚芳	女	苏州	光明1队	金家庄村	1968.12	1978.12	
魏天荣	男	苏州	光明2队	金家庄村	1968.12	1978.12	
倪洪弟	男	苏州	光明2队	金家庄村	1968.12	1978.12	
朱建明	男	苏州	光明3队	金家庄村	1968.12	1978.12	
吴晓来	男	苏州	光明3队	金家庄村	1968.12	1978.12	
魏正一	女	苏州	光明4队	金家庄村	1968.12	1978.12	
沙贤华	女	苏州	光明4队	金家庄村	1968.12	1978.12	
王定国	男	苏州	光明5队	金家庄村	1968.12	1978.12	
稽银洲	男	苏州	光明5队	金家庄村	1968.12	1978.12	
胡荣坤	男	苏州	光明6队	金家庄村	1968.12	1978.12	
王 勤	男	苏州	光明6队	金家庄村	1968.12	1978.12	
薄利生	男	苏州	利明1队	金家庄村	1968.12	1978.12	
彭 林	男	苏州	利明1队	金家庄村	1968.12	1978.12	
魏焕文	男	苏州	利明2队	金家庄村	1968.12	1978.12	
俞佰安	男	苏州	利明2队	金家庄村	1968.12	1978.12	
钱菊萍	女	苏州	利明3队	金家庄村	1968.12	1978.12	
沈晓妹	女	苏州	利明3队	金家庄村	1968.12	1978.12	
汪仁祥	男	苏州	利明4队	金家庄村	1968.12	1978.12	
王国全	男	苏州	利明5队	金家庄村	1968.12	1978.12	
祁和平	男	苏州	利明5队	金家庄村	1968.12	1978.12	
王建平	男	苏州	利明5队	金家庄村	1968.12	1978.12	
沈叙妹	女	苏州	利明6队	金家庄村	1968.12	1978.12	
朱丽华	女	苏州	利明6队	金家庄村	1968.12	1978.12	

七、全家落户名录

自建立户籍制度以来,全家落户于金家庄的只有殷祥根一家。

表13-3-5　　　　　　　　　　淀山湖镇金家庄村全家落户名录

户主姓名	人口	老家所在地	落户地		落户年月	备注
			当时名	现名		
殷祥根	4	昆山运输社	金湖5队	金家庄	1970.2	

第十四章 文存辑录

金家庄作为淀山湖镇最大的村庄,也是具有个性的村庄,不管是金家庄人也好,还是其他村落的人,都一直在探究金家庄。他们用语言,用文字,把自己认识的金家庄描摹了出来。本章收录了几篇描写金家庄的文字,为读者提供一个认识、了解金家庄的平台。

第一节 金家庄的婚礼

金家庄本土作家邵卫花,"70后",笔名玲珑诗芸。曾在小学从教十多载,后借到镇党校、宣传办等处,任镇文联秘书长。她先后出版过个人文集《一生江南》《搭错车》《落红满地》。她曾就金家庄的婚礼写过一组散文,并收录于她的散文集《一生江南》一书中。此文发表于《散文百家》杂志,并获第二届苏州时运杯散文奖优秀奖。文章描写了金家庄人举行婚礼的全过程,既有大场景描写,又有细节描写,文笔细腻生动,再现了金家庄人举办婚礼时特有的场面。

邵卫花获奖证书

邵卫花个人作品集

金家庄的婚礼

一、看人家

谈起金家庄,得从它的地理位置说起。淀山湖镇位于昆山的东南角,已属比较偏远了,金家庄又在淀山湖镇的最南端,那更算得上是天高皇帝远的地方。离市区越远,越不会被同化,其生活方式、风俗习惯就越与众不同。金家庄,三面环水,如一颗明珠一样,被淀山湖的湖光水色包围着。村庄内部,水道纵横,河内船影摇曳,水波荡漾。村庄由四块陆地镶拼而成,似四座小岛,岛与岛之间,由石桥联系着,它们既彼此孤立着,又相互连接。每个小岛上的房屋很密集,每座屋前的场地都很小,房屋与房屋间,若有一条很狭窄的弄堂,那就是很重要的通道,可称得上是寸金寸土。金家庄实际是由四个村子组成的,四座小岛,就是四个村庄。于是金家庄就成了淀山湖镇最大的一个村子,村子里的人,也因这个"大"为荣。金家庄素来是一个较富庶的鱼米之乡,再加之村里的人都淳朴勤劳,小日子过得有滋有味。

若干年前,金家庄的姑娘们都不愿意走出自己这个大村子,外嫁到其他村庄。找婆家,就在金家庄找个知根知底的人家,相互情投意合后,托个媒人,牵个线搭个桥。双方家长同意后,在经历一系列结婚必需的环节后,选个日期举行一场比较隆重而又热闹的结婚典礼。

其中,看人家是一桩婚礼的起步,非常关键。所谓看人家,是由女方的父母或亲戚到男方家里视察情况,去了解对方的父母与男方的人品如何、邻居妯娌之间的关系是否和谐、对方有几个兄弟姐妹各在做啥、家里有几间楼房几亩田地等一些情况。其实都在一个村,对对方的情况早已了如指掌,看与不看都是心知肚明的。

虽说这个仪式只是走走形式,但男方家长一点儿也不敢疏忽,在前一天,就开

始忙碌起来。屋前屋后、正屋偏房,都打理得干干净净;窗户橱柜、灶头桌椅,擦得一尘不染;老人小孩,关照了又关照;左邻右舍,叮嘱了又叮嘱。全家人严阵以待,如临大"敌"。女方的亲戚还未到,八仙桌上早已摆上了八宝盒、茶杯、热水瓶。八宝盒是酱红色的,盖子上方饰有鲜艳的红梅。热水瓶,也选择红色的,上面开着大大的牡丹花。在八宝盒的八个格子内,装满了瓜子、蜜饯等小吃。几只被洗了若干遍的茶杯,锃亮地放在桌上,杯中也已搁好了一大匙白糖,只等客人一到,立马让他喝到甜甜蜜蜜的糖水。准备好了这一切后,男方的家长就站在自家场角上,伸颈探脑,巴望着,向女方来的方向看。当女方的父母、姑姑、阿姨等六七个人,浩浩荡荡、趾高气扬地出现时,男方父母双颊堆笑,快步迎上去,把那些人引入屋内。但这些人并不急着进屋,站在屋前的场上,朝上一看,看屋子是几楼几底,再周围环顾一圈,看场有多大,环境如何,然后朝客堂内一瞅,瞅屋子有几进深,几多宽。大体估摸好了,才随主人进得门来,围桌而坐。男方的母亲早已冲好了糖水,用双手一一递上,边递边客套着,一脸的讨好与奉承。吃罢茶点,唠一会儿家常,然后吃中饭。这顿饭,荤素搭配,菜色齐全。最重点的还是鸡鸭鱼肉四个菜,既显出了主人的好客,又显出了男方的实力。男方的女主妇,挑了大鱼大肉,一个劲地给客人夹。酒足饭饱后,撤了碗,又摆上了茶果点心,一边喝茶嗑瓜子,一边闲聊。此时,隔壁邻居也会过来,家长里短地凑一阵热闹。约下午点把钟时,茶淡了,话没了,女方一行人才打道回府。他们走走停停,男方家长送了好长一段路,才回来。

看好了人家,先得订婚,表示双方确立了关系。由男方给女方一些订婚的钱,或直接为女孩购置一些金器,如项链、戒指等物件。现在想来,这个过程有点类似于买卖中交付订金的环节。用项链、戒指等把女孩套住。不过,这种方式的套牢,不管是男女双方或其父母,都是心怀欢喜的。从此,这女孩就不再是无根的浮萍,她的命运已经有了方向。她的心中就有了所牵挂的人,有了不为人知的小秘密,也有了对未来的美好企盼与希望。在闲暇时,时不时会咀嚼一下彼此在一起的快乐时光。男孩只要一得空闲,就往女孩家跑,即使没事,坐着看她做针线活,也觉得很快活。

二、媒人

春播秋熟,月月年年,农民的汗水,在田地里耕耘成饱满而低垂的粒粒谷穗,脸朝黄土背朝天的辛勤,只有到了冬季才得以缓解。金家庄人,也是如此。在米囤里积满了小山一样的米、猪肥羊壮的时候,金家庄的空气中便弥漫着愉快、安适、祥和与忙碌。平时忙于侍弄田地的金家庄人,只有在此时才会侍弄一下自己。王家角的茶馆店里,男人们呷着茶,谈着天。合作社边上的理发店、裁缝店内,正是生意兴隆时。顾客来的来，走的走，但店内总会有五六个身影在晃动。虽然生意很多，但对于年底要成为新娘的顾客，她们总会得到优先权，烫头先给她们烫、衣服先给她们做，时不时还与她们开玩笑。

经历了订婚仪式，双方父母在秋后就开始商量结婚的事宜了。从日期的选定、担盘的多少、结婚仪式的过程等大大小小的事情，进行了一次次的商量。在协商过程中，有时会出现一些不和谐的音律，在此时，媒人就发挥了巨大的作用。媒人跑了男方、跑女方，从中做和事佬，根据矛盾的焦点，进行调和。她巧舌如簧，左右逢源，最终双方被游说得妥帖惬意、心满意足，各退了一步。在媒人的花言巧语下，这步让得意气风发，让得心甘情愿。待双方定好了日期，媒人才舒了长长的一口气，她也算是功德圆满了，只等坐享那十八只蹄髈。

从媒人的脚力、口才和周旋程度来看，这媒也不是一般人能为之。大凡做媒的人，都是40岁后、热心公益活动的妇女，她们对村上的人头较熟悉，每家每户什么样的底细都如明镜般，张家长、李家短，那家的小伙人品怎样，这家的闺女如何，在她这里都如数家珍。因此其做起媒来也得心应手，顺顺当当。

淀山湖镇其他的村都是上午新娘与嫁妆一起到男方，下午就回门了，所以上午男方家热闹，晚上女方家热闹。而金家庄的结婚仪式与别地有很大的差别，这里上午送嫁妆，下午送新娘，婚礼当天始终是男方家热闹。上午能看嫁妆到来，细数新娘嫁妆多少；下午可以喜迎新娘，研究她穿什么，漂亮与否。

结婚当天的仪式上，媒人这个角色的重要性仅次于新郎新娘。亲戚朋友除了对新人评头论足外，还会对媒人进行一番品评。媒人的出镜率还是蛮高的，不管是送嫁妆，还是送新娘，她都要陪伴左右，所以当天媒人会刻意打扮一番。提前烫个头、理个发、做身新衣裳，喜气洋洋地进入角色。当然在这天，媒人还得继续她和事佬的身份。这天她主要得应付新郎的小弟兄，以防他们把关时狮子大开口，提一些不着边际的条件而让这场仪式的开支扩大许多。好在那帮小弟兄都是小年轻，还需要媒人的帮忙，也就比较顺从她，不至于让她太为难。

三、敲铜鼓

金家庄的婚礼，向来是以闹猛（热闹）著称。婚礼过程中，除了有高升、鞭炮的响声外，还有敲铜鼓的声音。不管是男方家，还是女方家，只要出现那迎亲的队伍，就能看到几个人在敲锣打鼓。

淀山湖镇虽是一个小镇，但各村有各村的风俗。有的地方，迎娶新娘时，除了在家放了几只高升外，一路上都是安安静静的，略显冷清。而有的地方，请了丝竹班在家中吹吹打打，有做作之嫌。只有金家庄的婚礼，既自然粗犷，又喜气热闹。

放高升、点鞭炮、鼓声阵阵,锣儿响起,镲声响亮,引得路人驻足观看。

哪家办喜事,男方在前一天就借好了铜鼓家什。到办喜事那天,这些家什早早地放在家门前,引得一些好奇心强的男孩子,拿着鼓镲胡乱地敲打着。在这一阵不规则的鼓镲声中,喜庆的一天拉开了帷幕。

鼓,是直径约50厘米的大鼓。鼓面是用牛皮做的,鼓皮中间因被捶打的次数较多,所以中间比周围明显白些。靠近鼓面的地方,被细细密密地订了三排图钉,鼓棒敲在这些钉上,发出"嗒、嗒、嗒"的响声。鼓的侧面被漆成红色,圆柱的鼓身向外凸起,像男人发福的肚子。在鼓肚子的两边各固定了两个铁环,铁环上揽了根红色的带子,以作拎鼓之用。鼓的上面放了一对鼓棒、一副锣和一副镲。锣,怎样大小呢?电影《平原游击队》中,放哨的人边喊边敲,通报"平安无事啰",就是此型号锣。镲,是大镲。

这套锣鼓是由新郎的小弟兄来敲的。因此,他们都早早地来到新郎家,手执鼓棒,练习敲打。这三套家伙得配合着使,以鼓为主,锣、镲为辅,按一定的节奏、鼓点进行敲打。打鼓的人要控制好乐曲的变换、旋律的高低、节奏的快慢。锣的敲打,也很有学问。除了会简单地敲打以外,还要学会控制它声音的长短。棒敲了以后,执棒的手顺势往前,用手掌轻碰锣面,以控制锣发声与否。击镲,要注意听清节奏,适时地出现,不能抢拍也不能慢拍。开始时,他们总是打不好鼓点,找不准鼓点,只好向老一辈人请教。新郎父亲的一些老弟兄们,此时正好一显身手。他们拿好乐器,立于场中央,眼神流露着兴奋与激动。立刻,周围围了一圈的人,都来欣赏这些老弟兄当年的风采。只见打鼓之人,双手交替敲击鼓面图钉,三声"嗒、嗒、嗒"之后,镲、锣也严阵以待。鼓手右手高高举起鼓棒,用力地打在鼓面中央,随之左手的鼓棒也击向鼓面。随着鼓点的敲打,鼓手兴奋得双颊绯红,他张开双臂,忽击鼓面,忽敲鼓侧,忽打鼓棱,"嗒嗒嗒,咚咚咚,咚咣咚咣咚咚咣"的旋律中,穿插着锣和镲的清脆而响亮的敲打声。粗犷、激动而优美的锣鼓声,在金家庄的上空回荡。这声音,时而舒缓、时而急促、时而响亮、时而沉闷,一敲一击一撞中,相互呼应,相互交叉,错落有致,音韵和谐。棒槌上、镲上系着的红布,在他们的手中幻化成几片红云,把欣喜与欢快传递给金家庄的每个人。雷点般的锣鼓声过后,围观的人给他们送上了热烈的掌声。表演过后,老弟兄担当起师傅的角色,手把手地把敲锣打鼓的技巧传授给那帮小弟兄。

敲铜鼓,是金家庄独特的风格。在彩船的船头上,铜鼓放在最醒目的位置。行一路船,敲一路鼓。船还未到女方,就远远地听到阵阵高亢激昂的鼓声。女方的亲属,闻声准备迎接。把所有嫁妆搬到船上后,又是一路鼓声而凯旋。两岸的人,听得第二次的鼓声,纷纷跑出家门,站在岸边,观望彩船上的嫁妆风光与否。下午接新娘子的时候,又是锣鼓开道。敲敲打打中,一行迎亲队伍把新娘子接了去。然后又在敲敲打打、走走停停、指指点点中,新郎新娘一路风风光光地走街串巷,走向新的生活。

四、喜船

金家庄,临湖而居,水是金家庄的血脉。整个村子,水道纵横。横七竖八的水流把金家庄的陆地分成四大板块,每个板块又因河流而被隔成江东、江西或江南、江北。淀山湖的水从入口处,流向各个村、各个滩涂,流向每个人的血液中。每条河道的河面上,沿岸依次停靠着正处于休整状态的船只,就像是一条长龙。长龙顺着河道转弯,一直延伸到远处。

金家庄,房屋密集,路相对比较狭窄,村落里面无法通行大型卡车。这里的人家都以农业为主,几乎每家都拥有一条船。于是乎,走水路成为运嫁妆最合适的途径。虽然冬季是水源较枯的季节,但丝毫不影响金家庄人利用江河,操办那一场场热闹而喜庆的婚礼。

一大早,男方家就开始装扮喜船。船头正面、船梢棚屋正面,各贴了一个用红纸剪成的大大的双喜。撑船用的竹篙中部、尾部,也用红纸各围了一圈。一块长长的木头跳板上,也贴了几个红红的喜字。船上,早已被打扫得干干净净。那帮小弟兄在练习敲鼓后,就兴高采烈地把铜鼓家什搬到了船头,只等船行走时一展身手。那船停在自家滩涂上,被喜气包围着,更显出了与众不同。

上午9点左右,媒人、小弟兄们、新郎及其兄弟姐妹,纷纷走上喜船,准备去完成第一项重大使命。竹篙才撑离河岸,立刻鞭炮、高升纷纷点上,"噼里啪啦"、"乒乒乓乓"的声音不绝于耳。船头的锣鼓,不甘示弱地加入这个行列。

彩船,在平静的水面上缓缓滑过。船两侧的水面,顺着船沿的弧形,荡漾起一纹纹的水波,水波再一圈圈往外涌,不一会儿又回归平静。船桨边上的水却如沸腾了一般,上下涌动,翻起了朵朵白浪。船所经之处,洒下一路的白花。空旷的河道上,锣鼓声传得很远很远。

金家庄的河流,不是东西向的,就是南北向的。彩船在河道里拐了若干个直角后,就快到女方家的滩涂了。远远就看见滩涂边站着十几个人,船未靠岸,"噼里啪啦"的声音早已铺天盖地地响起。鞭炮响过后的纸屑,像片片红雨,纷纷溅向四周。高升,铆足了劲,使劲往上蹿。在半空中响过一次后,继续向上冲刺。待第二声巨响过后,才从空中下坠,"叭"的一声落于地面,或坠入河中。高升越响,人们的情绪越是高涨。"高升高升,步步高升呀!"人们一边赞叹着,一边招呼着船上

的人。

船，稳稳停下。搁好竹篙，扎好铁锚，放好跳板。一行人，跟着女方的亲属向女方家客堂走去。

五、嫁妆

虽然重男轻女的思想在农村曾经很严重，但在女孩嫁妆的购置上，却一点儿不马虎。虽说这购置嫁妆的钱，一部分是男方担盘里拿来的，但这嫁妆的档次、规格、丰厚程度，既是向周围的人证明对自家闺女的宠爱程度，也向村里的人显示自家的实力，所以来接嫁妆的喜船上，总是摆得满满的。

喜船上的一行人，随众人来到女方家。未进得门去，就看到门上贴着两个大红喜字，门前早已站着新娘的姑姑、阿姨等亲戚，她们把这一行人接进客堂内。

客堂内，最里面是一张八仙桌，桌子上放着茶水。八仙桌以外的地方，就放着新娘的嫁妆。大到橱柜，小到肥皂、针线，一应俱全。

对着客堂门口，也就是最醒目的位置，放着一高一矮两只用大红漆漆成的马桶。马桶里面，装有红蛋、枣子、花生、桂圆、莲子等东西，取其谐音为"早生贵子"，所以马桶在此时被冠以"子孙桶"的雅称。嫁妆中，其他可以马虎，这子孙桶万万马虎不得。桶上的红漆光洁鲜亮，桶身上的三个铁箍，也亮闪闪的。桶盖上，把手处两边各有一个半圆的凹处，盖的边缘，刻了几朵大大的牡丹花。在若干年前，这子孙桶也是紧俏商品，没有专用的票是买不到的。后来，虽说不用票了，但似乎也得托人转关系才能购得。记忆中，我嫁妆中的子孙桶，是父亲提前了好几年，特地到朱家角去购得的。买回后，每年都要拿出来晒一晒，然后用老漆仔仔细细地漆上两遍。只是当初的那两只子孙桶，也不知被我放到何处，找它不得。好在，现在也用不上，找着了反而要再找个地方搁。

客堂的边上，放着一只可折叠的钢丝床，钢丝床上叠着许多条棉被。五颜六色的绸缎被面，相互夹杂着，煞是好看。这么多被子的折叠，也很有讲究。这是前一天晚上，由新娘的哥嫂叠的，别人不能替代。哥嫂二人，先从颜色上进行合理搭配，同色系分开，如彩虹一般，赤橙黄绿青蓝紫，层层不同。叠的手法，要注意被与被之间的合理咬合，下面的被子咬住这条被子的一端，这条被子的另一头，又要咬住其上面的被子的一端。那么多的被子，叠了足足有一米多高，有的甚至用了两只钢丝床。所有的被子叠好后，就用手工织的粗棉布，把其绑定在钢丝床上，最后在被子的上面打下一个大大的蝴蝶结。我曾觉得很奇怪，这么多被子，用一辈子也用不完的，干嘛弄那么多呀。直到我出嫁的那天才知道，这些被子中，你得匀几条给公公婆婆，哥嫂小叔小姨什么的，所以得准备足够多的被子。

蝴蝶结的边上,摆着一只放针线的小团匾。团匾里,现在并没有针线,里面放着一扎用紫红色格子方巾包成的"子孙包",子孙包内除了枣子、花生、桂圆、莲子外,还有新娘的一身内衣内裤。在团匾内,还摆着几棵叫"运"的绿色植物。扁扁长长的叶片,簇拥在一起,碧绿苍翠,与子孙包的紫红形成强烈的对比。这"运"在婚礼结束后,得种在男方家的院子里,以示带来好运。

客堂的另一边,摆着一只化妆柜,柜子边上是两只厚重的樟木箱,箱上两只脸盆,盆内有牙刷、毛巾、肥皂、衣架等日用品。除去这些,客堂内就摆着几个大件。随着生活水平的不断提高,大件也逐年变化。从最初的缝纫机、自行车,到电视机、洗衣机,再到冰箱、空调等。客堂内挤挤挨挨地放着各种嫁妆,每样嫁妆上,又按其大小贴上了大小不一的喜字。

等喜船上的一行人吃好茶水后,小弟兄们开始一件件地往喜船上搬嫁妆。小件一个人拿,大件几个人抬。即使是搬大件,他们的脚步也是轻盈的。

搬好嫁妆,拔了铁锚,收了跳板,又是一路铜鼓敲、高升响,浩浩荡荡地回到男方家。船所经之处,必引来路人驻足观望,细品女方嫁妆的丰厚程度。有的甚至拿自家的情况与其进行着对比,只怪自己嫁得早了,要不,嫁妆肯定不比这差的。

当听得铜鼓声后,新郎的父母亲就到自家滩涂上等候。喜船靠岸,媒人最先把装有子孙包的团匾拿下船,移交给新郎母亲,接着又折回船上,把子孙桶端下船,交给新郎的哥嫂。这子孙包和子孙桶传接好了后,才由小弟兄一件件地把嫁妆拿到新房内。几个来回后,原本比较空洞的新房里一下子塞满了喜气。

六、吃茶水

淀山湖的水,是金家庄人的命脉,人,依着水,水,傍着人。湖水的浅唱低吟,涤荡着人的心灵。晨起暮落间,生生不息中,金家庄人有着水一样的情怀,细腻婉约。湖水的汹涌,同样造就了金家庄人的粗犷、热烈与奔放。善良、淳朴、实诚、热情、好客,是金家庄人的本色。哪怕因招待客人,而倾其所有,也乐哉乐哉。金家庄婚礼中的吃茶水这一风俗,就是其本色的最好体现。

婚礼仪式的吃茶水,得吃好几次。喜船去搬嫁妆时,小弟兄们到了女方家,要吃茶水;新郎去女方家接新娘子的时候,要吃茶水;新娘子接过来了后,又要吃茶水。

说是吃茶水,其实没有茶,只有糖水。客堂的最正中,摆好只八仙桌,桌子上放了八宝盒、带大红牡丹花的热水瓶、八只放好白糖的洗了又洗的玻璃杯。这桌上的物件,与看人家时桌子上放的东西基本类似,只是那八宝盒中的小吃略有些不同。

八宝盒,是主人借的,一般人家没有。它是一只正方形的、用木头做的盒子。盒身都漆成了紫绛红,盒盖上有两个金黄色的"喜"字。掀开盒盖,是八个格子,可以放八样东西,所以此物被称之为"八宝盒"。盒内最中间是一个正方形的格子,这个格子里放了个大大的红苹果,预示这桩婚姻能结出圆满的果实。边上用木板巧妙地分隔成七个不规则的格子,每个格子中,又各放些不同的小吃。其中,喜糖是必不可少的,各种各样的糖放满了一格,堆得高高的。五彩的糖纸,绚丽夺目,甚能吸引人的目光。另外有两格内放了花生和南瓜子,其余的几格,就摆上或甜的,或咸的蜜饯。

吃茶水的人还未到,这桌子上的茶水早已摆得周周正正。引得一些孩子盯着八宝盒内的食品,垂涎欲滴。有个别调皮的,甚至偷偷地从里面抓几颗蜜饯,快速地含到嘴里,然后又得意地跑到屋外呵呵地笑。吃茶水的人来了,在其入座前,主人又把八宝盒内的东西添得满满的。

真正吃茶水的人,其实对于桌子上东西的多少并不在意。待主人泡了茶水后,意思性地喝几口。对于八宝盒内的食品,也只是蜻蜓点水般地挑几样吃了。嗑几粒瓜子,闲聊几句后,就离开桌子去办正事。

那些人刚离开,边上的孩子就围上,挑自己喜欢的食品放入口袋。一只大苹果,由大人洗净了,切成几小片,分给了几个孩子。此时,客堂内没有什么吸引他们的东西了,孩子们乐呵呵地拿着好吃的,便一哄而散。

仪式办完的第二天,主人便在八宝盒内放满了各种糖果,盖上盖子,去归还。主人谢过了,借的人家也不推辞,接过八宝盒。闲聊了几句后,主人才告辞离开。

七、新郎新娘

农村中,没有举行结婚这个仪式,哪怕是登记了,法律上承认了,只要仪式没办,在众人眼中,他们还不是夫妻。只有在办了隆重的婚礼后,才得到亲戚好友、乡亲邻里的认可。经过这个仪式后,就由懵懵懂懂、不谙世事的小年轻,变成一个肩负家庭责任的男人与女人。所以在每个金家庄人心中,结婚不仅仅是生理心理上的需要,更是个人成长途径中必不可少的人生大事,是人生的一次跨越。

在金家庄的风俗中,新郎新娘分别被称为"新相公""新娘子",这可能是引用古代的戏文中的称呼。新郎,还被冠之于"新客人"的雅称,我想是因为其成为女方家庭中新的一员,对待女婿,相对较客气,给予客人般的待遇,所以才如此称呼吧。而新郎的父母借了新郎的光,"老相公""老娘娘"的被人叫着。叫得他们喜笑颜开,心花怒放。

新郎新娘是婚礼的主角,为了更好地进入角色,成为众人瞩目的焦点,成为大家最亮丽的风景,他们精心地打扮了一下。相对而言,新郎在外形上所花的时间精力较少。洗了头,吹了风,套上一身高档西装,穿上一双锃亮的黑皮鞋,这就是他全部的行头。新娘,则没有这么简单。洗头、烫发、吹风、化妆,用去上午半天的时间。下午,等小弟兄们来接新娘子的时候,才换上新娘的行头。到了男方家后,又得换一身套装。

我印象中最美最和谐的一对,关于他们的脸,已经无法再现了,但对于他们的穿着,我记忆犹新。新郎,着件呢料中山装,围条黑色的羊毛围巾,三七开的发型一丝不乱,稚气未脱的脸上,透着儒雅。新娘,是一头大波浪,微曲的发丝柔情满怀,起伏中隐藏着古典的美。她穿了件中式的绸缎棉袄,那紫淡色的绸布上,印有朵朵浅红的花。棉袄的领子、前襟、袖口,都镶了条金色的边。其中最吸引我的是衣服上那一对对盘扣。精致的盘扣依附着新娘,如两只展翅飞翔的蝴蝶停留在繁花似锦的缎带上。蝴蝶翅膀上的花纹,一圈圈的,似旋涡一般。盘扣的结,像小孩的头一样,高高地昂着。一对对盘扣,缜密地咬合着,没有一丝多余。新娘同样也围着围巾,长长的红色围巾随意地垂着,优雅而稳重。新娘浅浅地笑着,微微上翘的嘴角,漾满了笑意。他们走在路上,周围的人都沉醉于他们淡定、波澜不惊、文雅与美丽中,仿佛忘记了自己的存在,只想看着他们。直到他们走远,依然愣愣地站在原地。

新郎新娘,在亲戚朋友的祝福声中,跨跃了婚礼这个门槛。从此,两人共同承担日常的柴米油盐,共同体会生活的酸甜苦辣。我中有你,你中有我,在点点滴滴的岁月中,慢慢融合,慢慢渗透。

八、接新娘子

婚礼的场面,总是热热闹闹、欢欢喜喜的。不管是前来祝贺的亲戚朋友,还是过来相帮的老弟兄(新郎或新娘父亲的小弟兄),吃得喜庆,干得也起劲。

场的一角上,厨师架起大锅,锅内热气腾腾,大铁勺在其手中,如听话的孩子。时而舀起汤料,高高提起,然后慢慢洒下。时而,勺背向上,在锅内前后翻炒。锅的旁边放着一个木架子,架子上搁着一块圆形、足有20厘米厚的砧板,砧板上一把刀正熟练地切着莴苣。刀切下时,发出阵阵均匀的"嘟、嘟、嘟"声,刀所经之处,便出现片片绿色、晶莹透明而又排列整齐的薄片。在砧板右边,是一张长条,长条的一头放着刚清洗好的、待烧的菜,长条的另一头,叠着几幢高高低低的碟子。离长条不远的地方,一只老虎灶蹲在那儿。灶膛内,木柴正熊熊地燃着。老虎灶的烟囱高高地竖立着,远远望去,就像给《绿野仙踪》中的铁皮人安了个冲天长辫,憨态可掬。灶旁有序地排着几行热水瓶,那水瓶早已被灌得满满的。

迎亲的队伍,于下午3点多至女方家。此时的新娘子,即使心中再怎么着急,也不能表现出急吼吼的样子。等那帮小弟兄们喝过茶水,上楼催了三四遍后,才起身换衣服,在众姐妹的簇拥下,缓步下楼。

人还未到楼下,客堂内早已站满了男女老少。虽然新娘子本人,大家都是认识,甚至非常熟悉的,但此时,大家都想一睹芳容。见新娘从楼梯上款款而下,都自觉地让出一条通道。新娘,走出客堂,跨出门槛,脱下旧鞋,换上准备好的新皮鞋。

古有哭嫁的习俗,因为嫁入的人家是未知的,前方的路不知深浅,免不了戚戚哀哀。此习俗演变至今,早已被简化了。十几年前的新娘子,是意思性地掉几滴泪,后来,怕影响妆容,干脆把这一环节省去了。新娘与父母、兄嫂或弟妹告别后,一支迎新队伍便浩浩荡荡地出发了。

迎亲队伍走到最前面的是那几个敲铜鼓的人。两个小弟兄各拎着铜鼓两边的档,另一个就站在铜鼓后面,边走,边敲。这三人走得要快慢一致,步伐协调,否则就会影响铜鼓声的效果。后面则是敲锣的和打镲的。其余的几个小弟兄,则拿着高升跟在后面。一有停顿的时候,就得点上两只高升。再往后,是媒人及新娘的小姐妹们,最后,才是新郎新娘。铜鼓喧天、高升乒乓,这队伍走得热闹非凡。

迎亲的过程中,只要在路上碰到竖着的电线杆和横跨于湖面的桥,这支队伍就得停下。虽然男方也在金家庄,但金家庄是个大村子,一路上,总是会碰到四五根电线杆、一两座桥,所以这一路得停六七次。只要脚步停下来,铜鼓便也停了,锣、镲也歇了。新郎立刻给小弟兄们、周边的男人发了一圈烟。小弟兄们点上了烟,借着烟的火,放响了两只高升。此时,周边人家听得铜鼓停了,高升响了,都接到了信号,一个个从家中跑出,来看新娘子。新娘子也落落大方,从随行带好的喜糖中,遇人抓一把,分发给周围的看客。拿着新娘子给的喜糖,再细看新郎新娘,更觉得这对新人的可人之处。

待小弟兄们把烟抽完,队伍才轰轰烈烈地上路。这一路上,走走停停,平时只走十几分钟的路程,此时却走了近个把小时。

九、把关

迎亲队伍在铜鼓声声、高升阵阵中,三步一停,五步一顿,每一次停留,给周边的邻里乡亲带来了欢笑与喜庆。那原本人数不少的队伍,更庞大了。金家庄的村子房屋密集,有的通道很狭窄。于是乎,个别地方出现了堵塞现象。好在除了新郎新娘外,其余人都不着急,内心甚至希望人能更多些。此时,个别调皮的孩子,一会儿跑到队伍前面,一会儿又窜到队伍中,时不时地骚扰着别人。这一行人到新郎家门口时,已经5点多了。

　　新郎家的桌场上,每张八仙桌边,早已围坐着待吃饭的亲戚朋友。金家庄有个风俗,晚上新娘子未到,是不能开席的,所以虽然桌上都已摊好桌布,发好碗筷,人也已经入座,却并不开席。大家都侧耳倾听有无"咚咚咣咣"的铜鼓声,眼睛盯着新娘来的方向,急切地盼望着。

　　在人们眼巴巴的期盼中,远远传来铜鼓队沉闷与清脆的声音,响彻天空的高升也乒乒咋起。听到这个信号,这边早已有人在地上排好了八只高升,一一点上。那炸雷般的巨响,内外呼应。从一弯小弄堂内,穿出一行人。这迎亲队伍一到,酒席上立刻摆了冷盆,食客动筷、倒酒、夹菜。孩子们瞅准了自己喜欢吃的干果,一抓就是一把,自顾自地吃了起来。厨师开油锅,大火烧菜,以最快的速度完成菜肴的制作。

　　此时,小弟兄们加快了脚步,一路敲到男方家,然后把铜鼓家什往门口一放。一改刚才不悠不急,慢吞吞的作风。一行人大踏步匆匆上楼,搬来两条长凳,四人往凳上一坐。此时,他们才又恢复了慢吞吞、悠然自得的神态。每人点上一根烟,边吸,边吐烟圈,时不时欣赏烟圈袅袅飘动的样子。原来这才是今天他们最得意的事情:把关。

　　所谓把关,就是小弟兄们堵在门口,不让新郎新娘进新房,并向新郎提出一定的物质条件,无非就是香烟与糖的多少,直到条件得到许可后,才让其进新房。其实小弟兄们开出的条件,是事前新郎与他们已经商量好的,把关只是个形式。虽说是形式,但小弟兄们却并不那么容易对付,他们轻易是不放新郎新娘过关的,开始时总是会开出很高的条件。

　　楼上的阳台上,站满了人。新房的门口,小弟兄们或挤在两条长凳上,或靠着墙,或倚着栏杆。在开出了条件后,他们大声地谈笑着,彼此心照不宣地眨着眼,一副乐不思蜀的模样,全然不顾门外的一对新人与那群女人。

　　新郎是最先软下来的一个,他讨好地向小弟兄们商量,是否协商一下,彼此做一些让步。旁边的媒人也参与调和,想卖一下老资格。但小弟兄们并不买账,似乎毫无回旋的余地。僵持了十几分钟后,老娘娘(新郎的母亲)也沉不住气了,让儿子发了一圈烟后,与小弟兄们好言相劝,希望他们能把关开了,让新人们进去。但老娘娘的相劝,在小弟兄看来也没起多大作用。接着是老相公(新郎的父亲)出场,再是媒人,最后又是新郎。

　　如此几个回合的讨价还价后,小弟兄们才把条件降到事先说好的那般。最后他们还提出让新娘给他们点烟后,才放行。新娘一脸绯红,一手拿烟,一手拿打火机,给每位小弟兄敬上一支烟。她打上火,凑到烟头下点烟。但有个别好玩的小弟兄,在新娘点的时候,故意不吸,或有意把火吹灭,在把新娘弄得一脸窘态后,才嬉皮笑脸地让其点烟。如此折腾后,小弟兄们最开心的节目:把关结束,新郎新娘才得以进入新房。

十、酒席

新郎新娘过了关后,进得新房,新娘浅浅地坐在床沿上,脸上的潮红还没退去,如两片粉红柔嫩的花瓣。

新房内被嫁妆塞得满满当当的。其中最醒目的要数那床上的被子,花花绿绿的棉被,一条一条地叠了起来,足有一人多高。在我的记忆中,最少的大概是八条被子,后来逐年增加,多的甚至达到二十六条。结婚,一定要逢双,所以这被子的条数也必逢双。在床沿的两头各放了一块圆圆的蒸糕,蒸糕的面上一颗颗蜜枣镶嵌着,如嵌上了褐色发亮的玛瑙,旁边点缀着红丝绿丝。这糕,是取其谐音,含有祝愿年年高升的意思。紧靠着被子,床上还摆着两根长长的甘蔗,甘蔗的两头用红纸圈了起来,希望这对新人恩恩爱爱,甜甜蜜蜜地生活。子孙桶,放在床后面,被高高地叠起。子孙桶内的"早生贵子",早已被馋嘴的小弟兄们洗劫一空。

在新房内小坐片刻后,新郎新娘等一行人就下楼来,喝了茶水后才得以入席。农村操办喜事,晚上的菜比较讲究,要吃就得吃"三全","全",就是整个的意思,三全就是全鸡、全鸭、全蹄髈三道菜。再丰盛一些,甲鱼、鲢鱼也上桌。记忆中,我小时候吃喜酒,会数主人家一共出了几道菜,荤素各有几道,最少的一次是十六道菜。随着生活条件的改善,菜的个数也越来越多。桌上的盘子,大大小小地摊了一桌子,甚至盘子上面叠盘子。有时,择盘的人看到桌上实在放不下了,就把菜已剩不多的盘子拿走,空出位置来,放新端上来的菜。

吃罢饭,新娘暂时还不能离席。新郎的嫂子会端来一盆热水,热水内有一条新毛巾。嫂子把热乎乎的毛巾绞干,递给新娘,让她洗脸。新娘,用毛巾轻轻地擦了擦嘴角,抹了抹手,重新把毛巾递还给嫂子。递毛巾时,新娘顺势把一个红包夹到了毛巾里,这是新娘给的"洗脸钱"。新娘洗了脸,才能离席。但她离席前,在那褐红的、油光锃亮的蹄髈上,也放了个同样的红包,这是给厨师的,其他人见了也不会拿的。

一行人,回到新房,新娘继续羞涩地坐在床沿上。陆陆续续,有许多邻居来到新房,他们主要是来一观新娘的俏模样。每有人进来,新娘就会从旁边的袋子中抓一把喜糖给来人。来人拿了糖,闲聊几句后,也就离开了,不做长久的逗留。如此,新房内刚走了一拨人,又来了一拨人,直至10点过后,人才会少点。午夜12点时,老娘娘在锅内下了结亲团圆。一些血缘较近的亲戚、新郎新娘,吃了团圆后,身也乏了,人也累了,各自散去,休息。金家庄,慢慢恢复了平静。

夜幕中,喧嚣了一天的金家庄也睡着了。淀山湖湖水,轻微地摆动着,就像童年的摇篮,摇着摇着,竟睡着了。湖水拍打石坝发出"沙沙沙"声,不正是这个村庄鼾声吗?听,沙沙沙,沙沙沙,是那么均匀、那么安详。

十一、变?没变?

金家庄的冬季,是喧闹的一季。农历逢双的日子,总能隐约地捕捉到举行婚礼的信息。纷纷扬扬的鞭炮,洒遍了每条小路,每个桥埭,每片场地;沸沸扬扬的鼓声,敲遍了每条河道,每个弄堂,每片晴空。直至正月初十过后,沸腾了一季的金家庄才趋于平静。但热闹的场面,靓丽的新人,喜悦的心境,依然是人们茶余饭后的谈资。婚礼不仅仅是一个仪式,更是展示自己待人接物、为人处世、内涵修养的窗口,所以不管家庭条件如何,主人总是尽心尽力,从每个亲戚朋友的邀请、每张喜字的张贴、每个环节的操办……都安排得妥妥帖帖。在金家庄这块沃土上,人们生存繁衍,婚丧嫁娶,生生不息。每一代人,传承了上辈的传统,延续往日的风俗。

随着经济浪潮的春风吹来,平静的淀山湖波澜起伏,金家庄人也撩开通向外界的帷帐,不再局限于淀山湖,不再只徘徊于金家庄。这里的姑娘小伙走出去了,外面的姑娘小伙涌进来。村子里的年轻人,不仅与外村的联姻,甚至与外市外省的联姻。受外界的冲击,金家庄的婚礼也在不知不觉中发生了些许变化。那纵横交错的河道上,曾经耀武扬威的彩船退出了婚礼的舞台,改成包装得花团锦簇的彩车。如若是与外村联姻的婚礼,曾经辉煌一时的铜鼓家什也偃旗息鼓了。端庄典雅的中山装、绸缎棉袄,也因西化而变成了婚纱。曾经的接新娘子时三步一停,五步一顿,也因节奏的加快而提速了……

点滴的变化,在人不经意间慢慢融入婚礼的过程,改变着婚礼的仪式。但不管婚礼如何改变,金庄人心中的美好祝愿与期待,始终不变。声声高升响,阵阵铜鼓敲,节节甘蔗甜,个个圆团糯,颗颗喜糖软,句句祝福美,人人笑脸灿。那逐年丰厚的嫁妆,逐年丰盛的酒席,逐年丰裕的生活,无不在诉说金家庄人生活的安逸与幸福。

春节已过,金家庄的婚礼已演绎了一幕又一幕。虽然每一幕已经有许多的差异,但在我心中,每一个环节、每一个过程都是甜美的,也都是精彩的。就如那淀山湖的风景,不管是日出日落,还是风霜雨雪,不管是烟雨迷蒙,还是艳阳炙热,在淀山湖人的心中,永远是一道亮丽的影像,永远定格在记忆深处。

第二节　金家庄记

金家庄记

徐儒勤

　　淀山湖有一半岛,名谓金家庄。方圆不足一平方公里,却蜗居三千余众。岛上又分四个行政村,村与村交错,户与户紧挨,真可谓"你中有我,我中有你"。逢开会学习,村民们才各归一堆,除此以外,难分他村你组,一律称作"金家庄人"。

　　初入庄,如堕都市的里弄胡同,弯弯曲曲,似通非通,真不知何为尽头!倘懒于求教,便浑然不知去处;待转悠到湖边,方才觉得天地开阔。

　　吾友新居,凭湖而筑,登楼远眺,湖光水色尽收眼底;野鸭与舟帆相戏,汽笛伴渔歌欢唱。须晴日,夕阳西下时,西南处"大观园"红楼若隐若现,恰似仙山琼阁。与之相对的则是一片具有现代生活气息的上海水上运动场,高高的指挥塔俯瞰着偌大的淀山湖,两者格局虽迥然不同,倒也相映成趣;为名声遐迩的淀山湖又平添几多景点,使光顾者乐而忘返。

　　入夜,湖面上万籁俱寂,只见星光闪耀,渔火摇曳。间或,清风送来阵阵略带鱼腥味的水草香,沁人心肺。几个朋友凭栏而坐,一边品茗,一边谈古说今,情趣融融。若有兴在此投宿,无疑是极好的享受,虽时值炎夏,但断无蚊虫相扰,亦无酷热之虞,包您甜甜入睡,也许您会做着关于金家庄以及"金家庄人"的梦。

　　金家庄人以湖为伴,但整个庄子却无一户以打鱼为生。种稻米、司麦菽是他们的祖传职业,谁也不曾想过跳出"农"门。然而,通常人难以知晓金家庄种田人的艰辛,他们的农田远在十里之外,甚者跨乡隔县,半夜即起,暮黑方归。农忙时,举家在外安营扎寨,待到秋收完毕才打点返回故里。

　　金家庄人遵循"以农为本"的祖训,但也能很快地接受商品意识的挑战,开淀东乡镇企业之先河,创办第一个村办企业。十余年间,历经磨难,但终于造就出诸如金湖涂料化工厂这样一个上规模、上水平、经济效益较好的村办企业来。

　　粗犷、豪放是金家庄人的特性,聪慧、进取更显出他们的力度。殊不知,金家庄人遍及全国三十个省市和港澳台地区,当然,其中不乏成大器者。

　　起初,我对此有些不解,小小的金家庄为何有这等的能耐?偶尔,从邮电局一个统计数据"个人征订书刊金家庄历年第一"中发现一点端倪:这个现象不正是反映出金家庄人崇尚知识的历史渊源吗!

金家庄是一个具有个性的村庄。环境、居住、习性、民风值得学者探源一番,笔者不敢谈研究二字,但有一点是肯定的:我爱金家庄更爱金家庄人。

第三节　金家庄人种田苦

金家庄人种田苦(唱词)

庄俊生　金国荣

想从前,金家庄人真苦恼,
出门就要船来摇。
金家庄人多村庄大,
被泖泾江隔断成了淀山湖中一孤岛。
最最苦要算种田人,
种田种到陶家桥、陆家桥、施安桥、石灰桥,
一年三百六十天,
天天往返苦头吃仔莫老老。
农闲辰光还算好,
忙讯时日日要起早,
头通鸡啼烧早饭,
灶前灶后忙得一团糟。
不管有啥烧呒啥烧,
只要肚皮勉强填得饱。

烧好早饭让开船,
墨赤大暗天上星星是向导。
一到田横头,
太阳已经老老高。
一日到夜修地球,
穷人家的肚皮还修呒饱。

有的人家条件比较好,
篷樯家什刨全套。
有的人家只有一条破木船,
船头船艄来来去去好像三级跳,
天气好的辰光倒还罢,
狂风暴雨来,
好像阎王到,
识天的老农还呒要紧,
呒识天的朋友丢得呒巧命难保。
当初辰光呒不广播电视台,
天气预报听呒到,
旧社会靠天吃饭第一条,
听天由命苦煎熬。

种田人勒拉好的年成倒还过得去,
碰到灾荒就糟糕,
想当初人穷志气短,
封建迷信当活宝,
病虫灾害插黄旗,
请道士大打醮。

掼童子来请太保,
一家老小难温饱,
还要烧香磕头瞎胡闹。

看今朝,面貌一新的金家庄,
楼房好像上海的里弄一条条,
数字电视进了村,
混淘淘的节目任你挑。
电话手机勿稀奇,
打只把越洋电话也勿是放空炮,
烧饭炒菜用煤气,
灶王老爷老老早就请伊跑。

公共汽车进村早是旧新闻,
上昆山半天来回吃饭还嫌早。
加上私家车、摩托车,
静悄悄的村庄变热闹,
环湖大道兜得转,
湖边上少见昔日扯篷船,
倒是快艇游船水上漂。

金家庄历来风光好,
现在看来更加是个宝。
有兴趣个朋友,
请到伲金家庄来聚一聚。

写于 2007 年

第十五章 荣誉

金家庄历年来所获的荣誉,有各级别、各层次,在此,根据村委会提供的材料,把最近几年所获的荣誉列表15-1-1、表15-1-2、表15-1-3。

表15-1-1　　　　　　　　　　　　　金家庄村荣誉汇总表

时间	荣誉名称	级别
2002—2003年度	文明村	苏州市
2003.06	先进集体	昆山市
2004.02	昆山市农村精神文明建设先进村	昆山市
2004	江苏省卫生村	苏州市
2004—2005年度	文明村	苏州市
2006.12	"十五"人口和计划工作示范村	昆山市
2008.04	昆山市"民主法治示范村"	昆山市
2008	昆山市新农村(村级)文化设施标准化建设达标单位	昆山市
2009.10	2009年淀山湖镇老年人"一村一品"拳操舞比赛一等奖	淀山湖镇
2009.10	昆山市"大唐杯"一村一品老年健身风采比赛优秀表演奖	"大唐杯"赛组委员会
2009—2011年度	文明村	苏州市
2011.08	2010年计划生育工作先进单位	淀山湖镇
2011.12	民主法治村	苏州市
2012.01	昆山市文明村	昆山市
2013.01	2012年度民兵工作先进单位	昆山市
2013	苏州市文明村	苏州市
2015	二星级农村合作社	苏州市
2016	昆山市优秀团队	昆山市

表 15-1-2　金家庄个人荣誉汇总表

序号	年份	家庭(个人)	荣誉名称	级别
1	2014	朱元林家庭	昆山市文明和谐家庭	昆山市
2	2014	沈卫刚	昆山市征兵工作先进个人	昆山市
3	2015	朱元林家庭	昆山市"最美家庭"	昆山市
4	2015	朱元林	昆山好人	昆山市
5	2015	昆视新闻	好邻居"郁菊妹同志"事迹	昆山市
6	2015	昆视新闻	好人"朱元林同志"事迹	昆山市
7	2015	《昆山日报》采访	"沈卫刚同志"事迹	昆山市
8	2016	顾金林	苏州市城乡发展一体化先进个人	苏州市
9	2016	朱瑞荣家庭	昆山市"最美家庭"	昆山市
10	2016	朱文元家庭	昆山市"健康家庭"	昆山市
11	2016	沈仁家庭	昆山市"健康家庭"	昆山市
12	2016	沈卫刚	昆山市优秀共产党员	昆山市

表 15-1-3　2012～2015年淀山湖镇级文明和谐家庭汇总表

年份	户主姓名	工作单位及职务	政治面貌	特色家庭类别	家庭成员基本情况及主要事迹	备注(注明是否为示范户)
2012	顾永强	香精厂	群众	绿色之家	一家6口热心村公益事业,积极热心地帮助村里困难家庭。邻里团结,生活和睦,尊老爱幼,其乐融融。讲节俭,讲卫生	示范户
2012	朱文球	种植户	群众	友善之家	一家5口,尊老爱幼,和睦互助,和睦相处	
2012	顾奎	自由职业	群众	书香之家	一家7口,家风文明,全家喜欢看书,热爱科学	
2012	程金元	企业会计	群众	文艺之家	一家都喜爱文艺,特别是妻子莫彩珍能歌善舞,是村里老年舞蹈队的骨干。尊老爱幼,邻里团结,家庭和睦	
2012	顾林根	退休	群众	礼仪之家	一家5口,尊老爱幼,邻里团结,家庭和睦	
2012	蔡雪根	退休	群众	健康之家	一家5口,勤俭持家,科学生产,辛苦劳作,生活宽裕	
2012	吴玉光	村主任	党员	平安之家	一家5口,全家和睦,勤劳致富,生活幸福	
2012	朱文元	退休	党员	礼仪之家	一家5口,家庭文明和谐,社会礼仪和公共意识强	
2013	顾求仁	退休	群众	幸福之家	互敬互爱,和谐持家。以身作则,注重对子女进行世界观、人生观、价值观的教育。勤俭朴素,妻子顾阿七是"贤内助"的最佳典范	示范户

续表

年份	户主姓名	工作单位及职务	政治面貌	特色家庭类别	家庭成员基本情况及主要事迹	备注(注明是否为示范户)
2013	郁洪旗	村信息员	群众	幸福之家	一家5口,老小相处和睦,全家积极配合村委会工作	
2013	朱文雪	退休	群众	幸福之家	一家6口,祖孙三代和睦相处,尊老爱幼,邻里关系和睦,生活幸福	
2013	顾冬生	退休	党员	健康之家	一家8口,与二房儿媳常年居住在一起,从没发生过口角,受到邻里的一致赞扬	
2013	吕五妹	家庭妇女	群众	友善之家	一家待人客气,助人为乐,从没与人发生过争吵	
2013	顾巧英	家庭主妇	群众	文艺之家	顾巧英夫妻年过60岁,是村演出队和老年舞蹈队的主要骨干,在他们老两口的启发下,青年踊跃参加文艺活动	
2013	朱冬元	河道保洁员	群众	友善之家	一家从未发生家庭矛盾,女婿虽然是外来人员,但对岳父母孝敬有礼,邻里和睦,为人表率	
2014	朱元林	乡村医生	村民	书香之家	朱元林是金家庄村医疗服务站乡村医生,从事该项工作47年来,由于本人的不断努力,他的医疗水平不断提高,得到了村民的信赖	示范户
2014	朱福元	村信息员	党员	健康之家	老伴沈小妹虽然已经70多岁了,可身体健康,是村老年舞蹈队的主要骨干,一家人和和睦睦,邻里关系好	
2014	邵晓珍	医生	党员	孝亲之家	邵晓珍每年陪公婆体检身体。20多年来和公婆吃住在一起,从未和公婆发生过口角,受到邻里的好评	
2014	吴金林	保安	村民	幸福之家	一家6口,其乐融融,夫妇俩尊老爱小,善待93岁的老父亲,使其心情舒畅,无忧无虑,村民们称赞他们为敬老的楷模	
2014	居仁华	家庭主妇	党员	健康之家	几十年和公婆吃住在一起。婆婆已93岁,身体健康。她和老伴经常锻炼身体,并动员女儿女婿积极参加社区的各项活动	
2014	许荣虎	自由职业	村民	孝亲之家	孝敬婆婆,远近闻名。他们每天帮老人洗衣做饭,打扫卫生。老人视儿媳为亲生女儿	
2015	朱建秋	镇文卫助理,创建办主任	党员	健康之家	朱建秋自1993年退伍后,积极参加村各项工作,20多年来,每项工作任务都能高质量、高标准地完成,做到领导放心、群众满意。其妻子戴建芳也是一位先进工作者。其父亲在家庭中是一个大家长角色。其母亲是金家庄村业余戏曲团的骨干成员,曾获多项荣誉	示范户
2016	顾引新	个体经营	党员	幸福之家	一家5口,尊老爱幼,邻里团结,家庭和睦	

索　引

A

安置补助费 …………… （211）

B

北庙 ………………… （223）
表示动作 …………… （260）
表示时间、天气 ……… （267）
表示事物 …………… （263）

C

插队知识青年名录 …… （336）
查病治病 …………… （188）
查螺灭螺 …………… （187）
拆迁安置 …………… （ 72 ）
常用语 ……………… （243）
称呼用语 …………… （268）
程氏家族 …………… （ 47 ）
祠堂 ………………… （226）
畜禽养殖 …………… （104）
传统农具图例 ……… （106）
创建精神文明村 …… （ 76 ）
创建生态村 ………… （ 79 ）
创建卫生村 ………… （ 81 ）
创建文明阵地 ……… （ 76 ）
从金家庄走出去的人 …… （327）
村籍大学生名录 ……… （322）
村级桥梁 …………… （ 51 ）
村里的女人 ………… （141）
村落文化 …………… （133）
村民记事 …………… （133）
村名由来 …………… （ 14 ）
村内姓氏 …………… （ 48 ）
村政 ………………… （282）
村中大族 …………… （ 40 ）
村庄创建 …………… （ 75 ）
村庄的"草鞋队" …… （137）
村庄格局 …………… （ 12 ）
村庄建设 …………… （ 49 ）
村庄水系 …………… （ 21 ）
村庄形成 …………… （ 13 ）
村庄住宅分布情况 …… （ 60 ）

D

大事记 ……………… （ 4 ）
带"头"字词 ………… （270）
带"子"字词 ………… （271）
当代军人名录 ……… （318）

当代人物简介 …………… (313)
当代先进人物 …………… (322)
道路 …………………… (49)
地貌 …………………… (18)
第一大力士何强耀 ……… (146)
淀金 …………………… (74)
电力设施 ……………… (52)
队办企业 ……………… (125)

F

方言 …………………… (243)
防洪闸 ………………… (60)
防汛抗旱 ……………… (119)
非物质文化遗存沿革 …… (162)
风车（水风车） ………… (168)
妇代会 ………………… (292)
福元桥 ………………… (228)

G

概述 …………………… (1)
公厕 …………………… (59)
公共自行车 …………… (54)
共青团 ………………… (291)
工商企业 ……………… (123)
工业 …………………… (124)
古桥名木 ……………… (227)
古银杏 ………………… (230)
顾达今 ………………… (310)
顾达今先生纪念碑 ……… (225)
顾家豪宅 ……………… (218)
顾庆超 ………………… (316)
顾瑞华 ………………… (313)

顾石林 ………………… (313)
顾氏家族 ……………… (44)
顾天冲 ………………… (317)
顾振寰 ………………… (317)

H

河道整治 ……………… (59)
红篷船 ………………… (165)
后记 …………………… (366)
环境卫生 ……………… (59)
环境治理 ……………… (27)
婚嫁习俗 ……………… (234)

J

基层党组织 …………… (279)
基层组织 ……………… (279)
基础设施建设 …………… (49)
集体用房 ……………… (285)
计划生育 ……………… (48)
甲子桥 ………………… (229)
建置沿革 ……………… (12)
金湖 …………………… (74)
金家庄的豪宅与农舍 …… (215)
《金家庄村志》修编人员名录
………………………… (365)
金家庄的婚礼 …………… (340)
金家庄记 ……………… (354)
金家庄人的秉性 ………… (144)
金家庄人种田苦 ………… (355)
金家庄社区房屋 ………… (288)
金家庄小报 …………… (152)
金兰潭的故事 …………… (148)

金至善 …………………（300）	农机农具 …………………（105）
经济合作社 ………………（288）	农民生活 …………………（200）
经济作物 …………………（101）	农田水利 …………………（118）

K

抗日轶事 …………………（147）	农谚 ………………………（277）
	农业 ………………………（ 83 ）
	农业合作化时期 …………（ 85 ）
	农业科技 …………………（115）

L

垃圾桶及垃圾中转站 ……（ 59 ）	
篮球队 ……………………（189）	

P

普通民宅 …………………（221）

老协会 ……………………（292）	
李亚仙 ……………………（317）	

Q

历史人物 …………………（300）	其他公共设施 ……………（ 54 ）
联产承包 …………………（ 90 ）	其他河流 …………………（ 25 ）
良种推广 …………………（101）	气候 ………………………（ 20 ）
洛成桥 ……………………（230）	气候、物候 ………………（ 20 ）

M

	气象时令谚语 ……………（276）
	全家落户名录 ……………（339）
庙宇及石碑 ………………（222）	群众团体 …………………（291）
民兵营 ……………………（290）	群众文艺 …………………（149）
民营企业 …………………（127）	

R

名胜古迹 …………………（215）	
木船的圈法 ………………（162）	

N

	人口 ………………………（ 30 ）
	人口变动 …………………（ 31 ）
南庙 ………………………（222）	人口构成 …………………（ 34 ）
南学桥 ……………………（229）	人口总量 …………………（ 30 ）
农保 ………………………（206）	人民公社时期 ……………（ 87 ）
农村体育 …………………（189）	人民生活 …………………（200）
农村文化 …………………（149）	人物 ………………………（300）
农村住房建设 ……………（ 55 ）	人物表 ……………………（318）
农村自建房 ………………（ 55 ）	荣誉 ………………………（357）
	弱势群体保障 ……………（211）

362

S

三麦 …………………… （99）
三月三、七月半开光（"朝老爷"）
　………………… （166）
三字叠词 ………………（269）
山歌 ……………………（170）
商品房 …………………（58）
商业 ……………………（128）
社会保障 ………………（206）
社会养老保险（社保）……（207）
身体器官 ………………（270）
神龙金凤的传说 ………（134）
沈氏一姓 ………………（46）
生产关系变革 …………（84）
生活风俗 ………………（232）
生活习俗 ………………（237）
失地农民 ………………（211）
诗文淀山湖 ……………（153）
手工业者 ………………（332）
水产养殖 ………………（102）
水稻 ……………………（91）
"四清"轶事 ……………（143）
俗语 ……………………（272）
岁时习俗 ………………（232）

T

"桃花源"里的故事 ………（136）
特殊婚姻 ………………（236）
庭院游戏 ………………（190）
土地改革时期 …………（85）
土地私有制时期 ………（85）

W

卫生室、服务站 …………（185）
文昌阁和晚翠轩 ………（225）
文存辑录 ………………（340）
文体卫生 ………………（176）
吴德忠 …………………（315）
物候 ……………………（20）
误入歧途的留法学子顾越奎
　………………… （148）

X

习俗 ……………………（231）
现代农业机械图例 ……（114）
消灭血吸虫病 …………（187）
小学 ……………………（177）
小洋房 …………………（220）
歇后语 …………………（275）
新中国成立后 …………（201）
新中国成立前 …………（200）
新中国成立前后 ………（124）
信息网络 ………………（53）
学校 ……………………（176）
薛朝阳 …………………（309）

Y

药店 ……………………（184）
医疗 ……………………（184）
医疗保险 ………………（212）
饮用水设施 ……………（53）
永庆桥 …………………（227）
油菜 ……………………（100）

邮电通信 …………………（52）	朱家豪宅 …………………（216）
幼托 ………………………（183）	朱家金头坟的传说 ………（133）
原淀湖村 …………………（287）	朱考文 ……………………（313）
原淀金村 …………………（285）	朱鹿鸣 ……………………（314）
原淀山村 …………………（287）	朱慰祺 ……………………（315）
原金湖村 …………………（286）	朱慰中 ……………………（314）
远田耕种 …………………（120）	朱希周 ……………………（307）

Z

	朱瑄 ………………………（301）
灶头 ………………………（167）	主要河流 …………………（23）
中学 ………………………（181）	自然环境 …………………（18）
种田万万年 ………………（143）	自然灾害 …………………（26）
种植业 ……………………（91）	宗教 ………………………（175）
朱德润 ……………………（302）	组织沿革 …………………（293）
朱德润家族脉络 …………（41）	最低生活保障 ……………（211）
朱家成 ……………………（314）	最会"玩水"的人 …………（138）

364

《金家庄村志》修编人员名录

《金家庄村志》编纂委员会

（2013年3月）

顾　　问：吕善新
主　　任：庄建宏
副 主 任：吴玉光
委　　员：顾　迪　　朱波兴　　沈正德　　朱文元　　顾永强　　朱晓芸
　　　　　郁洪祺　　吴天文　　朱家学　　吕元龙

（2015年3月调整）

顾　　问：吕善新
主　　任：顾金林
副 主 任：吴玉光
委　　员：顾　迪　　沈卫刚　　盛剑锋　　朱波兴　　沈正德　　朱文元
　　　　　顾晓强　　朱晓芸　　郁洪祺　　顾清秀　　朱引根　　庄伟元

《金家庄村志》编纂委员会征编办公室

顾　　问：吕善新
主　　任：吴玉光
副 主 任：顾　迪
编　　辑：朱波兴　　沈正德　　邵卫花
统　　稿：邵卫花
制　　图：顾志浒
摄　　影：顾清秀
采编成员：朱文元　　郁洪祺　　吴乾元　　朱引根　　郁菊妹　　朱福元
　　　　　吴天文　　顾阿小　　朱家学　　吕元龙　　顾志浒

《金家庄村村志》审稿人员

顾金林　　庄建宏　　吴玉光　　顾　迪　　沈卫刚　　盛剑锋

后 记

盛世修志,古今通行。《金家庄村志》历经三年的编撰终于面世,这是金家庄村民的一件大事。

三年来,怀着对古村的眷恋和对历史的责任,朱波兴老师、沈正德老师白天走门串户遍访干部、村民,晚上整理考查,历尽千辛万苦,穷尽千方百计,搜集到了大量有价值的资料,为村志的编撰打下了扎实的基础,后期邵卫花老师担纲统稿工作,充分利用工作空闲、休息时间,夜以继日,笔耕不辍,终成初稿。昆山地方志办公室徐秋明局长和镇村志办吕善新部长,及张品荣、夏小棣同志对村志的特色、个性、规范以及行文风格等具体业务进行了悉心指导;全国著名学者、苏州大学博士生导师方世南教授在百忙中为村志作序;本村相关人士吴天文、郁洪祺、吴乾元、朱引根、郁菊妹、朱福元、朱文元、顾阿小、吕元龙、任海元、朱瑞荣、顾志浒、顾林根、程雪林、朱胜阳、朱庆元、朱文雪、朱文荣、朱家学等也为《金家庄村志》提供了大量有价值的资料,在此一并表示感谢!

随着社会的发展,金家庄村即将消逝在历史的进程中,一个有着千百年历史文化积淀的古村,从此将在人们的视线中渐渐地远去。我们希望这本《金家庄村志》将作为历史的记忆长存于世。

文章千古事,得失寸心知。编写村志,作为一个村来说,是史无前例的工作,且编写的时间跨度大、内容涉及面广,再加上我们的政策水平、组织和业务能力有限,《金家庄村志》中难免存在这样或那样的不足,会出现疏漏甚至错误,敬请读者不吝珠玉、惠赐匡正。

《金家庄村志》编纂委员会

2017 年 5 月

图书在版编目(CIP)数据

金家庄村志 / 吕善新主编;《金家庄村志》编委会编. —苏州:苏州大学出版社,2017.8
（淀山湖镇村志）
ISBN 978-7-5672-2168-0

Ⅰ.①金… Ⅱ.①吕… ②金… Ⅲ.①村史-昆山 Ⅳ.①K295.35

中国版本图书馆 CIP 数据核字(2017)第 162124 号

书　　名：金家庄村志
主　　编：吕善新
责任编辑：许周鹓
装帧设计：吴　钰
出版发行：苏州大学出版社(Soochow University Press)
社　　址：苏州市十梓街1号　邮编：215006
印　　装：南通印刷总厂有限公司
网　　址：www.sudapress.com
邮购热线：0512-67480030
销售热线：0512-65225020
开　　本：889mm×1194mm　1/16　印张：23.75　插页：12　字数：49千
版　　次：2017年8月第1版
印　　次：2017年8月第1次印刷
书　　号：ISBN 978-7-5672-2168-0
定　　价：150.00元

凡购本社图书发现印装错误，请与本社联系调换。服务热线：0512-65225020